전복의 정치학

21세기를
위한
선언

전복의 정치학

21세기를 위한 선언

안토니오 네그리 지음 최창석 | 김낙근 옮김

인간사랑

THE POLITICS OF SUBVERSION
A MANIFESTO FOR THE TWENTY-FIRST CENTURY

Contents

첫 영문판 이후 내가 *Fine secolo : Un manifesto per l'operaio sociale*라는 제목으로 이탈리아어판 『전복의 정치학』을 출판했을 때,《일 마니페스토》(*Il Manifesto*)에 실린 리뷰에는 '투쟁을 향한 이름 없는 사회적 범주들'이라는 표제가 달렸다. 그것은 1989년 초반의 일이었다.《일 마니페스토》(이 신문의 발행인란(masthead)에서는《일 마니페스토》가 '공산주의 신문'임을 주장했고, 실제로《일 마니페스토》는 공산주의 좌파운동과 밀접히 연결되어 있다)는 1968년부터 20년 간 발생한 노동계급의 구성적 변화들을 이야기할 엄두를 내지 못했다. 그때까지는 이 새로운 현실에 대해 논의함으로써 오랜 활동가들의 귀를 거슬리게 할 수가 없었다.《일 마니페스토》의 논평자조차도 완전히 설득되지 않았다. '사회적 노동자'(socialized worker)는 그 누구의 아이도 아니었고, 그/그녀의 이름으로 인정되는 것도 아니었다. 무지, 윤리적 · 정치적인 기회주의, 이론적인 독단주의, 피상적인 분석, 노동조합에서의 조합주의는 현재(present)를 분석하는 것을 불가능하게 만드는 현실성(reality)과 결합했다. 거기에서는 사회적 노동자의 형성을 향한 그것의 거부할 수 없는 경향과 함께 오늘날의 상황인식에 실패했다. 나는 이미 노동계급의 구성이 변화하고 있고, '대중 노동자'의 시기가 끝나가며, 점차 무형적이고 협력적인 사회적 노동력이 서서히 형성되었다는 것을 20년 전에 이해했다. 이 때문에 나는 공산당의 기회주의적이고 독단적인 지도자들과 10년 간 나를 감옥에 처넣으려는 부르주아 판사들에 의해 멸시와 미움을 받았다. 사회주의 관료들은 다중(multitude) 속에 살며 민중들을 선동·복무·연구하는 사람을 증오한다. 그리고 이러한 증오감 때문에 그들은 진리를 파괴하기 위해 기존 체제의 권력을 부당하게 이용할 수 있다. 그러나 속상한 것은 이것이 아니라, 오늘날 (극적으로 세계 질서가 달라진) 정세변화의 증거조차 아직까지 노동운동 활동가들의 머릿속에 입력되지 않았다는 사실이다. 2003년 파리에서 개최된 운동을 위한 유럽 포럼 기간에 나는 영국의 트로츠키주의자들*과 토론하였다. 영국의 트로츠키주의자들은 마치 19세기에 살고 있는 것처럼 노동계급에 대해 말하는 사람들이고, 또한 마치 20세기가 전혀 존재하지 않는 것인 양 혁명에 대해 이야기하는 사람들이다. 『자본』의 매 페이지마다 맑스는 모든 발전법칙과 계급투쟁에는 경향성(tendential)이 있다고 말했다. 이 문제에 있어 맑스의 주장은 어느 정도 지루하게 느껴질 정도다. 맑스는 그의 동시대인들(경제학자들과 정치인

---

* 네그리와 하트가 함께 쓴 『제국』은 2000년도에 출간되자마자 보수주의적 우파와 전통주의적 좌파 모두로부터 비판을 받았다. 특히 후자를 대표하는 것으로 알렉스 캘리니코스의 예를 들 수 있다. 캘리니코스는 「안토니오 네그리 올바로 보기」(『자율평론』 2호, 2002년 9월호)라는 글에서 네그리와 이탈리아의 자율운동을 레닌주의에서 이탈한 아나키즘 운동이라고 비판하면서 네그리의 사상을 테러리즘과 동일시하는 한편 「제국론」에 맞서 레닌의 「제국주의론」이 여전히 유효함을 역설했다[조정환, 『아우또노미아』(갈무리, 2003), 62쪽]. 한편, 최근에는 알렉스 캘리니코스를 위시한 좌파 사상가들의 네그리와 하트의 「제국론」에 대한 여러 비판들은 다음의 저서를 참조[알렉스 캘리니코스 외, 『제국이라는 유령』(이매진, 2007)].

들)을 완전히 바보라고 여긴 것 같다. 또한 맑스는 항상 생산하는 새로운 참가자들(players)이 존재하는 현재와 예속(隷屬) 방법의 지속적인 변형 및 적응으로서 자본주의의 발전을 그들이 이해하지 못할 것이라고 간주한 것 같다. 전통적인 노동운동 내에서는 아직 아무도 맑스의 주장을 들으려 하지 않는다. 우리는 오늘날 맑스의 독단적인 추종자들에 대해 무엇을 말할 수 있을까? 맑스를 맹종하는 아류들에 대해 무엇을 덧붙일 수 있을까? 그것은 점차 귀머거리의 대화가 되고 있다. 그러나 이러한 경향들을 연구하는 방법을 실현하고 있는 중요한 소수집단이 있다. 그리고 1970·1980년대에 논의된 이러한 방법[게다가 진정한 맑스주의자(genuinely Marxian)의 방법]은 점차 확립되고 있다. 이러한 방법으로 무장하고 노동의 사회적 변형을 보지 못한다는 것은 불가능하다. 또한 이러한 방법으로 무장한 소수집단이 사회적 노동자를 향하는 정세의 중요성을 이해하지 못했다고 보는 것도 불가능하다. 더 많은 착취(exploitation)는 더욱 더 많은 착취를 의미하지만(왜냐하면 정신적 노동과 사회적 협력을 육체적 노동에 덧붙일 수 있기 때문이다) 동시에 거대한 혁명의 기회이기도 하다.

나는 이 서문을 쓰기 위해 『전복의 정치학』을 다시 읽었다. (나는 부득이한 경우를 제외하고 이미 출판된 책을 좀처럼 다시 읽지 않는다.) 『전복의 정치학』은 훌륭한 책이다. 사회적 노동자라는 주제는 경험적인 연구에서 개발되었다. 1984·1985년에 나는 결코 이데올로기적이지 않았다. 5년 간의 감옥생활에 뒤이은 나의 14년 간의 망명생활의 시작은 옳았다. 그런 상황들은 누구에게도 꿈을 허락하지 않는다. 내가 1970년대와 1980년대 초반에 목격했던 빠른 확산들, 즉 새로운 무형적이고, 컴퓨터에 기초하며, 자동적이고 서비스적인 생산과정들에 대한 경험적인 조사로부터 노동과 착취유형에 관련된 사회적 노동자가 등장했다. 『전복의 정치학』은 '테일러주의적인(Taylorite) 노동자'에서 사회적 노동자(나중에 '포드주의' 노동자 그리고 '포스트—포드주의' 노동자로 불리게 되었다)로 이행하는 시대구분에 대해서도 전적으로 옳았다. 상대적 잉여가치의 수탈에서 가치의 수탈, 그리고/또는(and/or) 사회적 노동의 협력적인 기능들로의 이행에 뒤따른 수탈형태들에 관한 이 장들은 현재의 상황을 분석하기 위한 패러다임으로서 여전히 유효하다. 마지막으로 (『전복의 정치학』에서) 사회적 노동자는 생태학적 기계(ecological machine)의 일부다. 그 결과 환경 전체가 수탈과정 속에 포함된다. 이 패시지(passage)*들의 정확하고 비범한 이론적 의의를 성찰하자면, 나는 믿기 힘든 1960·1970년대 계급투쟁에서의 개입방식에 큰 감동을 받았다. 이때 개입방식이란 나와 동지들이 우리의 경험적 지식을 가지고 그러한 진보를 가능하게 만들려는 방식을 말한다.

　　제5장 '사회적 노동자의 세계 경제'는 실제적으로 중요하다(요즘 5장을 다시 읽고 있다). 20년 후 나는 세계 곳곳에 50만 부가 팔린『제국』(Empire)을 마이클 하트(Michael Hardt)와 함께** 출판했다. 혹자는 왜『제국』과 비슷한 내용을 다루었던『전복의 정치학』이 고작 1,000부 가량만 팔렸는지 궁금해한다. 이것은 그 당시 내 출판인들에 대한 동정이었다. 그러나 이들은 예나 지금이나 내 의견에 동의하며, 오늘날에도 여전히 내 출판인들로 남아 있다. 우리는 불운 또는 직무유기(dereliction) 때문에

---

* passage를 단순히 '통과'라고 번역하기에는 다의적 의미를 갖고 있다. passage는 통로·이행·변화·횡단이라는 뜻을 가지고 있다. 다의적 의미를 살리기 위해 한글로 패시지라 옮겨적고 passage를 병기하였다.
** 마이클 하트, 안토니오 네그리, 『제국』(이학사, 2001).

거대한 기회를 이용하는 데 실패했다.

　내가 『전복의 정치학』과 『제국』(『제국』에 뒤이은 『다중』(*Multitude*)*
이라는 결과) 사이의 관계를 검토하기 시작했을 때 나는 그것의 결론을
통해 다음과 같이 논의하고자 하였다. 내가 말했듯이 『전복의 정치학』 5
장에는 많은 유사점들이 있다—노동의 세계화와 사회통제를 향한 필연
적인 동향(trend)은 이미 5장에서 정의되었다—그러나 또한 『전복의 정
치학』 5장에는 어떻게 『제국』과 다르게 이해하느냐의 문제도 있다. 이것
은 『제국』의 출처와 『전복의 정치학』이 쓰인 과정을 밝히는 데 유용할
수 있다. 지금부터 이러한 점들을 아래와 같이 요약할 수 있다.

　(a) 『제국』의 철학적 틀은 『전복의 정치학』의 철학적 틀과 확실히
　　다르다. 1985·1986년에 쓰인 『전복의 정치학』에는 이탈리아
　　노동자주의(workerism)의 전통이 아직까지 많이 남아 있지만 푸
　　코(Foucault)와 들뢰즈(Deleuze)의 영향력은 거의 없었다. 사회적
　　노동자, 경제의 세계화, 이후의 자본주의의 모순들이라는 개념
　　형성을 위해 푸코와 들뢰즈가 필요하지는 않았다. 그것은 '세
　　계 시장'에 대한 맑스주의 연구의 경향성(tendential) 확대에 기
　　초할 뿐이었다. 오히려 푸코와 들뢰즈가 주체성의 생산을 위해
　　『천개의 고원』(*mille plateux*)을 창작했던 시기**에 이탈리아 노동
　　자주의를 필요로 했다고 주장할 수 있다. 여기서 우리는 공유된

＊　마이클 하트, 안토니오 네그리, 『다중』(세종서적, 2008).
＊＊　네그리의 원문에는 마치 푸코와 들뢰즈가 공동으로 『천개의 고원』을 쓴 것처럼 표현되
　　어 있다. 하지만 『천개의 고원』은 들뢰즈와 가타리의 공동저작이다.

이론적 틀(이탈리아인과 프랑스인에 의해 공유된)의 발전을 갖게 되었다. 그것은 나중에 많은 사회학자, 정치학자, 철학자들에 의해 창조적으로 계승되었다.

(b) 『전복의 정치학』에 나타난 분석적이고 이론적인 많은 요소들은 전적으로 옳다. 특히 『전복의 정치학』은 신자유주의적 정책들[신자유주의를 도입하기 위한 속도(pace), 방법, 계보학 등]의 엄청난 확산에 대한 예측(prediction)들과 관련되어 서술되었다. 『제국』과 『다중』 역시 같은 해석상의 계보(line)를 취하고 있다. 그러나 그때까지 그 동향은 이미 현실이 되었다. 『전복의 정치학』에서의 분석은 가끔 완벽하다고 말해진다. 본문 6장에서 예를 들면, 그때까지도 자본주의적 방식에 매주 밀접하게 생산되던 통화주의와 닉슨 및 레이건 정책들에 대한 보다 일반적인 평가가 신자유주의적 정책의 전반적인 명령체계를 구성하고, 그것이 어떻게 변이(mutate)될 수 있는지 말해주고 있다.

(c) 그러나 노동자들의 혁명적 조직에 대한 논의는 『전복의 정치학』에서도 이후의 작업들에서도 불충분하다. 『전복의 정치학』 6·7장은 사회적 노동자의 조직과 관련해 폭넓고 대안적인 몇 가지 요소들을 매우 정확하게 검토한 경우다. 그러나 이 분석은 충분치 못했고, 이후의 작업들에서도 마찬가지였다. 6·7장의 주장은 사회적 착취의 노동조직과 생명정치적(bio-political) 모순들과 관련된 존재론적 의문들을 다루고 있는 데 반해, 노동(labour)의 변형과 조직된 체제전복적 행위의 변형 사이의 관계를 밝히는 것이 상당히 어렵다는 것을 입증하고 있다. 이러한 장(field) 내에서 사회-경제적·역사적인 관계 분석은 개별적

인 현상들에 대한 정의 그리고 활동적인(active) 부분들과 사건들의 이론적이고 실천적인 개념들에 확실히 기초하고 있다. 뒤이은 『제국』과 『다중』[『리바이어던』(*Leviathan*), 『시민론』(*De Cive*)에 포함된 홉스주의자들의 관점을 전도한]에서는, 이 주제로 집필된 『인간론』(*De Homine*)의 과제가 남아 있기보다는, 오히려 정확히 인류학적인 것과 정치적인 것 사이를 잇는 늘 근본적이고 변화하는 것을 언급하기 위해 마치 초기 근대의 위대한 정치사상가들처럼 다시 쓴 것이었다.

『전복의 정치학』은 온전히 내 자신의 투쟁경험에 속한다. 그리고 특히 1960·1970년대 뿐만 아니라 내가 다시 운동에 참여할 수 있었던 1986년 프랑스에서의 투쟁(내가 망명한 이후 처음으로)에 의해 고무된 결과였다. 그것은 생산이 곧 사회화된 지적 노동력에 의해 헤게모니가 되었다는 것을 분명하게 보여줬던 대학생들과 고등학생들에 의한 항의운동이었다. 그 운동은 또한 이주 노동자들을 대표하는 최초의 큰 조직들과 연결되었기 때문에 중요했다. 새로운 지적인 노동자들과 이주 노동자들의 유연성과 이동성이 그 장면(scene)에 들어왔다. 투쟁 속의 다른 국면들과 에피소드들—1995·1996년 프랑스에서 일어난 일련의 투쟁들 그리고 『제국』과 『다중』에 많은 자료들을 제공했던 시애틀에서의 중요한 투쟁들*—은 『전복의 정치학』집필 이후에 발생했다. 투쟁은 사회발전에 대한 우리의 지식으로 다가올 때, 혁명적 이론에 대한 엔진이 될

---

* 1999년 시애틀에서의 반세계화 투쟁을 의미한다. 자세한 내용은 『다중』제3부 2장 '시애틀에서의 합류'를 참조.

때 훌륭한 선생님이 된다. 이때 투쟁은 우리가 개별적으로 관련되었던 투쟁들만 의미하는 것이 아니라, 어떠한 기간(period)이나 주기(cycle)에 있는 모든 투쟁들을 의미한다. 그러므로 특정한 계급구성 내에 뿌리를 둔 모든 투쟁을 의미하는 것이다. 우리가 사회적 노동자 시대의 개막을 1968년이라 간주할 때 대중 노동자의 투쟁들을 잊어서는 안 된다. 맑스주의와 레닌주의의 방법론에 준하여 우리는 새로운 배치의 패러다임, 즉 프롤레타리아에 있는 경향적(tendentially) 헤게모니로서 투쟁의 에피소드들을 고려하고 있다. 그러므로 새로운 경향적이고 혁명적인 프로젝트(규정되고 발전하게 된)로서 투쟁 에피소드들을 고려해야 한다.

　　사회적 노동자에 대한 나의 경험 그리고 사회적 유형으로 사회적 노동자의 등장과 형성은 이탈리아와 유럽에서 있었다. 그러나 미국과 예전의 소련에 있었던 운동들과 투쟁들을 분석한 동지들의 경험은 이와 얼마나 다를까? 최근에 나는 중국을 방문할 기회를 가졌다. 나는 중국 공산주의자들[아직 프롤레타리아의 대의(cause)를 적극적으로 지지하는 이들을 뜻한다]에 의한 문화혁명에서부터 현재의 신경제정책(NEP)에 이르기까지의 거대한 모순적인 과정에 대한 해석을 발견한 것에 대단히 놀랐다. 그들은 대중 노동자에서 사회적 노동자로의 변형을 특히 신경제정책에서 강조하였다. 노동의 사회화와 축적에 대한 방법들이 변화하는 가운데 어떻게 이러한 일들이 발생했을까? 또한 나는 중국 공산주의자들이 삶의 현대화와 생산의 현대화 사이의 관계를 점점 더 고려하고 있다는 사실을 발견한 것에 놀랐다. 그리고 공산주의자들은 판단, 헤게모니의 주체로서 끝이 났고, 사회적으로 활동적이고 인류학적으로 코뮌주의자인 새로운 지적인 노동자와의 구별도 사라졌다. 다시 말해 우리가 예측한 동향들(trends)이 올 때 우리가 종종 거대한 착오를 저지를 수 있다는 것은 확실한 사실인데, 이것이 가끔 내게도 일어난다. 그러나 우리는 역사적 진실, 즉 에피스테메(episteme)를 구성할 수 있다. 가끔 에피스테메를 오해하지만, 우리는 종종 그것을 어떻게든 파악할 수 있다. 우리는 올란도(Orlando)가 그를 달로 데려가려는 페가수스(winged horse)를 잡았던 만큼보다 더 목덜미를 움켜잡은 카이로스(Kairos)*와 사건, 즉 역사를 장악하고 있다. 우리는 노동자들의 투쟁 속에서 발전의 혁명적 목적과 유물론적 목적인(telos)을 발견한다. 즉 오늘날 전반적인 사회적 노동자의 다중 가운데서도 이러한 것들을 발견할 수 있다.

다음에 할 것은 아마도 21세기에 조직화되고 있는 사회적 노동자의 주기 속에서 또 다른 진보된 과업을 확인하는 것일 것이다. 아마 혹자는 네그리라는 자(guy)가 조금 웃기다고 다소 아이러니하게(not without irony) 말할 것이다. 혹자는 네그리가 1986년 이후로(오히려 1970년대 이후로) 우리에게 조직의 새로운 형태를 보여주려고 노력해 왔다고 말할 것이다. 그들의 말처럼 네그리는 몽상하고 있는가? 글쎄, 사회적 노동자들이 그 자신에게 세계화를 부과했다고 내가 확신했던 것처럼 우리는 새로운 사회적 괴물[단순한 인터넷 노동자 또는 사이보그(cyborg)의 창조자가 아니라, 오히려 즉시 코뮤니즘적 욕구를 표현하고 있는 누군가의 역량]의 탄생을 목도하고 있고, 세계적 노동력의 새로운 기술적 구성이 정치적으로 이행할 준비가 되었다고 나는 똑같이 확신했다. 당시에는 아직 이러한 일들이 발생하지 않았고, 그 후에 우리가 단지 이러한 일들의 정치

---

* Kairos는 의식적이고 주관적인 시간, 순간의 선택이 인생을 좌우하는 기회의 시간이며 결단의 시간이다. 공평하게 주어진 Chronos에서 특별한 의미를 부여하게 되는 시간이다. 네그리에게 Kairos는 혁명의 시간이다.

적 기원에 대한 자연발생적 표출들을 경험했을 동안 우리는 증가하는 증거와 수천 번의 사건들을 통해 그 경향을 깨닫게 되었다. 우리의 예측 내 오차범위에서는 대단한 것이 아니었다.

그 다음에 마지막으로 경향(tendency)이라는 개념 : 맑스는 지속적으로 우리에게 다음과 같은 사실을 상기시켰다. (1) 경제법칙들의 형태는 항상 경향성이 있다. 그러나 (2) 경제법칙들은 권력관계의 일시적 방안이기 때문에 필연적이지 않고 오히려 유물론적인 목적인이다. 유물론적 목적인이란 투쟁에 의해 구성된 결과 의지와 욕망들에 의해 생산된 목표, 실재(the real)의 확립 등을 말한다. (3) 그 결과 경향은 필연적인 진보가 아니라 그것이 될 수 있다는 가능성이다. 주관적인 것과 객관적인 것이 그것 내에서 서로 부딪치고 있다. 경향은 세계를 변화시키는 의지가 블록(block) 변화라는 권력관계와 우연히 만나는 장소다. (4) 이론적 작업의 어려움은 권력관계의 해법으로서 경향을 정의하는 데 있는 것이 아니라, 지식의 모험과 투쟁의 위험을 순순히 받아들일 수 있는 활동적 요소로서 경향을 정의하는 것에 있다. 실제로 투쟁의 활동적 요소는 승패와 상관없이 항상 세계를 변화시키는 힘(force)이다. 이것이 『전복의 정치학』의 근본적인 주장이다. 그리고 『제국』과 『다중』에서 재개되었고 보강되었다. (5) 이 마지막 존재론적 전제는 사실상 혁명적 조직 이론을 다시 착수하기 위한 기초가 된다.

2004년 8월, 토니 네그리[Toni Negri]가
앨런 카메론[Allan Cameron]에 의해 영역됨

얀 물리에*의 서문

필리파 허드(Philippa Hurd)의 영역(英譯)

영어권에 맑스주의를 도입하려는 움직임에는 역사적으로 수많은 어려움들이 뒤따랐다. 때로 빈정거림의 대상이 되거나 권위주의적이라는 비난을 받았음에도 불구하고 그 역사적 움직임들은 항상 열정적이었다. 이는 맑스주의가 프랑스어로 번역되는 동안에도 보다 극단적인 형태로 반복되었다. 괴테(Goethe), 단테(Dante), 세르반테스(Cervantes), 페소아(Pessoa)**의 작품들이 자국어로만 표현되고 번역이 가지는 '보편화하는'(universalizing) 힘의 축복을 받지 못했다면 그들이 가진 광대한 사상 전체가 알려지지 않은 채 남아 있을 것이다. 이러한 이유에서 맑스는 1872년『자본』(Capital)의 프랑스어 번역을 조셉 로이(Joseph Roy)에게 맡겼다. 불필요하게 될지 모르는 학술적인 작업을 기다리기보다는 덜 정확하더라도 빨리 번역하는 편이 더 낫다고 판단했던 것이다. 따라서 그것은 철학적인 방편이라기보다 정치적인 문제였다.

---

* Yann Moulier−Boutang(1949−) : 프랑스 경제학자. 고등사범학교(ecole normale superieure)와 정치과학연구원(institute of political science)에서 가르치고 있다.
** Fernando António Nogueira Pessoa(1888−1935) : 포르투갈 시인이자 소설가

좀 더 최근에 『정치경제학 비판 요강』(*Grundrisse*)*의 도입 역사에도 똑같은 패턴이 보이고 있다. 1939년에 최초로 출판된 『요강』의 번역본은—그 번역이 매우 모호할지라도—사람들에게 1960·1970년대 맑스주의의 부활을 알리는 기폭제가 되었다. 맑스주의 역사에서 반복되는 『자본』의 맑스(Marx of *Capital*)로의 복귀라는 테마 이면에는 '또 하나의'(another)의 맑스라는 놀라운 발견이 있었다. 이는 전후(戰後) 기간 동안 경험된 일이지만 『경제학―철학 수고』(*Economic and Philosophical Manuscripts*, 1844)와 『헤겔 법철학 비판 서설』(*Contribution to a Critique of Hegel's Philosophy of Right*, 1843)에 의해 유발된 엄청난 충격으로 발생했다. 그러나 그것은 맑스의 이데올로기적 텍스트들과 과학적 텍스트들 사이의 '인식론적 단절'(epistemological break)이라는 알튀세르(Althusser)의 테제에 의해 전술적 수준으로 떨어졌다. 전술적 수준은 실존주의 철학에 의한 맑스의 중립화(neutralization)에 수사적(rhetorical)으로 도전하기 위해 도안되었다. 즉 이론적인 수준에서 지지되는 것이 아니라 편의적인 전술로 레토릭을 추구한 것이다.

레닌이 느꼈듯이 헤겔의 『논리학』(*Logic*)을 진지하게 받아들인 사람은 맑스였다. 자본주의의 사회화된 발전을 예상했던 맑스는 헤겔의 관점을 추구했고, '추상 노동'(abstract labour)의 범주와 같은 장기간에 걸친 기술발전의 깊은 경향성들을 밝히고자 했다. 요컨대 『말과 사물』(*The Order of Things*)에서의 푸코(Foucault)의 테제와 반대로 맑스는 19세

---

* 맑스의 『정치경제학 비판 요강』(*Grundrisse : Foundations of the Critique of Political Economy*)이다. 이 책은 한국어로 번역되었다. 김호균 역, 『정치경제학 비판 요강』(그린비, 2007) : 이하 『요강』으로 표기

기 유럽의 좁은 물줄기보다 20세기의 넓은 바다에 더 적합한 인물이었다.

이제 우리는 『요강』이 서구 맑스주의에 끼친 충격에 대한 상세한 역사를 기다리고 있다. 비학술적인(non-academic) 이탈리아 맑스주의 맥락에서 보자면, 〈라 누오바 이탈리아〉(La Nuova Italia)사에서 출판된 『요강』의 번역은 엔조 그릴로(Enzo Grillo)라는 〈오페라이스모〉(operaismo) 운동 구성원의 성과였다. 출판되지 않은 『자본』6장 「직접적 생산과정의 결과들」과 함께 『요강』은 맑스의 미출간된 저서들 중에서 가장 기념비적인 것으로, 그것은 맑스주의 '이단자들'(heretics)이 가장 많이 언급하는 텍스트였다.[1] 『요강』과 로스돌스키(Rosdolsky)*의 연구[2]는 맑스의 복귀를 둘러싼 문제들을 계속 지배해 왔다. 독일을 제외한 다른 유럽지역들에서 『요강』이 끼친 충격은 덜 직접적이었으나 결코 무시할 만한 것은 아니었다. 당주빌(Dangeville)의 프랑스어 번역은 미출간된 『자본』6장과 동시에 1968년에 출판되었다. 뤼벨(Rubel)의 번역도 같은 해에 나왔다. 12년이 지난 후 르페브르(J. P. Lefébvre)[3]가 이끄는 팀에 의한 번역은 가장 성공적이지 못했지만 그래도 맑스주의를 진지하게 언급하는 이러한 변화를 증명하고 있다.

그러나 맑스주의 '학자들' 조차 하찮게 여겼던 이 텍스트의 위상을

---

* Roman Rosdolsky(1898-1967) : 트로츠키주의 혁명가이자 역사학자로서 1898년 서부 우크라이나 지역인 오스트리아-헝가리 제국의 렘버그(Lemberg)에서 태어났다. 1920년대 '서부 우크라이나 공산당'을 창건하고 중앙위원으로 활동했지만 스탈린의 트로츠키 탄압에 동조하지 않는다는 이유로 출당되었다. 1930년대 서부 우크라이나 지역에서 트로츠키주의 투쟁을 조직하다가 1942년 나치에 체포되어 아우슈비츠 강제수용소에 투옥되었다. 종전 후 미국으로 이주하여 1967년 디트로이트에서 사망하기까지 민족문제의 역사와 맑스의 경제사상 등에 관한 많은 저술을 발표했다.

단번에 확립시켜 준 것은 마틴 니콜라우스(Martin Nicolaus)[4]가 번역한 탁월한 영어본의 등장이었다. 1978년 네그리의 고등사범학교(L'Ecole Normale Supérieure) 세미나는 〈오페라이스모〉와 물신화된 『요강』 사이의 관계를 다시 생각나게 한다.[5] 14년 전 〈『자본』을 읽자(Reading Capital)〉라고 이름 붙여진 알튀세르의 세미나에 대응해 네그리는 『자본』의 자유로운 논조를 강조했다. 네그리는 과학, 자본주의의 발전, 코뮤니즘(communism)에 있는, 즉 과학적 논문의 객관주의(objectivism) 뒤에 물러나 있던 『자본』의 혁명적 주체성의 구성에 있는 놀라운 방법론적 통찰을 강조했다.[6] 네그리는 어떻게 『요강』이 '헤겔주의 용어들이 가지는 유희'(flirtation)를 극대화시켰는지, 헤겔주의와의 단절(rupture)이 다른 곳에서보다 더 결정적이었는지 지적했다. 우리는 맑스가 헤겔로부터 '추상 노동'(abstract labour) 개념을 가져온 것이 변증법적이라기보다 오히려 도구적(instrument)[7]이라는 것을 깨닫게 된다.

이미 발달된 대량생산 산업, 기계주의(machinism), 즉 절대적 잉여가치의 상대적 잉여가치로의 변형(transformation)에 대한 연구를 부활시킨 것은 『요강』이다. 이는 특히 1966년에 발표된 마리오 트론티(Mario Tronti)[*]이 논문 「맑스, 노동력, 노동계급」(Marx, forza-lavoro, classa operaia)에서 나타나는데, 이 논문은 『자본과 노동』(Operai e Capitale)의 '제1테제'와 미발표된 부분들로 구성되어 있다. 또한 『요강』의 화폐(coinage)에 관한 장은 권력관계로서의 화폐를 분석하고 가치법칙으로부터 자본의 형식적 해방을 추론하는 것으로 네그리에 의해 촉발되었다. 이러한 네그

---

[*] Mario Tronti(1931-): 이탈리아 정치가이자 철학자. 1960년대 〈오페라이스모〉 이론의 창시자 중 한 사람이다.

리의 연구는 1971년 9월 저널 『노동자의 힘』(*Potere Operaio*) 45권에 부록으로 실린 「계획자 국가(*Planner-State*)의 위기 : 코뮤니즘과 혁명적 조직화」로 나타났고, 이 논문은 『혁명의 만회』(*Revolution Retrieved, Red Notes, London, 1989*)*라는 영문판으로 수록되었다. 이 논문은 〈노동자의 힘〉(Potere Operaio) 제3차 회의를 위해 준비된 것으로, 그 당시 격렬했던 조직화와 레닌주의에 대한 정치적 논쟁의 관점에서부터 정치경제학에 있는 논쟁의 전체 구조에 대한 재구조화를 허용하고 이론적 전망을 열기 위한 것이었다. 1970년과 1973년 사이 〈노동자의 힘〉에 의해 제기된 흥미로운 논쟁은 다른 유럽의 투사들에게 지적으로 꽤 중요한 영향력을 가졌다.

　　네그리의 『맑스를 넘어선 맑스』(*Marx Beyond Marx*)가 어려운 텍스트임에도 불구하고 이 책이 영어권에서 중요한 이유를 말할 수 있다. 왜냐하면 『전복의 정치학』(*The Politics of Subversion*)을 비롯한 그의 다른 저서들을 통해 서구 맑스주의의 오랜 몸통(trunk)을 연구한 매우 드문 전문가(tree-surgeon)의 성과를 접할 수 있기 때문이다. 맑스주의라는 나무는 20회 이상 잔가지를 쳐내왔고 어느 정도 좋은 의지로 접목되어 왔으나 더 이상 부활의 희망을 주지 못하고 있었다. 많은 사람들은 단지 (맑스주의를) 모닥불에 적합한 그루터기로 보았다. 빈약한 서구 맑스주의는 고작해야 비판적이고 '급진적인' 독립성을 터트리는 수준으로 전락하고 말았다. 소비에트 맑스주의 역시 전망을 거의 제시하지 못하고 있다. 단지 '현실 사회주의'(real socialism) 50년의 쓰라린 맹아(萌芽)라는 희망

<hr>

* 한글판으로는 영광 역, 『혁명의 만회』(갈무리, 2005)가 있다.

밖에 없다. 19세기 혁명적 언사(words)와 20세기 국가의 기묘한 혼합물인 소비에트 맑스주의는 리센코주의적(Lyssenkoist)* 잡종(hybrid)에서부터 빈곤한 종교로 승격되었다. 결국 페레스트로이카(perestroika)의 비스마르크적 측면(Bismarkian side)을 확실히 격파한 폴란드 스타일에 있는 견고한 계급투쟁의 결과**를 제외하고는 아무것도 등장할 수 없었다. 서구 맑스주의라는 오래된 그루터기 위에 꽃이 피기를 기다리는 동안 우리가 약간의 우회와 번역/해석들을 하는 것도 나쁘지 않다.

영어권 독자들은 『전복의 정치학』에서 어떤 흥미를 찾을 수 있을까? 그것은 〈오페라이스모〉8)—프랑스어와 영어 번역에서 오도된—라고 명명되어 분류되어 온 '이탈리아 맑스주의'와 접촉하게 해준다. 오페라이스모는 종종 매우 무시받았던 맑스주의였지만 형식적 수준에서는 '알튀세르' 학파의 활동과 대등한 생산력을 갖고 있으며, 오히려 실질적 수준에서는 훨씬 뛰어난 생산력을 입증하고 있다. 1973년에 등장한 '노동자의 자율'(worker's autonomy)이라는 용어 역시 오해의 소지가 있다. 왜냐하면 카탈루냐(Catalonian)의 CNT***가 사용한 '아우토노미아 오베레라'(autonomia oberera)라는 용어가 연상되어서 이 학파(〈오페라이스모〉)의 견고한 맑스주의적 토대가 간과되기 쉽기 때문이다.

---

* 러시아 생물학자 리센코(Trofim Denisovich Lysenko : 1898-1976)의 학설을 지지하는 조류. 리센코는 물질대사 중심의 유전학설을 거부하고 환경조건의 변화에 따라 유전자가 결정된다는 유전학설을 주장했다. 이후 리센코는 스탈린에 의해 '사회주의 과학의 영웅'으로 칭송받았다. 그러나 이 여파로 소련 내 유전학 연구는 퇴보했고, 리센코주의에 반대하는 과학자들은 정치적으로 탄압을 받았다.
** 폴란드 〈자유노조〉 운동을 의미한다.
*** CNT : Confederacion Nacional del Trabajo(전국노동연합)의 약어. 스페인 카탈루냐 지역의 아나키스트계 노동조합이다.

결국 〈오페라이스모〉의 계보와 맑스주의 사상 발전에 대한 〈오페라이스모〉의 주요한 공헌에 가장 많은 설명이 요구된다. 그 점에 대해 우리는 서론 초반부에서 다룰 것이다. 그러나 그것의 흐름은—〈오페라이스모〉든 '자율'(autonomy)이든 어떠한 다른 것들도—단일하지 않다. 그래서 서론 초반부에서는 독자들을 위해 이러한 '문화적·정치적 기반'(matrix)에서의 다른 사도들(disciples), 특히 이탈리아 공산당과 밀접하게 남아 있던 〈오페라이스모〉 지지자들—마리오 트론티(Mario Tronti), 알베르토 아쏘르 로사(Alberto Asor Rosa), 마시모 카치아리(Massimo Cacciari)—과 관련해 패러다임적 전환(paradigmatic transformations)을 위치지을 수 있도록 적절히 할애하고 있다. 〈오페라이스모〉의 다른 형태들과 그것의 한계들에 대한 논의는 서론 두 번째 부분의 주된 테제가 된다. 결론에서 우리는 계속되는 〈오페라이스모〉 논쟁들에 대한 네그리의 공헌을 고찰하고, 네그리의 작가 경력과 기존 저서들을 고려해 『전복의 정치학』을 위치 지을 것이다.

우리는 독자들에게 나머지에 대한 평가를 위임할 것이다. 조국 이탈리아로부터 추방된 혁명적 철학자에 의한 논쟁적 저서이자 1986년 파리의 학생운동에 경의를 표하는 저서가 하나의 시대(epoch)로서 우리의 20세기를 이론화하는 데 얼마나 도움이 될 수 있을지, 우리에게 다음 세기를 위한 행동에 얼마나 동기를 부여할 수 있을지에 대한 결정은 독자들에게 달려 있다.

I

알프스 산맥 북쪽에 있는 국가들에서 이탈리아 맑스주의에 대한 지식은 대체로 그람시에 대한 몇 마디 언급에 불과하다. 그람시도 가끔 인용될 뿐이고, 거의 읽히지 않는다.[9] 델라 볼페(Della Volpe)*는 헌사(獻辭) 없이 종종 흠만 잡히는 그의 연구만 언급되었고, 특히 콜레티(Colletti)** 는 철학사상사에 대한 그의 연구에 한정되어 언급되었다.[10] 문제는 너무나 많은 인유들(allusions)에 비해 너무나 작은 중요성(substance)에 있다. 영어권도 마찬가지로 이러한 경향에서 벗어나지 않는다. 페리 앤더슨(Perry Anderson)은 그의 고전적이고 우수한 저서인 『서구 맑스주의 읽기』[11]에서 1962년《콰데르니 로시》(*Quaderni Rossi*)***로부터 출발한〈오페라이스모〉에 대해 한마디도 언급하지 않았다. 그리고 노동자 운동의 이단적인 이데올로기들[보르디기즘(Bordigism),**** 아나키즘, 트로츠키주의, 마오주의]로부터 어떠한 영감도 받지 않았다고 주장하는 원외(extra-par-

---

* Della Volpe(1895-1968) : 이탈리아 맑스주의 철학자. 이탈리아 공산당 내에서 보수적·반헤겔적 맑스주의를 대표했다.

** Lucio Colletti(1924-2001) : 이탈리아 맑스주의 철학자. 1974년《신좌파 리뷰》(*New Left Review*)의 페리 엔더슨에 의해 널리 알려졌다. 그는 이탈리아 공산당 내에서 헤겔적 맑스주의를 대표했다.

*** 《Quaderni Rossi》와〈Red Notes〉는 동일하게 '붉은 노트'라고 번역할 수 있다. 이를 구별하기 위해 각각〈콰데르니 로시〉,〈레드 노츠〉라고 음역하였다.《콰데르니 로시》는 1960년대 초반 이탈리아 자율주의자들이 활동하던 잡지명이다.〈레드 노츠〉는 영국 자율주의 운동가들의 집단이자 이탈리아 자율주의의 문서고이다. 네그리를 비롯한 주요 이론가들의 저서와 자율주의 운동의 기록 문헌들을 영어로 번역한다.

**** 아마데오 보르디가(Amadeo Bordiga)의 사상을 따르는 이탈리아 맑스주의의 한 조

liamentary) 좌파의 초기 그룹에 대해서도 언급하지 않았다.[12] 〈오페라이스모〉의 지적 전통에서 가장 중요한 성과들 중 하나인 마리오 트론티의 『자본과 노동』(*Operai e Capitale*) 역시 출간된 지 22년이 지난 오늘날까지도 영어로 번역되지 못하고 있다.[13] 현재 이탈리아 맑스주의 지식은 주로 이러한 사상 흐름에 영향을 받은 신봉자들에 의해 영국과 미국의 노동운동사에 약간의 기여를 했다. 영국과 미국의 노동운동은 〈빅 플레임〉* 과 〈레드 노츠〉라는 소규모 집단에 속한 활동가들의 선전활동에 영향을 받았다. 그것은 영국보다 미국에서 현저했다.[14] 뒤이어 출판된 안토니오 네그리의 저작들은 『지배와 사보타주』,[15] 『맑스를 넘어선 맑스』,[16] 「국가에 대한 맑스주의 이론은 존재하는가」[17]로부터 발췌되어 소개되었다. 1989년 〈레드 노츠〉에서 출판된 새로운 논문집은 『혁명의 만회 : 맑스, 케인즈, 자본주의 위기 및 새로운 사회적 과제들에 대한 네그리의 논문들, 1967-1983』라는 표제를 달았다. 이 책은 네그리의 저서를 국제적으로 보급하는 데 큰 기여를 했다.

　　아직도 우리는 1973년 이후 일어난 놀라운 발전과정에 대한 검토와 요약들을 가장 중요한 텍스트들로 편집할 필요가 있다. 그 외의 장애요인은 우리가 알고 있는 다른 선언과 달리 이러한 맑스주의 형태가 갖고 있는 무미건조함과 불명확함의 문제다.

　　『맑스를 넘어선 맑스』의 서문을 작성한 사람과 번역 및 편집을 담당한 사람들이 '자율주의'(Autonomia) 운동과 〈오페라이스모〉의 난해하

류. 1934년 이탈리아에서 창설된 이탈리아 공산당(PCI) 의 주요 노선이었다. 보르디가는 파시즘에 대한 분석과 대응방침을 놓고 안토니오 그람시와 대립했다.
* 　Big Flame : 1970년 영국 리버풀에서 결성된 혁명적 사회주의 페미니스트 조직이다.

고 추상적인 관점들에 큰 어려움을 겪었다는 사실은 그리 놀랄 일이 아니다.[18] 독자들은 그러한 복잡한 어법들에 직면해 당황하지 않을 수 없다. 그것은 오늘날 이탈리아에서 통용되는 맑스주의 용법에 보조를 맞춘 것이었다. 보통의 문화적 맑스주의자들은 그야말로 개념의 폭격을 맞는다. 예컨대 '노동 거부'(refusal of work), '계급 구성'(class composition), '계급 해체'(class decomposition), '계급 재구성'(class recomposition), '형식적 포섭'(formal subsumption), '실질적 포섭'(real subsumption), '사회적 자본'(social capital), '국가 계획'(state-plan), '국가 위기'(state-crisis), '대중 노동자'(mass worker), '사회적 노동자'(socialized worker), '자동가치화'(auto-valorization), '대규모 및 소규모 유통'(large-and small-scale circulation)과 같은 형태들이다. 그러나 결국에는 어려운 개념이 많을수록 더욱더 좋아진다. 그렇지 않으면 개념의 손쉬운 사용은 통달하기 힘들고 의미가 애매해져 진부한 언어로 직결된다.

〈오페라이스모〉 역시 순수한 이데올로기의 계속된 반복으로 인해 억눌렸던 모든 정치적 운동들처럼 이러한 종류의 장황함을 잘 알고 있었다. 무엇보다 중요한 것은 오늘날 자본주의의 실재성(reality)과 자본주의 역사의 재해석에 대한 실천적 지식이라는 관점에서 이러한 개념들을 사용할 수 있다는 측면이다. 따라서 우리는 '추상 노동'을 비자본주의적(non-capital) 노동이라는 의미로 이용할 수 있다. '대중 노동자'를 전문화된(specialized) 노동자의 사회운동에 관한 정치적 독해라는 의미로 이용할 수 있다. '자본'은 통화위기를 해석하기 위해 화폐를 논의하는 것으로 이용할 수 있다. '자동가치화'와 '소규모 유통'은 지하경제의 발전을 재해석하기 위해 이용할 수 있다. '자본의 계획', '사회적 자본'은 케인즈에 의한 유효수요와 임금의 하향 경직성(downward rigidity of wages)

의 재발견이라는 의미를 이해하기 위해 이용할 수 있다. 미국의 주요 대학에서 발전한 맑스주의의 한 형태가 이제야 파악 가능해진 것은 학계의 지적 생산물이 지극히 평범했기 때문이라고 강조한 해리 클리버(Harry Cleaver)의 주장은 옳았다.[19] 이것은 〈오페라이스모〉의 격언, 즉 체계에 대한 지식은 그것의 충돌하는 힘들에서 생기고 노동자들의 풍부한 창의성에 대한 약탈은 언제나 일어난다는 것을 예시하고 있다.

이 서론의 제한된 지면 내에서 우리는 이탈리아 상황의 특수성에 해당하는 언어상의 장애물들을 극복하는 것을 시도할 수 없다. 특히 프랑스보다 훨씬 더 유기적 방식으로, 또 공산당이 소수적인 집단 이상으로 성장하지 못한 영어권 국가들보다 훨씬 더 강력한(a fortiori) 방식으로, 지적인 좌파(intellectual left)가 이탈리아 공산당의 정치적·문화적 헤게모니의 주체가 되어왔다는 상황의 특수성까지 언급하는 것은 불가능하다. 그러한 논의는 충분히 한 학기 세미나로 요구된다. 또한 영어로 이용 가능한 문헌의 협소한 전문성으로 인해 해결하기조차 불가능하다.

첫 번째 문제는 시간이 경과하면 줄어들 장애물이고, 특히 오늘날 사상의 지적 생산물의 진전과 함께 사라질 장애물이다. 만약 〈오페라이스모〉가 1975년 이후 많은 이념들을 퍼트리고 부정할 수 없는 지적·정치적 영향력을 끼쳤다면 그것은 또한 유럽과 미국의 정치적·이론적·문화적 경험들로부터 광범위하게 도입된 것이다.[20] 〈오페라이스모〉 운동의 많은 지도자들이 투옥되고 이탈리아에서 망명했던 1979년 4월 7일 사건과 그것에 뒤이은 탄압의 무시무시한 광풍은[21] 이들이 사용한 어법에 변화를 가져왔고, 표명된 테제들의 어조를 뚜렷하게 변화시켰다. 이 어법은 덜 이탈리아적인 것이 되었고, 전문적인 것이 적어지는 대신 좀 더 기본적인 것이 되었다. 그것의 어조는 지금 계몽주의 시대의 위대한 거장들을 상기시킨다.

두 번째 문제는 〈오페라이스모〉와 '자율주의' 맑스주의의 논지에서 양방의 주제를 체계적으로 재구축하는 것이다. 간단히 말해 이러한 학파의 사상을 그것의 출발점에서부터, 즉 동시대에 공존하던 대규모의 비판적이고 혁명적인 운동에서부터 구별하는 것으로부터 시작한다면 제대로 다룰 수 있다. 초기의 〈오페라이스모〉와 '자율주의'에서 그것의 강령이 정치와 문화에서 그것들의 실천적인 번역들을 통해 사회운동 내부의 투쟁성을 일반적으로 부활시키는 일부 요소로 보였다면, 그것의 독창성은 서구 맑스주의와 급진적이고 비판적인 사상의 주된 흐름들과의 관련성에 의해 특징지을 수 있다.

나중에 평가해 보면, 이러한 이론적 흐름이 〈오페라이스모〉의 역사적 특수성이라고 주장하는 어떠한 특징들은 1960년대 '좌익주의'와 공유한 공통 기반으로서 더 잘 나타난다. 비슷한 종류의 관심은 노동운동이 처음에는 사회주의, 그 다음에는 공산주의의 형태로 서서히 경직화되는 것에 반대하는 만큼 1950년대 포드주의적 자본주의 체제에 반대하는 사회적 시위로 곧잘 나타났다. 〈오페라이스모〉는 그 내부에서 노동자와 학생의 봉기를 고양시켰다. 그것은 새로운 정치적 행위자, 즉 국가와 조직된 노동계급 운동 사이에 제3세력을 발견했다고 주장한다. 독일이 둘로 분단되고 유럽과 아메리카에서 식민지 전쟁이 끝난 이후에 거리에서나 사람들의 마음속에서 혼란은 일반적인 현상이었다. 그것은 세계 곳곳에서 일어났지만 모든 가능한 변화들이 만들어진 곳은 유라시아 대륙의 작은 반도(이탈리아)였다. 서독, 프랑스, 이탈리아에서 1968년과 1969년에 일어난 사건들은 절정을 이루었고, 이러한 오래된 경험은 이전 세대가 나치에 대한 저항을 통해 얻은 해방과 투쟁의 경험에 맞먹는 것이었다.

1970년대 말 이러한 문화적·정치적 열망들이 대의제 민주주의 영역으로 전환되지 못하였고, 자본주의가 어려운 위기에 다시 직면하게 되자 빈민지역(ghetto) 도처에서 폭발하는 시기가 이어졌다. 일부는 이것을 소수자들의 급진화로 표현했고, 다른 이들은 이것을 구(舊) 좌파정당을 재건하기 위한 시도 내지 신중한 불만 표출로 여겼다. 1970년대와 1980년대 사이에 어디서든지 과격주의(extremism)의 부흥을 볼 수 있었다. 그것은 점차 테러리즘에 의해 과잉결정되었고, 그 자체가 혁명적 생디칼리스트인 조르주 소렐(Georges Sorel)의 신화적 가치처럼 여겨졌다. 이러한 신화는 운동의 퇴조와 더불어 억압적 관료제에 의해 창출되었다. 어쨌든 그것은 전후 해방협정(Pact of Liberation)의 기초 위에 구축되었던 민주주의 국가의 비합법성을 구체적으로 표현했다. 1980−1981년부터 일부 국가들에서는 탄압의 강도가 점차 누그러졌고, 1968년의 문화적 가치가 서서히 제도적 영역으로 스며들기 시작했다.

그러나 1965−1975년까지 10년간 어느 나라에서든(전후 유럽에서 유일한 정치적 혁명이라 부를 만한 가치를 보여준 포르투갈을 포함해서) 혁명적 '신좌파'는 동일한 장애물, 동일한 사각 링(squared circle)에 부딪쳤다. 과연 무엇이 급진적·사회적 변혁을 위한 포스트−코뮤니즘 조직을 의미하는가? '공산당'(Party)이 더 이상 1917년의 사건들을 재현할 수 없을 때 자본주의의 발전단계에서 자발성으로 등장한 대중들에게 어떻게 정치적 공간들이 제공될 수 있을까? 더구나 여러 가지 형태들 속에서 '현실 사회주의'(real socialism) [정확히 영국(Anglo−Saxon)의 경험주의적 유물론을 이탈리아에서는 socialismo realizzato, 즉 실현된 사회주의(achieved socialism)라 부른다] 역시 '공산당'과 별반 다르지 않다.

이데올로기적 출발점, 국가 또는 1960년대 투쟁에서 생겨난 '혁명적' 조직들의 규모가 어떠하든지 간에 1972–1977년까지는 1920년대로부터 유래된 정치적 형태들의 분출을 보았다. 그 조직들이 무수히 많은 '분파들'(sects)로 분열됨으로써 자신들의 형성과정(formation)을 단념하자마자 다음과 같은 세 가지 중요한 혼란들과 마주하게 된다. (1) 공산당을 대체하는 것이 불가능했다. 따라서 제도적 공간의 극적(劇的) 부재가 창출되었다[유럽의 원외(院外) 좌파에서 그것을 타개한 유일한 성공사례는 독일 녹색당(the German Greens)*뿐이다. 독일은 준헌법적(quasi–constitutional)인 규제로 인해 공산당이 존재하지 않는 나라다]. (2) 중앙집권적 조직모델들의 위기였고, 이와 동시에 노동의 성(性)적 분업에 대한 페미니스트의 비판 내지 소수자 그룹들(다른 무엇보다 차별에 대항하는 투쟁을 주도하고 있던 이주 노동자들)의 등장과 비추어 볼 때 '정치(politics)가 하는 방식' 전체가 위기였다. (3) 폭력에 의한 정치적 차원의 통제는 무기를 가진 매우 전문가적인 그룹의 암적인 성장에서 기인했다. 대중운동이 무능하다는 배경과 비상사태를 취하는 민주주의 국가에 대한 대중적 항의에 직면할 때 극단적인 행동에 호소하는 위와 같은 그룹이 나타난다. 이러한 권력에 대한 '모욕'(affront)은 불가피하게 국가가 유리한 입장이되도록 만들었다. 그 이유는 국가가 더 좋은 무력을 가졌기 때문이 아니라, '노동계급 정당'의 신화적 이미지나 과거의 투쟁을 대표하던 제4그

---

* 독일의 녹색당(the Greens/Green Party)은 생태계의 평형을 지향하는 세계 최초의 환경정당이다. 1979년 헤르베르트 그룰, 페트라 켈리 등의 주도로 250여 개의 생태·환경 단체들이 연합하여 출범했다. 핵에너지나 대기·수질 오염의 통제에 대한 여론의 조직화에 노력해 1980년 전국 규모의 정당으로 부상했다(다음 백과사전 참조).

룹보다 국가가 전체적으로 더 많은 사회적 권력을 대표하기 때문이다.

이러한 사고는 효과적이지 못한 균질적인 개인의 힘(power)을 다중의 위력(strength)을 지닌 국가의 사회적 권력(power)과 대비시킨 스피노자에 관한 연구[22]로 이끌었다. 현실 사회주의에 대한 의문(즉 자신들의 전향과 저항하는 역할 외에도 사회세력들 사이에서 사회주의 모델의 광범위한 보급을 여전히 토로하고 있던 서구 공산당에 대한 의문)과 페미니스트의 의문, 그리고 폭력의 문제에 대한 의문은 서로 다른 방식과 강도(degree)의 모든 측면에서 씨름했다. 그러나 이러한 이슈들은 처음엔 당파들에 대해, 그 다음엔 조직된 〈노동자들의 자율〉(workers' autonomy)에 대해 조종(弔鐘)을 울렸다.[23]

1973년과 1976년 사이 원외(院外) 좌파의 대부분은 해체되었다. 그러나 난니 발레스트리니(Nanni Balestrini)의 『우린 전부 원해』(Vogliamo tutto)*와 로베르 린하르트(Robert Linhart)의 『작업대』(Etabli)** 그리고 귄터 발라프(Günter Walraff)의 『가장 밑바닥』(The Lowest of the Low)***과 같은

---

* Nanni Balestrini(1935-) : 이탈리아의 네오아방가르드(Neoavanguardia) 시인이자 작가. 『우린 전부 원해』는 피아트에서 일하는 남부 출신 노동자의 이야기로 도시 하층민들의 투쟁과 노동자의 자율성에 대해 이야기하고 있다. 서지사항은 Vogliamo tutto(Feltrinelli, 1971).

** Robert Linhart(1943-) : 프랑스 사회학자. 『작업대』는 마오주의 운동 지도자이자 맑스 레닌주의 청년동맹의 설립자였던 로베르 린하르트가 1960년대 말 슈아지의 시트로앵 공장에 위장취업한 경험들을 담고 있다. 서지사항은 L'Établi(Éditions de Minuit, 1978).

*** Günter Wallraff(1942-) : 독일의 저널리스트. 『가장 밑바닥』은 1980년대 독일에서 귄터 발라프가 터키계 이주노동자 알리로 위장해서 살았던 체험들을 담고 있다. 서지사항은 Ganz unten, Kiepenheuer & Witsch, 1985. 한글판으로는 신상전 역, 『밑바닥 인생 : 노동시장을 통해서 본 자본주의 사회 해부』(분도출판사, 1988)가 있다.

투사들에 의한 직접적인(first-hand) 성과들을 보면, 상황(situation)과 형성(formation)의 특수성을 넘어 자기 창조(self-creation) 과정에 있는 '주체성'의 여러 심급들 사이에는 매우 깊은 유사성들이 있다. 그것은 대체로 자연발생적인 다른 무장투쟁들에서도 똑같은 이야기다. 즉 '민족주의적 소수자들'(nationalist minorities)로부터 '교조적인 좌파주의'(dogmatic leftism) 내지 '자연발생적 마오주의'(maosponti), 즉 '무정부주의적 마오주의자들'(anarcho-maoists)까지 망라한다.[24)

그렇다면 트로츠키주의, 마오주의 내지 친(親)중국적인 맑스-레닌주의 같은 서로 다른 분파들처럼 다른 나라들에서 보다 잘 알려진 형태들로 공존해 왔고 이탈리아에서 등장한 새로운 형태의 맑스주의의 독창성은 도대체 어디에 있는 것일까? 결국 이것의 독창성은 공산당 내에서 우세했던 교조적 맑스주의, 프랑크푸르트 학파에 의해 생산된 비판이론, 사르트르의 실존주의적 휴머니즘 그리고 알튀세르의 반휴머니즘적 구조주의에 대해 이론적 수준에서 최초로 대안을 제시했다는 점에 있다.

전후 재건(再建)기 이후의 유럽에서 '사회주의적 대의'(socialist cause)이 편연적인 우수성을 믿고 있던 이들은 자본주의의 우월한 번영을 자본주의적 생산양식의 저하경향(down-ward trend)에 반대하는 부차적인 역경향들(secondary counter-tendencies)처럼 우연히 발생한 재난에 불과하다고 생각했다. 즉 자본주의의 여명(餘命)도 얼마 남지 않았고, 조만간 경제의 고유하고 파국적인(catastrophic) 모순들이 출현하는 것은 의심할 여지가 없었다. 그러나 1956-1960년 이후 자본주의의 성장률은 유지되었고, 자본의 국제화도 방해받지 않고 지속되었으며, 노동계급 가구들의 생활수준은 향상되었고 기술혁신도 활발했다. 한마디로 생산력이 매우 순조롭게 발전했다.

헝가리와 폴란드에서는 '사회주의적 대의'가 붕괴되기 시작했고, 중국과 소련에서는 이론적인 수정이 일과처럼 되었다. 북유럽 사회주의 정당들은 '혼합경제'(mixed economy) 내지 '사회적으로 조절된 시장경제'를 미덕으로 찬양했다. 반면 남부유럽의 낡은 공산주의 정당들은 1970년대 동안 이러한 '혼합경제'와 '사회적으로 조절된 시장경제'를 서서히 받아들였다. 따라서 정통(canonical) 맑스주의는 '사회주의적 변혁'을 위해 포기되었다. 공산당 내에서 이러한 지각변동은 비록 '수정주의'가 베른슈타인(Bernstein)의 냉소주의나 카우츠키(Kautsky)의 신중론을 취하지 않더라도 더 극적으로 일어났다.

이러한 모든 것은 [가로디(Garaudy)*가 묘사했듯이] 혁명적 맑스주의가 기술적 진보의 거대한 휴머니즘으로 용해되는 징조였다. 곧 부르주아 민주주의의 확대에 관한 주제로 규합하는 것, 노동계급 운동을 하나의 거대 정당[이탈리아 공산당(PCI)의 지도자 아멘돌라(Amendola)**의 영도하에]으로 재통합하는 것, 임금노동의 폐지를 지지해 온 CGT***(프랑스 공산당 주도의 노동조합)에 의한 아미앵 헌장****을 포기하는 것, 그리고 '프롤레타리아 독재'를 포기하는 것 등이다. 이론적 수준에서 이러한 변화

---

*   Roger Garaudy(1913-) : 프랑스 맑스주의 이론가. 당시 이탈리아 공산당과의 이념 논쟁에서 프랑스 공산당을 대표했다.
**   Giorgio Amendola(1907-1980) : 이탈리아 공산당 내 우파 지도자
***   Confédération Générale du Travail : 프랑스 노동 총연맹
**** Charter of Amiens : 1906년 아미앵에서 개최된 CGT 제9차 회의에서 결정된 사항이다. 이 헌장의 골자는 노동조합 운동과 정치정당 활동을 분리시키는 것이다. 본문의 취지는 이탈리아 공산당이 대중조직과 정치조직의 분리라는 아미앵 헌장의 핵심 사항을 포기했다는 것을 의미한다.

는 [독일에서 슈타모카프(Stamokap)로 알려지고 프랑스에서 보카라(Boccara) 가 옹호했던]* 국가독점자본주의론에 대응한다. 국가의 민주적 통제는 사회주의로의 평화적 이행의 출발을 가능케 하였다. 이러한 사회화 (socialization)를 향한 변형은 국유화 프로그램(예컨대 영국 노동당이 한 것이나 이탈리아에서의 직접적인 국가 투자 프로그램 등)이라는 수단에 의해 달성되었다. 프랑스에서는 공공 프로그램(Common Programme)에서 이러한 국유화가 계획되었고, 미테랑(Mitterrand)이 권력을 잡은 이후에 공공 프로그램이 해체되었음에도 불구하고 실시되었다. 서유럽 어디든 좌파노조[이탈리아의 '역사적 타협'(historical compromise),** 이베리아 반도의

---

* Stamokap는 독일어로 국가독점자본주의를 뜻하며, Boccara는 프랑스의 유명한 여가수다.

** historical compromise : 1973년 이탈리아 공산당의 서기장 베를링구에르가 제안한 기민당과의 연정(聯政)안. 1970년대 이전 이탈리아의 정치적 상황은 기독민주당과 공산당 사이의 불안정한 양당체제에 놓여 있었다. 특히 이탈리아 공산당은 1960년대 후반부터 대중들의 사회적 투쟁 덕분에 의회 내에서의 정치적 입지를 보다 넓혀가고 있었다. 이러한 정치적 입지를 보다 강화하기 위해 공산당은 '투쟁의 당'에서 '투쟁과 통치의 당'이라는 정치적 모토를 내세우면서 1978년에 등장한 새 정부에 대한 정치적 지지를 선언한다. 하지만 이는 내중들의 정치적 대리자이자 공산당 자신의 정치적 위치를 불안하게 만들었다. 여기에 결정적인 영향을 미친 것이 1974–1978년 사이 기독민주당과 공산당 간의 정치적 동맹관계이다. 이 시기 이 두 정당 간의 동맹관계는 이전보다 강화되는데, 이것이 오히려 1970년대 중반 이탈리아 정부의 정치 지배력을 강화하는 역효과로 나타난다. 이것이 바로 이탈리아에서의 〈역사적 타협〉이었다. 이 과정에서 대중들의 사회적 투쟁도 심화되고 극우파들의 정치적 대항도 심화되었다. 좌파 내에서 〈붉은 여단〉과 같은 폭력적 무장단체들이 등장하기 시작한다. 이에 1970년대 중반 이후 지배권력은 대중들의 사회적 투쟁을 적극적으로 억압하고 해체하기 시작했는데, 그 수단은 특별 경찰, 특별 감옥, 특별 재판 비상조치 등과 같은 비상 국가체제의 확립이다. 결국 기독민주당과 공산당 사이의 1970년대 〈역사적 타협〉은 지배권력의 통치역량만을 강화시키는 역설적 결과를 낳았다(조정환, 『아우또노미아』, p. 34–8).

살라자리즘(Salazarism)* 내지 후기 프랑코(Franco) 정권의 변화]의 통제 하에 있었다. 이러한 '구조적 개혁의 정치적 개방'(開放)에 속하지 않는 사회투쟁들은 간혹 강력한 반대 사례들이 있을 것 같은 노동조합의 영역 안으로 전락되어 버렸다. 더구나 지금 전통적인 노동조합 진영들은 그들의 영향력을 잃어갔고, 이러한 자본주의의 재구조화와 국내외에서의 비숙련 이주 노동자들의 비중 증가에 의해 포위되었다. 기술발전은 '생산력'에 의해 성취된 것 이상으로 급속하게 발전했고 한층 더 촉진되었다. 공산당 이론가들은 계급적 충성을 확립하기 위해 생산적 노동의 개념을 기술자들, 엔지니어, 관리직 직원, 국가기구의 하부로까지 확대시키는 것을 용인했다. 구조적 개혁이라 불리는 이러한 주제는 1968년과 1969년의 전반적인 지각변동 이후에도 노동운동의 의제로 남았으나 작업현장 수준에서의 필수조건들, 즉 소득에 기초한 정책들과 생산성 수익의 범주 내에서 정기적인 봉급인상을 유지하는 것은 붕괴되었다.

노동계급에서의 과소소비 내지 축적(과잉-축적) 주기의 불균형으로부터 발생하는 축적위기라는 정통파의 구조적 해석들에 직면해 〈오페라이스모〉학파는 케인즈주의 국가의 초기 위기에서 노동계급의 투쟁이 임금의 경제적 영역에 직접적인 영향을 끼친다고 보았다. 서구 공산당의 정통 맑스주의자들이 가진 최대 관심사는 이러한 종류의 분석으로부터 매우 동떨어져 있었다. 이러한 정통파와 대조적으로 〈오페라이스모〉는 뉴딜 정책하의 미국에서 일어난 계급투쟁의 역사를 적극적으로 받아들었다. 트론티가 혁명의 태양은 미국 서부에서 떠오른다는 도발적

---

* 20세기 포르투갈의 독재자 살라자르(Salazar, 1889-1970)의 파시즘적 전제정치를 추종하는 사상조류

인 서술을 하였음에도 불구하고 주류파의 관심은 흐루시초프의 러시아로 향해 있었다.

위와 같은 정치적 비전과 이와 동일한 언어로 사용했던 흐루시초프에 의한 초기 페레스트로이카(perestroika)에 대한 진정한 지지 사이에는 의심할 수 없을 정도의 유사성이 존재한다. 그것은 철의 장막(Iron Curtain) 양쪽 진영에 있는 생활방식들의 수렴으로 이야기된다. 즉 국제적인 긴장완화, 그리고 스탈린주의적 '개인숭배'라는 범죄와 과오—과오라고 믿었던 하나의 견해에 따르면—로 더럽혀진 1936년 공포된 헌법과 관련된 '사회주의 합법성'의 침해를 줄이는 것 이 두 가지로 이야기된다. 따라서 좌파들은 계급 대 계급, 권력 블록(power-bloc) 대 권력 블록, '폭력혁명'의 이론적 타당성 그리고 무장투쟁의 충돌을 불러일으키는 전략들을 암묵적으로 폐기하게 되었다(1960년까지만 해도 이탈리아에서 PCI는 반란적 경향을 가진 정당이었다. 그리고 이러한 경향들은 반파시스트 투쟁과 해방투쟁으로부터 남겨진 것이었다). 그 대신에 생산력을 발전시키기 위한 객관적 조건들을 강조하게 되었다. 그리고 이 모든 일들은 1961년 중국 공산주의와 소비에트 공산주의가 크게 분열하게 되고, 뒤이어 문화혁명으로 이어지는 동안 서구 중심부에서 반향(反響)을 일으켰다.

이 기간 동안 중국 공산주의(종종 비극적으로 오해된 중국의 현실 속에 있거나 현실을 넘어서)는 젊은 유럽의 공산주의 세대들에게 큰 매력처럼 보였다. 이들 젊은 세대들은 계급투쟁인 주차모순(principal contradiction)을 망각시켜 '대중들'을 무기력하게 만드는 경제결정론과 기회주의에 대한 전쟁을 선포했다. '수정주의'(revisionism)는 스탈린에 대한 직접적인 비판이었고 평화공존의 표어는 반란의 발화점, 즉 파농(Fanon)의 '폭풍의 지대'(zone des tempetes)인 제3세계를 희생시켜 만들어진 것이다. 파농주의(Fanonism)와 마오주의(Maoism)는 1960년대 후반기에 많은 공통점을 가지고 있었다. 반권위주의와 반위계적 차원에 대해서 파농주의와 마오주의는 [육체노동(manual labour)으로 대표되는] '통제된 노동'과 [경비견(guard dogs), 작은 두목(petty bosses)으로 연출되는] '재생산 노동' 사이의 모순을 강조할 목적이었다. 특히 학생운동 기간 동안 이러한 주제들은 '이데올로기적 국가장치'(ideological state apparatus)로서의 대학의 기능에 관한 것이 아니라, 대학의 자유재량에 관한 수단의 문제로 생각할 수 있는 과학적이고 기술적인 혁명에 대항함으로써 제기되었다.

일부는 중국의 문화혁명, 다른 이들은 베트남과 쿠바를 알리바이로 받아들였지만, 그러한 것들을 넘어서 정치적 이성 비판(critique of political reason)이라는 관점에서, 어떻게 이러한 경향들이 그 과정 속에서 혁명적 윤리를 포기하지 않고 제3인터내셔널의 맑스주의와 결별할 수 있는 이데올로기(트로츠키주의나 아나키즘이 더 이상 제공할 수 없었던 것)를 모색할 수 있는지 주목하는 것이 훨씬 흥미롭다. 그러나 이데올로기적 분열(split)을 믿지 못하는 이탈리아의 〈오페라이스모〉는 알튀세르가 가장 효과적으로 공식화한 '수정주의' 비판과 많은 점에서 확실히 일치하는 이론적인 단절들(ruptures)을 보여주었다. 이러한 단절은 1965년 이후의 인식론적 단절(epistemological break)이라는 혁명적 특성, 1969년 이후의 계급투쟁의 선차성 부여, 1974년 이후의 '프롤레타리아 독재'라는 개념의 포기를 거부하는 『자본』에 나타난 과학적 맑스로의 복귀를 수반했다.

《콰데르니 로시》의 성찰적인 초기 주제들은 맑스주의 전통에서 가장 풍부하고 혁명적인 주제들을 담고 있다. 이 주제들은 여러 가지 근본적인 비판들에 대해 정확히 대응하고 있다. 첫째, 《콰데르니 로시》에는 점점 더 눈에 띄게 약화되는 전통적인 노동운동을 상쇄하기 위한 구체적인 분석과 노동자들의 논쟁이라는 주제가 있다. 전통적인 노동운동은 제도적인 논쟁들로 경직되어 있었고, 이로 인해 투쟁의 주역이자 이해당사자들인 프롤레타리아와 노동자들은 완전히 배제되어 있었다. 또한 《콰데르니 로시》에는 계급투쟁에서 지식인들의 기능에 관한 주제도 있었다. 이러한 〈오페라이스모〉에 의해 공식화된 지식인의 역할은 〈폴란드 노동자방어위원회〉(Polish Worker's Defence Committee), 즉 KOR(Komitet Obrony Robotnikow, 1977년 사회적 자기방어위원회로 개칭되었다)과 1980년 〈자유노조〉(Solidarity) 내부에서 '전문가 그룹'(experts)에 초점을 맞추었던 것과 매우 흡사하다. 그러나 무엇보다 중요한 주제는 영국 맨체스터에서 대규모 산업의 탄생을 열정적으로 분석했던 맑스로의 복귀였다. 왜냐하면 원외 좌파의 모든 정파들이 확실히 매료되었던 주된 대상이 세계에서 가장 큰 공장 — 미라피오리(Mirafiori)에 있는 10만 피아트(Fiat) 노동자들 — 이었기 때문이다.

이 공장의 문(門)들이 주는 매혹보다 중요한 것은 이 투사들의 침실 벽에 체 게바라(Che Guevara)나 마오쩌둥의 포스터 대신 공장-도시(factory-city)의 지도가 걸려 있었다는 사실이다. 에피날(Epinal)*의 형상은 도표로 바뀌었고, 이와 함께 구체적인 문제가 발생했다. 정보의 순환을 어떻게 재확립하고 수백의 다락방에서 일어나는 은밀한 행위들로 구성된 운동들의 연결망을 어떻게 조망할 수 있을까? 공식 노조의 파업이

* Epinal : 프랑스 로렌 지방에 있는 제조업의 중심지

끝난 이후에 발생하는 일상적인 수백 건의 사건들과 분쟁에 의한 결근 혹은 노동자들의 파업을 어떻게 해석할 수 있을까? '성실하지 못한' 노동자들과 '전통에 무지한' 자들, 그리고 더 나아가 '소작농 같은' 노동자들이 갑자기 일을 멈추고 노조 사무소를 뒤집어 놓는 예측할 수 없는 폭발을 어떻게 설명할 수 있을까? 트론티가 제기한 '무엇이 노동계급의 법인가'라는 물음 내지 로마노 알콰티(Romano Alquati)가 제기한 '무엇이 미라피오리 노동자들의 보이지 않는 정당인가'라는 물음은 단순한 수사(修辭)가 아니었다. 여기서부터 노동자들의 상태를 정확하게 조사하기 위한 가장 중요한 규칙이 나타난다. 그것은 사회학자들에 의해 수행되는 수동적이고 고립된 조사들— '차가운 조사'(cold inve stigation)— 과 구별되는 능동적인 조사 — '뜨거운 조사'(hot inve stigation)—임에 틀림없다. '뜨거운 조사'는 생산의 실재 구조와 권력관계를 보다 더 효과적으로 보여준다. 한마디로 그것은 계급구성을 밝혀준다.

여기서 우리는 사회계급 내지 직업범주로서의 그것의 응용과 관련해 '계급구성'(class composition)이라는 용어가 가지는 불일치(discrepancy)를 파악할 수 있다. '뜨거운 조사'는 힘의 동적(動的)인 특성과 힘의 장(場)이 결부된 본질적인 의문이다. 오직 투쟁의 강도만이 노동계급의 집합적 노동력을 드러낼 수 있다. 노동계급은 정치적 범주이지 사회학적 용어가 아니다. 기업에 의해 지출되는 대부분의 '중립적인'(neutral) 연구들은 노동생산성을 증가시키기 위한 수단이다. 그렇기 때문에 노동자들의 자유시간을 빼앗고 그 시간을 감독관들에게 넘겨주는 노동연구 분야로 국한된다. 오직 '뜨거운 조사'만이 이러한 제한 없이 노동자들의 이익을 위해 노동자 스스로가 이용할 수 있는 역량을 가지고 있다. 오직 '뜨거운 조사'만이 비(非)이데올로기적 용어로 조직의 문제들을 직접 제기할 수 있다.

1965-1966년 이후《콰데르니 로시》의 경험을 이해했던 투사들은 그때까지 스탈린주의와 스타하노프주의(Stakhanovist)*에 의해 아나코-생디칼리즘의 어두운 심연 속으로 추방되었던 투쟁형태들의 강한 효과 (impact)를 스스로 평가할 수 있는 역량을 믿게 되었다. 이러한 투쟁 형태들로는 무단결근(absenteeism), 사보타주(sabotage), 불법파업(wild-cat strikes), '이직'(turnover), 규격화된 업무에 대한 고의적인 태업 등이 있다. 요컨대 허쉬만(Hirschmann)의 『퇴출, 항의, 충성』**에서 '퇴출 해결책들'(exit solutions)이라 불리던 모든 투쟁형태들이다.

1964년과 1967년 사이에 발행된《노동계급》(Classes operaia)의 각호 (各戶)는 1960년대 동안 유례없이 명료한 모델로 여겨졌던 포드(Ford) 공장들에서의 노동력 그리고 유럽에서의 불법파업과 무단결근에 대한 기사들을 게재했다.[25] 게다가 〈오페라이스모〉의 텍스트들은 눈 깜짝할 사이에 고용주들로부터 주목받는 대상이 되었다. 고용주들은 자신들을 위한 연구들보다 이러한 이단적인 출판물들을 읽음으로써 자신들의 공장에서 기능하는 것들에 대해 보다 더 배울 수 있다고 인정했다. 확실히 그것의 실재 작용들과 공장에 대한 생생한 관심은 프랑스와 독일에서보다 오히려 체계적이었다. 이탈리아에서 그것은 윤리적 이슈라기보다 오히려 '지적인' 문제였으나 그것의 사회학적 지평을 극복하려는 혁명적

---

* 소비에트 노동자 스타하노프의 엄청난 생산성을 추앙하는 생산력주의(productionism)를 가리킨다.

** 서지사항은 Albert O. Hirschman, *Exit, Voice and Loyalty : Responses to Decline in Firms, Organizations, and States*(Harvard University Press, 1972)이다.

투사들에 의한 주체적인 열정과 시도 역시 마찬가지로 파악될 수 있었다. 그러나 〈오페라이스모〉는 현대 노동자의 일상을 다루는 인류학에서의 단순하고 상세한 현상학적 분석으로 국한되지 않는다. 만약 그렇게 된다면 노동계급 운동에서 다시 제기되는 '생산력주의'(productionism)와 별반 다르지 않다. 그렇지 않아도 '생산력주의'는 영어와 프랑스어로 '노동자주의'(workerism)라 불리는 〈오페라이스모〉의 결점에 대해 지나치게 비난하고 있다. 다시 말해 〈오페라이스모〉는 순수하게 노동조합 지향적 견해일 뿐 정치적인 관점이 아니라는 것이다.

대규모 근대적 공장이 어떻게 작용하는지 이해하는 과정에서 〈오페라이스모〉는 두 가지 본질적인 발견을 하였다. (1) '자본계획'이라 불리는 것으로 자본의 힘이 갖는 본질적이고 사회적인 특성이고, (2) 자본주의적 생산관계의 핵심에 있는 단절적이고 동적인 것에서 노동계급의 투쟁이 갖는 결정적인 역할이다. 우선 판치에리(Panzieri), 라이저(Rieser), 란차르도(Lanzardo), 알콰티(Alquati), 트론티(Tronti)에 이어 《콰데르니 로시》에 기고했던 모든 사람들의 작업들을 특징짓는 첫 번째 시점부터 시작하자. 두 번째 시점은 〈오페라이스모〉의 지지자들이 1964년과 1967년 사이에 저널 《노동계급》을 자신들의 거처로 삼았던 기간이다. 〈오페라이스모〉의 지지자들은 《콰데르니 로시》 때와 마찬가지로 생디칼리스트 좌파라는 매개를 거치지 않고 공장에 직접적이고 자율적으로 개입하려는 원칙을 수립했다.[26]

1.

테일러(Taylor)와 포드주의(Fordism)의 이념을 그것의 '현대판'인 피아트-미라피오리(Fiat-Mirafiori)의 공장-도시와 케인즈주의 국가들로 이해한다는 것은 결국 고도 자본주의(high capitalism)를 특징화하는 본질적인 특색을 놓치지 않았다는 것을 의미한다. 여기서 착취(exploitation)는 본질적으로 사회적 특징이다. 자본에 의한 지배의 고전적이고 이념적인 형태는 공장에 대항하는 도시(town), 즉 생산영역에서 집합적 노동자의 지배적인 위치에 대항하는 사회 전체의 유통과 재생산영역을 구현한다. 따라서 노동자의 힘은 포획되고 길들여진다. 이러한 이론적 상관관계는 정통 맑스주의가 '경쟁적 자본주의' 단계에 머물렀다는 것이다. 그 중에서 개별적인 자본가들의 이익 총계를 구성하는 것은 모순으로 밝혀진다. 이 경우 오직 사회주의만이 사회와 조화 있게 잘 통합된 축적, 양자의 전반적인 이익을 대표하는 위치에 있게 된다. 〈오페라이스모〉는 다양한 각도로 자본주의적 생산의 비합리성을 비판하고 노동계급의 운동과 사회주의를 노동의 의미와 가치, '진보'의 의미와 가치를 유일하게 보증하는 자(guarantor)로서 제시하는 문헌들과 과감한 단절을 꾀하고 있다. 자본주의는 노동계급의 운동과 맑스(『요강』을 제외)가 주되게 사회주의 이행의 존재 이유로 보았던 매우 핵심적인 변혁들을 수행했다.[27]

사회적 자본[Gesellschaftskapital]에 대한 맑스주의의 범주로부터 비롯된 자본주의의 이러한 비전은 자본가 사이의 모순을 부수적인(subordinate) 역할[우리는 마오주의와의 혼란을 피하기 위해 '부차적인'(secondary)이라고 말할 수 없다]로 축소시킨다. 자본의 권력은 결국 사회 전체의 권력으로서, 대규모 균형을 계획하는 권력으로서, 과학의 권력으로서 발휘된다. 무정부주의적 자본주의는 그들의 메커니즘을 사회화로 변형시킴으로써 노동자들의 투쟁에 대응하고 케인즈주의적 계획경제의 형태를 취한다. 그러므로 무정부주의적 자본주의에 직면해 계획된 사회주의를 요구한다는 것은 무의미하다. 아래의 다섯 텍스트들은 '이행기에 있는 사회주의'(socialism in transition)에 대한 매우 중요한 이론적 성과들을 담고 있다. 라니에로 판치에리(Raniéro Panzieri)의 「잉여가치와 계획 : 『자본』독해에 관한 노트」, 마리오 트론티의 「사회자본」과 「사회적 공장」 (La fabbrica e la societa), 네그리의 「케인즈와 국가에 대한 자본주의 이론」,[*] 과 「맑스의 순환론과 위기론」[**] 등이 있다. 이 텍스트들은 모두 1962년부터 1968년 사이에 출판되었다. 이러한 맑스주의 형태는 명백히 경직되고 전례적인 모든 정통적인 주장들 혹은 [판네쿡(Pannekoek), 마티크(Mattick), 코르쉬(Korsch), 루카치(Lukács)의 진정한 역사적 좌파주의 내지 알튀세르 맑스주의의 '과학적 엄밀성으로의 복귀'와 같이] 파악하기 어려운 주장들과 차별화된다. 이것은 소련 스스로가 '현실 사회주의'에 대해 근본적인 의문을 갖기 약 20년 전부터 등장한 최초의 포스트 사회주의적 (post-socialist) 맑스주의이다.

이러한 소비에트 모델에 대한 거부는 1960년대 이후 PCI의 문화적 엘리트가 가진 특수성이었다. 그러나 그것의 목표는 사회주의의 무용(無用)함을 논증하는 우상 파괴적이고 이론적인 형태를 띠지 않았다. 〈오페라이스모〉 지지자들은 이러한 특징을 정치적 영역에서 조금도 강조하지 않았고, 조직적 수준과 무장반란의 수준에서 레닌주의적 주제들을 다시 제기함으로써 보다 더 효과적으로 숨겨왔다. 이것은 유럽 내 모

---

* 한글판으로는 네그리, 「케인즈와 국가에 대한 자본주의 이론」, 『디오니소스의 노동 I』 (갈무리, 1996)로 번역되었다.
** 한글판으로는 네그리, 「맑스의 순환론과 위기론」, 『혁명의 만회』(갈무리, 2005)로 번역되었다.

든 대규모 좌파의 형성과 관련해 그들의 고립을 설명해 준다. 이는 충분히 납득할 만한 일이다. 왜냐하면 자본주의적 발전의 긍정적인 측면에 대한 찬미, 즉 '현실 사회주의'를 구성했던 역사적 사건을 넘어서 자본주의의 궁극적인 우수성에 대한 찬미가 베른슈타인적 전통과 연결되었기 때문이다. 베른슈타인적 전통, 즉 '운동(투쟁)이 모든 것이다. 그것의 목표, 사회주의 이념, 여타의 생산양식은 아무것도 아니다'라는 식이다. 이와 똑같은 일이 이데올로기적 측면에서 발생한다. 거기에서는 노동계급 운동의 휴머니즘적 '도덕주의'(moralism)보다 오히려 자본주의적 냉소주의(cynicism)를 더 좋아한다. 한마디로 말하면 이것은 체계 수준에서 발생한 '이론적 반–휴머니즘'이다.

　　이 주제는 1975년에 시작된 전면적인 위기의 등장과 함께 자율주의적 맑스주의에서 점차 희미해졌다. 노동자들의 투쟁이 개혁주의의 리듬과 억압적인 기능에 혼란을 가져오면서 자본을 '노동계급의 이용'으로 변형하려고 제도적인 개혁들을 가속화하던 '개혁주의적'(reformist) 상황이 점차 드물게 되었다. 1968-1969년 이후 오히려 노동계급의 투쟁은 어떠한 긍정적인 변형도 완전히 막는 인상마저 주었다. 이 주제는 방법론적이고 수사적인 논의[파국론(catastrophe theory)에 대한 거부]로 남았다. 그러나 네그리는 최근 저서에서 그것을 어떠한 긍정적인 테제로 받아들이지 않았다.[28] 다른 한편, '공장 작업장에서의 상세한 디테일' 대신에 착취의 세계적이고 사회적인 메커니즘에 우선권을 부여해야 한다는 것을 경험을 통해 입증하고 있다. 1960년대에는 공장에서 승리하기 위해 도시를 획득할 필요가 있다고 믿어왔다.[29] 1970년대의 위기 동안 대립은 화폐유통의 영역으로 이동했다.[30] 이미 유동적인(circulating) 노동자였던 대중 노동자들은 사회적 노동자에 의한 상대적 잉여가치의 추출에 있어 중요한 존재로 부각되고 있었다.[31] 그리고 지금은 가사노동 (domestic labor)이 잉여가치를 생산한다고 믿게 되었다.[32]

동일한 의미에서 〈오페라이스모〉의 테일러주의 분석은 미국의 마글린(Marglin)*과 프랑스의 앙드레 고르(André Gorz)**의 급진적인 조류들과 근본적으로 다르다. 마글린과 고르는 과학적 노동분업에 들어 있는 생산에 대한 노동자들의 통제가 가진 배제(expulsion)의 효과를 받아들였다(계급 해체의 측면). 그러나 그들은 노동과정에 대한 미시경제적이거나 미시사회적인 관점에 사로잡혀 있었다. 파올로 카르피나노(Paolo Carpignano)의 설명에 따르면, 테일러주의는 사회 전체가 공장처럼 기능하고 또 기능해야 한다는 확신을 내포하고 있다. 노동분업이 가능해진 것은 모든 생산관계의 이러한 사회화가 존재하기 때문이다. 다시 말해 (절대적 잉여가치로서) 개인들의 노동력을 무용(無用)하게 만들기 위한 테일러주의적 분업의 일방적인 파국(catastrophic)이라는 비전과 반대로, 노동의 과학적 조직(Scientifique du Travail, 포드주의 공장 내 노동의 과학적 조직)에 의해 실현된 상대적 잉여가치의 결정적인 작용은 그것의 추상적이고 교환 가능한 노동, 노동의 유동성 그리고 무제한적으로 비축된 사회 내 노동의 이용으로 이루어져 있다.

급진적인 미시경제적 분석이 조립 라인 노동자를 단지 전문 노동자(professional worker)보다 덜 숙련된 노동력으로 보거나 그/그녀가 노동

---

* Stephen Marglin : 미국 하버드 대학 경제학 교수
** André Gorz(1923－2007) : 오스트리아 출신의 프랑스 사상가. 신좌파의 주요 이론가로 정치적 생태주의의 선구자이다. 주요 저서로는 『에콜로지카』(생각의 나무, 2008) 등이 있다.

과정의 모든 통제력을 상실했다고 보는 데 반해,〈오페라이스모〉(혹자는 단순히 맑스주의로 부르고 싶어 한다)는 결국 이러한 대중(mass)의 질(質), 집합적으로 파악되는 추상적인 노동력, 특수한 노동과정에 있는 그것의 유동성(mobility)과 무관심(indifference) 속에서 가치화 과정(valorization process)의 벡터가 훨씬 우수하다는 것을 보게 된다. 이 분석에 따르면 테일러주의의 '추월'(overtaking)과 노동의 풍요는 '사회적 엔지니어' 정신과의 단절을 나타내는 것이 아니라, 오히려 사회에서 이용 가능한 추상노동이 좀 더 복잡해지는 상황 속에서 사고방식을 새롭게 바꾸는 것을 나타냄이 분명하다는 것이다. 즉 공장 노동자가 몇 가지 자격을 얻기 위해 학교를 다니는 상황, 그리고 그가 노동의 특정 내용에 무관심할지라도 다른 수준에 도달하고 이전과 동일한 방식으로 더 이상 명령에 복종하지 않을 수 있는 상황을 의미한다.

사회 전체 영역으로 분석을 확대하려는 이러한 움직임은 재생산 영역의 역할, 그리고 유통영역이 잉여가치에 대해 중립적(neutral)이다. 다시 말해 유통영역이 그 이상의 가치를 부가(附加)하지 못한다는 정통파의 도그마에 관한, 특히 생산적 노동과 비생산적 노동이라 간주해 온 것들에 대한 과감한 검토를 의미한다. 이 문제는 오늘날 맑스주의 학파들에서 여러 차례 다뤄졌다. 예컨대 알튀세르 학파의 가내 생산양식(domestic mode of production)[33] 유형에 있어 생산양식의 절합(articulation) 이론들[34]은 이러한 물음에 대해 보다 정적(static)인 방식으로 대답하려고 시도했다. 그러나 만약 이러한 시도들이 자본주의를 '사회주의적'이 아닌 '사회화된' 차원[35]에서 보는 최근에 발전된 맑스주의와 부딪치게 된다면,〈오페라이스모〉의 제2의 중요한 발견을 고려해 볼 때 총체적으로 구별되는 상황에 처하게 된다.〈오페라이스모〉의 제2의 중요한 발견이란 자본주의적 생산양식의 기원과 발전에 있어 노동계급의 투쟁이 가지는 결정적이고 거의 유일한 역할을 의미한다. 이러한 점에서 계급투쟁의 중요한 위치(place) [흔히 그들의 취지 선언문(declarations of intent)이 갖는 첫 번째 위치]를 인지하고 '자본주의의 핵심부'에서 사회구성체들을 계속해서 분석하려는 맑스주의[36]와 '노동계급' 내지 '계급구성'에서 '자본의 전체'[37]를 보려는 〈오페라이스모〉 사이에는 명확한 경계선이 그려지고 있다.

2.

이제 〈오페라이스모〉의 제2의 중요한 발견을 살펴보자. 그것은 자본주의적 생산 동학(動學)에서 노동계급의 투쟁이 갖는 중심적 역할을 말한다. 만약 아래의 은유(metaphor)가 지금까지 유효하다면 우리는 여기서 갈릴레오 혁명이라는 비유(analogy)를 이용해 맑스를 코페르니쿠스에 빗대고, 역설적으로 맑스주의의 변증법적 유물론을 프톨레마이오스에 빗대어 맑스주의의 코페르니쿠스적 전환이라고 이야기할 수 있다. 변증법적 유물론이 우리에게 가르치는 바는 계급관계가 경제적인 측면에서 결정되고 최종분석이 될 뿐만 아니라, 전체적으로 생산력 발전에 의해 좌우되는 생산관계들에 종속된다는 사실이다. 계급관계는 이러한 확고한 필연성 위에 각인되어 있다. 나머지는 널리 알려진 사실이다. 즉 봉건제는 물방앗간, 부르주아는 증기기관, 소비에트는 전력(電力)에 의해 구현된다. 그리고 '사회주의' 생산양식은 생산력(과학, 기술, 자본축적 등)의 발전이 구식(舊式)의 상부구조들, 특히 법률적이고 정치적인 상부구조들의 번데기(chrysalis)를 탈피할 때 자본주의적 생산양식의 뒤를 잇게 될 것이다.

이러한 열등한 맑스주의는 마리오 트론티가 『노동과 자본』에서 '어린이들의 우화'(fables)로 명명한 것이다. 이것은 일종의 '구조적 대장놀이'(follow—my—leader)*라는 겉모습 속에서 정치적 합리성의 가장 무시무시한 말살자(extinguisher)가 되었다. 그리고 이것은 (제국주의적 수단을 통해) 선진국들에서 현상유지(status quo)를 하거나 위장된 '자본축적'이었던 '사회주의 건설' 단계들을 발전시키는 데 있어서 최선의 방법이 되어 왔다. 1960년대 소수집단(minority)의 울분은 이러한 맑스주의를 유지시키는 데 강력하게 기여했다. 사실 20년이 지난 후에도 위와 같은 전도는 다양한 〈오페라이스모〉 반대자들의 눈에 〈오페라이스모〉 이념의 심원한 통일성을 구성하는 것들로 여겨졌다. 그리고 이러한 전도는 이미 이론적인 도덕성의 문제로 굳어진 이념적 구성요소들보다는 오히려 〈오페라이스모〉의 방법론에 침투하는 모든 문제점들을 만들어낸다. 예컨대 우리는 숙련된(skilled) 노동자에 대립하는 대중 노동자의 개념을 언급할 수 있다. 이 경우 대중 노동자 개념은 이론체계의 한 단편(斷片)으로 선정되었는데, 완전히 소외되고 심지어 그것의 정신과도 대립하는 것이 되어 버렸다.

그렇다면 〈오페라이스모〉가 주요 테제로서 주장하는 것은 무엇인가? 그것은 〈오페라이스모〉가 자본주의의 가장 불가해(不可解)한 깊은 곳을 잘 보여주는 전략을 선택하는 데 있어 스스로를 조직하고, 심지어 자본주의의 비합리성조차 이해할 수 있게 만드는 중심축으로부터 현존하는 것들 중 가장 복잡한 형성체인 '통합된 지구적 자본주의'[38]를 파악

---

* 대장이 된 어린이의 동작을 모두가 흉내 내는 어린이 놀이이다.

하는 것이라고 주장한다. 현대의 신중하고 회의적인 강단(講壇) 역사학 자들이 인과관계의 다양성을 강조한다면, 〈오페라이스모〉의 주장에서 는 [쿠르노(Cournot)*가 말하는] '두 가지 독립적인 계열들(series)이 마주 치는' 기회라는 결정적 국면이 본질적인 역할을 연출한다. 그람시의 맑 스주의가 모순을 역사화하는 곳에서, 알튀세르의 맑스주의가 '부재구조 의 효과성으로서 그것을 과잉결정하는' 곳에서 〈오페라이스모〉는 믿기 어려운 정도로 단순한 설명 수준으로 돌아간다. 아쏘르 로사(Asor Rosa) 는 한 세대에 걸친 중요한 이론적 가치였던 마리오 트론티의 『노동과 자 본』을 다음과 같이 요약하면서 이를 강조하고 있다. "그가 근본적으로 발견한 것은 노동계급을 자본의 동적(動的)인 모터(motor)로 만들고 자 본을 노동계급의 함수(function)로 만드는 공식으로 요약된다…. 그러한 입장(position)이 정치적으로 함의하는 바는 관점들의 전도라는 중요한 이념 자체를 제시하는 공식이다."

자본주의적 생산 세계의 존재론적 외피에 도달하기 위한 방식으로 서 그것을 깊고 철저하게 이해하는 유일한 방법은 우리가 '노동계급의 절합'(articulation)**이라고 부르는 역사를 검토하는 것이다. 이것은 노동 계급 내에서 자본 전체를 보자는 의미지 그 반대가 아니다. 경제주의에 엄밀하게 반대하는 노동계급 운동의 이러한 프로그램을 보면 몇몇은 의 심할 여지없이 즈다노프주의***테제와 어느 정도 관련된 구절을 떠올리

---

* Antoine Augustin Cournot(1801–1877) : 프랑스의 수학자·철학자·경제학자. 독점이 론의 기초를 이루는 독점가격의 원리를 밝혀냈다.
** 분절적 절합의 줄임말이다. 절합이란 두 부분이 서로 구분되고 독립적이면서도 상호 전제의 방식으로 결합된 것을 말한다.
*** 영어본에는 Gdanovist라고 표기되어 있는데 Zhdanovist가 올바른 표기다. 즈다노프주

고, 그들의 공포를 인식할 것이다. 즈다노프주의는 '정치적 활동성에 대한 극단적인 강조'이기 때문이다. 물론 트론티가 하나의 계급정세와 두 가지 관점—자본과 노동자의 관점—을 설명할 때 그는 두 가지 과학—부르주아 과학과 프롤레타리아 과학—과 1950년대 스탈린주의적 공산주의 시기 동안 잇따라 나타난 아주 터무니없는 전체 흐름, 그 중에서도 가장 순수한 산물이었던 리센코주의에 나란히 즈다노프주의 테제를 슬쩍 끼워넣었다. 그리고 의심할 여지없이 알튀세르가 과학적 맑스주의와 스피노자를 숨긴 채 프랑스 공산당에 위험을 무릅쓰고 입당했던 것[39])도 같은 연유에서다. 〈오페라이스모〉 지지자들도 낡은 스탈린주의적 공산주의에 충격을 주지 않는 공식을 이용하는 방향으로 나아갔다. 혹자는 1964년부터 1971년 사이 〈오페라이스모〉의 이상한 특성 중 일부가 공산당의 내부 균열에 가까울 정도로 그것의 이론적인 토대 전체와 대립하면서 매우 공산당스러운 언어로 말하는 역설적인 방식이었다고 말할 수 있다.

그러나 혹자는 이러한 철학적으로 놀라운 재주(tour de force)가 정치적 수준에서 커다란 희생을 치렀다고 생각할 수밖에 없다. 특히 '레닌주의'적인 이해—미학적이기나 의지주의적인 편견을 갖고 있는 특수한 이탈리아적 맥락에 사로잡혀 있는—가 유럽적 실천에 접목될 때 그러한 희생은 현저하게 나타난다. 이러한 의미에서 볼셰비키적 계급구성은

의는 1940-1950년대 스탈린 치하 소비에트의 공식노선이다. 정치영역에서 즈다노프주의(일명 즈다노프 독트린)는 세계를 양대 진영으로 구분지어 냉전체제를 강화시켰고, 문화영역에서 즈다노프주의는 사회주의 리얼리즘의 당파성을 주장, 형식주의 예술론을 배격했다.

특히 조직화와 무장봉기의 기능이라는 두 가지 이슈 외에는 아무런 공통점이 없다.[40] 현실에서 이러한 애매모호함은 〈오페라이스모〉의 핵심적인 논의선상에서 중요하지 않다. 〈오페라이스모〉의 논의는 첫째로 생산관계에 대한 계급관계의 선차성이고, 둘째로 노동계급의 혜택에서 현금/노동의 교환관계로 구성되는 두 계급 사이의 사회화와 권력의 비대칭성을 보여준다.

첫 번째 논의는 자본주의적 관계의 구성[41]과 노동수단의 분리(Trennung)에서 시작된다. 이때 노동수단은 대부분 노동의 본원적 축적(primitive accumulation)의 순수한 강제력에 의해 획득된 것이다. 그/그녀의 노동력을 파는 노동자와 노동조건(도구, 봉급)을 모순된 통합체(unity)로 묶으면 계급관계가 구성된다. 그러나 계급은 이러한 관계 이전에 존재하지 않았고, 이러한 통합과정에서 생겨났다. 따라서 계급이라는 개념은 예변법(proleptic)*이다.

두 번째이자 가장 결정적인 논의는 자본주의 생산양식의 기원에서 노동계급과 자본가계급이 동시에 발생한 것이 아니라는 사실이다. 자신의 노동력을 파는 노동자와 프롤레타리아, 그리고 대규모 산업에서 서로 다른 양식으로 계약을 맺고 있는 노동계급, 포드주의 공장에서 사이버네틱스(cybernetic) 공장에 이르기까지 이 모든 형태들은 항상 그들과 대립하는 계급을 넘어 보다 사회화된 발전단계를 갖고 있다. 무엇이 자본주의 생산양식을 여타의 사회관계를 넘어선 우월한 양식이 되게 하는가? 그것은 임금교환의 형태가 사용가치를 미결정으로 남겨놓기 때문이

---

* 예변법(豫辨法)이란 반대를 예상하여 반박해 두는 법을 일컫는다.

다. 미시경제학적 수준에서 임금 노동자들은 자신들의 노동력의 사용가치를 모를 뿐만 아니라, 그것의 생산성도 모르기 때문에 이 양자는 유일하게 노동자들이 직면하는 기계화에 의해 사후적으로 결정될 뿐이다. 이것이 전문적인 양복 재단기술을 갖고 있는 젊은 노동자가 전기 트랜지스터 조립공장에서 일할 때 생기는 모습이다.

그러나 장기적인 지속관계에서 시행착오를 통해 노동자 측에 정보불균형(비대칭적 정보)이 있다 해도, 노동자가 그/그녀의 노동력의 사용을 예견하거나 그것의 교환가치를 조정하기 위해 가늠하는 것에서 균형이 회복된다는 것을 볼 수 있다. 다른 한편, 거시경제학적 수준에서 또다른 작용(operation)이 잉여노동과 상대적 잉여가치의 실재(實在)적 난제를 만들어낸다. 자본의 조건인 화폐(노동의 조건)에 대립하고 화폐의 증식을 거부하는 능력을 갖추게 된다면 노동은 그 관계의 사회화를 촉진시키고, 노동자들의 투쟁[42](완전하게 관계를 단절시키지 않는 진행 조건으로서)은 노동의 실질적 포섭을 가속시킨다.

그러나 노동계급은 생산의 사회적 관계에서 무엇을 초래하는가? 그것은 사회관계에 갈등을 일으키는 경향이 있고, 상대적 잉여가치의 생산은 자본 스스로가 이러한 경향을 조절하기 위해 즈지하는 자본이 역량으로부터 나온다(예컨대 표준 노동일에 대한 투쟁). 이것이 트론티의 모호한 공식에 우리가 부가해야 할 의미다. 상품화된 노동력의 특수성은 그것의 사용가치이고, 그것의 사용가치는 노동계급 자체를 구성한다. 다시 말해 노동계급의 투쟁이 없다면 자본주의는 절대적 잉여가치 내지 소득을 빼앗는 체계, 즉 노예제와 같이 음울한 전망을 제시하는 체계로 남게 될 것이다. 자본주의가 그 내부에서 겪게 되는 지속적인 압력이 없다면 과학을 노동조건 속에 결합시키는 진보도, 발명도, 메커니즘(mechanism)도 없을 것이다. 그리고 자본축적은 기계와 설비의 축적이라기보다 오히려 성(城)과 보석의 축적과 흡사하게 될 것이다. 따라서 축적, '그 유명한 법칙과 그것의 예언자들'은 (상대적 혹은 절대적) 자율성이 주어진 경제적 메커니즘이 아니다. 축적은 잉여가치의 총체적 미스터리에 속한 적대(antagonism)를 조절할 수 있는 유일하게 확실한 방식을 나타낸다. 축적의 특수한 양식들(리듬, 부문, 기간 등)은 계급구성에 대한 자본주의적 반동의 표명이다. 곧 계급구성의 기술적·정치적 권력을 해체하는 것이다.

그러나 계급관계의 경직화에 대한 대응으로서 생산관계를 넘어선 위와 같은 사회화의 변형에는 수많은 위험들이 도사리고 있다. 자본가계급은 맑스나 테일러의 머리에서 갑자기 완벽하게 형성되어 나온 것이 아니다. 자본가계급은 노동계급의 모델에서 시차를 두고 스스로 형성된 것이다. 사용자 단체는 노동자 연맹 내지 노동자의 단결된 대중 행위(예를 들어 자본 간 경제의 규제, 해고의 금지)에 반대하는 것을 인정하는 동조자들(co-ordinates) 사이에서 성장한다. 그리고 이러한 비대칭성, 즉 계급관계의 잘못된 상동성(homology)은 혁명이 될 수 있는 '기적적인' 사건들을 위한 방식을 열어줄 것이다.[43]

모든 명료하고 일원론적인 원리가 그러하듯이 〈오페라이스모〉 이론은 '오컴(Ockham)의 면도날'만큼 날카롭고 과감한 행동을 취한다. 그러나 〈오페라이스모〉 이론의 결과들과 그것이 우리에게 이해되는가와 관계없이 그것의 환원주의적 특징을 지적하는 것은 소용없는 짓이다. 만약 〈오페라이스모〉 이론이 현상과 상황을 설명하는 기능들을 발전시킨 연역적 가설체계라면, 〈오페라이스모〉 이론은 결국 객관적 법칙으로서 이해되는 자본축적에 (다소 상대적 자율성을 가지고) 의존하는 계급운동을 만드는 정통파 가설보다 선호될 수 있다. 게다가 정통파 가설은 '축적체제'로 인해 야기된 변화들과 불연속성들에 대해 우리에게 어떠한 설명도 하지 않는다.[44]

〈오페라이스모〉의 '인식론적 단절'이라는 중요성과 그것의 연구 프로그램을 더 이상 논의할 필요도 없이 우리는 이 분석의 생산적인 특성의 한 예로 제국주의와 자본의 국제화를 들 수 있다. 우리는 이미 제국주의 권력 개념에 대한 레닌주의적 수정을 알고 있다. 제국주의 국가는 상품을 가장 많이 수출한 나라가 아니라 자본을 가장 많이 수출한 나라다.[45] 만약 우리가 〈오페라이스모〉의 방법론, 즉 맑스주의 방법론에 충실하다면 자본의 수출을 사물(thing)이 아니라 사회적 관계로 해석할 수 있으며, 지배적인 제국주의란 계급투쟁, 즉 노동계급을 통제할 수 있는 수단을 가장 많이 수출하는 것이라고 말할 수 있다. 슘페터 학파의 기업가(entrepreneur) 역동성(dynamism)을 버넌*의 '생산적 주기'(productive cycle)[46]로 재해석하면 이것이 가능하다는 것을 볼 수 있다. 또한 이것은 금본위제(gold standard)로부터 1971년 금태환 정지 이후의 변동환율제에 이르기까지 국제통화체계의 변천을 보여준다. 십중팔구는 세계적 규모에서의 자본의 통합된 성장을 계급구성—우리가 인정하고 싶어 하는 것 이상으로 개인적 행동에 통합되어 있는 계급구성—의 균질화에 대한 반작용 탓으로 돌리는 것이 가능해졌다.

〈오페라이스모〉와 맑스주의의 자율주의적 형태에 의해 실천된 관점의 전도(inversion)는 『자본』이래로 정통파 맑스주의자들이 경제적 측

---

* Raymond Vernon(1913-1999) : 미국의 경제학자. 제품수명 주기 이론으로 유명하다.

면과 축적의 '객관적' 법칙들—예컨대 유명한 이윤율 저하경향 내지 궁핍화(pauperization)—에서 거부해 온 직접적인 정치적 성격에 대한 재확인을 포함하고 있다. 그리고 지배적 패러다임으로의 명백한 복귀는 제도적인 노동운동뿐만 아니라 넓은 의미에서 노동자 주체성의 역할에 대한 재평가를 포함하고 있다. 루카치(Lukács)의 『역사와 계급의식』에서 서술된 역사, 즉 빠르게 종말을 맞이한 역사는 계급구성이 발생하는 변혁(transformation)의 재구축[47]에서 시작된다. 이와 같이 제기된 개념적 메커니즘은 주관적 계급(class-in-itself)에서 객관적 계급(class-for-itself)으로의 이행이라는 극단적인 헤겔주의적·역사주의적(historicist) 목적론보다는 덜 이데올로기적이며 더 기술적(記述的)이다. 그것의 '주체적' 차원은 E. P. 톰슨(Thompson)의 『영국 노동계급의 형성』[48]에서 주장한 견해와 극히 대조적이다. 톰슨은 주체적인 사실들의 축적을 통해 결국 '프롤레타리아'의 점진적인 '길들이기'(domestication)를 보여준다.[49] 이는 푸코주의자들이 '임금 노동자의 훈육화'(disciplining), 즉 '계급의 해체'라고 기술한 분석과 유사하다. 이와 반대로 1960년대 〈오페라이스모〉의 분석은 거의 순수하게 객관적인 사실의 축적으로부터 착취당하지만 '순종적이지 않고' 어떤 경우에서도 위협할 수 있는 노동계급의 이미지를 도출한다.

따라서 우리는 〈오페라이스모〉와 그것의 상이한 이론적인 표명이 어떻게 현대의 주된 비판적 사상 혹은 맑스주의 사상의 흐름과 구별되는가를 알 수 있다. 〈오페라이스모〉는 '수정주의' 비판과 『자본』의 맑스로의 복귀라는 프로그램에서 알튀세르주의자들과 상당 부분 공통점을 갖고 있으면서도 구조주의자에게 남아 있는 경제적·정치적 절합(articulation), 즉 이데올로기의 역할과 맑스와 헤겔 사이의 연결고리를 완강히 거부한다.[50] 〈오페라이스모〉의 '노동 거부'라는 주제는 계급투쟁의 근본적인 차원을 강조한다. 그리고 '해방된 노동'의 유토피아를 거부하는 것은 〈오페라이스모〉를 마글린(Marglin) 같은 미국의 급진주의자 내지 고르(Gorz)에 의해 제시된 '노동 분배' 비판과 구분된다. 자본주의 체계의 심장부에 다른 방식의 노동이 존재한다는 논의는 임금노동의 새로운 사회적 생산성에 대한 이념적 포장 내지 유토피아에 불과하다. 프랑크푸르트 학파에 대한 〈오페라이스모〉의 관계를 보면 처음부터 명백히 적대적이었다. 이러한 관계가 1960년대 이후로 발전된 까닭은 특히 혁명적 주체성에 대한 구성문제와 합법성(legitimation) 과정에 대한 분석이 '자율주의자'들에게 더욱 더 중요한 문제였기 때문이다. 이론적 수준에서 〈오페라이스모〉는 자본주의의 통합 역량에는 내재적이고 구조적인 한계가 있음을 단언하였다. 사실 〈오페라이스모〉에 있어 노동계급은 분명히 자본 안에(within) 존재하지만 결국 자본에 대항하는(against) 존재여야 한다. 그렇지 않으면 자본은 더 이상 기능할 수 없다. 그러므로 자본의 일방적인 지배란 도저히 있을 수 없다. 전복과 혁명은 체계의 핵심부에 위치하며, 끊임없이 가능성을 구성한다. 이는 마르쿠제(Marcuse)가 주장하듯이 문화적 차이 때문이 아니며, 위기의 결과로 인해 임금 노동자에서 배제된 사람들 때문도 아니다.

우리는 〈오페라이스모〉의 패러다임이 결점 없는 통합을 유지하고 어떠한 심각한 한계점에 직면하지 않을 거라고 말할 수 있을까? 물론 그렇지 않다. 지금부터 우리는 〈오페라이스모〉의 주된 균열 지점들을 몇 가지로 논의해 보자. 이러한 균열 지점들의 많은 부분이 이 책의 저자인 네그리의 정치적·이론적 진보와 결부되어 있고 네그리 스스로가 이 책에서 빈번하게 언급한 내용이기도 하다.

II

〈오페라이스모〉의 초기 형태는 새로운 관점에서 1945-1975년까지 자본주의의 기능을 이해하는 수단을 제공했고 특히 임금투쟁의 역할을 이해하는 수단을 제공했지만 몇 가지 전통적이고 금지된 의문들을 갖고 있다. 이러한 의문들은 아직 혁명적인 관점에서 해결할 수 없는 문제들이고, 다른 의문들은 오랜 맑스주의의 인식론적 전도에서 제기된 것들이다. 첫 번째 의문들은 혁명적 당에 관한 것이고, 역사적 노동운동과 관련되어 있다. 두 번째 의문들은 보다 급진적인 것으로, 정치적 활동 자체의 유용성을 의문시하고, 성취되었거나 성취 가능한 사회주의가 더 이상 코뮤니즘(communism)을 향한 전략적이거나 전술적인 경로 구성이 아니라는 국면(moment)에서 혁명적 이념 자체의 유용성을 의문시하는 것이다.

〈오페라이스모〉는 자본주의 축적을 위한 활동들의 배후에서 결정적으로 작동하는 일종의 '객관적인 주체성'(objective subjectivity)을 발견했다. 이러한 도식(schema)의 유용성은 투사들이 불안한 사회운동의 쇠퇴기에 나타난 암울함 때문에 열광적인 감정의 순간들을 소모하는 것을 모면하게 해준다. 그 이유는 전략적으로 노동자들의 주체성이 항상 작용하기 때문이다. 생산직 노동자의 결정적인 통합에 관한 어두운 예견들이 대체로 가지는 특징과 대비되는 이러한 낙관론의 이면에는 진보 중인 주관적인 주체성(subjective subjectivity)의 유용성에 대한 지속적인 의문들이 있다. 결국 노동자의 자발성에 관한 운동법칙을 안다는 것은 무익한 동어반복(redundancy)은 아니라 하더라도 실제로 어떤 것을 덧붙일 수 있을까? 그리고 노동자가 자본주의 내에서, 그리고 자본주의 위에서 약간의 권력을 원했다면, 물론 절대적 권력(absolute power)은 아닐지라도 트론티가 말한 것처럼 이러한 권력이 자본의 경제적 메커니즘의 '아직까지 보이지 않는 사용'이라고 한다면 다음과 같은 의문을 갖게 된다. 과연 1964, 1789, 1917년의 혁명방식처럼 보일까, 아니면 그저 멋진 베른슈타인적인 지적 유희(mental exercise)에 불과한 것처럼 보일까.

〈오페라이스모〉의 지지자들은 현명하게도 외부에서 주입된 의식(consciousness)에 관한 레닌주의적 고정관념(stereotype)의 아포리아를 신중히 피하기 위해 '계급의식'이라는 의문을 배척했다. 그러나 분명히 알 수 있듯이 '계급의식'은 좀 더 세련된 형태로 은밀히 복귀되었다. 곧 계급 해체에서 계급 재구성으로의 이행을 의미한다. 위기의 국제화 이전에 1971년 위기와 경기침체(stagnation)가 이탈리아를 강타했을 때, 그것은 프롤레타리아가 1969년 '뜨거운 가을'(hot autumn) 시기 동안 획득했던 권력 수준에 맞선 자본주의의 반격으로 해석되었다. 대체로 〈오페라이스모〉에서 비롯된 사상적 흐름은 자본주의의 조직이 자본에 의해 의도적으로 요구되었고, 자본에 의한 계급 해체의 정치적 작용으로서 일어나는 것을 방지할 수 있는 위기의 예측 역량을 설명하고 있다. 이러한 도식적 구조는 PCI 내 〈오페라이스모〉 지지자들의 관점에서 제도상의 정당 내지 행정부가 수행한 정치적 자율의 모든 여지들의 사용으로 보든지, 〈오페라이스모〉 내 자율주의자들의 관점에서 생산의 재구조화에 포함된 사회적 모순의 온갖 형태들에 의존(recourse)하는 것으로 보든지 간에 변함없다.

이러한 상황에 대한 지식과 상황을 예측하는 역량은 오래된 계급의식과 마찬가지로 노동계급의 기술적 구성에 있어 변혁(transformation)의 유토피아적 부인(否認)이라는 입장으로 물려나지 않고 자본주의적 작동에 대한 사보타주—자본주의적 리듬과 자본주의적 기어(gear)에 대한 방해—를 가능하게 하였다. 만약 이러한 도식에 포함된 조직적 이념이 지적으로 유혹적이라 해도, 신의 존재를 증명하는 것처럼 그것을 입증해야 한다고 전제하는 것은 옳지 않다. 노동계급의 역사적 당이 그러한 역할을 진정으로 실현했다면 PCI 내 〈오페라이스모〉 지지자들에게 이 모든 것은 완벽해질 수 있었을 것이다.

　　한마디로 주관적인 주체성의 특정한 역할에 대한 의문은 여전히 남는다. 여기에 이데올로기에 대한 〈오페라이스모〉의 거부, 독립된(sove-reign) '의식'에 대한 〈오페라이스모〉의 경멸, 자본주의 외부에 긍정적 의미를 가진 어떠한 미래 프로젝트가 있고, 그러한 프로젝트가 전부 거부되는 것이 아니라 자본주의의 쇠약(weakness)을 가져오는 것이 틀림없다는 믿음에 대한 〈오페라이스모〉의 거부 등이 있다. 체제 내부에 있으면서 체제에 대항한다는 것은 기업의 이윤이 충분하고 노동자의 사회민주주의적 요구가 자본이 누릴 수 있는 사치(luxury)가 될 때 성숙기(full growth)에 대한 흥미로운 시각을 제시해 준다. 1970년대 이러한 게임은 어려워졌다. 완전 고용은 예측 가능한 미래에 불가능하게 되었다. 그 의문은 노동의 해방을 위한 공간을 확보하는 것과 노동자를 임금관계 외부에 존재할 수 있게끔 하는 것이다. 〈오페라이스모〉의 두 가지 흐름이 자본주의적 장악력을 약화시키는 것을 '자율'(autonomy)이라고 이름 붙인 것은 결코 놀랄 일이 아니다 : 〈오페라이스모〉의 첫 번째 그룹은 '정치적인 것(the political)의 자율'*이었고, PCI의 '노동자 이용'을 완전히

---

* '정치적인 것의 자율(성)'은 경제적인 종속에서 벗어나 주권에 참여하고자 하는 대중

배격한 다른 한 그룹은 '노동자의 자율'이었다.

'정치적인 것의 자율'이라는 논지는 전통적인 주제를 재개했다. 즉 노동계급의 역사적 정당에 가입하는 것이다. 게다가 역사적 타협(기독민주당과의 정부 연합)이라는 더 그럴듯한 정당화가 있었다. 전후 기독민주당(Christian Democrats)은 국가와 아주 밀접한 정당이 되었다. 따라서 기독민주당과의 연합은 PCI가 국가의 지배권을 획득하고 대규모 자본하의 노동자들에 의해 가장 높은 수준의 활용을 실현하는 것을 허락했다. 이것은 노동운동이 국가 내부에 존재하고, 국가에 대항할 수 있는 상황을 창출하며, '현실 사회주의'의 덫에 걸린 노동자 국가의 화석화된 프로그램을 완수하는 것은 아니었다. 명성을 차지했지만 본질적으로 당 기구의 문화적 기능(지식인과의 관계, 문화문제, 청년조직)을 맡고 있던 PCI 내 〈오페라이스모〉 측은 『노동과 자본』의 테제와 정반대의 형태를 띤 정치적 자율에 의해 이러한 PCI의 방향을 정당화했다. 다시 말해 『노동과 자본』에서는 초기와 후기 자본주의에서도 '정치적' 범주가 '경제적'인 계급관계의 혁명적 메커니즘을 과잉결정(완전하지 않더라도 매우 효과적으로)할 수 있음을 증명하는 두 개의 과도 국면의 존재를 주장한 것이다.[51] 이 시기에 노동계급 '해체'의 정치적 역량은 '두 개의 사회'로 구성된다는 것을 보여준다. '두 개의 사회'란 배제된 극단주의자들의 사회와 무기력한 생디칼리스트 조합주의(syndicalist corporatism)에 사로잡힌 노동계급의 사회이다.[52] 계급상황과 분석적 패러다임에 의해 커진 어려움에 대응하기 위해 PCI 내 〈오페라이스모〉가 채택한 해결책은 위와

들의 정치보다 참여 내지 정치 구성을 의미한다. 상세한 설명은 본문 8장 참조.

같은 분석을 풍부히 하려는 의도하에 새로운 요소들을 첨가함으로써 이루어졌다.[53] 그렇게 함으로써 '오컴의 면도날'과 같은 첫 번째 패러다임이 가진 날카로운 날이 무뎌져 버렸다. 즉 설득력은 보다 불확실해졌다. 그리고 두 번째 종류의 〈오페라이스모〉의 체계는 공리들(axioms)로 넘쳐났고, 고전적인 내부 모순에 빠져버렸다.

돌이켜 보면 정치영역에서 PCI 내 〈오페라이스모〉는 정치적 선택들에서 행운을 가져본 적이 없다. 1967년 그들은 PCI로의 '대중 위장 가입'(mass entryism)을 택했으나 다른 유럽 국가들에서는 1968년 이후에 공산당과 학생조직들 간의 큰 균열이 일어났다. 이탈리아에서는 1969년 '뜨거운 가을'과 함께 중요한 조직들이 공장에서는 노동조합 외부에서, 정치생활에서는 의회 외부에서 출현하기 시작했다. 10년 후 '정치적인 것의 자율'이라는 주제는 그 '운동'과 관련해 노동계급의 전위대를 표방하는 집단들에 의해 수행된 퇴각의 마지막 정당화를 제외하면 계급투쟁의 극단적 급진화라는 사태와 관련해 매우 동떨어지게 출현했다. '정치적인 것의 자율'이라는 논지의 의도치 않은 효과는 이뿐만이 아니다. 고결하고 비냉소적인 정당화였던 역사적 타협은 PCI 방식의 사회주의 전시장이었던 볼로냐(Bologna)[54]에서 에마르지나띠(emarginati)*라는 사회운동에 의해 거칠게 다루어졌고, 이러한 혐오는 급속히 이탈리아 전역으로 확산되었다.

---

* 1977년 볼로냐의 새로운 사회운동의 주체는 에마르지나띠(emarginati : 하찮은 인간이라는 뜻)였다. 에마르지나띠에는 기존의 대중 노동자뿐만 아니라 학생, 성적 소수자, 이주노동자, 가사노동자, 실업자, 페미니스트 등 다양한 존재들이 포함된다. 이들(에마르지나띠)에 의해 새로운 대항문화가 만들어졌다. 자세한 내용은 니콜래스 쏘번, 조정환 옮김,『들뢰즈 맑스주의』5장「노동거부」편 참조.

새로운 혁명운동과 노동운동의 분리가 이탈리아에서도 확립되기 시작했다. PCI의 문화적이고 정치적인 헤게모니는 심각한 타격을 입었다. 유로-코뮤니즘(Eurocommunism)이라는 거대한 상(象)은 잔인한 반응으로 인해 쇠퇴의 과정을 밟게 되었다. PCI는 '역사적 타협'을 포기해야 했고 반대자의 역할로 돌아갔지만 서서히 쇠락해 갔으며, 이탈리아 사회당의 부흥 역시 점차 쇠퇴했다. PCI 내 〈오페라이스모〉의 운명도 프랑스 알튀세르주의자들의 운명과 크게 다르지 않았다. 둘 다 1960년대 후반 이후로 가장 활발한 혁명적인 흐름에 따라 적지 않은 영향력을 행사했고, 둘 다 당과 관련해 똑같이 해결하지 못한 모호함을 지녔다. 그들은 정치적 개입에서도 비슷한 어려움을 겪었다. 그리고 양자 모두 이론적인 측면에서는 부정확성의 촉진을 억제하기 위해, 실천적인 측면에서는 분파의 경직성이 증대되는 것을 억제하기 위해 그들의 기능을 수정하는 데 똑같이 실패를 경험했다. 결국 양자 모두 대학에서의 정치철학 강좌 수준으로 후퇴할 수밖에 없었다.

　　그러나 공식적인 노동운동과 결별을 선택한 〈오페라이스모〉의 또 다른 그룹은 노동계급 스스로가 구성했던 도전에 어떻게 대응했을까. 다시 말해 자발적으로 조직하고 생각하며 행동에 옮겨 그 결과 노동계급 스스로가 코뮤니즘을 위해 자본의 외부를 주장하도록 만드는 도전에 어떻게 대응했을까? 1980년대 초반까지만 해도 투쟁활동에서의 이론적 논쟁과 정치적 대립은 불가분하게 연결되어 있었다. 상황이 제도적·국제적으로 얼어붙던 시기에 이탈리아에서 나타난 대립의 격화와 '좌익주의'(leftism)의 분출은 〈오페라이스모〉의 오래된 주제에 대한 매우 강한 굴절(inflexions)로 이어졌고, 관심사는 점점 덜 이탈리아적으로 나타났다. 다시 말해 유럽의 계급상황과 혁명적 운동으로부터 관심사를 빌려

오는 모습으로 나타났다.

이렇게 진행된 변화는 1979년에 발생한 억압의 물결에 의해 지적인 영역으로 급속하게 밀어닥쳤다. 1979년 이후 '조직된 노동자의 자율'을 외치던 지도집단들 중 대부분의 주요 구성원들이 부당하게 추방되거나 체포·구금 상태에 놓이게 되었다. 정치적 수준에서는 1959년 저널 《콰데르니 로시》의 창간으로 시작된 일련의 경험들이 붕괴되었다. 그것은 혁명적 주체성의 완전한 파국이었다. 이러한 일련의 투쟁과 교전상태(militancy)로 특징지을 수 있는 '이탈리아적 별종'(anomaly)은 점차 다른 유럽 국가들의 현재 상황에 맞게 재편성되거나 흡수되었다.

우리는 최초의 〈오페라이스모〉 패러다임의 진전을 다음과 같이 특징 짓을 수 있다. 패러다임은 두 가지 기본적인 요소들로 유지된다. 그 요소들은 패러다임을 약화시키는 다른 요소들과의 병치에 의해 교정되기보다는 오히려 그들의 논리적 결론으로 순화되고 발전되었다. 노동계급과 프롤레타리아의 적대는 이러한 진전을 해석하기 위한 유일한 열쇠다. 시민사회와 국가의 '상대적 자율성', 곧 '정치적인 것'은 도전받았다.[55] 계급구성의 방법은 (해방의 이데올로기들을 고려하여) 공동체 내지 문화적 수준에서,[56] 혹은 기술적 구성과 그것의 주어진 영역 내에 각인된 수준에서 유지되고 발전되었다.[57] 〈오페라이스모〉의 두 번째 위대한 발견은 사회적 자본이다. 사회적 자본은 케인즈주의적 계획경제 시기의 오염물을 정화시켰고, 결국 맑스가 말한 자본하의 노동에 의한 실질적 포섭을 만드는 운동의 중요성을 유지시켰다.[58]

현대 자본주의의 이러한 본질적인 특성에 관한 평가는 『요강』처음 부분에 맑스가 분석한 '결정하는 추상'(determinate abstraction)이라는 방법을 통해 나온 것이다.[59] 즉 인간의 해부는 원숭이의 해부로 설명할 수 있으나 그 반대는 불가능하다는 의미다. 고도(High) 자본주의는 단지 그것의 기원과 선례만을 이해하게 해줄 뿐이다. 〈오페라이스모〉의 자율주의자들만이 순수하고 단순하게 맑스의 이러한 전거를 활용한 것은 아니었다. 그러나 그들의 독창성은 네그리가 경향의 방법이라고 지적한 베버주의적 이념형(ideal-typical)과 진정한 맑스주의와의 상관관계를 발견했다는 것에 있다.[60] 즉 그 경향이 실현되었다고 상정(想定)한 것이다. 오늘날의 총체성은 실질적 포섭이며, 적대의 수준은 그 내부에 포함된다. 우리는 모순들로 가득 찬 자본주의적 사실성(factuality)과 오직 정치적 투쟁만이 해방시킬 수 있는 경향의 가상성(virtuality) 사이의 단절을 더 이상 찾을 수 없다. 그 경향은 자본관계의 주요한 힘으로 작동한다. 왜냐하면 그 경향만이 이러한 사회화 수준에 도달하는 힘으로써 계급 구성을 직접적으로 통제하기 때문이다.[61] 그리고 이러한 메커니즘이 산출한 중요한 수정안은 1976년 〈오페라이스모〉에 의해 주제로 등장한 사회적 노동자다. 이러한 공식은 대중 노동자를 대신한다. 일단 자본주의의 본질적 모습인 사회적 노동자가 완벽하게 실질적 포섭으로 그 운동을 실현했고, 사회적 임금 노동자는 아직까지 노동계급이라 불리던 존재를 흡수했다.

그러므로 이러한 수준에서 우리는 〈오페라이스모〉가 초기에 제시한 중요한 요소들이 계속되고 있음을 볼 수 있다. 반면 조직의 수준과 혁명적 변혁(transformation)이라는 내용에서는 때때로 〈오페라이스모〉라는 단어에 영속성이라는 가면을 씌운 채 심오한 개작(recasting)이 이루어졌다. 따라서 이렇게 상이한 리듬으로 일하는 사회적 노동자들은 1969-1971년에 〈노동자의 힘〉(Potere Operaio) 그룹을 중심으로 모였는데, 이들은 레닌주의에 대한 모든 언급을 포기했다.[62] 이러한 조직적 대변동의 과정은 1972년부터, 즉 〈오페라이스모〉가 더 이상 이탈리아 북부의 대공장들을 판단하기 위한 준거점이 되지 못한 국면으로부터 시작되었고, 〈오페라이스모〉는 다시 한번 다른 조직들처럼 주변적인 그룹이 되었다. 1977년 운동과 함께 청년들 사이에서는 제3인터내셔널의 오래된 문화라는 마지막 잔여물들이 제거되었다. 들뢰즈(Deleuze), 가타리(Guattari), 푸코(Foucault), 리요타르(Lyotrad), 보드리야르(Baudrillard)가 이탈리아어로 번역되었다. 원외(院外) 정당과 유사한 어떠한 것도, 제도정치의 낡은 정당영역에 위임(대표)되는 것도 거부하는 국제적이고 다양하며 급진적인 새로운 문화가 생겨났다.[63] 레닌주의의 해체를 가속화시키는 데 결정적인 역할을 한 세 번째 요소는 무장투쟁이었다. 그리고 이것은 이론적인 문제로 등장한 것이 아니라 1973년 이래로 증대하던 구체적인 문제, 즉 약간의 민족주의적 소수파들을 제외하고 서구 유럽에서 전대미문(前代未聞)의 차원에 도달하는 문제로 출현했다.[64]

〈노동자의 자율〉은 점점 더 나쁜 처지에 빠지게 되었다. 한편에는 전투적 레닌주의자인 〈붉은 여단〉(Red Brigades)이 있었다. 노동자들[65] 사이에서 초기단계의 영향력을 가졌던 〈붉은 여단〉은 엄격한 교조주의적 공산주의[66]를 가장하고 있었고, 결국 이들은 유럽에서 테러리즘으로 전락했던 1968년 5월 이후 생겨난 소규모 집단들(이탈리아의 별종을 제외하고)과 유사한 양상을 보였다. 다른 한편에는 1977년 〈메트로폴리탄 인디언〉(metropolitan Indians) 운동에 뿌리를 둔 확산된 폭력이 있었다. 이들은 반(反) 권위주의, 반(反) 레닌주의자였고, 국가적 탄압에 못 이겨 테러리즘 집단이 되었다. 그 중 가장 유명한 집단이 〈프리마 리네아〉(Prima Linea)였다. 형태적으로 테러리스트가 아닌 대중적 폭력의 조직적 출구를 마련하려는 시도는 실패로 돌아갔고, (1979년) 4월 7일 사건의 여파로 〈노동자의 자율〉은 테러리스트의 조직적 핵심 내지 합법적 대외조직(legal face)이라는 모습으로 비춰졌다. 무장투쟁 비판이라는 지속적인 주제에서는 두 가지가 중요하다. 첫째, 사회운동들의 정치적 구조 외부에 있는 어떠한 비합법 조직에게 혁명적인 폭력행사가 위임된다는 것에 대한 비판이다. 둘째, 불법행동에 의한 충격(impact)이라는 군사 이론에 대한 거부다. 이러한 군사 이론은 미디어의 벽을 허물 수 있다고 여겨졌으나 실제로는 상황을 통제하지 못하는 '선전'(propagandist) 이론, '상징적' 이론에 불과하다.[67]

그러나 '자율'(주의)에 의한 혁명적 조직에 영향을 끼칠 수 있는 급진적 수정안은 '새로운 혁명적 주체성의 구성'에 대한 문제로 요약될 수 있다. 1960년대의 노동운동, 1968년의 학생운동, 1977년의 운동, 마지막으로 테러리즘에 의해 고통받았던 정치적 곤경은 항상 똑같은 의문을 던지게 한다. 즉 이러한 저항투쟁이 그들 자신을 물질적 제약에서 벗어난 문화적·상징적·상상적인 새로운 주체로 구성하는 방식을 어떻게 재생산할 수 있는가에 대한 의문이다. 여기에 조직의 부활을 위한, 그리고 사회적으로 급진적인 변혁을 위한 실질적인 열쇠가 있다. 이 주제는 유럽의 다른 지역에서와 달리 이탈리아 운동에서는 지배적인 형태가 되었다. 이탈리아에서의 운동은 유럽의 다른 국가들의 운동보다 더 극적으로 대립했다. 이탈리아에서는 테러리스트 주체성이라는 삐뚤어진 구성(constitution), 국가 권력에 의한 어두운 역할(shadow cast), 혁명적으로 가장되었던 모습의 해체(decomposition), 그동안 적극적으로 참가해 왔던 운동을 공개적으로 부인하는 참회자(pentiti) 현상의 미디어 이미지로의 전파 등이 나타났다.[68]

계급투쟁에 있어 주요 행위자들의 주체적 측면을 또 다시 진지하게 받아들이는 자발적인 의지는 그/그녀의 구체적인 존재에 대한 문화적 · 윤리적 표명에서 그/그녀의 입장을 대변하고 싶다는 것을 함축한다. 따라서 해방의 이데올로기들은 그것이 집합적인 주체의 자율을 강화하고, 사실상 자본주의적 관계에서 독립적인 주체를 구성하는 정도로 계급구성의 분석으로 통합되었다. 혁명적 문화, 즉 착취당하는 자들의 문화는 더 이상 부르주아 문화에 대한 변용이거나 부르주아 문화에 대한 빈곤한 반영이라는 관점이 아니다. 혁명적 문화는 착취당하는 계급에 속하는 가치들을 지키기 위한 안전장치다. 혁명적 문화는 투쟁에 가담하게 하고 무엇보다 노동계급이 주체로서 재생산할 수 있도록 만든다.[69]

이것은 네그리가 1976년 이래로 자동가치화라는 표현으로 공식화했다. 스피노자의 코나투스(conatus) 개념과 마찬가지로 자동가치화(autovalorization)*는 투쟁의 힘을 증가시키고 자본으로부터 노동의 분리를 확대시킨다. 자동가치화는 여러 가지 종류의 행동들—노동 거부, 명령 거부, 시간과 사용가치의 재조정 등—을 하나의 범주 아래 재통합해주는 개념이다. 이 개념은 지하경제로까지 나아가지 않는다. 왜냐하면 그 시장(지하경제)은 상대적 잉여가치를 착취하는 지속적인 모델이 될 수 있는 자동가치화의 표명으로 읽힐 수 없기 때문이다.

그리고 네그리의 『데카르트의 정치 혹은 이성적 이데올로기』[70]에

---

* autovalorization을 직역해서 자동가치화로 옮겼다. 의미상 autovalorization은 self-valorization(자기-가치화)과 일맥상통한다. self-valorization은 주체성의 적대적 생산 과장을 지칭하는 용어이다. 이에 대한 설명은 본문 7장 「적대적 주체성의 생산」편에 상세히 나와 있다.

서 스피노자에 관한 그의 기념비적 연구[71]를 거쳐 레오파르디(Leopardi)*
에게 바친 그의 연구[72]에 이르기까지, 혹은 그의 『국가형태론』[73]에 있는
법철학에 관한 노트에서부터 『시간 기계』[74]를 거쳐 최근의 『주체의 직
물(織物)』[75] 연구에 이르기까지 네그리의 철학적 기여를 고려하면 우리
는 동일한 급진적인 이념의 진보성을 알 수 있다. 혁명적 주체성의 존재
론적 기초와 혁명의 계몽주의(Enlightenment)와 연계된 해방 프로젝트로
서의 이성의 재구축이 그것이다. 여기서 그것은 논쟁의 중심에 빠져들
도록 유혹하고 있다. 그러나 〈오페라이스모〉의 초기 형태가 어떤 점에서
바뀌고 보존되었는가를 보여주기 위해 약간의 예를 살펴보는 것으로 만
족하자. 데카르트에 관한 네그리의 연구는 르네상스 주체가 억눌리는
과정을 보여준다. 그리고 이는 부르주아 계급과 제조업 국가의 출현에
서 보여진 최초의 절대주의(Absolutism)의 재질서화(re-ordering) 시기에
서의 혁명적 이성을 보여준다. 10년 뒤에 출판된 스피노자에 관한 네그
리의 연구는 데카르트와 헤겔에 반대하는 인물상을 드러내고 있다. 개
인과 국가 사이의 변증법적 매개인 사회계약에 반대하는 다중(집합적 주
체의 구성)의 정치학에 주어진 직접적인 특징을 밝히고 있다.[76]

네그리의 레오파르디에 관한 연구는 그의 칸트 해석과 마찬가지로
종결된 프랑스 혁명이 가져온 파국을 맞이해 정신(spirit)의 진보 문제를
다시 제기하여 완전히 재해석된 그의 하이데거 독해로 특징지어진다.[77]
레오파르디와 휠더린(Hölderlin)의 진정한 낭만주의는 시적(詩的) 윤리
학을 위해 변증법—헤겔적인 해결책—을 거부하게 만들었다. 반면 혁

---

* Giacomo Leopardi(1798-1837) : 19세기 초 이탈리아 시인

명으로 이끈 사건에서 비롯된 이성의 도식 프로그램은 주인과 노예의 투쟁에 관한 분석적 변증법을 초래했고, 양자 사이에 위조된 대칭들도 생겨났다.

이 단계에서 이탈리아 〈오페라이스모〉의 고리(loop)가 '유럽 좌익주의'의 잔재와 눈물 속에서 단련된 다음과 같은 커다란 의문으로 도달·수렴하고 있다고 말할 수 있다. 민주주의 대의제의 정당성 위기에 관한 자연스런 해결책을 찾을 수 있을까? 그리고 혁명적 변혁은 물질적 구성으로 새겨지고 정당화될 수 있을까? 만약 오래된 사회주의적 휴머니즘의 복귀가 결정적으로 배제되었다면, 그리고 포스트모더니즘이 행동계획이 아니라 고정물들(fixtures)의 목록이라면 긍정적 합리성이라는 지평과 새로운 정치학의 집합적 행위자가 어떻게 재구성될 수 있을까?

이 책은 영어권에서 안토리오 네그리의 진보와 그가 밀접하게 결합되어 온 이론적·정치적 운동의 발전들을 압축해서 보여준다. 여기서 우리가 제공한 요소들은 1976년 이전에 행해진 그의 연구와 관련해 연구 성과들을 독자들에게 평가해 주고 있다. 즉 초기 노동자주의(workerism)로부터 점차 멀어지는 대신 사회적 노동자라는 개념의 출현에 이르는 시기까지를 다루고 있다.[78] 따라서 1976년 파리 학생들의 운동(네그리가 열정적인 관심을 보여준 운동)에서 학생들과 관련된 주체의 개념은 알랭 투렌(Alain Touraine)이 썼듯이 단순한 행위자가 아니라 메커니즘이자 행동하는 경향 그 자체다. 사회적 노동자란 실질적 포섭 시대에 자본주의 하에 있는 노동자이며, 그/그녀는 본질적으로 지적인 노동력을 의미한다. 필요에 따라 생기는 발명으로써 그/그녀는 지적인 협력과 커뮤니케이션을 생산한다.

이 책에 실린 혁신 가운데 하나는 네그리가 사회적 노동자의 적대

(antagonism)를, 적대의 최고형태—생태계(ecological system)[79]—로 부여한 긍정적인 결정요인들과 관련된다. 네그리가 핵 국가(nuclear state) 개념을 민주적 합리성의 급진적 단절(2부 4장 내용)로 표현했다고 해서 그가 자본주의적 지배의 근대적 선언을 강조하는 프랑크푸르트 학파의 일부 프로그램에 있는 특징(민주적 합리성)에 찬성한 것은 아니다. 네그리가 흥미를 가진 것은 핵에 의한 죽음과 실질적 포섭의 자본주의에서 적대의 주체도 겪게 되는 변형(transformation)이다. 이 투쟁의 사회적 주체가 새로운 유형의 노동자이며, 이러한 노동자의 사업체(enterprise)가 전체로서의 사회다. 이 사회는 핵폭탄의 절대적 위협에 직면해 하나의 생태계가 된다. 그러므로 생태계는 사회적 노동자가 활동하는 체계다. 그러나 생태계는 인간 행위가 배제된 제1의 자연이 아니며, 보잘것없는 장애물로서 예외로 취급되는 것도 아니다. 또한 사회적 노동자가 '사회적인 것의 생산과 재생산의 조건들을 총체적으로 활용할' 때 생태계는 그/그녀의 최고 수준의 사회적 투쟁과 일치하게 된다. 그러므로 생태계는 제2의 자연이다.

실제로 새로운 움직임이 서구 맑스주의에서 일어나고 있다. 〈오페라이스모〉의 첫 번째, 두 번째 형태는 특수한 이론으로서 그 시대에 공헌했다. 비판적 사상의 다른 위대한 흐름들에 대한 〈오페라이스모〉의 영향이 이러한 선례의 약속으로 가득할 것이라고 우리는 희망한다. 『존 볼(John Ball)의 꿈』에서 윌리엄 모리스(William Morris)가 썼듯이 "인간은 전투에서 싸우고 패배한다. 그들이 싸워서 얻고자 하는 것들은 그들의 패배에도 불구하고 생겨난다. 그것이 그들이 의미하는 바가 아니라고 밝혀졌을 때, 다른 사람들이 다른 이름을 걸고 본래 그들이 뜻하던 바를 위해 싸울 것이다."[80] 그리고 우리는 1979년 4월 9일의 파국과 네그리의 망명이 결론이 아니라 단지 하나의 연기(延期)임을 희망할 것이다.

1부

THE POLITICS OF SUBVERSION
A MANIFESTO FOR THE TWENTY-FIRST CENTURY

"인간은 전투에서 싸우고 패배한다. 그들이 싸워서 얻고자 하는 것들은 그들의 패배에도 불구하고 생겨난다. 그것이 그들이 의미하는 바가 아니라고 밝혀졌을 때, 다른 사람들이 다른 이름을 걸고 본래 그들이 뜻하던 바를 위해 싸울 것이다."

—윌리엄 모리스 William Morris

I
파리, 1986년 11월 26일부터
12월 10일까지

      15일 간 대학과 고등학교 교육을 개혁하려는 계획안에 반대하는 투쟁이 대학과 고등학교에서 일어났다. 투쟁이 시작된 지 정확히 15일 후 이 계획안은 철회되었다. 이것은 정부에 대항해 진정한 사회적 대변동을 약속했던 수차례의 거대한 학생 데모와 경찰에 맞선 폭력적인 충돌—그 결과 학생 한 명이 죽었다—의 결과였다. 이것은 거시적인 차원에서 최초의 자료(datum)였지만 그 자체는 우발적이고, 피상적이며, 불충분한 것이었다. 이러한 초기 견해에 숨겨진 어떠한 위험들에도 불구하고 이 책에서 내가 강조하고 싶은 것은 여기서 우리가 새로운 사회 주체의 출현을 목격했다는 사실이다. 이 주체는 프롤레타리아적이고, 다양다종하며(polychrome), 평등에 대한 요구를 집합적으로 기획하는 지적인 주체다. 또한 정치적인 것을 거부하고 직접적으로 생존과 투쟁을 위해 윤리적 결정을 일으키는 주체다.

이 점에 대해 좀 더 살펴보자. 새로운 사회 주체는 지적인 동시에 생산적인 주체다. 이것은 지금 노동의 생산적 측면이 주로 지적인 수준이라는 것을 명백히 보여준다. 이 주체의 지적인 힘은 노동시장의 주요한 특성들(배제, 선택, 위계 등)과 얽히고설켜 감정적으로 연결된다. 그 결과 이러한 주체는 본질적으로 지적이지만 태생부터 프롤레타리아화되고 있다. 그것은 부정적인 관점에서 새로운 주체를 본 것이다. 긍정적인 관점에서 지적 노동이 뛰어나게 생산적이 되었다는 것은 앞서 언급한 사실이다. 그 결과 새로운 주체가 사회의 핵심(central of society)이 된다. 1968년 학생들은 공장을 자신들과 노동자들을 동일시하는 장소로 추구했다. 오늘날 노동자들은 학생들이야말로 사회적 행동을 가능케 하고 연속적으로 유발시키는 유일한 존재로 보았다. 그리고 생산적 노동의 사회적 시장 내부에서 노동자들은 학생들과 그들의 지적 생산성을 자신들과 동일하게 취급했다. 새로운 주체는 윤리적 주체다. 그러나 어떤 의미인가? 이 주체는 정치적인 것—정당들에 의해 지배되는 국가의 모든 기계와 개별적인 톱니바퀴들—을 거부하면서 정치적인 존재가 되었으므로 새로운 주체는 진리를 추구하기 위해 정치적인 방법들을 재전유했다. 마지막으로 새로운 주체는 (즉 오늘도 내일도 어쩌면 혁명적이 될지 모르는) 반역적인 주체다. 즉 이 주체는 사회적 커뮤니케이션을 전유하려고 시도하는 반역적인 주체다. 그렇게 함으로써 급진적으로 현대 사회의 작용들(workings)에 도전하려는 것이다. 현대 사회에서 커뮤니케이션은 통제의 연결요소인 동시에 통제를 행사하는 지점이다. 그곳에서 커뮤니케이션은 돈에 공동체의 평등을, 냉소주의에 유토피아를, 자본주의적 통제에 생산적 협력을 대치시킨다.

이러한 초기 요소들을 마음에 새긴다면 우리는 1986년 파리 학생

운동의 위대한 명료성과 더불어 우리 이전의 투쟁장면에서의 독특한 독창성을 직접 전유할 수 있다. 프랑스에서 종종 일어나듯이 한 달 간의 정치투쟁은 완벽하게 발전되고 순수한 형태로 벌어졌다. 이는 맑스가 이미 알고 있었던 이 나라(프랑스)의 특징들에서 기인한 것이다. 독일에서는 단지 이데올로기의 지속적인 영향과 역사의식의 형이상학적 노력이 드러날 뿐이고, 그것도 불완전하게 나타났다(그리고 이탈리아에서는 매일매일 혁명의 밀물과 썰물이 매혹적인 방법으로 휩쓸었다). 프랑스 투쟁의 특징은 새로운 계급구성과 새로운 정치적 주체 개념을 의미한다. 파리 시민들의 투쟁기간 동안 경험의 강도는 이미 추상화(abstract)되었고, 요구의 메커니즘은 매우 짧은 시간에 만개되었다. 일주일 내지 열흘이라는 기간은 거대하고 즐거운 대중들이 개념을 정립하기에 충분했다. 이 정도의 시간은 정치적인 것의 비극적인 차원을 인지하고 국가폭력을 폭로하기에 충분한 것이다. 따라서 이 체제의 권위주의적 성격들을 강조하는 데 관심 있는 힘들의 전부, 반면에 저항의 통일체(unity)를 추구할 수 있는 힘들의 전부를 확인할 수 있는 시간이다. 이렇게 뛰어난 정치적 작용은 운동의 프롤레타리아적 힌지(hinge)* 덕분에 성취되었다. 이는 기술학교 학생들과 '뵈르' (beur)** 사람들에 의해 구성되었다. 여기에 정치적인 것을 재현하기 위한 직접적인 형태가 있다. 이러한 프롤레타리아적 형태 내에는 통일전선과 반대전선을 구별하기 위한 역량과 이러한 관계를 통해 새로운 사회 계급구성의 실재성을 자각하기 위한 역량이 있다.

---

* 핀 등을 사용하여 중심축의 주위에서 서로 움직일 수 있는 구조의 접합부분을 말한다.
** beur : 프랑스에서 태어난 마그레브(Maghreb : 모로코, 알제리, 튀니지를 포함하는 북아프리카 지역) 혈통을 가진 젊은이들을 의미한다.

따라서 새로운 운동은 정치적 비판과 훌륭한 분석이 쏟아져 나올 정도로 폭발적으로 성장했다. 그러나 (68혁명에서) 거의 20년이 지난 후에, 적어도 10년이 지난 후에 완전한 침묵, 비겁하고 극악무도한 전향, 광범위하게 확산된 회개가 일어났다. 즉 좌우 양 진영이 구별이 안 될 정도로 서로 담합하여 기만적이고 억압하는 기예(craft)를 발휘하는 사태가 벌어진 것이다. 독일에서는 이 모든 저항과 새로운 운동의 성장이 사회 분열의 결과로 나타났다. 이탈리아에서는 저항이 눈에 띄지 않게 되었고, 사회의 모든 계층(stratum)에 스며들었다(permeated). 이제 이 모든 것들이 새로운 정치적 지평 위에서 움직이게 되었다. 15일 간의 파리 시민들의 투쟁은 이미 죽어서 매장되었던 논쟁을 소생시켰다. 즉 오늘날의 비판은 새로운 주체적 세력의 일체감으로부터 시작한 것이다. 이 모든 것이 가능한 이유는 공식적인 노동운동에 의해 수행되었던 역사의 수치스러운 왜곡에 반대하여 존재론적 자각(ontological awareness)이 그것의 심연과 잔여를 드러내고 아직까지 강력하다는 영속성을 드러냈기 때문이다. 그리고 존재론적 자각이 사람들과 집합적 운동 속에서 재등장했다. 이데올로기의 대실패로부터 오늘날의 '명랑한(gay) 과학'이 등장했다. 이 경우에 운동과 역사 사이의 관계는 동어반복도 악순환(vicious circle)도 아니다. 반대로 '명랑한 과학'이 스스로를 표명하는 방식은 완전히 새로운 것이다. 우리가 비록 그것의 의미를 완전히 이해할 수 없을지라도 그것이 생산적인 것이라고 말할 수 있다. 그리고 우리는 운동의 새로운 힘[potenza][1]을 은폐하고 있던 덮개를 들어올릴 것이다.

그러면 우리는 이러한 새로운 운동을 면밀히 고찰하기 위해 내러티브(narrative)를 구성하지 않고 본질적인 질문을 즉시 제기하도록 하자. 우리가 관심 갖고 있는 이슈가 과연 주체에 관한 문제인가? 물질적 결정에 의해 수반되는 의식형태로 주체를 알 수 있다면 확실히 '그렇다'이다. 그것은 욕구, 이해, 잠재력의 의식이다. 그러나 의식과 그것의 물질적 전제(前提) 사이의 관계가 얼마간 결정적이라고—미지의 장소에서 생겨났고, 아무도 모르는 창조성이 주어진 새로운 개인이라는 종(種)이라고—결론이 난다면, 그것은 마치 관념론자들과 스탈린주의들이 한 것처럼 터무니없는 이야기일 것이다. 실제로 새로운 주체는 하나의 메커니즘이다. 물질적 조건의 결과로서 그것의 의식은 주체성, 즉 진정한 욕구를 위한 구성적인 절합을 하는 경향이 있다. 그리고 우리는 즉시 이러한 절합을 결정하는 활동성이 지적이라고 덧붙일 수 있다. 새로운 주체는 지적인 주체다. 그것은 뛰어나게 지적인 노동력이 된다. 그것이 수행하는 노동은 추상적이다. 그 자체로 그것은 다수의 사람들에 의해 수행되지만 동시에 특이화되는(singularized) 노동이다. 결정적이고 특수한 많은 잠재성들을 가지고 있는 만큼 그것은 단지 활동성으로 비춰지는 경향이 있는 노동(work)이다. 파리의 학생들이 광장에 모였을 때 그들의 유일한 공통 요소—그들의 유일한 자기 동일시의 매개—는 그들의 지적인 스타일과—무엇보다 역설의 형태에서—권위에 도전하는 웅변 혹은 풍자로 자신들을 표현하는 능력이었다. 이러한 방식으로 학생들은 오늘날의 계급구성에서 구현된 노동의 본질적 특징을 밝혔다. 노동의 높은 추상적 특징[그것의 특이화(singularization)를 위한 필수조건이다], 노동의 매우 지적인 특징(그것의 '유연한' 적용을 위한 필수조건이다), 노동의 다원적이고 수렴적인 질서와 사회노동의 복잡한 절합과 분업에서의 유일하고 예외적 토대인 기초적인 평등을 밝히는 것이다. 오늘날 노동의 이러한 특징들을 부정하는 사람과 그 메커니즘이 주체가 되는 가능성을 부정하는 사람은 누구든지 적다. 의식은 그것의 확장을 위한 물적 조건들을 넘어섬으로써 주체성을 구성한다. (지적 노동과 그것의 물적 조건들의 기능들을 변화시키는) 지적 운영자(operators)이자 지적 노동의 헤게모니를 향한 일반적이고 저지할 수 없는(inarrestable) 운동의 주역들로서 학생들은 자신들의 운동을 통해 새로운 주체성의 형성을 표명한다. 마치 스피노자의 힘[potentia]과 같이 실재[적인 것](the real)을 결정하는 다중(multitude)에 의해 새로운 주체적인 주역들이 형성된다. 그래서 오늘날 매우 풍부하고 증대되는 지적 메커니즘이 급진적인 새로운 사회적 노동조직을 구성하고 표명하는 것이다. 다른 사람들은 이것을 혁명적 조건이 아니라, 도리어 자본이 이러한 사건들의 통제권을 획득하게 되는 것이라고 반대 주장을 펼 것이다…. 그렇다면 만약 이것이 자본주의적 프로그램을 의미한다면 이러한 사건들은 진부하다. 그러나 이러한 비판이 노동자 측에서 들려온다면(예를 들어 외부 경험으로부터 창조된 의식을 선호하여 자발성에 대해 전통적으로 비난하는 것을 통해), 완강하게 되풀이될지라도 그것은 단지 하나의 상스러운 경우에 불과할 뿐이다. 나중에 이 문제로 돌아오겠지만, 그것이 자본을 위해 창조한 것은 가공할 만한 잠재적인 파국과 어려움뿐이다. 잠시 단순하게 덧붙이자면 지적 프롤레타리아의 얼굴은 아름답고, 개방적이며, 진실하다. 그들은 존재론적 힘을 가시적으로 만든다. '주체성'이라는 단어로 말하면, 이것의 힘은 어떠한 환경에서도 권력에 의해 빼앗기지 않는다는 것을 의미한다. 새로운 사회를 함께 구체화시키는 이러한 청년들과 지식인들의 활동은 아름답다. 동시에 똑같은 이유로 해서 그들은 주체로 형성되고 있고, 물질적 힘을 자유와 평등의 유토피아적 기준으로 제공할 것이다. 이들 청년들은 다른 많은 사람들보다 아름답고, 항상 조합주의자였고 종종 체념적이었던 그들의 노동자—아버지 세대들보다 (유감스럽게도) 더 아름답다. 다른 한편 이러한 프롤레타리아적 지성은 (아버지 세대와) 다르다. 아이러니, 역설, 비판적 정신은 유토피아의 뼈대를 이루고 희망, 그것을 키우는 것이다.

이러한 방법으로 새로운 지적 주체는 프롤레타리아 개념에 대한 원리적 요소로서 확립되었고, 프롤레타리아 전체의 비판과 저항의 구조를 지탱해 왔음을 보여준다. 1968년 학생들이 자신들의 투쟁에 대한 정당성을 노동자 조직과 공장에서 찾았다면 오늘날 학생들에게서 그러한 정당성을 찾는 것은 노동자들이다. 최근 프랑스에서는 학생들이 자신들의 시위 프로그램에 노동조합의 참여를 요청했다. 이에 노동조합은 당혹스러워했다. 그러나 노동조합의 지도부가 발뺌하려고 할 때 일반 조직원들은 지도부들에게 (학생들과) 단결하라고 요구했다. 객관적인 관점에서 사실상 그것의 힘 덕분에 지적 노동은 모든 사회적 노동에 대한 상호작용적 메커니즘을 드러냈다. 주관적인 관점에서 그것은 특수한 사회적 구성—협력의 그것 혹은 오히려 지적인 협력, 즉 커뮤니케이션의 그것—을 산출한다. 그러한 기반 없는 사회를 더 이상 상상할 수 없다. 다른 곳에서 나는 이 과정을 사회적 노동자(socialized worker)[2] 시대(epoch)의 특징이자 기초라고 묘사한 적이 있다. 동료들과 나는 이 가설을 10년 넘게 연구해 왔다. 그러나 왜 우리들은 이것을 가설이라고 계속 불러야 하는가? 우리는 이제 사회적 노동자의 모든 것—사회적 노동자가 어떻게 움직이고, 일하고, 그 자체를 재생산하고 조직하는가—을 알고 있다. 우리가 다루고 있고 가설과 예견에 대한 진실을 강력하게 확인시켜 주는 프랑스의 사건들은 지금 우리에게 사회적 노동자들이 어떻게 '춤추는가'(dances)를 보여준다. 사회적 노동자가 참을 수 없을 정도로 변화가 심하다는 것을(다시 말해 본성상 착취적이거나 도구적인 목적을 가진 자들에 대해 참을 수 없다는 뜻이다) 결코 잊어서는 안 된다. 우리의 '가설'은 더 이상 일반적으로 말하는 가설이 아니다. 1968년에 학생들은 공장으로 달려갔다. 오늘날 정당성과 리더십은 학생들 가운데서 발견할 수 있다. 그들은 생산적 노동에 대한 새로운 본성의 아포리즘이고, 프롤레타리아의 지적 형성에 대한 새로운 과정의 발자취다. 그러므로 그들은 사회적 운동을 촉발시키고, 길항력(countervailing power)을 행사하며, 자본과 국가가 수탈해 가는 것을 (사회 전체를 위해) 재전유하고 재구성한다. 그들은 지적 노동을 통해 가치를 생산하는 사람들이다. 즉 학생들이자 사회적 노동자들(others)이다. 그들의 힘은 그 자체로 유연하게(tenderness) 나타난다. 평등의 주제(the theme of equality) : 평등의 주제(객관적으로는 커뮤니케이션의 공동체, 주관적으로는 주체의 너그러움과 그들의 집합적 관계들의 유연함이라는 환상)는 모든 기업들—정확히 평등의 주제와 관련해 종종 균형을 잃어버린 노동자들을 포함해서—에 대항하는 그것의 힘(그리고 필요하면 그것의 폭력)이 가진 운동을 제공한다. 그 운동은 기업뿐만 아니라 국가에 대해서도 대항하는데, 왜냐하면 국가는 불평등한 재생산의 보증인(guarantor)이기 때문이다. 이리하여 특수한 목적과 결정적인 요구들에 의해 강하게 특징지어진 운동은 불평등, 기업, 국가에 대항하는 프롤레타리아의 투쟁을 위한 일반적이고 정치적인 운동이 될 수 있다. 그리고 그 자체(그 자신의 조직)에 평등의 방법을 적용하기 위해, 그리고 모든 제안들을 판단할 수 있는 근본적인 척도로서 평등을 이용하기 위해 혁명적인 운동이 될 준비를 하고 있다. 코뮤니즘을 예로 들어보자. 이 역설적인 암호(password)는 모든 조직적 제안의 뒤에서 모터(motor)가 되었고, 그것이 사회적 노동자의 구심점임을 입증하는 것이었다. 다시 평등에 대해 고려해보자. 다시 시작한다는 것이 처음으로 돌아가는 것을 의미하지는 않는다. 반대로 그것은 지적 노동의 물질성, 그것이 생산하는 주체의 중심적인 역할, 그리고 그것의 유동성과 힘을 재확인한다는 것을 의미한다.

　　이 시점에서 우리는 인종문제에 대해 논할 것이다. 왜냐하면 이 문제는 구체적이고, 직접적이며, 계속되는 방식으로 86년 프랑스 운동에서 평등의 이슈로 떠올랐고, 실제로 도입되었기 때문이다. 이것은 매우 큰 화제이므로 나는 간단한 코멘트로 살펴볼 것이다. 프랑스에서 시민권과 그것의 획일적인 적용은 사회의 인종적 윤곽들에 부딪치거나 가로지를 수밖에 없었다. (적어도 100만 명이 되는) 프랑스 국적을 가진 젊은 아랍인들은 직접적인 불평등에 직면해야 했다. 다시 말해 그들은 경제적 착취와 인종적 배제의 대상이었다. 이러한 상황은 폭력적인 분위기—때때로 테러의 풍조, 상시적인 게토화와 탄압의 분위기—에 의해 극적(劇的)이 되었다. 즉 이러한 분위기는 유색인종이 사는 구역과 프롤레타리아적인 방리유(banlieux)*에서 찾을 수 있다. 최근의 투쟁에서 이러한 다인종적 노동력(multi-racial labour force)은 평등과 관련된 이슈를 둘러싸고 전개될 뿐만 아니라, 직접적이고 전투적인 형태로 전화되었다. 그 결과 이러한 구역에서 살면서 학교를 다니고 있고, 프랑스 사회를 정치적으로 불안하게 하는 대규모 아랍의 청년 대중들은 무의식적이긴 하지만 프랑스 내 외국인 노동자를 형성하는 계급 일부의 근본적인 이해관계를 효과적으로 전달하는 자로 등장했다. 여기서 근본적인 이해관계란 부와

---

* 방리유(banlieux)는 사전적으로 '교외지역'을 뜻한다. 도시 외곽지역인 방리유가 가지고 있는 정치적·사회적·역사적 의미를 강조하기 위해 '방리유'를 번역하지 않고 그대로 사용했다. '방리유'가 가지는 여러 함의들을 자세히 알고 싶다면 발리바르 외, 『공존의 기술 : 방리유, 프랑스 공화주의의 이면』(그린비, 2007)을 참조하기 바란다.

권력을 전유하려는 통합의 이해관계를 의미한다. 게다가 이러한 아랍의 청년 대중들은 이미 학문적이고 생산적인 관점에서 노동의 자본주의적 조직의 가장 높은 수준에 속했다. 따라서 이들은 매우 추상적이고 지적이며 유동적인, 상당히 현대적인 노동력이다. 이러한 특징들 때문에 아랍의 청년 대중들은 인종차별적인 오래된 법률에 종속되었다. 그리고 이것은 인종문제를 연구하는 가장 중요한 이유가 된다[프랑스 사회의 반동(反動)세력들이 인종문제를 동일하지만 유동화(mobilization)의 정반대 지렛대로 여기게 된 것은 결코 우연이 아니다). 인종문제는 평등을 향한 역사적 발전의 힘을 입증한다. 다시 말해 코뮤니즘 주체의 동력(動力)을 중심적이고 단순화할 수 없는 요소로서 보여준다. 또한 이러한 역사적 발전은 인종주의에 의해 초래된 (두려운) 구체적인 계급분할들이 어떻게 영향을 미치는가를 밝혀내는 것을 가능하게 한다. 인종주의는 계급적 관점이다. 그러나 인종주의를 통해 계급적 관점의 폭력이 수천 배나 증가한다. 그러므로 이것은 기폭점(起爆点)이다. 프란츠 파농(Frantz Fanon)과 말콤 엑스(Malcolm X)가 과거의 그림자라는 것은 사실이 아니다. 그들은 우리 곁에 미래의 과학자들로 남아 있을 것이다. 확실히 인종문제가 양적으로 중심이 되는 프랑스 이부의 다른 국가들에서 인종주의는 좀처럼 해결되지 않는 모순의 계기(여기서 기술된 것은 변증법)에 지나지 않는다. 노동시장이 보다 규제적인 유럽의 다른 국가들에서 다른 인종들은 쉽게 동화되거나 모든 정치적 집합의 가능성이 파괴되는 인구 이동성(mobility)체제에 종속된 소수집단에 불과하다. 이에 반대하는 주장은 우리가 여기서 말하는 인종문제의 중요성을 축소시키는 경향이 있다. 만약 인종주의 사회의 틀 배후에 있는—자본주의적 지배양식의 가장 최근이고 가장 악랄한 산물 중 하나인—이중사회(dual society)*의 틀을 인지할 수 있다는 것이 사실이 아니라면 이러한 반대 주장은 유효할 것이다(이 경우에 우리는 인종주의의 새로운 혁명적 폭발에 대한 기대를 상당히 줄여야 할 것이다). 이중사회는 인종주의 사회가 향하는 최종 지점(end point)을 구성한다. 이중사회는 인종주의 모델의 확장이다. 선진 자본주의 각국에—다인종 (multi-racial)들이 노동시장에 있건 없건 간에—남아프리카가 뿌리를 내리고 있다. 이리하여 우리는 다인종 주체—자연적이고 문화적인 측면에서 인종차별적 깊이를 가진 프롤레타리아 주체라는 사실과 대비되는 지적이고 사회화된 주체—에 의한 최근의 투쟁과정에서 언급된 평등에 대한 이슈의 중요성을 전유할 수 있다. 사회의 보다 높은 코뮤니즘적 조직의 설계(design)가 단순히 의지(will)의 생산이 아니라 인종적으로 배제된 존재론적 실체에 의해 강화된 어떤 것이라고 명심한다면 인종차별은 훨씬 심각하게 나타나는 스캔들이 된다. 이러한 운동, 이러한 비상사태와 메커니즘은 되돌릴 수 없는 것이다. 여기서 우리는 최근 투쟁의 또 다른 교훈을 얻고 있다.

이 모든 것으로 보면 프랑스에서 몇 주간(어떻게 투쟁이 발전할 것인지와 관계없이) 일어났던 시위가 충분히 보여준 것은 새로운 혁명적 주체가 등장했다는 사실이다. 우리는 '등장했다'(emerged)는 단어를 사용했으나 이는 그다지 정확하지 않다. 왜냐하면 주체는 이미 완전히 발전된 채 생겨났고, 그것은 출발점이 아니라 귀결점, 즉 현행적(actual) 조건이기 때문이다. 또한 이것은 반란을 일으키는(insurgent) 주체이기 때문이다. 이것은 지난 20년 동안 확고하게 강화되고 개혁된 권력구조에 대항

---

* 이중사회론에 대해 보다 자세히 알고 싶다면 본문 4장과 앙드레 고르, 『프롤레타리아여 안녕』(생각의나무, 2011) 3장을 참조하기 바람.

해 일어난 주체다. 불평등과 부정적 가치의 신구(新舊) 이데올로기인 신자유주의와 포스트모더니즘 내부에서 이에 대항해(within and against) 일어났다. 주체가 이미 완전히 발전된 채 등장했다고 말할 때 우리는 그것이 완전히 윤리적으로 발전되었다는 것을 의미한다. '도덕적 환원주의'(moral reductionism)에 종속되었다는 것과 비교해 운동의 이러한 특징[그것은 생태학적 결정(ecological determination)이다]은 거의 인식되지 않는다. 따라서 즉시 '윤리적'이라는 용어의 정확한 의미를 설명해야 하고, 이것을 도덕적 환원주의와 대치시킬 필요가 있다. 거기에서 윤리적 다중이 단지 도덕적인 개별성 및 순진무구한 아름다운 영혼의 총계로 환원될 수 있다는 것은 별 의미가 없다. 우리가 다루고 있는 것은 개별적인 도덕성이 아니라 집합적인 윤리다. 이 세대의 기원이 본질적으로 집합적인 것과 관련되기 때문에 다른 해석은 가능하지 않다. 이 세대는 주체를 윤리적인 것으로 전환하기 위해 집합성(collectivity)을 출발점으로 취해왔다. 이 세대의 유토피아는 평등과 공동체의 유토피아 외에 다른 것이 될 수 없다. 자본주의적 사회화[그것은 개인적 시장의 이니셔티브(initiative)와 화폐라는 척도의 종속관계에 의해 표현되어 있다]에 대해 이 프롤레타리아 세대는 커뮤니즘적 사회화를 대치시키고 있다. 즉 공동체의 윤리(그것은 얼마나 사회적 협력이 중대한가를 나타내 준다)와 집합적인 생산이 커뮤니케이션에 의해 반영되었다는 진실을 가리킨다. 이것은 그것을 주시하는 사람들에게는 방해가 되는 차원이다. 정치적으로 자본의 대변인들에 의해 이해되었던(그들에게 어린아이의 장난처럼 보였던) 이러한 투쟁이 역설적이게도 국제적 외환시장에서 프랑(franc)화 가치의 급락(急落)과 공황에 이르게 한 것은 결코 우연이 아니다. 이것은 당연한 것이었다. 화폐가 자본주의적 사회화의 수단이자 상징이므로 자본주의적 사회화가 위기에 봉착한다면 통화의 가치는 붕괴될 것이다. 이리하여 프랑스 정부의 경제정책을 담당하는 얼간이들(blockheads)조차 86년 운동의 진정한 중요성을 인정하지 않을 수 없었다. 이와 별도로 우리는 다른 모든 역설적 측면들을 고려할 것이다. 이 운동의 윤리적 특징은 역설적인 용어로 설명되는—혹은 예시되는—유럽과 프랑스 사회의 현실(reality)에 너무나 깊게 내재해 있다. 포스트모던과 후기 자본주의의 가치 위기에 대한 영속성과 강조(insistence)는 평등에 기초한 집합적 도덕성의 존재론적 힘에 의해 무시된 측면이었다. 이러한 윤리는 도덕성이 개별화되는 만큼 비도덕적이 된다. 그것은 평등한 개인의 집합적 구성을 반영하는 윤리다. 몇몇 지적이지 않고 반동적인 이데올로그들의 목표는 질서를 확립하기 위해 어떤 대가를 치르더라도 손상(損傷)을 방지하는 것이다. 이들은 청소년들이 (국가 이데올로기로 지속되는) 신자유주의가 허용하는 것보다 더 자유롭다(liberal)고 주장하고 있다. 이것은 사실이 아니다. 오히려 이들 청소년들은 1789년의 인권선언을 진지하게 받아들였다. 그들이 받아들인 것은 혁명적 해방(liberty), 즉 인류의 연대성과 자유(freedom)에서 배태된 해방이다. 마요네즈는 얼마든지 좋아하는 만큼 저을 수 있다. 그러나 올바로 젓지 않는다면 그것은 걸쭉해지지 않는다. 평등 없는 자유를 알았던 세대와 오늘날의 세대는 동포애(fraternity), 공동체(community), 커뮤니케이션과 생산적 협력을 넘어선 통제의 집합적 재전유에서 대치하고 있다. 자유민주주의(liberal) 사회에서 동포애는 (어느 정도까지) '보험'(insurance)을 의미하고, 사회주의 사회에서 동포애는 '희생'(sacrifice)을 의미한다. 오늘날 세대에게 동포애는 '주체'를 의미한다.

따라서 우리는 1986년 파리에서 일어난 사건들에 대한 우리의 분석을 통해 가장 본질적인 것에 이르렀다. 즉 우리는 '코뮤니즘의 현행성'(actuality)에 대한 문제를 완전히 이해하게 되었다. 그렇기 때문에 결국 눈에 띄게 되는 것이 이것(코뮤니즘의 현행성)이다. 이론적 허세를 가진 재담꾼들(jokers)은 그 운동이 '유토피아 없는 윤리'(an ethic without a utopia)를 가진다고 말하며, 이러한 이유로 그 운동이 너무나 현명하다(그들에게 '지혜'란 절제, 좋은 행동, 과잉의 결핍을 의미한다)고 말한다. 이러한 재담꾼들은 지혜에 대한 정의가 아니라, 그 운동에는 유토피아가 없다는 그들의 인식 속에서 진리에 접근하고 있다. 1968년에 아직도 유토피아적인(utopian) 것이 있었다는 사실은 오늘날 꽤 자연스럽고, 제2의 자연이며, 의식에 정착된 것이다. 1968년 혁명이 부재했고 푸코주의적 계보학과 힘들의 얽힘이 없었다면, 한마디로 부모 세대가 없었다면 86년 운동은 분명 존재할 수 없었을 것이다. 이러한 부모자식 관계는 이데올로기적이지 않다. 그러나 1986년 운동이 보여준 것은 사회적 노동자의 펼쳐진 의식이다. 1968년에 느꼈던 변혁의 거대함과 진실한 변화들을 고려해 볼 때 주체의 약함은 정치적인 것(the political)이 필연적이라는 것, 그리고 새로운 가치의 확립과 운동의 계속적인 안정화를 위한 자리(site)를 바라고 있었다는 것을 보여주고 있다. 오늘날 집합적 의식의 놀라운 성숙은 쓸모없는 장식처럼 보이나 종종 혐오스러운 사마귀(ex-crescence)처럼 보이는 정치적인 것으로부터 소외(alienation)를 일으킨다. 직접적이고 집단적인 이 운동의 민주주의는 공식적인 제도적 수립에 (그것의 예배물 및 상징물들과 함께) 조롱으로 반응한다. 이러한 의식의 집합적인 명료성은 그것을 알고 있고 소유하고 있는 기술들에 기반하고 있다. 그것은 '미디어'의 광채를 지니고 있고, 순수한 가시성(visibility)이다. 그것은—일부 재담꾼들이 말할지도 모르지만—오직 천사들을 연구해야만 존재의 어떤 지역들을 묘사할 수 있을 것 같다는 사실이다. 그러나 우리의 천사들은 지옥에 떨어져 그곳의 온갖 괴로움에 익숙해지고, 그곳의 오만함으로 가득 차 다시 한 번 그들의 눈으로 천국을 바라보고 있다. (노동운동의 전통에 영향을 받았지만 거기에 환원되지 않은) 새롭고 독창적인 혁명적 전통이 과거 20년 동안 스스로 확립되었다. 혁명적이고 개념적인 시퀀스(sequence)들이 확립되었다. 공동체, 이해(understanding), 코뮤니즘은 모든 방향에서 추구될 수 있는 경로들이다. 코뮤니즘의 현행성은 따라서 공동체의 현행성이다. 그것 때문에 공동체를 위한 욕망은 커뮤니케이션 수단들을 재전유하는 과정을 통해 성숙되고 가시적이며 직접적인 방식으로 형성되었다. 커뮤니케이션은 진실로서 나타난 공동체가 구성을 착수하기 위한 수단이다. 만약 커뮤니케이션이 진실에 기초하지 않는다면 공동체는 생각조차 할 수 없다. 오늘날 세대들은 그들의 의사소통적(communicative)인 '제2의 자연'(second nature)을 엄밀하고 강력하게 이해하려고 시도하고 있다. 정치적인 것에 반대하는 것은 투명성의 부재, 매개의 고갈, 그리고 정치적인 삶에서 무책임하고 비밀스러운 요소들의 성장에 반대하는 것이다. 혹은 오히려 정치적인 것으로부터 소외된 것을 반대한다는 것은 반란의 징후(sign)다. 다시 태어나는 것이다. 다시 태어난다는 표어(watchword)는 고전·고대에 있었던 신비로운 믿음들에서 매우 중요했고, 기독교적 변화에 의해 부활되었다. 코뮤니즘 혁명과정에서—좋은 감식안과 암시적인 효과를 가지면서 신비로운 자기 만족 없이—그것을 이용하지 말아야 할 근거는 없다. 우리는 맑스가 도달할 수 있다고 말한 지점에 도달해야 한다. 즉 사적 전유의 물적 기초와 이윤의 법칙 그 자체가 너무 약해서 집합적 개인의 성장을 방해하는 지점까지 도달해야 한다.

사회적 노동자는 커뮤니케이션 비판에 의거해 착취 비판을 발전시켜 왔다. 생산은 사실상 사회적이며, 그것은 점점 더 큰 규모로 증가되었다. 생산적 협력은 사회 전체로 확산된다. 그것은 생산의 네트워크에 침투하고, 그 다음에 사실상 완전히 사회적으로 된다. 바로 사회적인 것이기 때문에 생산은 커뮤니케이션에서, 즉 정보 처리과정과 의사소통적인 (communicative) 구조 영역에서 그것의 독점적인 중심을 발견한다. 그러나 자본의 지배하에서 커뮤니케이션의 기능양식과 형성양식은 동시에 착취양식이기도 하다. 그러므로 커뮤니케이션 통제로 얻고자 하는 목표 (즉 그것의 재전유를 욕망하는 것)는 생산과 착취의 사회관계들에 직접적인 방식으로 영향을 미치는 것을 의미한다. 착취의 결정요인들은 커뮤니케이션의 새로운 조직 위에 기초하고 있다. 그러므로 사회적 노동자가 (공장 노동과 진정한 의미의 사회적 노동 모두) 어째서 지적 노동에 집중하는 경향이 있는가를 이해할 수 있다. 사회적 노동자는 사회적 협력과 관련된 커뮤니케이션이 제공한 응집력 덕분에 새로운 헤게모니 과정을 확립하는 경향이 있다. 이리하여 착취에 대항한 투쟁은 새로운 착취조건들을 극복하고 스스로를 적응시킨다. 커뮤니케이션의 사회적 채널들 (사회에서 공장으로 흐르던 것이 오늘날에는 공장에서 사회로 흐르고 있다)의 시퀀스들에서 기호 (sign)의 변화는 착취와 관련된 고통과 차이함을 해결하지 못한다는 것을 강조할 필요가 있다. 또한 그것의 과거를 지울 수도 없다. 육체노동은 착취의 무자비함으로 인한 상처들을 없애기 위해, 따라서 착취의 단 하나의 표명뿐만 아니라 착취 그 자체를 없애기 위한 투쟁을 계속하기 위해 지적 노동이 되는 경향이 있다. 경건 (pietas)이라는 거대 요소는 당시 수주 동안의 가두시위에서 느껴졌다. 학생들은 그들의 부모들—그들의 부모들은 이주 노동자, 대중 노동자, 유색인종, 남자 또는 여자 하인들이었다—이 겪었던 고통과 수고에 대해 자식으로서 연민을 느꼈다. 거기에는 경건만큼 분노의 감정도 있었다. 계급구성의 변동은 해방을 무효화한 것이 아니라, 오히려 착취의 가장 밑바닥 단계 로부터의 해방을 강조했다. 높은 생산성 때문에 지적 노동은 착취의 문 제들을 해결하기 위한 커다란 역량을 가지고 있다.

　　다시 한 번 사회적 노동과 의사소통적인 지성과 관련된 특수한 주 체성이 전복의 힘을 일으킬 수 있다. 이러한 전복은 현존하는 모든 구조 에 대한 전복이라기보다는 오히려 첫 번째 사례든 두 번째 사례든 간에 직·간접적인 착취를 목표로 하는 모든 것들에 대한 전복이다. 전복은 착취에 내재하는 폭력을 파괴하는 것이고, 사회를 통해 분간할 수 없고 심각하며 잔혹하게 퍼져 있는 폭력을 파괴하는 것이다. 즉 전복은 길항 력(countervailing power)이다. 노동력과 노동하는 주체가 지적이고 사회적 이 될수록 착취에 내재하는 폭력은 더 지적이고 사회적인 특징을 얻게 된다. 폭력은 일반화된 방식으로 퍼져 있다. 그것은 사회 전체를 차지하 고, 사회의 모든 틈새에 스며든다. 폭력은 더 이상 이데올로기적인 것이 아니라 오히려 기능적이고 타고난 것이다. 어떻게 하면 그것을 근절(根 絶)하고 파괴할 수 있을까? 우리가 압도당한다고 느끼는 것이 폭력이다. 종종 우리는 그것의 포로이며, 우리의 사고와 악몽들은 그것 속에 연루 되어 있다. 이러한 관점에서 길항력은 대항적인 폭력(violence)과 등가(等 價)로 생각할 수 있다. 그러나 그러한 결론을 그리는 것은 미친 짓이다. 그리고 폭력이 최근에 테러리즘을 통해 표현되었을 때 거기에는 확실히 광기의 감정이 있다. 그렇다면 전복이 시사하는 바는 무엇인가? 전복은 강력하고 선명한 힘이다. 그것은 파괴의 긍정적인 측면이다. 1986년 말 에 일어난 시위의 전복적 성격은 대중 행진을 넘어선 소수 게릴라들의 영향력을 중시한 것이 아니었다. 이 점에서 경찰의 협박(blackmail), 인상적인 경찰 협박의 상스러움은 완전히 노출되었고 소용없는 짓이 되었다. 오히려 전복적 성격은 타협할 수 없고 거역할 수 없는 진리에 대한 몇 가지 선언 속에 놓여 있다. 예를 들면 평등, 자유, 차별 반대, 사형폐지, 생명존중, 지식과 사회를 위한 미래 계획 등이 있다. 그 밖에도 윤리적 중요성이 비슷한 수많은 작은 것들이 있다. 전복은 진리의 급진적 성격이다. 그것은 이러한 급진주의가 적용된 형태다. 전복은 차분하고 확고한 대중들의 길항력이다. 이러한 특징을 강조할 필요가 있다. 특히 살인에 반대하는 규범 같은 명백한 진리들은 매우 높은 수준의 결정을 표현한다. 이러한 결정은 사회혁명적 운동에서 애초부터 항상 전통이 되어왔던 만큼 중요한 것이다. 이 전통적인 결정은 무효화되지 않았고, 오히려 최근의 투쟁 속에 통합되었다. 그것은 몇 가지 방식으로 전환되었다. 왜냐하면 그것은 이러한 투쟁과 프로젝트가 전개되는 동안 계속되기 때문에, 매우 급진적인(항상 투명하게) 방식으로 살인 없이 파괴하는 폭력—그것은 창조적이기 때문이다—에 의해 표현되었다.

이 운동은 매우 짧은 시간에 참된 경향을 발견했다. 즉 이 운동은 그것의 코뮤니즘적 성격을 드러내고, 정치적 수준과 제도적 차원에서 강력하게 대치하고 있는 경향을 발견했다. 문제를 즉각적으로 구성하는 이러한 극단들 사이에서 특수한 역학(dynamic)이 처음으로 분명하게 인식되었다. 따라서 재전유하는 커뮤니케이션과 확립하는 공동체의 프로젝트는 존재론과 힘 사이에 있다. 여기서 우리는 존재론으로부터 지배권력을 공격하기 위해 패시지(passage)를 조직하고 구체화하는 수천의 표어들(watchwords)을 찾을 수 있다. 도구화(instrumentalization)에 반대, 돈벌이만을 노리는(potboilers) 정치에 반대, (진실) 날조에 반대, 조롱(mockery)에 반대 등등. 진실에 대한 찬성. 진실은 끝을 맺기 위한 수단이다. 오직 행동이 진실에 기초할 때 이러한 행동은 존재론과 권력에 대한 투쟁, 지배권력에 대항하는 투쟁 사이에서 확장될 수 있고, 따라서 윤리적이 된다. 진실은 소유주의 정치적 영역을 파괴한다. 이러한 관점에서 정치적인 것에 대한 비판은 진실 결정의 윤리적 중요성을 드러내 준다. 이러한 선언은 그것의 장기간에 걸친 반복과 계속되는 검증에 있다. 그것은 그 프로젝트의 실현이 얼마나 오래 걸릴 것인가를 결정하는 것이다. 이데올로기는 사라지고 잊혀질 것이다. 그것은 진실에게 길을 넘겨 줄 것이다. 이러한 의미에서 그것은 그 적이 단지 '비진리'(non-truth)를 대표할 뿐만 아니라 무엇보다 적대적인(adversary) 주체라는 것을—투쟁과정에서 동지가 죽었을 때 잠시 동안 그랬듯이—곧 인식하게 될 것이다. 그 적의 기계들을 너무 잘 알게 될 것이고, 싸우고 파괴시킬 것이다. 계급투쟁의 관점 속에서 전쟁은 확실히 제외되지 않는다. 전쟁도 단지 우리가 더 강력한 도전자가 되는 순간에 있다.

이것은 특별한 운동의 교훈이다. 아니 오히려 이 교훈은 그 운동에 주의를 기울이는 사람들에게 제의된 지시사항이다. 물론 거기에는 그것을 원하지 않는 사람들에 대한 지시사항도 있다. 적대는 재발견되었고, 우리를 가두고 질식시키는 껍데기는 부셔져 버렸다.

2
세기의 종말

20세기가 막을 내리고 있다. 오늘날 서구에서 20세기를 정의하려는 요구는 20세기 초반에 살았던 사람들이 이 세기의 경험에 대해 불안해했던 것보다 더 강하게 느끼는 것은 아니다. 언뜻 보기에 서구의 인간성(humanity)은 20세기의 음울한 상태에서 등장한 것처럼 보인다. 그러나 우리는 이 축복받은 세기의 특징들을 살펴보고 그것이 무엇인지에 대해 이해하도록 노력해 보자. 이것은 쉬운 작업이 아니다. 우리 선조들이 이 세기가 언제 시작했는지 합의할 수 없었기 때문에 그것은 항상 논쟁의 초점이 되었다. 예를 들어 프리드리히 마이네케(Friedrich Meinecke)는 '1900년보다 15년 전이나 15년 후'라고 말했고, 슘페터는 '1880년대 대공황(great slump)과 함께 혹은 1914년 전쟁과 함께'라고 논하였다. 그러나 또한 슘페터는 여전히 이 문제를 언제 제시할 필요가 있을지 묻고 있다. 이 문제는 정치적·사회적 상황을 검토할 때, 즉 제1차 세계대전이 일어날 즈음에 경제순환과 수세기 동안 있었던 구체적인 결정요소들이 미쳐(mad) 돌아갈 때를 인식하기 위해 필요하다는 것이다. 그렇다면 어떠한 시간대가 '20세기' 라는 표현을 대표하는가? 막연했던 근대화와 진보에 대한 믿음, 그리고 금세기 초반에 그렇게 지배적이던 잘 규제된 자본주의라는 목표는 어떻게 생겨났을까? 지금 종말을 고(告)하고 있는 금세기는 오히려 위기와 불안감의 세기가 아니었을까? 대안적인 관점에서 ―그리고 그것은 대부분의 인문학(humanity)이 관심을 갖고 있는 관찰 대상이다― 20세기는 1917년 혁명과 함께 시작되었다고 말할 수 있다. 이러한 관점에서 1917년 혁명은 금세기의 특수성을 구성하고, 그것에 독창성을 부여하며, 위대한 역사적 시기라는 지위로 올라서게 했다. 결국 '붉은 10월' 의 그림자는 나중에 세계의 다른 지역―처음에는 유럽과 중앙아시아, 나중에는 중국과 라틴아메리카까지 ―까지 드리웠다. 그러나 되돌릴 수 없을지라도 이러한 사실이 과연 20세기의 특수성을 구성할 수 있을까? 혹은 1917년 혁명은 19세기 마지막 혁명이 아니었을까? 1917년 혁명의 놀라운 세계적 규모의 성공은 자본주의적 논리의 속임수와 해방으로 위장된 세계시장의 확립이라는 수단에 불과했던 것일까? 그렇다면 다음과 같이 빈정거리는 결론을 내리는 사람들이 있을 것이다 '그래 당신은 20세기를 특징짓고 싶어해. 왜 자본주의나 사회주의에서 찾아? 이것들은 단지 19세기 이데올로기잖아. 20세기의 특수성은 이 세기의 주역들 모두가 참여하고 있던 집단적 광기 속에서 찾게 될 거야. 이러한 집단적 광기는 1914년 전쟁과 그 후의 파시즘 및 나치즘과 같은 사건들에 의해 표현돼. 1940년 전쟁과 대량학살들이 20세기를 특징짓지. 우선 아우슈비츠(Auschwitz), 그 다음에 히로시마와 강제수용소(Gulag), 통제되지 않는 탈식민주의(decolonization)와 신식민주의(neocolonialism), 오늘날의 이란─이라크 전쟁, 스리마일 섬(Three Mile Island) 과 체르노빌(Chernoby)의 원전사고 등등. '공포의 이 방으로 들어와. 그리고 이 끔직한 세기의 공포스러운 특수성을 봐'라고…. 또한 우리는 새로운 특징들을 규정짓거나 더 기원적인 상처를 계속해서 발견할 수 있다. 그러나 무슨 목적으로? 각각 특별한(particular) 평가의 상대적인 타당성에 대응하여 제안된 모든 일반적인(general) 특성에는 이해불가(incomprehension)한 종류의 극단적인 허약성(fragility)이 있기 때문이다. 어째서일까?

20세기는 정말 이해할 수 없기(incomprehensible) 때문이다. 따라서 혹시 20세기는 존재하는 것이 아니라 단순한 숫자의 약호이거나 텅 빈 숫자의 나열, 명목상의 표현이라고 말할 수 있다. 어느 정도까지 20세기는 19세기에 잘 알려진 이데올로기, 희망, 신비화들의 반복이다. 그러나 이러한 요소들의 반복은 훨씬 빠른 속도로 진행되고, 그것들의 한계까지 밀어붙여 한마디로 말하면 극단적으로 만들었다. 이런 이유로 그러한 반복은 무엇보다도 19세기로부터 우리를 벗어나게 하지 못한 채 20세기에 진출한 '일시적인 격노'(temporal exasperation)를 표현한다. 따라서 20세기는 실로 이해할 수 없기 때문에 특정한 내용에 주의를 집중시킴으로써 우리 자신을 특징짓는 독창성과 본질을 성립시키는 것이 불가능하다. 그러나 이 진공상태(void)─그 속에서 일시적인 혁신들이 펼쳐지고 대격변(cataclysm)이 개입되는[이것의 의미론적 혁신의 힘은 오직 사후적(post factum)으로 인식된다]─는 그럼에도 불구하고 어떠한 의미가 있다. 20세기의 위대한 정신들─베버(Weber)에서 사르트르(Sartre)까지, 조이스(Joyce)에서 엘리어트(Eliot)까지, 벤야민(Benjamin)에서 브레히트(Brecht)까지, 비트겐슈타인(Wittgenstein)에서 하이데거(Heidegger)까지─이 가지는 대격변(cataclysm) 내지 혁신에 대한 몇 가지 긍정적이고 부정적인 이념 속에서 그들이 공통의 정체성(identity)을 발견했다는 것은 결코 우연이 아니다. 즉 시간이 지나감에 따라 모든 형이상학적 공명에 실재성(reality)을 박탈하고, 오직 '사후에'(after the event), 곧 실재[적인 것](the real)의 발견 내지 현실[적인 것](the actual)*의 드러남의 순간에 의미를 부여하면서 그들이 공통된 정체성을 발견했다는 것은 결코 우연이 아니다. "내가 의문에 답할 때만 나는 그것이 무엇을 겨냥하는지 알 수 있다." 이것은 20세기에 대한 적절한 격언이다. 20세기는 어떤 내용이 있는 것이 아니라, 오히려 대격변의 형태와 혁신의 감각을 가지고 있다. 20세기는 단순히 변혁의 모든 순간[또는 생활주기(life cycle)의 모든 순간 이상으로]의 통제 불가능한 가속도의 현기증(dizziness) 속에 사는 것 외에도 동시대의 해결할 수 없는 퍼즐을 구성하는 것이다. 우리가 이 문제를 더 면밀히 검토할 때 20세기를 나타내는 불가해성(incomprehensibility)과 역설은—내포적·외연적 의미 모두에서—보다 명백해진다. 내포적(intensive) 의미에서 20세기의 특수성은 쉽게 이해되는 것처럼 보인다. 즉 위기들이 폭발하고 우리 시대(epoch)의 가장 격렬하고 비극적인 의문들이 제기되는 동안, 혹은 과거(그것은 비록 존재론적으로 위태롭지만 그럼에도

---

* 실재[적인 것](real)과 현실[적인 것](actual)은 대립하는 개념이 아니라 일반적으로 혼용해서 사용되는 개념이다. 그러나 철학적으로 엄밀히 구분되어야 한다. real은 실재(정말로 있음)하는 것으로, 잠재적인 것과 현실적인 것을 포함한 개념이다. 예컨대 도토리라는 상수리나무의 잠재성이 상수리나무로 실현될 때 현실(actual)이 된다. 그러나 도토리든 상수리나무든 둘 다 실재(real)라고 할 수 있다. 개념적 엄밀성이 필요한 부분에서는 다음과 같이 번역을 통일했다. the real은 실재[적인 것], reality는 실재성 내지 현실성으로 번역하였고, the actual은 현실[적인 것], actuality는 현행성으로 번역하였다.

불구하고 발휘되기 시작한다)에서 미래(그것은 끝내 개념적으로 파악될 수 없지만 현재로 삽입되고 있다)로 격변하는 이행들이 인지될 수 있는 곳에서 쉽게 이해되는 것처럼 보인다. 역사적 의식은 이러한 딜레마로 분열된다. 외연적(extensive) 의미에서 역설은 격변하는 이행들의 전체 시퀀스에 의해 더 분명하게 밝혀졌다. 다양한 이행들을 통해 상당한 변화가 일어나고 있는 방향이 정해졌다. 즉 우리는 자본주의적 권력과 생산관계(가치법칙에 의해 묘사될 수 있는)에 의해 지배되는 세계로부터 가치가 전혀 없는 무관심한 세계로 통합되는 것—즉 신비스럽고 형이상학적 상실이라는 전체성—까지 변화의 성격을 규명할 수 있다. 그렇지만 역설적이게도 모든 이론적인 개요(profile)를 혼란스럽게 한다는 점에서 변혁의 역사적 어려움들을 지나치게 확대하는 것처럼 보일지 모른다. 그렇다 하더라도 이러한 진정한 묵시록(apocalypse)의 그림자에서—다양한 변화들과 광범위하게 만연된 일시적인 시차들(décalages)에 위협받게 되는—개념적인 왜곡들(distortions) 내지 목적성(finality)의 도착들(perversions)은 이러한 혁신과 자본의 권력(그것은 형식적이다)의 실재성을 상쇄할 만큼은 아니었다.

그러나 묵시록(그리고 그것을 해결하는 혁신)이 구체적인 형태를 취한 순간이 20세기 역사다. 즉 그것은 결정적인 역사적 국면이 출현하고 실행된 순간이다. 이 국면에서 발생했던 특정한 사건들을 바로잡기 위해 우리는 20세기 전체의 일반적인 특징들을 가설에 의해 언급하거나 확립하는 역사적 시기를 확인할 수 있다. 논의되고 있는 이 시기는 급진적인 변혁을 나타내는 시기이고, 자본주의적 위기를 넘어서 현존하고 존재(being)의 문턱을 향해 나아가는 새로운 실재성(reality)의 정복을 보여주는 시기다. 그러한 분석을 통해 우리는 아마도 드디어 이 세기의 결정적인 특징들의 도입부에 이르렀을 것이다. 이 시기는 1929년 대공황에서부터 자본주의적 개혁주의(capitalist reformism) 정책들이 제정되는 것에 이르는 시기이다. 이러한 정책들은 시장의 한계들과 모든 것을 혼란에 빠뜨리는 시장의 역량을 자각하고 조절(control)과 촉진(promotion)의 프로젝트, 즉 권위와 점진적인 민주주의라는 프로젝트를 해결하고자 자본이 만든 고귀한 제스처와 장대한 노력을 보여준다. 게다가 이 정책들은 이 세기의 정신(spirit)을 강력하게 구현하는 작용(operation)을 나타낸다. 작용은 오래된 요소들의 형태가 되었기(mise en forme) 때문에 이 정책들은 바로 역설적인 혁신이다. 그것은 오래된 요소들로부터 폭발적으로 등장한 새로운 형성이었다. 미국에서 탄생했고 제1차 루스벨트(Roosevelt) 정부의 프로젝트로서 실현된 자본주의적 개혁주의는 아마도 20세기의 '개념'(concept)으로 구성된 것이다. 다르게 말하면 이 개념은 이 세기에 특이하거나 특수한 것으로 경험된 것이다. 또한 그것은 이 세기 특유의 문제에 대한 해결책을 보여준다. 결국 이 개념은 시공간적 세계로 퍼져나갔다. 우리는 시간과 정치적 문화라는 면에서 엄청난 시차(décalage)에 직면하게 된다는 것을 알게 된다. 자본주의적 개혁주의가 행해진 것은 그러한 불일치들 가운데서이다. 그러므로 거기에는 지속성이란 없다. '자연은 비약을 만든다'(natura facit saltus)*가 이 경우에 해당한다. 사실 미국에서 루스벨트 정부의 경험은 겨우 3·4년 동안 지속되었다. 그것은 1933년에 시작해 1937년에 이미 끝이 났다. 그런 다음 전쟁이 있었고, 그 후 이러한 대변동들은 전후 재건기와 새로운 지구적 분

---

* '자연은 비약하지 않는다'(Natura non facit saltum)라는 진화론의 유명한 경구를 뒤집어놓은 표현이다.

할(partitioning)을 수반했다. 자본주의적 개혁주의라는 새로운 국면, 즉 서구 전체를 포함한 이 개혁주의 시대는 불과 1950년대 말 내지 1960년대에 일어났다. 그렇다면 우리는 무슨 까닭으로 이러한 10년이 20세기의 본질을 나타낸다고 말할 수 있을까? 그 이유는 다음과 같다. 1960년대 동안 우리는 대단히 혁신적이고 민주적인 자본주의를 목격했다. 그것은 노동자 계층과 사회적 프롤레타리아 전반에 유리한 소득 재분배를 지속적으로 허용하기 위해 충분하게 이윤폭이 넓어졌기 때문에 가능했다. 그러므로 거대한 압력이 있었다. 즉 거대한 압력이란 발전이라는 측면에서 자본주의의 정당화를 향한 압력, 소비라는 측면에서 개인적·집단적 의식의 동기부여를 향한 압력, 그리고 풍부한 사회적 변혁을 기초 짓는 데 유리한 거대한 압력을 의미한다. 지금 이러한 전반적인 프로젝트는 이 세기 내내 확산되었고, 다양한 형태를 가진 수많은 사건들 속에서 나타났다. 만약 자본주의적 개혁주의가 20세기의 핵심을 나타낸다면 그것은 또한 20세기를 관통하는 급진적인 실길(guiding thread)을 보여준다. 자본주의적 개혁주의는 대공황에 대응하기 위해 미국에서 만들어졌고, 유럽 국가들은 미국과 동일한 위기에 대응하기 위해 국가 사회주의로 대표되는 더 비극적인 대응을 하였으며, 전후(戰後) 시기에 자본주의적 개혁주의를 재고안(再考案)했다. 일본에서는 자국의 전통과 근본적인 권위주의에 의해 수정된 자본주의적 개혁주의의 한 형태가 발전했다. 마지막으로 1970·1980년대에 유사한 동향의 조짐들이 개발도상국에서도 감지되었다. 그러는 동안 개발도상국들은 주변부(periphery)의 억압이라는 파괴를 면하고자 했다. 그것은 중심부(the centre)에 있는 통화주의(monetarism)의 결과였다. 또한 여러 시기에 사회주의 국가들조차도 자본주의적 개혁주의에 오염되었고, 그 결과 우리는 부수적으로 소비

장려에 굴복한 이들 체제들의 생산적인 맥락을 볼 수 있다. 이 점에서 우리는 새로운 기업가적(entrepreneurial) 동기부여들과 공동 참여를 재발견한 이들 체제들의 생산적인 맥락을 볼 수 있다.

그렇다고 해도 20세기의 특수성에 의해 나타난 불가해성(incomprehensibility)과 허약함의 양상을 반추(反芻)할 필요가 있다. 왜냐하면 이 특수성은 또한 우리가 20세기를 구성하는 비극에 대해 말해왔던 신경증적(neurotic) 행동이기 때문이다. 동일한 이유에서 번갯불같이 보이는—눈앞에서 갑자기 아주 강한 플래쉬(flash)가 터지는 것처럼—20세기의 개혁주의적이고 자본주의적인 특수성은 극단적인 모호성(ambiguity)을 의미한다. 한편 그것은 경제팽창에 대한 자본주의적 의존을 반복했고, 자본의 해방시키는 힘에 대한 신념(18세기 이래 계급으로서의 부르주아를 조직하는 데 결정적이었던 확신)을 반복했다. 그러나 다른 한편 이러한 신념은 하나의 공백상태, 즉 해결 불가능한 위기의 존재를 자각하는 것에 달려 있다는 것이 명백해졌다. 자본과 자본 자신의 개혁주의적 활동은 돌이킬 수 없이 파괴되었던 것들—즉 자본주의가 이미 폐지되었던 생산관계의 형태를 나타낸다는 것과 선순환(virtuous circle) 내에서 노동과정과 가치화 과정을 억제하는 것이 더 이상 관리되기 어렵다는 두려움이라는 이 두 가지 의혹(suspicion)이 있다—의 특징을 보여준다. 결국 개혁주의는 자본주의 자체에 높은 수준의 성숙함과 견고함을 가져다 준 바로 그 노동계급과 관련이 있고—불안정하다는 점에서—노동계급 스스로가 애매모호한 감각과 허약한 감정을 느끼게 만든 것과 관련이 있다. 그리고 이것이 20세기의 특수성이다. 즉 20세기 중반에 잃어버린 시대의 전형적인 복구자(復舊者)로 신통치 않은 위엄을 보였던 부르주아를 생산할 수 있는 애매모호한 천둥, 번개의 플래쉬다. 이것이 반동적인 태도에서 이루어졌다고 생각해서는 안 된다. 반대로 [당시 자본주의적 회복이 불가능했다고 느꼈던 한도(限度)에서] 유토피아적인 것이었고, 그렇기 때문에 더 정당화될 수 있었던 것이었다. 자본주의적 개혁주의의 특징들은 '자유시장'을 회복시키는 정책들 내지 규제 폐지의 사업들—다시 말해서 이미 부유한 사람들을 위해 소득 재분배를 시도한다든지 복지국가를 해체시킨다든지[전형적인 예로 레이건주의(Reaganism)]—과는 아무런 상관이 없다는 것을 즉시 덧붙일(오히려 재강조할) 가치가 있다. 이러한 입장은 애매모호하지 않고, 착각도 아니며, 불안도—희망도— 아니었다.

　　20세기 개혁주의는 경제적 위기(그리고 정치체제와 경제체계의 전체가 포함된 위기)로부터 출현했기 때문에 오해로 인해 반역자로 낙인찍혀 돌이킬 수 없게 잃어버린 생득권(生得權)의 회복을 주장하고 추구했던 배교자 율리아누스(Julian)*와 흡사하다고 할 수 있다. 그러나 율리아누스의 이교신앙(paganism) 회복처럼 개혁주의 역시 추상적이고 공허했다. 현실성(reality)은 그러한 꿈들에 의해 결정되지 않는다. 그 대신 현실성은 그러한 꿈들을 거부하는 것이다. 이러한 꿈들이 나타날 때 매우 짧은 시간 동안 현행성(actuality) 속에서 어떤 실체(substance)를 유지하는 것이다. 율리아누스는 유령(apparition)—빛나고 영원히 불확실한 유령—같았다. 왜냐하면 존재의 불확실성에 맞섰기 때문에 그는 현실성을 받아들이는 것을 거부했던 완벽한 모델을 구상했다. 그러나 그게 전부가 아니다. 결과적으로 복구자(復舊者) 율리아누스—다시 말해 개혁주의자

---

* Flavius Claudius Iulianus(331-363) : 361년부터 363년까지 로마의 황제였다. 그는 최후의 이교도 황제로 로마의 전통을 부활시키려고 하였다.

내지 우리의 이상화된 루스벨트—는 그의 목표들이 비현실적으로 되는 것이 아니라, 모든 자본주의적 프로젝트들이 비현실적으로 느껴지는 데 까지 멀리 나아갈 정도로 현실과의 대립을 밀어붙였다. 그 프로젝트와 현실 사이의 불일치들은 더 이상 가능하지 않으므로 자본주의 그 자체 는 불가능하다. 만약 자본주의가 단지 개혁주의로 존재할 수 있다면 개 혁주의가 불가능해 보일 때 자본주의도 그러할 것이며, 무기력한 욕망 과 공허한 향수 외에는 아무것도 남지 않을 것이다. 이교신앙에 대한 향 수는 배교자 율리아누스와 함께 사라졌다. 20세기는 자본의 측면에서 개혁주의적 프로젝트의 폭발적 증가로 나타났다. 그것은 20세기 전체의 한 형태로 만들어졌다. 그러나 20세기는 그것의 손아귀에서 벗어났다. 이러한 경험 이전의 모든 사건들은 아직 19세기에 속하는 생각이었다. 이후에 오는 사건들은 엄청나게 새로운 어떤 것이다. 21세기에 어쩌면? 우리는 두고 볼 것이다. 일단 1930년대와 1960년대에 위치한 자본주의 의 개혁주의적 국면(phase)이 열광적인 동시에 덧없는 경험이라는 것을 말하는 것으로 충분하다. 따라서 우리의 집합적 전기(傳記)로 돌아와서 우리 스스로가 허약함에서 낙관론의 원인을 찾았다고 인정한다고 해도 변 지장이 없다. 허약함이 예를 들면 개혁주의를 향해 밀어붙이는 사고, 그것의 한계를 부셔버리는 사고, 자본주의적 개혁주의와 사회주의를 접 목시키는 사고 등이다. 그러나 지금 무엇을 말해야 하는가? 무엇을 해야 하는가? 개혁주의라는 거인은 진흙(clay) 발을 가졌다. 그것은 환상이었 다. 우리는 자본주의적 변형과정들 속에서 우리의 변형시키는 힘을 세 울 수 있다는 가능성을 믿어왔다. 그리고 이 점에서 우리의 파괴적인 의 도들은 개혁주의적 목표들에 적응되었다고 믿어왔다. 반파시즘, 만족할 줄 모르는 욕구의 압력에 의해 결정된 소비, 임금문제에서의 착취, 즉 개혁주의의 작가들과 왈츠를 추지 않는다면 이 모든 것은 다른 무엇이란 말인가? 케인스와 루스벨트는 노동운동 속에서 우리가 휘날렸던 깃발이었다. 물론 케네디(Kennedy)도 마찬가지다. 테이블 위에 있는 카드들을 뒤섞임 없이 아직 정확하게 구별할 수 없지만—즉 자본주의의 한계를 극복할 수 없게 만들거나, 더 좋게는 횡단할 수 없거나 불가능하게 만드는 물질적·구성적·구조적인 결정요소들을 정확하게 인식하는 것—우리는 비틀스(Beatles)의 리듬으로 계급투쟁에 관여하게 된다. 자본주의를 넘어선다는 것은 무언가 다른 것을 구성하려고 선택하는 것이다.

자본주의가 일순간 불가능한 것처럼 드러난 것은 정확히 그것의 한계들—즉 20세기 개혁주의 외피에서의 한계들—때문이다. 우리는 마침내 하나의 정의(定義)에 접근하고 있다. 즉 20세기는 불가능한 자본주의다. '개혁주의는 무엇이었던가?' 답변 : 개혁주의는 '수십 년 동안 우리의 지구상 이곳저곳에서, 유럽과 미국, 일본, 우리나라(cheznous, 이탈리아) 그리고 "지구 반대쪽 나라"(down under)를 포함하여 분포되었다. 20세기는 불가능한 개혁주의다. 곧 유일하게 가능한 자본주의 형태는 불가능하다는 것이다. 개혁주의는 10월 혁명과 그 이데올로기의 결과에 책임이 있는 19세기에 대한 유일하게 가능한 대응이었다. 그러나 개혁주의는 불가능하기 때문에 사실상 10월 혁명에 대응하는 것은 없었다. 20세기는 그것이 불가능한 꿈을 생산하는 한, 존속할 수 있을 것이다. 그러므로 이 불가능성에 사로잡혀, 이 불가능성에 숨이 막혀 그것은 그 자체로 불가능하다. 20세기는 개혁주의가 존재하는 한, 존속할 것이다. 그것은 그저 하나의 벼락에 불과하고, 번갯불의 짧은 플래쉬(매우 빛나는 것을 통한)거나 혹은 한밤중에 있는 빛의 짧은 순간일 것이다.

이런 이유 때문에 밤 전체가 다소 덜 어두울 수 있었다. 20세기는

19세기에 뿌리를 두고 있다. 사회주의는 권위주의의 다양한 형태들, 예를 들어 보나파르티즘(bonapartism), 식민주의, 인종주의와 같이 두 세기에 걸쳐 있었다. 제국주의는 근본적인 통치체제(fundamentum regni)로 지속되었다. 합법성의 전통적인 형태는 19세기부터 자본주의적 개혁주의의 폭발에 이르기까지 연장되었다. 개혁주의 시대에서만 '법의 지배'(the rule of law)가 '합의'(consensus)에 자리를 양보했다. 즉 그 시대에만 정부는—적어도 이론상—민주적인 차원을 보여주기 위해 분투하게 되었다. 실제로 이러한 민주주의는 권위주의적 전통보다 덜 제약적이고, 덜 비극적이며, 덜 무거웠다. 권위주의적 전통은 마치 기계처럼, 즉 국가의 '고정자본'(fixed capital)처럼 되어갔다. 그 시대에 우리가 가진 것은 반세기 동안 지속된 위협적인 토대라는 어둠, 개혁주의의 폭발적인 증가, 그것도 매우 짧은 시간이었고, 곧바로 개혁주의는 패배했다. 20세기의 빛은 오로지 개혁주의의 폭발과 패배로 점철되어 있다. 즉 이 두 가지로 이어지는 매우 짧은 시간 속에 있다. 결국 이 시기에는 자본주의의 외부 경계들에 도달하는 경험과 자본주의의 이상화된 개념의 고갈이 서로 일치하고 있다. 또한 이 시기는 자본주의의 불가능성의 역설적인 결정요인들과 일치하고 있다. 이러한 계시(啟示)는 불꽃(fireworks)과 비슷하다고 할 수 있다. 이 세기가 경과하는 동안 그것은 짧은 시간 동안에 동일한 방식으로 증가되어 나타났다. 우리는 다양한 개혁주의의 등장 배후에 잠복되어 있는 묵시록을 엿볼 수 있다. 19세기 이데올로기들과 목표들은 우리 자신의 세기 전반(前半)을 넘어 그 이상에 빛을 발했다. 19세기 이데올로기들과 목표들을 이곳저곳에서 반복하는 동안 이 유산은 새로운—개혁주의적이고 변혁적인—외피를 띠게 된다. 이것만이 경제적 위기와 모순의 축적을 극복하고 실재(the real)로 나아가는 부활(renewal)을 일으키는 유일한 방식이다. 이러한 시기가 기술될 때, 그것은 마치 우리가 그것에 있는 인간성(humanity) 자체의 운명을 새롭게 만드는 역사적 국면에 접근하는 듯하다. 예를 들어 이 시기는 대략 1,000년경 또는 13·14세기의 이탈리아와 16·17세기의 북유럽이다. 그렇지 않으면 계몽주의의 변증법적 폭풍을 이루던 18세기 말이라는 시기 등이다. 나는 '마치 ~인 듯'(as if)이라는 표현을 썼는데, 사실상 그 이유는 이러한 역사적 국면들의 반향(反響)을 통해 분명히 그것들을 강하게 느꼈기 때문이다. 그럼에도 불구하고 이러한 국면과 내가 기술하고 있는 국면 사이에 만들어진 형식적인 종류(a formal kind)—혹은 내용(content) 측면에서 어떠한 분석—도 비교할 수 없다. 20세기에 위대한 개혁은 실재(the real)의 재구성으로 이뤄지지 않았다. 개혁주의 정책들의 거대한 급박함, 결정력, 광적인 성격(그것은 '모든 위기를 종식시키는 위기'로 의도되었다)은 우리를 떠나는 것이다. 말하자면 사회적 압력들과 환상의 결실들의 집중은 재구축되는 것이 아니라, 오히려 급진적인 균열과 도약을 향한 개척임을 드러내는 것이다. 그 결과 우리는 전혀 알지 못했다['약진'(forward leap)은 사실상 공허함(emptiness)으로 도약하는 것으로 밝혀졌다는 것을 제외하고는]. 이 시기는 우리에게 대재앙의 형태로 존재한다. 그것은 개혁주의가 되기 위한 시도였지만 절망으로 끝이 났다. 거기서 20세기—정말 그것이 존재했었다고 말할 수 있다면—는 종말로 다가온다. 그것이 바로 이 세기에 지속성을 부여하는 의미의 파국이다. 20세기는 버려진 땅 위에 노출된 잔해의 축적과 같다. 즉 우리가 그 기초 위에서 새롭고 알려지지 않은 것에 직면하는 경험의 축적과 같다.

이제 우리는 이 세기의 막바지에 살고 있고, 우리가 막 '미지의 영역들'에 들어가려는 모험에 우리 스스로가 관여하기 시작해야 한다. 다른 말로 우리는 이전의 이론들과 경험들의 한계를 넘어 윤리적 추진력을 가지고 우리 스스로에게 관여하기 시작해야 한다. 매우 짧은 개혁주의 시대는 실질적이고 결정적인 방식으로 모든 정치적·사회적 결정요소들을 수정했다. 그것은 방향변화의 정점(apogé)이었다. 개혁주의 초기에는 노동자가 유일한 주체였다. 그러나 그/그녀의 주된 관심사는 임금상승이었고, 그것을 얻는 순간부터 그/그녀는 사회적·경제적 변화의 유일한 '계약자'(contracting party)로서의 특권적 지위를 잃어버렸다. 동시에 자본가들은 더 거대한 노동력의 이동성을 원했다. 그러나 자본가들이 그것을 얻었을 때 그들 자신과 노동자가 무차별성(indistinguishability)에 직면했다는 것을 알게 되었다. 즉 무차별성의 순수함에 의한 사회화된 형태에 직면했다는 것을 알게 되었다. 이리하여 새롭고 알려지지 않았으며 예측할 수 없는 주체가 등장했다. 또는 적어도 등장하는 것처럼 보였다. 그 결과 상품유통에서 더 거대한 유동성을 원했던 자본가들은 그들 자신의 욕구와 가치들을 강요할 수 있었고, 강요하기를 원했던 상품유통의 분야(그리고 자본가에 의해 만들어진 선택들 덕분에)에서 사회운동에 의해 즉시 도전받았다는 것을 알게 되었다. 그래서 자본의 확장을 유지하기 위해 국가의 지원이 추구되었다. 그러나 공공 적자(public deficit)는 곧 지속 불가능해졌고, 위계적 사회배치(arrangement)의 재생산과 양립할 수 없게 되었다. 따라서 그 뒤에 다른 방책을 시도했다. 즉 노동비용을 줄이기 위해 자연을 황폐화시키고, 그래서 낮은 가격에 부를 획득하는 길이었다. 그러나 여기서도 역시—참으로 무엇보다 여기서—유발된 반응은 매우 활발하고, 강하며, 결정적인 것이었다. 사회계급들은 알아차리지 못했으나 그럼에도 불구하고 투쟁은 지속되었다. 그리하여 '주변부 포드주의'(peripheral Fordism)를 시행할 수 있는 국가들을 찾기 시작했다. 이 국가들은 차관과 기술이전 등을 통해 급속히 발전하게 되었지만, 곧 부채상환을 거부함으로써 국제적인 통화체계의 구조 전체를 직접적으로 위협하게 된 것이 분명해졌다. 요약하자면, 균형을 추구하는 모든 개혁주의적 모색과 모든 혁신적인 전략은 새롭지만 어쩌면 회복될 수 없고 해결될 수 없는 갈등과 적대관계로 끝이 났다. 이 세기의 마지막은 이러한 방향전환과 미지의 방향으로의 경험이 과잉축적되는 것으로 나타난다. 어째서 이 모든 상황들이 발생했을까?

위에서 기술된 상황은 경제발전과 관련된 일들의 통상적인 상태에 지나지 않는다고 반론할 수 있다. 그러나 이러한 견해는 잘못된 것이다. 우리가 항상(그리고 예측할 수 없는 방식에서) 경제발전에 내재해 있고 경제발전의 에피소드적인 산물에 내재해 있는 어려움들을 단순히 정상적인 것(the normal)의 재배치로 목격하거나 심지어 예외적인 것으로 목격하는 것조차 사실이 아니다. 반면에 위에서 기술된 상황에서 그 배치들은 그들 자체를 변경시킨다. 그 중에서도 행동들은 그 의미를 획득하는 중요한 구조들을 변경시킨다. '생산', '재생산', '순환', '위기', '혁신', '주체'라는 개념들은 근본적으로 새로운 의미를 갖게 된다. 이것은 착취, 투쟁, 조직의 경험들(그리고 다른 한편으로 제국주의, 억압, 국가) 역시 근본적으로 새로운 의미를 갖게 되는 간단한 이유 때문이다. 무엇이 우리의 사상과 생산의 틀에 결정적인 변화를 초래하는가? 패러다임의 변화를 이야기하는 것은 적절하지만 충분치는 않다. 왜냐하면 우리가 과학적 인식론으로부터 빌려온 패러다임 개념은 존재론적으로 잉태된 개념이 되었기 때문이다. 즉 운동, 패시지(passage), 현행적 변혁(actual transformation) 등이다. 이하의 장들(chapters)에서 우리는 이미 언급된 서로 다른 사회과정들 및 그것의 과거와 현재의 특성을 다양한 개념들로 상세히 분석할 것이다. 우선 우리는 변혁의 성질과 그것의 난해함 그리고 그것이 함의하는 단절(rupture) 등을 계속해서 분석할 것이다.

10년 전쯤 착수되었던 다른 분석들에서(더 앞선 시기의 투쟁의 산물이었다) 우리는 성숙 자본주의 사회의 특징에 실질적 변화들이 일어나고 있다는 것을 역학적(dynamics)으로 확인했다. 그 당시 우리의 관심은 자본주의적 개혁주의의 정점에서 나타난 특정한 현상에 집중되어 있었는데, 그것은 한편으로 복지국가의 팽창(그리고 성격의 변화)과 다른 한편으로 노동 거부(혹은 계급투쟁의 현재 형태) 사이를 잇는 연관성을 예시했다. 노동자들은 공장에서 도망감으로써 생산의 사회적 형태들을 추구했고, 그 결과 복지국가는 자본주의적 기업을 지탱해 주는 계획된 기구에서 사회화된 생산성의 기구로 변형되었다. 즉 복지국가에서 생산자 국가(state as producer)로, 대중 노동자(mass worker)에서 사회적 노동자(socialized worker)로 변형된 것이다. 따라서 과거의 이와 같은 과정들을 추적하고 기술(記述)해 보면 오늘날 우리는 기술(記述)을 보다 더 명확하게 하고, 상세히 하며, 입증할 수 있다. 우리는 다음 장들에서 이 주제들에 대해 다시 살펴볼 것이다. 이 장들에서 10년 전 우리의 접근법이 얼마나 옳았는지 분명해질 것이다. 뿐만 아니라 우리는 '형식적 포섭'에서 '실질적 포섭'으로의 이행(transition from 'formal subsumption' to 'real subsumption')이라는 개념적 틀 속에서 노동과정에서 통제형태들의 진보를 앞서 언급한 바와 같이 분석하였다. 맑스는 그의 저작에서 여러 번 밝혔듯이 이러한 이행을 예견했고, 그것을 자본주의 생산양식의 사회 전체에 대한 종속의 달성으로 기술했다. 나는 맑스의 이론적 틀이 철저한 검토를 이겨낼 수 있다고 믿는다. 그러면 다음과 같이 물을 수 있다. "그렇다면 이미 잘 이해되었다고 여겨졌던 이 시기에 대한 정치적 흥분

(excitement)이 어째서 그렇게 많았는가?" 그 대답은—분명한 사실이지만—정치적 흥분을 사회변혁의 내적 성격에 적용하려는 동시에 급진적인 혁신으로 묘사하는 것이고, 그것은 충분히 설명되지 않았던 것이다. 무엇보다도 여기서 우리는 이렇게 숨겨진 것을 강조하고 싶다.

게다가 우리는 일종의 부정적 변증법이라는 면에서—즉 한편으로 자본주의 발전, 다른 한편으로 혁신 사이를 잇는 개념적 연속성[비록 그것이 신비로운 것이지만, 즉 부정적이지만 실재(real) 다]이라는 면에서—생각하는 경향이 있기 때문에 우리가 이 세기와 관련해 우리 스스로를 '놓은'(situate) 방식에는 역설적인 측면이 있다. 이리하여 우리는 이 세기에 수행된 책략, 그리고 그것의 모든 형태들에서—즉 그것의 자기 예찬(self-exaltation)에서—연속성의 고양(高揚)에 존재하는 책략(manoeuvre)에 효과적으로 도전할 수 없다. 20세기는 정신분석, 해석학, 역사주의의 세기였다. 즉 소묘된 역사(illustrated history), 공상과학(SF)의 세기였다. 이 모든 것이 수천 명의 개인들과 우리 자신에게 과거, 현재, 미래를 단선적인 패션(linear fashion)으로 이야기하는 집합적인 방식들이다. 그것은 정치적·사회적 영역에서도 마찬가지다. 1930년대와 1960년대의 위대한 변화들은 연속된(물론 다사다난했음에도 불구하고) 역사적 여행이라는 부수적인 현상에 지나지 않는 것으로 경험되었다. 그러나 변화는 인식되지 못했고, 따라서 언급조차 없었다. 그것이 인지되었을 때 데우스 엑스 마키나(deus ex machina),* 의혹(suspension), 괄호(parenthesis) 내지 어

---

* 고대 그리스극에서 사용하던 극작술(劇作術). 초자연적인 힘을 이용하여 극의 긴

떤 예외적인 것으로 기술되었다. 우리가 만약 20세기의 특징과 토대가 커뮤니케이션에 있다는 것, 다시 말해 사람들 사이의 연결 네트워크와 정보 네트워크의 승리에 있고, 그것이 본질적으로 새롭고 전체적인 것에 있다는 것을 또 다른 요소로 기억하고 있다면 아마도 이 모든 것을 설명할 수 있을 것이다. 우리의 분석을 커뮤니케이션의 혁신에 집중함으로써 이러한 혁신이 일찍부터 세속적인 변화에 대한 집합적인 지각들을 부정적인 방식에서 규정하는 데 효과적이었음을 알 수 있다. 즉 새로운 커뮤니케이션의 형태는—그것의 유효기간을 넘어서—자본주의 지배 관계의 소멸된 이미지들을 유지시켰다. 그리고 이것은 자본주의적 지배가 기묘하고, 이례적이며, 생경한 것처럼 보이는 변혁을 만들어내는 데 기여했다. 우리가 관련되어 있는 한, 이 세기의 지배적인 이미지를 타도하기 위해(그리고 이것은 몇 가지 자기 비판도 요구되겠지만) 어떻게 이 세기가 완전히 다른 연속성을 포함하고 있는지 증명해야 한다. 또한 표면적 현상에 대한 기술과 그 현상의 모든 소멸 가능성을 넘어 어디서 변화를 구축하며 어떤 변화가 새겨지는지에 대한 존재론적 지평을 증명해야 한다. 우리는 이러한 존재 수준—그것은 숨길 만큼 그렇게 심원한 것은 아니다—에 증거를 제시해야 한다. 어떠한 후회, 폭력, 변절, 의사소통적 활동 부진도 장기간 숨겨야 하는 현실(reality)이 아니다.

21세기—즉 개혁주의의 위기로부터 출발하여, 따라서 자본주의적 도래의 극복할 수 없는 한계들의 발견에서부터 시간적인 계열들(series)이 열린다—는 우리 앞에 펼쳐져 있다. 그것은 숨겨진 계기(moment)다.

박한 국면을 타개하고 결말로 이끌어 가기 위하여 기계장치에 탄 신(神)이 나타나도록 연출하는 수법이다.

21세기는 이미 새로운 현실들(realities), 주체들 혹은 기계들에 깃들어 있다. 즉 새로운 프로젝트 혹은 구체적인 유토피아에 깃들어있다. 그것은 자본주의적 지식과 통제에 더 이상 복종하지 않는 새로운 종류의 사람들에게 존재하고 있다. 개혁주의와 그것의 위기를 경험했던 20세기는 모든 연속성을 파괴했다. 이러한 한계들을 넘어 새로운 개인은 전진하고 있다. 이 개인은 이전에 전혀 볼 수 없었던 종류인 지식, 힘, 사랑의 꾸러미다. 과학, 지식의 인위성, 윤리적 탈영역화와 코뮤니즘은 바꿀 수 없는 존재론적 결정론의 요소들을 구성한다. 즉 결정적으로 새롭고, 매우 독창적이며, 존재론적 단절(ontological break)이다. 새로운 개인은 무신론자다. 왜냐하면 그/그녀는 신이 될 수 있고, 그/그녀의 상상력은 세계를 재정복하고, 죽음을 무효화하며, 자연과 생명을 보존하고 번식시키는 것에 능숙한 존재의 폭력성을 갖고 있기 때문이다.

　이러한 변혁에 대한 지각(知覺)의 질과 강도에 성패가 달려 있다. 20세기에 자본에 의한 사회 전체의 실질적 포섭이 그것의 형식적 포섭으로 이어질 것은 틀림없다. 그러나 모든 사회적 관계들을 일차원적인 통제로 환원하는 자본의 능력이라는 면에서 그 개입적인 변혁을 설명하는 것은 불가능하다. 이 변화는 단지 순수하게 객관적인 관점에서, 즉 자본의 관점에서만 이렇게 해석될 수 있다. 오히려 우리는 모든 사회적 관계의 촉진, 위기에 있는 황급함(precipitation)을 근본적인 존재(being)로서 고려해야 한다. 그리고 자본주의적 개혁주의가 이 체계의 한계들을 자각하기 위해 주었던 격려(encouragement)도 근본적인 존재로서 고려해야 한다. 이러한 한계들은 합리성의 붕괴(catastrophe)로 나타나거나 해석되었다. 이것을 부정하는 것은 소용없는 짓이다. 그 한계들을 단순한 정의로 제한하는 것도 소용없는 짓이다. 그 유전학적인 메커니즘은 또 다른 어떤 것(something)이다. 그것은 미래가 현재로 자유롭게 침입하는 것이다. 우리는 발전의 숨겨진 윤곽들을 찾아내기 위해 나아가야 한다. 그리고 무엇보다도 숨겨진 것을 서둘러서 밝히는 대격변적인(cataclysmic) 혁신, 즉 제대로 부여된 미래 주체의 이해하기 힘들고 은밀한 삶의 의미를 해명하기 위해 나아가야 한다.

우리는 이러한 방식으로 나아갈 것이다. 대중 노동자에서 사회적 노동자로, 공장 생산의 헤게모니에서 사회적 생산의 헤게모니로. 우리는 노동과정과 상품유통(통제의 결정과정의 확산과 함께) 형태에 대한 일련의 상관관계들과 개념적 틀들을 사용함으로써 논의를 전개할 것이다. 우리는 평화와 전쟁, 정치와 테러가 역할을 변화시키고 동시에 국가 형태(state-form)[1]를 위한 새로운 틀을 구성하는 지평 속에서 나아갈 것이다. 게다가 우리는 주체의 존재론적 변혁을 고려해야 한다. 그것은 우리가 죽음과 삶 사이, 무위와 운동 사이에서 파악한 것을 자연의 비약과 유사한 것으로 표현한다. 마키아벨리는 일찍이 우리에게 정치적인 것(the political)에서 끌어낸 이러한 형이상학적 결정을 가르쳐 주었다. 그러나 그는 정치(politics)가 표현하는 존재론적 드라마가 자본주의와 그것의 위기를 통해 진합적인 본직들을 포함하고 잠재성들과 보다 잘 조직된 욕망들을 발전시킨다는 것을 상상할 수 없었다. 다시 한 번 『군주론』은 우리가 다른 경우에 행했던 비교방식과 근본적으로 다른 방식을 통해 코뮤니즘에 필적할 수 있다. 왜냐하면 여기서 정치(politics)가 존재론에 이바지하기 때문이다.

이 세기의 마지막은 미래로의 몰입을 나타낸다. 20세기는 우리의 지식에 아무것도 보태주지 않았다. 20세기는 단지 우리의 열정을 그것의 극한까지 밀어붙였다. 그러나 동시에 그것은—종종 상상력이 주어진 삶에 대한 보잘것없는 시간의 질적인 측면에서—창조적인 세기였다. 그것은 우리에게 혁명의 경험을 남겼고, 새로운 존재론적 결정(ontological determinations)을 창조했다. 우리 스스로가 판단해야 하는 것은 새로운 존재론적 결정에 관한 것이다.

3
대중 노동자에서 사회적 노동자로, 그리고 그 너머

1968년 전후 우리는 노동자의 시대(epoch)가 끝났다고 생각하기 시작했고, 우리의 적들은 심술궂게 웃었으며, 우리의 동지들은 걱정하기 시작했다. 대중 노동자라는 개념을 사용하기 시작한 1960년대 초반 이후 우리가 이 개념을 간단하게 포기하는 것을 정당화하기에는 너무나 짧은 시간이 흘러간 느낌이었다. 그러나 우리가 역사적 발전에 뒤처진다면 그것은 우리 잘못이 아니다. 유럽의 대부분 지역에서 대중 노동자의 시대가 사실상 종언을 맞이하게 될 때쯤 대중 노동자는 개념화되었고 현실(reality)이 되어 버렸다. '일반조합원위원회'(rank and file committees)를 조직하고 '노동조합평의회'(trade union council)를 위한 계획들을 퍼트릴 때, 결과적으로 우리가 했던 일은 그람시의 관점 일부를 재발견하거나 그람시 이후 모든 사람들이 우리로 하여금 잊게 만들고자 시도했던 것에 조명을 받게 하는 것이었다. 결국 1960년대 대중 노동자 개념에 대한 인식은 스탈린주의적 무지와 무솔리니(Mussolini)와 관련된 사건들 그리고 무엇보다도 1930년대 노동자 소비에트에 대한 미(美)제국주의의 승리에 비추어 보아 우리의 기억을 회복하기 위한 수단이었다. 지배적인 사실의 신비화들과 비교할 때 그러한 인식은 현실(reality)의 작은 편린(片鱗)에 대한 우월성에 불과하다. 즉 우리가 '정치적 시장'(poli-tical market)에서 그러한 인식에 착수할 때 우리는 전투에서 즉각 승리했다. 그리고 아직까지 우리는 그러한 승리에 놀라고 있다. 이런 식으로 우리는 우리 자신을 기만했다. 즉 우리는 스스로가 (비록 매우 짧은 시간이지만) 자본주의 발전을 '예측할' 수 있다고 믿었다. 실제로 우리는 자본주의의 막바지에 이르렀다. 그것도 여유 있게(by a wide margin) 이르렀다. 대중 노동자를 만들어내고 대량생산에 의해 가치를 생산하는 과업을 부여했던 자본주의 혁명은 1929년 공황에서 그것의 절정(apogée)에 달했다. 그러나 이 공황은 제1차 세계대전이 끝난 이후에 발전하게 되었다. 대공황 이후 루스벨트의 정책들은 (시장경제에 대한) 국가 개입이라는 수단에 의해 대량소비(mass consumption)를 일으켰다(반면 대량생산은 금세기 초반 이후, 정확히 전쟁기간 이후에 이미 시작되었다). 대중 노동자는 도시와 농촌, 대서양의 두 해안 사이에서 태어난 기이한 돌연이다. 우선 대중 노동자는 상품유통과 자본의 재생산에서 그/그녀의 거대한 생산역량이 공황을 야기할 때까지 모든 것을 생산했고 아무것도 소비하지 않았다. 이것이 영화 『메트로폴리스』(Metropolis)*에서 묘사된 상태였다. 대중 노동자의 탄생을 선언한 1950년대 말과 1960년대 초 대중 노동

---

* 1927년에 상영된 독일 영화감독 프리츠 랑(Fritz Lang)의 SF영화

력의 급성장에 직면해 결과적으로 우리가 한 것은 그/그녀의 역사적 시대가 지나갔음을 추모(追慕)한 것이었다. 확실히 대중 노동자의 역사적 시대는 이미 지나가 버렸다. 이 경우에 투쟁과 행동의 폭을 넓혀 현실(reality)로 만드는 '노동 거부'가 예시하듯이 대중 노동자는 이미 계급의식의 주요한 요소로서 구성되었다.

그에 반해 사회적 노동자의 역사적·정치적 구성에 대한 우리의 인식은 진실한 예측이었다. 즉 인지적이고 정치적인 예측이었다. 우리는 논쟁의 여지가 없는 수많은 사실들과 직면했다. 예를 들어 대중 노동자의 제도들을 둘러싼 (고용주들에 의한) 파괴와 (노동자들에 의한) 방어를 넘어 일어났던 격렬한 충돌에서 역설적이게도 양측 모두가 승리할 수 없었다. 이 혼란(trick)은 다음과 같다. 한편에서 그것은 엄청난 노력을 필요로 하지만 고용주들은 자신들의 권위를 확고히 하는 데 성공했다. 즉 그들은 생산의 질서를 회복하고, 노동력의 유동성을 증대하며, 정리해고를 도입했다. 다른 한편에서 싸움을 한 뒤—실로 매우 높은 수준에서 다양한 충돌들을 가져왔다—노동자들은 더 이상 정리해고 내지 증가된 유동성에 대해 특별히 관심을 갖지 않았다(그리고 노동조합은 홀로 싸우게 내버려졌다). 역으로 그들이 재획득했던 자유에 기초해 노동력은 새로운 생산적 이니셔티브(initiatives)를 발휘하기 시작했다. 게다가 고용주들의 승리는 그들의 오래된 공장들에 질서를 다시 부과할 수 없었고 대도시(Metropolis)*를 되찾을 수 없었기 때문에 피로스의 승리(Pyrrhic

---

* metropolis를 맥락에 따라 두 가지로 번역하였다. 일반적인 의미로 사용될 때는 대도시로 번역하였고, 주변부 국가(식민지 국가)와 대비되는 개념으로 사용될 때는 식민지 본국으로 번역하였다.

victory)*였다. 오히려 고용주들은 생산공정들을 자동화하거나 재구조화할 수밖에 없었다. 그리고 그들은 노동자들에게 훨씬 유리한 조건들을 제공했고, '노동 거부'에 보다 적합한 새로운 계약에 동의할 수밖에 없었다. 노동자에 관한 한, 새로운 타협은 대중 노동자의 전통적인 계약조건들(즉 임금과 고용조건)과는 전혀 관계가 없었다. 생산력 협력이 전개하기 시작한 방향, 전망, 지평 모두가 새로운 것이었다. 이러한 사실들은 하나의 설명을 필요로 했다. 사회적 노동자라는 개념은 우리에게 생산적 협력과 새롭고 효과적인 노동 모델들을 위한 혁명적 조직의 새로운 사회적 차원들을 허락해 주었다. 우리는 어떻게 적절한 가치론(theory of value)을 재구성할 수 있는가에 대해 묻는 것, 이 점에서 출발해야 한다. 다시 말해 우리는 더 이상 단순히 우리의 예측이 타당한 것이라든지, 만약 그렇다면 어느 정도까지 그러한 것인지 아는 것에 관심이 없다. 우리는 우리가 진실한 지식을 가졌다는 것을 안다. 가설적인 예측은 그것의 진정한 종합(synthesis)에 도달했다. 가치법칙이 함축된 결과들의 전체라는 측면에서 가치법칙의 문제(즉 잉여가치와 착취의 문제)를 제기하는 것이 필요하다. 우리는 우리 스스로에게 가치법칙이 어떻게 기능하는지, 생산의 사회적 활동이라는 측면에서 가치법칙이 어떻게 새롭게 만들어질 수 있는지 물어봐야 한다.

약간의 현상학적 요소를 지적하는 것이 필요하다. 첫째로, 노동은

---

* 패전이나 다름없는 의미 없는 승리. 고대 그리스 지방인 에피로스의 왕 피로스(Pyrrhus)는 로마와의 두 번에 걸친 전쟁에서는 모두 승리를 거두었지만 대신 장수들을 많이 잃어 마지막 최후의 전투에서는 패망했다. 이후부터 많은 희생이나 비용의 대가를 치른 승리를 '피로스의 승리'라 부르게 되었다. '실속 없는 승리', '상처뿐인 영광'과 동의어로 불린다.

전체 사회에 걸쳐 널리 확산되었다. 이것은 노동이 공장 안팎에서 수행되었기 때문이다. 재구성의 경로들은 공장과 장기적인 생산전략 속에서 사회적 종합에 기여하는 공장 이외의 부분을 포함할 것이다. 생산의 규모는 점점 더 방대해지고, 다양한 노동과정의 통합이 이전보다 더 복잡해지고 있다. 이러한 새로운 생산적 구조 속에서 생산되고 분배되는 가치, 잉여가치, 임금, 이윤 등을 어떻게 계산할 수 있을까? 그것은 실험해볼 필요가 있다. 가치구성과 부의 분배과정을 정의하기 위한 공식(복잡한 공식이거나 단순한 공식이거나)을 제안하는 어떠한 논의도 의심할 여지없이 문제설정(problematic)적이다. 이 점에서 생각해야 하는 수많은 난제들이 있을 것이다. 그러나 실제로 이러한 혼란스러운 체계는 현실적으로(actually) 작동한다. 그것은 경제부문들과 전국적 시장들이라는 수준에서 활동성의 범위를 조직화하고 통합하는 거대한 작용(operation)으로 나타난다. 그리고 국제적 수준에서 지구 전체의 표면을 넘어 조정과 통합이 가능하게 되었다. 이러한 생산적인 복합체(complex)의 모든 주체는 아주 강하게 협력적인 네트워크 속에 휘말려들었다. 그리고 이것이 사회적 노동자가 형태를 갖추기 시작한 맥락이다. 무엇을 더 말할 필요가 있을까? 전문 노동자는 대규모 산업체계 속에서 임금노동 최초의 위대한 대표자였다. 그곳에서는 노동에 대한 헌신과 연구라는 그/그녀의 완벽주의 때문에 아무리 노동자들을 억압할지라도 손에 도구를 가지고 그/그녀는 걸작들을 생산할 수 있었다. 대중 노동자(두 번째 위대한 대표자)에 대해 말하자면, 그/그녀는 대량생산의 대부분 지역에서 이루어진 생산적 협력에 대한 자각에 의해 고무되었다. 대량생산이 그/그녀에게 주는 혁명적 충격 때문에 그/그녀의 성장은 흥미진진했다. 그러나 동시에 조직화되고 종속적인 테일러식 공장이 지옥이라는 점에서 그/그녀의 성장은 비참한 것이기도 했다. 그와 대조적으로 사회적 노동자들은 지금 보편적 지평 속에서 구상과 실행을 재결합하고 있다.

다른 한편, 강조될 필요가 있는 것이 공간적 보편성이다. 이것은 노동의 사회적·국제적 확산에 의해 표명되었다. 즉 각각 다른 결합형태 하에서 진행되는 다양한 활동유형들의 동시대성과 인증(homologation)에 의해 표명되었다. 그리고 그것은 서서히 변화되는 생산성의 수준을 보여준다. 이러한 일들은 다양하고 차별화된 네트워크, 그럼에도 불구하고 합류하는 메커니즘으로 나타난다. 즉 푸코적인 공간적 보편성이다. 그러나 다른 한편, 이러한 장치들(contrivances)의 아상블라주(assemblage)는 일시적으로 조직화된다. 가치—다양하게 분배되고 자본주의적 축적의 역사적 과정에 의해 사회적으로 통합되는 것—는 지금 다시 실현되고 있다. 생산의 사회적 침입은 일시적 지연의 회복(recuperation)이다. 그것은 실현(realization)에서의 틈들(gaps)을 넘어서는 연속성의 생산이고, 그것은 시대들과 형태들 그리고 서로 다른 노동과정들을 합치는 것이다. 요약하자면, 그것은 새롭고 독창적인 축적에 다름 아니다. 사회 전체는 [마치 콜베르(Colbert) 치세 하에서처럼] 이윤의 처분에 놓여 있고, 사회를 구성하는 무한한 일시적 변이(variation)들은 단일한 과정에 순응하도록 맞춰지고, 만들어지며, 배열된다. 후자는 새로운 본원적 축적이다. 본원적 축적은 고정된 지위들[그리고 지대(地代)]을 모아서 분리하는 것이고, 잠재적으로 생산적인 모든 것을 새롭고 불확정한 노동으로 혼합시키는 것이다.

이렇게 엄청나게 강력한 엔진의 작인들(agents)은 새로운 프롤레타리아적 주체성들, 즉 주체적인 노동자 내지 사회적 노동자들이다. 그들은 각각 다른 노동주기(cycle)들을 편성한다. 그들은 가장 다양한 생산적 잠재성들을 모으고 전개시키는 과정 속에서 사회적 분수령들을 구축한다. 그들은 낡은 노동관행들을 전복시킨다. 그들은 조합주의의 관습과 규칙들을 벗어던지고, 파괴한다. 이런 식으로 그들은 경직된 사회의 다양한 계층들 사이에서 가치가 자유롭게 흐르는 것을 가능케 한다. 경직된 타협들이 구현하는 명령과 계약들에 대한 사보타주는 새로운 가치가 흐르는 통로들을 열어주었다. 다만 노동운동의 오랜 리더십이 가지는 오만과 광적인 불신은 그들로 하여금 가장 해로운 조합주의에 가치를 부여하게 했고, 신자유주의적이고 제국주의적이며 심지어 파시스트적인 신비화에 노동해방의 새로운 과정을 해석하는 독점을 맡겨버렸다. 마치 우리의 선조들이 곡물의 자유무역[즉 간단히 말해(tout court) 계급투쟁을 위해]에 동의했던 것처럼 우리는 사회적 노동자의 계급투쟁을 용이하게 하기 위해서 규제철폐에 동의했다. 이리하여 새로운 인간 잠재력을 개발할 수 있었고, 후기 자본주의가 우리를 감금했던 경직된 체계를 깨뜨리는 역량을 갖게 되었으며, 새로운 생산양식에 필요한 조건들을 창출했다. 이러한 조건들은 새로운 사고방식과 새로운 집합적 행위 형태로 되어 있다. 여기서 강조되어야 할 것은 사보타주가 그것의 창조적이고 혁신적인 기능을 발견한다는 사실이다. 예를 들어 우리가 살고 있는 사회에서는 맨 위에서 맨 아래까지 억압되어 있고, 질식시키는 관습에 얽매여 있으며, 파괴는 혁신만큼 중요하다. (그리고 정치적 관점뿐만 아니라 생산적 관점에서도 그러하다.) 사보타주는 혁신이다.

따라서 이 시점에서 우리는 사회적 노동자의 주체 형성을 기술하는 것으로 시작할 수 있다. 그것은 이러한 사회적 노동자가 생산적이라는 매우 높은 수준의 협력 덕분이다. 그리고 현대 자본주의 조직이 다시 기능을 시작할 수 있었던 것은 협력의 힘을 통해서다. 즉 생산자의 사회적 해방과정을 밀고 나갔기 때문이다. 산업 전반에 놓인 사회적 노동자는 배양(incubation)과정과 같다. 다시 말해 그것은 일반적인 면에서가 아니라 특별한 부문들과 개인적 과업이라는 관점에서 산업조직의 패러다임 변화를 자극하려는 것과 같고, 20세기에 목격했던 애매하지만 실질적인 변화를 자극하려는 것과 같다. 따라서 사회적 노동자는 '자연스럽게' 가치를 생산한다. 그/그녀는 잘 알려진 대로 자본주의적 조직 전체가 필요노동과 잉여노동을 수량으로 세분화하는 주어진 가치량을 생산한다. 임금과 이윤, 가치와 잉여가치도 그러하다. 이러한 개념적 짝들 사이의 내적인 연관성은 인정하건대 복잡하다. 그러나 이러한 작업들을 이해하기 불가능하다고 여겨 포기해야 한다고 생각하는 것은 매우 어리석은 짓이다. 그러한 태도들의 유일한 실천적 귀결은 언제나 이 개념들의 사용을 (아마 이 개념들의 제한된 효용성에 대한 연속적이고 결과적인 평가와 함께) 자본가들에게 맡기는 것이다. 역설적이게도 자본가들은 유일하게 알아볼 수 있는, 오늘날 존재하는 역사유물론자들이라고 확신된다. 만약 우리가 이러한 개념들의 실천적인 타당성을 자각할 수만 있다면 (즉 그것들의 적용의 편파성, 그것들의 전통적인 공식에 포함되어 있을지도 모르는 이론적 불명료성들을 제외하고) 우리는 자본가들로부터 의심할 여지 없는 이점을 얻을 수 있다. 그 문제를 제쳐두고 우리는 사회적 노동자의 문제로 돌아가자. 그/그녀는 생산자다. 그러나 가치와 잉여가치의 생산자일 뿐만 아니라, 노동에 필요한 사회적 협력의 생산자이기도 하다. 예전에 자본가에게 적용된 이 기능(그리고 보다 일반적인 면에서 수세기에 걸친 자본주의의 공고화(consolidation)와 발전과정에서 노동력에 행사된 여러 가지 다양한 통제유형들)은 이제 노동자에게 적용된다. 사회적 노동자의 생산적 노동에 있어 가장 중요하고 명백한 특징은 그/그녀가 사회적 협력의 창시자라는 사실이다. 그러므로 우리는 시장의 작용이 서서히 약화되고 있다는 것을 인정할 수 있다. 시장 내 프롤레타리아적 주체성들은 하나의 세력으로 대두되었고, 그리고 강력하고 효과적으로 자본주의가 그 자신의 관점에서만 배타성을 내세우는 것을 막는다. 무능한 이론가들은 이러한 현상들에 놀랐고, 그들의 믿을 수 없는 짧은 견해(short-sightedness) 때문에 현실적으로(actually) 이러한 현상들이 프롤레타리아가 부르주아화되는 증거가 된다고 믿었다. 거듭 말하자면 사실 이 과정은 정반대가 된다. 그것은 협력적 과정을 넘어 통제가 노동자에 의해 재전유되는 것을 의미한다. 결과적으로 전통적인 범주라는 면에서 이러한 새로운 현상들에 대한 기술(記述)이 차제(次第)에 문제설정(problematic)이 되어야 한다는 것은 당연하다. 그럼에도 불구하고 우리는 여전히 맑스주의자일 것이며, 우리가 새로운 이론(그리고 새로운 이론은 이미 필요해지고 있다)을 납득할 때까지 사회적 노동자와 함께 맑스주의자로 남아있을 것이다. 이 새로운 이론의 핵심에는 착취의 확산과 계급투쟁이 있다. 이 이론은 우리가 말했던 진정으로 새로운, 본원적 축적(original accumulation)이라는 진보의 변혁에 관한 근본적인(radical) 현상학을 고려해야 한다.

이리하여 사회적 노동자는 노동에 필요한 사회적 협력의 창시자이다. 그/그녀는 고용주(boss)를 가질 수 없기 때문에 고용주를 원치 않는다. 만약 고용주를 갖는 것이 그들에게 강제된다면 그/그녀 자신의 역할은 더 이상 어떠한 목적도 가질 수 없고, 그/그녀의 본성과 정체성은 그들의 것이 될 수 없다. 사회적 노동자는 집합적인 주체성을 가진다. 왜냐하면 노동자의 의식은 항상 집합적이기 때문이다. 이것은 노동자들 스스로가 집합적 노동의 유일한 조직자임을 인정하는 순간부터 더욱 그러하다. 우리가 이미 말했듯이 이 기능은 재전유되고 있다. 이러한 재전유는 그 집합성이 수탈되어 왔고, 따라서 집합성의 생산적 목적과 관련된 조직력을 재구성하는 과업을 동일한 집단의 구성원들에게 위임하는 것이 실현된다는 사실에서 기인한다. 이러한 관점에서 모든 것이 결국 명확하고 돌이킬 수 없는 것이 된다. 사회적 노동자는 계급투쟁의 발전에 있어 결정적이다. 그/그녀는 이 과정의 주체성을 궁극적으로 전복시키고, 착취자에서 착취당하는 자로의 궁극적인 귀속을 나타낸다. 사회적 노동자는 해방[과정] (liberation)과 연속적인 해방[과정]의 마지막에 있는 해방(emancipation) 사이에서 변증법의 최종적인 해결을 나타낸다. 이제부터 해방은 해방[과정]의 산물이 될 것이다.* 이러한 맥락에서, 즉 사회적 노동자가 통제자(controller)이자 노동협력의 직접적인 조직자(organizer)가 될 때, 노동의 통제자로서 자본가적 역할에 대한 거부는 자본가의 물리적 계략인 폭력을 부여받아 물질적 배제로 변형시킬 만큼 충분히 결정적이게 된다. 이리하여 모든 역사적이고 진보적인 자본주의의 정당화는 그것의 타당성을 상실했다. 사회적 노동자는 일종의 코뮤니즘의 현실화(actualization)이고 그것의 발전된 조건이다. 반대로 고용주(boss)는 더 이상 자본주의의 필수조건이 아니다.

분명히 이 과정의 주체적인 측면은 좀 더 상세히 기술되어야 한다. 사실 우리는 이 문제를 다음 장들에서 살펴볼 것이다. 결국 사회적 노동

---

* 여기서 liberation과 emancipation은 각각 '해방[과정]', '해방'으로 번역한다. liberation 은 사회적 노동자가 자신의 계급적 주체성을 획득하는 일련의 과정이고, 계급투쟁에서 자신의 계급적 굴레를 벗어나기 위한 과정이며, 이 과정의 실천적 효과이자 산물이 해방 (emancipation)이다.

자의 기원과 긍정에 대한 현상학적 기술에서 우리는 사회적 노동자의 정치적 조직을 둘러싼 의문을 검토해 볼 수 있다. 즉 그것의 특징과 그것이 어떻게 전문 노동자의 조직형태들은 말할 것도 없이 대중 노동자의 조직형태들과 구별될 수 있는가에 대한 의문을 검토해 볼 수 있다. 일단 한 가지 관찰만 덧붙이는 것으로 충분하다. 즉 주체성의 발전이 객관적인 조건들 ─물질적(그리고 우리가 노동의 조직, 내용의 요소 등으로 의미하는 것)이든 형식적(즉 이러한 복합체들을 작동시키는 힘들)이든 ─내에서 완전히 억제되고 거의 혼란스럽게 되는 발전일지라도 그대로 남아 있다. 따라서 주체적인 경향(pulse)의 이러한 전체성으로 인해 그것이 구조적 조건들에 의해 부서진다고 해도, 혁명적 이론과 유토피아적 호소가 가능할 뿐만 아니라 존재하게 되며, 더욱 더 효과적이게 된다. (실제로는 그렇지 않지만) 그것은 역설적으로 보이게 된다. 예를 들어 우리가 자본의 논리가 질식되는 구조에 처하게 되고 노동자의 차원이 윤리적이 된다고 말할 때 역설적으로 보이게 된다. 이것은 노동자가 자본과 자본의 구조적 논리로부터 스스로를 해방시키고, 이 구출의 순간에 노동자가 자본주의의 발전에 앞지른다는 것을 보여준다. 그러므로 자본은 윤리와 투쟁한다. 즉 자본은 노동계급의 윤리, 거부의 윤리, 자본의 파괴를 원하는 주체성의 다양한 윤리와 투쟁한다. 따라서 노동계급의 주체성 문제로 돌아갈 때 우리는 윤리에 대해 논의할 수밖에 없다. 그 점에서 우리는 믿을 수 없는 형이상학적 경로들이 이미 시도되었다는 것을 발견할 것이다. 그리고 사회적 생산자와 사회적으로 반항하는 노동자의 윤리가 동일한 혁명의 폭력적 결정을 어떻게 선취하고 있는지 발견할 것이다.

이제 우리는 사회적 노동자의 주체적 형상이 형성되고 놓여 있는 구조적 차원으로 돌아가자. 이것의 기원은 자본주의적 생산양식에 대한 두 가지 발전국면 사이에서 주어진다. 즉 맑스를 따라서 우리는 '형식적 포섭'과 '실질적 포섭'이라는 국면으로 부를 수 있다. 아래에서 나는 이 주제에 관한 독자의 관심에 초점을 맞추기 위해 도움이 될 만한 맑스의 텍스트들을 인용하겠다(부록 참조). 이 텍스트를 읽는 데 있어 무엇보다 강조되어야 할 점은 자본이 사회에 종속된 상태에서부터 자본이 적극적으로 사회의 모습을 미리 보여주는 방향에 이르기까지 운동은 그 속에서 더욱 높고 강도가 센 생산적 협력의 정도를 구성하는 방식이라는 것이다. 이것이 객관적인 경우라고 전제할 때, 우리는 경험이 ─ 역사적 발전과 존재론적 통합의 뚜렷한 비대칭성에도 불구하고 ─ 이 과정을 순수하게 새로운 주체적 결정으로 이끄는 것을 증명한다고 믿는다. 여기서 내가 의미하는 것은 집합적 조합(combination)이 집합적 노동자가 된다는 것이다. 이 점에서 개별적 노동이 존재하기 위해서는 사회적 노동의 틀 속으로 들어갈 필요가 있다. 집합성은 노동의 필수조건이자 특이성의 매우 주체적인 실현(realization)의 필수조건이다. 더구나 이 과정들에 대한 높은 상호 의존 수준은 집합적 노동자가 단순한 종속적인 기능을 나타내는 것이 아니라 질적으로 진보적인 전체, 즉 하나의 성격변화를 나타낸다는 것을 의미한다. 사회적 노동자가 형성된 구조적 차원은 예외적으로 생산적인 어떤 것(something)이다. [우리는 그것을 형식적 포섭에서 실질적 포섭으로의 운동으로 기술한다. 그러나 이 틀은 거의 오로지 차이를 통해 그 개념의 참신함에 분명히 기여한 것이다. 요약하자면, 그 과정의 성격과 그것의 존재론적 깊이에서 주어진 맑스주의적 분류에서는 정사영(正射影/orthogonal projection)의 분석적 효용을 갖고 있다.] 맑스에게 있어 포섭(subsumption)의 진보과정으로서 사회적 노동자의 객관적인 윤곽만이 주어진다. 즉 그것의 역사적 가능성만 주어진다는 것이다. 주체적인 노동자는 아직 현실적으로(actually) 존재하지 않는다. 그러나 맑스가 덧붙였듯이 우리는 이 객관적인 과정이 이미 그 자체로 혁명이라는 것을 알고 있다. 그것은 주체의 빈곤, 다른 이들의 노동시간 절도(theft), 착취된 대중의 재생산, 소수의 비노동자에 기초한 산업적 문화와 관행(practice)으로 간주된 자본주의에 의한 파괴의 과정이다. 그러나 대조적으로 생산과 그것을 유지하고 발전시킬 역량이 집합적인 사회적 주체(누가 새로운 프롤레타리아를 구성하는가)에게 점유될 때, 그리고 자본에 의한 사회의 종속이 후자[통제수단의 보유자(holder)이고 커뮤니케이션의 수탈자(expropriator)로서의 역할에서]에게 부과된 제약들을 분쇄할 때 이러한 혁명은 그것의 완성을 시작했다. 자본은 직접적으로 사회적 주체에 적대하는 행동을 취한다. 거대한 변혁의 지도원리는 확립되었고, 변혁의 강도 높은 성격은 그 자체를 혁신적 내용물들, 즉 새로운 생산적인 차원들에 적응시키고 있다. 집합은 주체로서 확립된 것이다.

"교환에 기초한 생산과 함께 가치가 붕괴되고, 직접적이고 물질적인 생산과정은 빈곤과 안티테제(antithese)의 형태에서 벗어나게 된다." 그러면 이것은 계급투쟁이 끝났다는 것을 의미하는가? 혹은 우리에게 집합적 주체—즉 사회적 노동자—의 새로운 물질적 결정들을 인식케 해주는 분석인가, 아니면 우리에게 사회적 노동자를 계급투쟁 너머와 바깥으로 위치짓게 해주는 분석인가? 이 절의 시작에서 인용한 맑스의 문장(다른 이들과 마찬가지로 우리는 연구의 현재 국면에서 인용하고 있다)은 의심할 여지없이 심각한 모호성을 드러내고 있다. 맑스는 실제로 그의 분석의 한계를 넘어서고 있다. 그리고 윤리적 차원의 작동에서(유토피아적 의미에서) 맑스는 암묵적으로 포섭과 자유화의 과정들 사이에 선형적(linear) 관계가 있다고 확신하고 있다. 그러한 연속성은 신비화에 불과하다. 이것은 연속성의 이념이 사회주의적 해방의 이데올로기와 정치학의 핵심에 놓여 있다는 사실에서 달라지지 않는다. 그리고 주어진 맑스 연구의 특수한 조건들에서 맑스가 그것을 고수할 수밖에 없었다는 사실에서도 달라지지 않는다. 그러나 우리에 관한 한, 현재의 상황은 본질적으로 달라졌다. 우리는 맑스를 넘어섰고, 사회적 노동자는 현실(reality)이 되었다. 포섭의 연속적인 국면에 있어 맑스의 개요에서 사회적 노동자라는 이념은 단지 암시되었고, 가능성으로서 기술되었다. 반면 우리는 그 개념의 현행성(actuality)을 경험했다. 이것은 맑스의 유토피아적 호소에 그것의 거대한 의의(意義)를 부여한 것이다. 왜냐하면 그것은 우리에게 해방(emancipation)과 해방[과정](liberation)의 혼란을 넘어후자를 효과적인 이론적−정치적 실천(practice)으로 바꾸는 것이기 때문이다. 그러나 이것은 맑스가 사용했던 전문용어와 개념적 정의들을 그대로 쓰는 것을 어렵게 만들고 있다. 예를 들어 혹자는 왜 노동자가 '운영자'(operator)와 '사회적 행위자'라기보다 오히려 '노동자'로 기술될 수 있는지 물을 수 있다. 또한 제공되는 용어가 노동자주의(workerism)의 실수를 되풀이하지 않으려면 다른 어떤 적절한 용어가 되어야 한다. 그러나 이것은 당면한 문제가 아니다. 오히려 문제는 사회적 주체가 생산적 협력의 집합적 작인(agent)이라는 것을 고려해 볼 때 적대가 현행적(actual)이고 강력한 자유화 운동의 기초를 구성할 수 있는가, 만약 그렇다면 어떻게 가능한가를 설명하는 것이다. 즉 가능성의 조건인 그 운동은 실질적 포섭이다. 다시 말해 문제는 실질적 포섭에 있어 사회적 노동자의 존재론적 실현에서 출발해서 적대가 존재할 수 있는가, 만약 그렇다면 어떻게 존재할 수 있는가이다.

사회적 노동자는 적대적 특성을 갖고 있다. 만약 '노동자'라는 용어가 우리의 분석에서 유지되어야 한다면 이 용어가 노동자주의의 높이 (혹은 깊이)를 상기시켰기 때문이 아니라, 전혀 사라지지 않았던 적대의 가장 신뢰하고 확고한 패러다임을 포획하기 때문이다. 이러한 적대는 단순히 자본가에게 향하는 것이 아니다. 그러한 대립은 영속적인 것이다. 그리고 소유권과 경영적 특권이 옛날 귀족제적 특권과 비슷해지거나 환원되면 될수록 그 반대 입장은 공격적이고, 더욱 더 강력해지며, 자신만만해지고 즐거워진다. 그러나 그러한 귀족제적 특권은 이미 죽었고, 묻히기만 기다린다. 그러므로 그 적대는 보다 심오하고 본질적인 어떤 것(something)이다. 그것은 그 자체를 그 속에서 느끼게 만드는 대체물들과 사회적 생산의 질과 관련되고, 실질적 포섭의 세계에 대한 지평을 파악할 수 있는 가치들과 관련된다. 이것이 의미하는 것은 오직 노동자의 존재만이 이 세계의 전형적인 의미와 가치의 무관심으로부터 그 포괄된(subsumed) 세계를 구할 수 있다는 것이다. 어떻게 그리고 왜 이런 일이 발행하는 것일까?

우리는 사회적 노동자를 규정하는 주된 특성이 노동과정의 통제를 재전유하는 그/그녀의 역량임을 상기하면서 이 질문에 대한 답변을 시작할 수 있다. 그러나 산업노동에 대한 통제는 노예 노동자를 마구 때리기 위해 사용되는 채찍의 종류가 아니다. 그것은 단순히 기술도 아니고, 노동력의 이질적인 요소들을 구체화하고 조직하는 응용과학도 아니다. 오히려 산업노동에 대한 통제(이것은 실질적 포섭하에서 전체 사회를 넘어선 통제를 의미한다)는 복잡하게 결합하려는 구조다. 과학과 민주주의적 참여, 생산목표의 결정들과 노동과정의 조건들, 그리고 잠재하는 사회적 힘들을 활용하려는 정책·지원·훈련 방식들을 적합하게 하는 능력이다. 지금 이 복잡성이 무관심을 만들어내고 어떤 사건이라도 적대를 제거하라고 주장하는 것은 단지 본질적인 사실, 즉 생산을 은폐하는 것을 의미한다. 따라서 오늘날 사회는 사회적 노동자의 독립성 덕분에, 실존을 구성하는 그/그녀의 특이하고 분리된 힘 덕분에 유효하다. 이러한 관점에서 보면 존재하는 적대는 소멸하게 되는 것이 아니라, 포괄된 사회의 존재에 있어 유일하게 적극적인 열쇠가 된다. 통제를 재전유하기 위해 사회적 노동자는 이러한 적대의 모든 표명에 도전하고, 사회과정의 복잡한 구조적 결정요인들을 공격한다. 게다가 이러한 재전유의 적대적 수단—그것은 이제 생산의 열쇠이거나 혹은 사회의 유일한 존재조건이된다—은 포괄된 사회를 특징짓는 과학과 권력의 특수한 절합에 도전하는 데까지 나아간다. 이것을 인식하기 위해 사람들은 사회적 노동자와 과학과의 관계가 유기적이라는 정도만 명심하면 된다. 그러한 관계는 사회적 노동자라는 개념으로 정의하는 것에 내재해 있다. 노동 거부, 즉 전형적인 대중 노동자가 추상적 통제에 의해 과잉결정되는 노동에 대한 거부이고, 그러한 거부는 종종 통제가 과학적일 때 발생한다. 이 경우에 대중 노동자에 의한 노동 거부는 과학의 거부가 될 수 있다(그리고 되었다). 또는 어느 정도까지(일종의 냉소주의, 과장되게 유토피아주의로 위장한) 과학은 대안적인 용도로 쓰일 수 있도록 요구될 수 있다. 오늘날 이 모든 것은 상당한 정도로 뛰어넘게 되었다. 사회적 노동자의 단호함은 그 문제의 핵심, 즉 과학의 통제라는 문제를 건드리고 있다. 과학은 권력의 결정들에 따라 유용하게 되는 지식체계(body of knowledge)다. 지식과 권력 사이의 이러한 접속을 깨뜨리고 대안적인 통제들을 확립하는 것이 필요하다. 과학은 적대에 있어 (아마도 주된) 하나의 장소(site)다. 왜냐하면 그것은 노동자의 생산과정에 대한 재전유 정도가 최종적으로 드러나게 될 영역을 구성하기 때문이다. 그리고 거기에는 과학과 동시에 생산과 재생산, 정치와 윤리라는 차원들의 사회적 체계가 과학에 종속되어 있는 것이 아니라 뒤섞여 있는 것이다. 적대는 동일한 방법으로 이 체계를 관통한다. 즉 적대는 다른 가치들을 구축하기 위해(파괴행위에 따른) 그것들의 형태와 내용을 파괴한다. 이러한 가치들은 사회적 노동자 개념에서의 적대이자 동시에 적응(adequate)이다.

그렇다면 사회적 노동자는 공간적·시간적 의미에서 보편적이다. 그러나 동시에 이러한 보편성에 적합한 내용을 식별할 필요가 있다. 따라서 우리는 다시 한 번 이 과정의 형태에서 강도와 사회적 노동자의 특이성을 강조해야 한다. 즉 우리는 다음과 같이 되돌아가야 한다. 사회적 노동자의 등장이 가져온 엄청난 역사의 촉진, 그러한 등장에 관련된 존재론적 과정들의 촉진(무엇보다도 사회적 노동자의 기원, 과정, 구성의 불가역성)으로 되돌아가야 한다. 그리고 새로운 주체의 억누를 수 없는 구성을 야기하는 생산적 협력을 넘어 통제의 재전유를 향한 압력으로 되돌아가야 한다. 이 점에서 우리는 바로 사회적 노동자의 구성적 과정에 관한 역설을 언급해야 한다. 이 역설은 노동자들이 권력을 재전유하고 지식수단을 소유하게 되었을 때, 권력과 지식은 코뮤니즘 혁명에 선행하는 모든 정치체제들에서 그랬던 것처럼 중앙집권화되지 않는다는 점이다. 그러나 오히려 권력과 지식은 사회화되고 발전하며, 모든 통제에 대한 집중화와 독점은 창조적으로 파괴된다. 하나 그리고 다수가 동시에 존재한다. 그러나 존재론적 관점에서 보면 하나는 다수를 위해 존재하는 것이다. 고용주[그의 내적인 본질에서 항상 자기 안으로만 제로-섬(zero-sum) 계산 속으로 몰입한다]의 '시간'은 통제의 시간, 즉 유통국면에서의 절대영도(absolute zero), 순수화폐로 환원하기 위해 구체적인 가치들의 소멸상태이자 부정적인 촉진상태다. 이 모든 것들은 사회적 노동자의 관점에서 다음과 같이 대응한다. 즉 발산하고 분절화되는 다양한 시간, 지역적이고 영토적이기 때문에 다양성이 최대화되는 경향을 가진 지식체계(그러나 그것 때문에 편협한 지역주의자나 조합주의자가 되는 것이 아니라)와 대응한다. 이것이 의미하는 것은 사회적 노동자가 그/그녀 자신의 사회적 존재의 보편성과 그/그녀의 불분명한 힘의 미시물리학에서 적대의 성격을 식별하는 데 있다. 그/그녀는 그러한 적대를 자본주의적 권력집중과 자본가의 권력의지의 고갈, 그리고 자본주의적 변증법을 무효화하는 흔적(stamp)과 대치시킨다. 따라서 적대는 논리적으로 경직된 결정으로 나타나지 않고 존재론적으로 다양하고, 역동적이며, 구성적인 차원으로 제시된다. 새로운 점은 단일한 것이 아니라 다양한 것이다. 이러한 패러다임은 단독적이지 않고 다원적인 것이다. 이 적대의 생산적인 핵심들은 다양성에 있다. 우리가 강조했던 역설은 단지 해결되었을 뿐만 아니라 사회적 노동자의 특수한 존재형태를 구성한다.

대중 노동자에서 사회적 노동자로, 그리고 넘어서는 움직임, '너머'(beyond)는 가장 높은 수준에서의 적대의 안정화에 있다. 거기에서 사회적 노동자는 사회적인 것(the social)으로서의 생산과 재생산 조건들이 총체성에 따라 행동한다. 우리는 이러한 총체성(totality)을 '생태학'(ecology) 내지 '생태학적 체계'(ecological system)라고 부를 것이다. 이 총체성은 단순히 자연주의적인 것이 아니라 윤리적이고, 정치적이며, 생산적인 것이다. 그것은 자본이 구성되었고, 사회적 노동자가 재인간화(re-humanize)되어야 하는 제2의 자연이다. 생태학은 사회적이고 생산적 주체라는 개념 없이 존재할 수 없다. 생태학은 생산을 가지는 특수한 변증법으로부터 분리되어 존재할 수 없다. 그러나 우리는 이 문제를 나중에 다시 살펴볼 것이다. 당분간은 생태학이라는 개념을 소개하는 것으로 충

분하다. 이제 우리는 적색(Red) 정치학을 강조하는 것 못지않게―우리
가 정의하고 있는 적대적이고 주체적인 주역들의 유물론적이고 생산적
인 구성방식(make-up)을 포함하여―적색(Red) 정치학과 녹색(Green)
정치학 사이에 존재하는 연결고리를 기술하는 것도 원치 않는다. 그렇
지만 이 관점에서 본다면 계급들과 사회 내에서 혁신할 역량을 가진 조
직들이 존재하는 한, 대중 노동자를 사회적 노동자로부터 분리시키는
엄청난 틈을 메울 수 있다는 것을 강조할 필요가 있다. 틀림없이 이 과업
을 노동자주의의 부패한 변증법(그리고 변증법적 유물론)에 맡기는 것은
불가능할 것이다. 계속해서 자본주의적 통제형태들의 재구조화를 유발
하는 프롤레타리아 투쟁에서 보았던 관련성―계급의 새로운 주체적인
윤곽(그리고 그 모든 것이 무기한적으로)에 의해 직면했던―은 개념적으
로 파괴되었다. 유용한 변증법은 모든 임금노동의 파괴과정과 발전의
모든 매개과정―자본주의적이든 사회주의적이든 간에―의 전체 사회
화를 완전히 인식할 수 있게끔 하는 것이다. 그러한 변증법은 실질적 운
동, 즉 그것의 직접적이고 자연발생적인 노동자 운동으로 귀착될 수 있
을까? 아마 그렇지 않을 것이다. 긍정적이든 부정적이든 이 변증법은 항
상 적들의 무기, 즉 적대가 파괴될 수 있다는 환상의 일종이다. 그러므로
우리는 잠재적이고 내밀하지만(그리고 다양한 운동들과 예상치 못한 폭발
들) 이러한 여러 계층들(다양한 역사적 구성요소들의 폭발들)을 재결합하
는 수단들이 실현될 수 있도록 논할 수 있다. 그것들이 만약 보장되지 않
는다면 노동계급, 즉 대중 노동자의 아이로서의 몸과 머리에서 일어나고
있는 물질적 변형들(modifications)의 힘과 깊이로 최소한 보여주어야 한
다. 이것들이 우리가 수없이 아이로서, 혹은 단순히 대중 노동자의 이웃
으로서경험했던 것이다. 그리고 우리의 변화는 운명에 대한 우리의 충성

을 방해하지 않을 것이고, 피의 복수는 우리의 부모가 고통받았던 착취 때문에 혹은 가까이에 있는 재정복된 자유와 유물론적 해방(liberation)의 즐거움 때문에 수행되지 않을 것이다. 반대로 이 때문에 우리의 기억은 결코 향수(nostalgia)에 있는 것이 아니라 희망 속에, 조직 속에, 그리고 승리 속에 있을 것이다.

4
공장에서 생태학적 기계로

생산은 사회적 네트워크를 통해 움직이고, 상품유통의 과정들에
밀접히 관련되어 있으며, (비록 퍼져 있지만 무엇보다도 사회적으로 통합되
어 있는) 생산적 노동은 어디에서나 발견되지만, 사회적인 것(the social)
의 수단에 의해 생산과 재생산은 완전히 균일하고 차이가 나지 않는 네
트워크를 구성한다. 생산적 계기들이 재생산적인 삶 전체의 혁신적인
경험들과 창조적인 계기들이라는 한계를 넘어설 때 이러한 한계들을 완
전히 알아볼 수 있다. 이러한 관점에서 보면 노동은 공장에서 함께하는
것이 아니다. 공장은 더 이상 노동이라는 활동을 집적하고 노동을 가치
로 변형시키는 특수한 자리로 인식되거나 간주되지 않는다. 노동은 바
로 사회적인 것 내에서 생산적인 활동을 집중시키고, 노동을 가치로 변
환시키는 기능들의 장소를 찾기 위해서 공장을 포기하고 있다. 이러한
과정의 전제조건들은 사회 도처에 퍼져 있고, 또 존재하고 있다. 그 전제

조건들이란 커뮤니케이션 네트워크들, 반(semi) 매뉴팩처 형태의 정보체계 등과 같은 기반구조를 포함하고 있다. 산업 노동자는 사회 내에서 생산을 위한 다수의 전제조건들이 나타나고 끊임없이 재생산되고 있다는 것을 발견한다. 마치 소작농이 농업에서 그러한 다수의 전제조건들을 발견했듯이. 이러한 잠재력들의 축적과 잠재력들의 무매개적 형태로의 출현은 자본주의적 발전의 산물이자 자본주의적 잔여물 중 하나다. 다시 말해 잠재력들의 축적은 자본이 생산했으나 자본이 착취할 수 없었던 어떤 것(something)이다. 그것은 자본주의적 생산의 틀 바깥에 있으며, 단지 사회적으로 해방된 노동만이 이용할 수 있는 어떤 것이다. 따라서 공장에서 하나의 기계, 몇몇의 기계, 기계류의 전체 체계가 그 자체를 노동력에 제공하는 것과 같은 방법으로 사회는 그 자체를 노동에 제공하는 것이다. 즉 전제조건들로서의 체계(system of preconditions)이다. 그 기계들은 축적된 노동 또는 집중된 노동력을 나타낸다는 의미에서 전제조건들이다. 그것은 단지 더 많이 노동력을 재가동할 수 있고, 그렇게 해서 더 많은 가치와 노하우(know-how), 그리고 부의 가닥들을 빼낼 수 있다. 그 기계들은 하나의 체계를 구성한다. 왜냐하면 이러한 기술적 조건들이 세계는 하나의 질서정여한 우주이기 때문이다. 그리고 새로운 존재의 결정요인을 창조하기 위해 새로운 활동이 부가되어야 하고, 부가될 수 있는 일종의 이념적 도식(schema)이기 때문이다. 선진 자본주의에서 사회는 존재론적으로 고정된 엄청난 잠재력들의 기술적인 체계다. 그것에는 생득적으로 활력 있는 노동을 흡수하고, 그 결과로 재생산 체계를 활성화시키는 것이 장착되어 있다. 그렇게 함으로써 일단 노동이 —곧 노동력의 혁신적인 활동이—사회에 부가되었고 사회적인 것의 모든 결정이 활성화된 것이다.

선진 자본주의에 있어 영토(territory)는 생산적인 잠재력의 틀이 된다. 즉 그것은 생산적인 사회의 공간적 존재론이 된다. 그러므로 영토는 단지 모든 창조성의 원천들과 모든 노동력의 통합 사례들을 모으는 임플루비움(impluvium)*이 아니다. 또한 그것은—실로 무엇보다도—마치 자연 속에 있는 것처럼 저절로 생겨나는 샘들이 솟아나오는 대수층(water-bearing stratum)이다. 노동은 단지 사회적 영역(terrain) 위에서 수렴되고 조직되었을 뿐만 아니라, 여기서 그것의 근본적인 생산적 조건들 중 하나와 접하게 된다. 맑스주의와 기술적인 체계에 대한 유물론적 개념을 잘 알고 있는 사람들 중 누구도 위에서 기술한 것이 맑스주의를 넘어서고 있다고 말할 수 없었다[현실(reality) 그 자체가 맑스주의 분석의 한계를 넘어서고 있다는 정도를 제외하고]). 오히려 우리가 검토하는 것은 진정한 발전이고, 그것을 예측할 수 있는 우리 자신의 능력은 현실(the actual) 영역에 있는 것이 아니라 발전에 내재하는 이론적·실천적 경향에 있는 것이다. 그 결과 우리의 맑스주의 기술이 마술적인 영역으로 비집고 들어가려는 것을 비난할 수 없다. 마술적인 것은 사회로부터 흡수한 축적된 가치를 공급하는 기술적인 힘(그것은 보다 신비롭고 보다 세련된 것이다)이다. 기술(Technology)은 이 가치를 은밀하고 신중하게, 그리고 풍부하게 지켜준다. 그러므로 우리는 전적으로 모든 점에서 맑스주의라는 틀 내부에서 작동하고 있다. 또한 우리는 구체적이고 확실하며 조물주적인(demiurgical) 인간 노동의 결정으로 되돌릴 수 있는 기계류의 생산력(그것이 사회적이라는 이유로 더욱 더)을 해석하려는 것이다.

---

*현관 홀(atrium)의 천창(天窓)으로부터 빗물을 모으는 통이나 수반(水盤)

동시에 경제적 순환에 대해 말할 수 있다. 즉 생산적인 사회에 있는 시간적 차원에 대해 말할 수 있다. 역시 여기서도 한물간 이론들을 인용할 필요가 없다. 예를 들어 이 순환을 자생적인 과정으로 볼 수 있고, 이 순환의 형태를 외부의 충격들에 의해 결정되는 것으로 볼 수 있다. 오히려 순환적인 미시기능들(microfunctions)이라는 지평에서 언급할 필요가 있다. 즉 투자, 소비, 계획의 기간들(time-spans)과 시간적 측면들이 점점 집중되어지는 자기가치화(self-valorization)와 축적의 작은 운동들이라는 지평에서 언급할 필요가 있다. 그러한 관점은 현 시점에서의 경기순환의 규제 패턴들을 발견한다는 것이 불가능하다는 것을 설명하는 동시에 기대와 예지의 강력하고 다기능적이며 다각적인 결정을 설명하는 것이다. 사회적 노동의 특징인 시간의 집중과 그것의 척도는 평균과 측정이라는 개념들과 추상적 유형들보다 사람들이 현실에서 겪는 경험에 보다 밀접하게 결부되어 있다. 경기순환의 형성은 유체나 증기의 압축과 비교될 수 있다. 갑자기 우리는 우리 눈앞에서 이전에 보이지 않았던 것이 응고되고 뭉쳐진 것을 발견한다. 집약되어 감에 따라 어떤 형태를 취하든 노동은 서서히 모든 공간을 차지하게 되고, 빈 곳을 채워가게 되다. 공간을 차지하는 과정은 원자적인 과정이라기보다 오히려 빈 곳에서 시작하여 공간을 구성하는 과정이다.

평균, 매개, 측정이라는 개념들의 위기가 함축하는 바는 무엇보다도 가치론(theory of value)이라는 점이다. 가치론은 생산과 부의 존재를 흐름(flow)뿐만 아니라 드라마, 노골적인 적대, 위대한 역사적 의의(意義)의 상황 등으로 보여준다. 그러므로 우리는 가치론의 의의를(아직도 높게 평가되고 있고 앞으로 더욱 그러할 것이다) 인정하지 않을 수 없다. 그러나 우리가 이러한 수준에서 가치론을 인정하고 재차 확인하고자 할지라도 그것이 측정의 이론, 즉 현재의 측정 이론과—불가피하게—매개의 측정 이론으로서 유용하지 않다는 것을 발견한다. 가치는 노동의 협력이 이루어지는 사회적 위치(location)가 발견되는 곳이라면, 그리고 축적되고 감추어진 노동이 사회의 이해할 수 없는(turgid) 깊은 곳으로부터 추출되는 것이라면 어디에나 존재한다. 이러한 가치는 공통된 표준으로 환원되지 않는다. 오히려 그것은 과도한 것이다. 그것은 우리가 접근하려고 시도하는 한계다. 그것의 이해와 수량화는 불가능하다. 측정행위에 관한 한, 그것은 끝없이 계속된다. 그러므로 가치의 모든 공간적·시간적 결정들이 사회적 노동에 의해 드러났다는 것을 밝히기 위해 끊임없이 노력하는 것 이외에 우리가 할 수 있는 것은 아무것도 없다. 이렇게 함으로써 우리는 측정이라는 환상적인 관념과 매개의 신비화를 포기해야 한다. 그럼에도 불구하고 가치론을 구축하는 것은 가능할 뿐만 아니라 필요한 것이다. 이렇게 함으로써 우리는 가치가 표현되는 모든 계기들을 조직하는 것 속에서 체계적이고 유익한 틀을 획득할 수 있다. 우리의 가치론은 지도제작(cartography)과 다름없다고 할 수 있다. 이것은 의심할 여지없이 만만치 않은 일(undertaking)이다. 그것은 사회적 노동의 상세한 운동들에 근접하고, 주체적인 조정(coordination)과 협력의 새로운 객관적인 가능성들을 개괄하고 제시하며 예측하는 우리의 가치 '지도들'을 설정하는 작업을 수반할 것이다. 오늘날 욕구에 부응하는 가치법칙은 우리로 하여금 가치의 흐름들에 항해할 수 있게 한다. 그리고 협력의 수준을 심화하고, 흐름의 수로들(flow-channels)을 확립하며, 본원적 축적을 위한 기회들을 붙잡게 도와주는 나침반들을 구성하게 해주는 것이다. 이후에 우리가 이 모든 것을 측정하기를 원한다면 거기에는 매우 복잡하고 포괄적이며 정확하게 이용 가능한 약간의 회계기술들이 필요하다. 그러나 가치론을 회계업무와 혼동하지 말아야 하며, 토대를 찾을 수 있다는 자연주의적인 환상 역시 존속시키지 말아야 한다. 현실(reality)은 오직 활동, 구성, 상상만으로 이루어진다. 가치론의 실현은 경제계획들(plans)과 계획화(planning)에서 추구되었다. 그러나 이것의 유일한 귀결은 자유의 억압뿐이다. 그리고 그렇게 오랫동안 갈망했던 사회주의는 그 자체가 희망의 종말을 보여주었다. 확실히 사회주의는 의미 없는 시간의 계획화를 대표했다. 사회주의는 아무것도 아닌 것(nothing)을 측정한 것이었다.

그러면 이제 우리는 집합행동의 논리와 현실(reality)이 성립될 수 있는 사회적 기계의 체계를 기술해 보자. 우리는 이미 공장이 점점 더 생산과 가치증식의 특수한 자리에서 없어지고 있다는 것을 보았다. 두 번째로 우리는 어떻게 노동과정들이 공장에서 사회로 이동되었는지, 그렇게 함으로써 순수하게 복잡한 기계로 작동하기 시작했는지를 보았다. 게다가 이 복잡한 기계를 통시적·역사적 관점에서라기보다 공시적·구조적 관점에서 분석할 때 완전히 새로운 차원 속에서 우리가 작용하고 있다는 것을 알아차리게 된다. 완전히 새로운 차원이란 한물간 논리적·언어학적 결정들로 축소될 수 없다는 것을 의미한다. 우리는 이러한 환경(environment or Umwelt)을 '기계'라고 부를 것이다. 그리고 그렇게 하는 것이 정당하다고 믿는다. 우리가 '복잡한'(complex)이라는 형용사를 덧붙였을 때 우리는 우리 자신이 이미 기계들의 언어학적 세계로 빠져들게 되었음을 알게 되었다. 그것 때문에 우리는 메커니즘(mechanism)의 질적이고 생동적이며 자연스러운 특징들을 볼 수 있는 눈(sight)을 잃어버렸다. 이러한 특징들을 강조하는 것은 본질적이다. 의심할 여지없이 이 기계의 결정들을 문자 그대로의 의미에서 '자연'(natural)에 있다고 해

석하는 것처럼 잘못된 것은 없을 것이다. 그러나 이러한 '자연'(nature)
이 인류에 의해 구성되고 또 재구성된다는 의미에서 그것이 준자연적
(quasi natural)인 것도 사실이다. 이 자연의 부는 축적된 노동과 그것의 모
든 풍경들(landscapes), 즉 인간 노동에 의해 영향받아 온 작은 시내들
(creeks) 내지 계곡들(depths)로 이루어진다. 그렇다면 우리가 지니고 있
는 것은 자연(nature)이 아니라 '제2의 자연'이다. 즉 공장이 아니라 환
경(environment) 내지 생태학적인 환경(Umwelt)이다. 후자(後者)는 지각
할 수 있고 정의할 수 있는 것이며, 결국 그것의 준자연적 차원들과 질이
라는 면에서 생태학적인 환경이다. 그것은 유전적 인식과정들에 부합되
게 정의할 수 있고, 이러한 세계의 근본적인 사실성을 드러내는 메커니
즘과 결정들에 의해 정의할 수 있다. 사회적 기계는 하나의 자연적인 기
계다. 그것은 하나의 생태학적인 메커니즘이다. 그것은 많은 결정들이
그것을 구체화하는 데 기여한다는 의미에서 복합적인 차원이다. 사회적
기계는 인간 노동에 의해 활기를 부여받은 자연의 기계다. 이러한 노동
이 자연에 부과된 볼품없고 파괴적인 요소들의 결과일지라도 그러하다.
그러나 다시 한 번 이 기계의 추상적인 전체성과 이러한 결정들의 앙상
블(ensemble)에 있는 경직성은 파괴되어야 한다. 죽음보다는 삶을, 이윤
보다는 집합성과 협력을 선호하는 선택들의 적대는 사회적 관계들의 무
관심에 대치되어야 한다.

그러나 이 기계 내에서 이 기계의 모든 대안과 운동은 기계가 인간
의 차원으로 환원되지 않는다면 불가능할 것이다. 여기서 인간의 차원
이란 그 자신을 파괴적인 차원으로 제시하며, 그 시점에서부터—극도
로 필사적인 순간부터—인간 가치의 의미를 재발견하고 이 세계에 인
간 가치를 제공하는 것을 재구축하게 해주는 것을 말한다. 우리가 눈앞

에서 발견하고 편입되며 고통이나 기쁨에 몰두하는 이 세계와 이 자연은 인간성의 가설(hypothesis)이다.

그러므로 나는 가치의 주제, 특히 새롭고 암시적인 가치론에 의해 기술되는 상황을 계속해서 강조하는 것이 지극히 중요하다고 생각한다. 왜냐하면 이것은 자연의 개념에 대한 가치론의 함축과 충격의 정도를 보여주기 때문에 자본 내부에서 자연의 포섭에 의해 나타나는 역사적 범죄를 애통해하지 않게 해준다. 혹은 오히려 그것은 이러한 사건에 의해 초래된 두려움으로 인해 무기력해지는 것을 피하게 해준다. 보다 긍정적인 관점에서 보면 가치라는 주제를 다시 꺼내는 것은 자연이 현실적으로 다시 한 번 계급투쟁과 적대의 규칙과 관련될 수 있다는 것을 의미한다. 그 이유는 자본주의적 혁명에 의해 자연은 우리에게 인간화된 형태로 나타나기 때문이다. 그것은 생태학적 투쟁이 가능하고, 희구될 수 있는 자연의 인간성이기 때문이다. 만약 이것이 사실이 아니라면 자연이 우리에게 무엇을 가르칠 수 있을까? 자연은 우리에게 선진 자본주의에 의해 초래된 발전의 오물(汚物)과 파괴 중에서 괴물 또는 범접할 수 없는 신(deity)으로 나타날 수 있다. 대신에 자본은 우리에게 자연을 회복시켜 주었다. 자본은 자연을 기계로 변형시켜 놓았다. 이 기계에 대한 통제력을 갖고 고용주들이 기획해 왔던 방향을 바꾸고, 그 개념을 위생적(sanitize)으로 하며, 인간성을 이용 가능한 메커니즘으로 회복시키는 것이 이제 우리 손에 달려 있다. 우리는 노동의 사회적 정의를 완전히 자각하고 생태계로의 이동에 착수해야 한다. 사회적 노동자에게 있어 사회는 생태계로 구성되어 있다. 왜냐하면 생태계는 사회적 노동자의 공장이기 때문이다.

계급투쟁은 생태학적 공장 내부에서 일어난다. 즉 계급투쟁은 직접적으로 주어진 사회적 차원과 생산의 새로운 공간적·시간적 결정요인들 속에서 발생하기 때문이다. 우리는 이미 어떻게 차이와 적대가 사회적 노동자에 의해 확립되는지 보여주었다. 다양성과 적대는 삶의 가치들과 재생산의 질에 유리한 선택을 표시하고 부정적인 가치들, 즉 죽음의 관행들을 거부하며, 자본주의 기계에 내재하는 경향들을 무효화하는 선택으로 나타난다. 이러한 대안적인 가치들(그리고 그것들을 키우는 적대)이 새로운 생산의 생태학적 차원들 속에서 확립된다는 것을 덧붙일 수 있다. 적대와 차이는 모든 특이성에 대한 연결 관계로 등장하며, 그러한 특이성이 적대의 한 전선(戰線) 또는 다른 전선으로 귀속되는 것으로 주장할 수 있다. 그러나 적대와 차이의 완전한 중요성은 이러한 선택들이 그것들이 등장하는 분자적(molecular) 수준에서 몰적(molar) 분할들(divisions)에 도달할 때만 파악될 수 있다. 즉 이러한 선택들이 사회적 생산의 생태학적 차원에서 전형적인 무한대의 관계에 걸쳐 펼쳐질 때만 파악될 수 있다.[1)]

이러한 동일성과 차이의 메커니즘, 적대의 몰적(molar) 일반화와 통일성이라는 메커니즘은 우리 분석의 중심에 놓여 있다. 사회생태학적 환경을 구성하는 수단들 전체가 보여주는 것은 이러한 메커니즘을 둘러싸고 있는 것이다. 여기서 이 구성물의 기계는 착취의 방향으로 향하든 착취에 대항하는 방향으로 향하든, 한쪽이든 다른 쪽이든 그것을 기능으로 만들기 위해 밀고 당기며 속박되지 않는 방향에 종속된다. 즉 극도의 긴장상태에 놓이게 된다. 그것은 소크라테스(Socratic) 이전에 형성된 물리학이다. 이제 착취의 개념은 여기서 중심과제로 다시 나타난다. 잘 알려진 대로 착취 개념의 유용성은 일반적으로 부인되어 왔다. 그것은 비과학적인 것으로 여겨졌고, 오히려 도덕적인 개념으로 여겨졌다. 그렇다면 착취 개념은 지금까지 신비화되었음이 자명하다. 그러나 점점 더 신비화하기 쉽지 않게 되었다. 착취의 부인(否認)으로 인해 특수한 과학과 전략을 요구하기가 곤란해졌다. 이러한 이유로 착취에 대해 논의할 경우, 최근에 고용주들은 배제의 개념—한겨울 파리 한복판에 있는 빈민지역(favelas)인 바워리 가(街)의 이미지를 캡쳐한 것—을 도입했다. 심지어 로마 교황조차 노동시장에서의 배제, 복지국가와 시민권으로부터의 배제를 유감스럽다고 말할 정도다. 고용주들에게 있어 사회는 갑자기 이중사회가 되었다. 노동자에게 있어 이중사회는 항상 있어왔다. 그러나 이것은 어느 정도까지만 일어난 것이다. 즉 사회는 사회적 노동의 새로운 차원이 생기거나 통합되는 과정들에 따라 양측이 입장을 바꾸는 시점까지 이중사회가 되도록 진척되어 왔다. 고용주들이 프롤레타리아와 노동계급의 헤게모니를 파괴하기 위한 반격의 진지를 확보해야 한다고 깨달았을 때[소수자주의자(minoritarian)와 조합주의자들의 이해관계를 보호하기 위해 조직하려는 노동조합의 노력을 차치하더라도], 노동자들은 그들이 점점 더 사회에서 헤게모니적 진지를 차지하게 되었다는 사실을 깨닫게 되었다. 그러나 노동이 사회화되고 있는 지금, 이러한 헤게모니의 파괴는 사회 전체의 파괴와 사회가 스스로의 환경으로서 조직된 자연의 파괴를 포함하게 된다. 그 결과 노동자들의 이원론(dualism)은 건설적이고 온화하며 자발적이고 너그러우며 매우 풍부한 것에 비해(그리고 서서히 이러한 점들이 확대되어 갈 것이다) 자본에 의해 고안된 이원론(dualism)은 파괴적이며 염세적이다. 이는 실천에서도 유토피아와의 관계에서도 그러하다. 빈곤은 사회화된 노동의 통합을 향한 경향에 대항하기 위해 지배세력에 의해 의도적으로 계획된 것이다. 즉 사회화된 노동의 통합이 인플레이션을 발생시킨다면—이것은 노동의 사회화에 의해 발생한 생산성의 증가라는 점에서 불가피하게 보인다―자본가들의 기본적인 목적은 인플레이션을 멈추게 하는 것이다. 이것은 진정한 목표를 숨기는 위선적이며 폭력적인 행위다. 즉 자본가들의 기본적인 목적은 사회화된 노동자의 세력과 힘, 통합을 위한 욕망을 질식시키는 것이며, 이 모든 것이 인플레이션의 근원에 놓여 있다. 고용주들에 관한 한, 만약 통합을 저지하는 데 광범위한 빈곤이 요구된다면 빈곤은 괜찮은 것이 된다. 그것은 '일석이조'(一石二鳥)의 사례가 될 것이다. 왜냐하면 많은 가난한 사람들은 사회적 노동자의 통합된 조직을 효과적으로 방해할 뿐만 아니라, 도처에 비참하게 나타나는 빈곤으로 인해 잔인한 협박행위가 생겨나기 때문이다. 즉 상상력의 혼미(昏迷), 격세유전적인 (atavic) 두려움에 대한 환기(喚起), 극악무도한(monstrous) 독실함에 대한 고무(鼓舞)를 일으키기 때문이다. 그러나 왜 우리 스스로가―즉 지금까지 인간성에 의해 달성된 최고 수준의 정치적·사회적 구성의 산물―그러한 협박에 영향을 받도록 좌시하고 있는 것일까? 다른 문제로 돌아가서 왜 오늘날 고용주들은 다소간 수요를 자극하려는 '케인즈주의자들'의 시도에 반대해 투쟁하고 있는지 자명하다. 그리고 그러한 행위가 이 체계에 의해 부과된 이윤형성이라는 목표와 모순된다고 할지라도, 그것은 자본이 노동계급 내부에서 촉진시키려는 빈곤과 분열의 이데올로기와 완전하게 합치되는 것이다. 신자유주의와 신맬서스주의는 쌍둥이다. 만약 인플레이션[아니 좀 더 정확히 말하면 인플레이션이 노동자 권력 (power)이라는 측면을 의미한다]이 존재한다면 그것은 통화공급의 통제를 필요로 한다. 이리하여 빈곤을 확립하는 강력한 메커니즘이 작동한다. 게다가 사회적 기반구조 역시 빈곤을 강화하는 데 이용되기 위해 복지 (복지는 수요를 떠받치기 위해 고안된 정책으로 나타난 것이다)를 줄이는 것이 필연적이다. 마지막으로 통화정책과 다른 재정정책들의 억압적인 결합을 위해 매우 세련된 (금융)기술들이 촉진되어 왔다. 그러한 기술들의 목표는 노동계급에 대한 광범위한 억압이며, 노동계급의 정치적 확대, 사회적 모순과 투쟁을 치환시키고 변혁하려는 모든 수단들을 파괴하는 것이다. 통화적 통제(control)를 위한 역량은 오로지 공공 지출과 임금, 개인과 사회 사이의 관계를 단단하게 통제하고 분석하는 것을 목표로 한다. 이와 같이 이중사회를 건설하기 위한 일련의 특권적인 기구들은 세(勢)를 모은다. 자본은 노동의 사회적 통합을 위한 모든 점들에 대해 그것의 화폐적인 파괴를 가하는 것이다. 이중사회는 무신경하고 역겨운 사회로 강력하고 예리한 칼날에 의해 절단된 사회다. 오늘날 자본주의의 이상형(ideal)은 아파르트헤이트(apartheid)다. 사회의 프롤레타리아적 통합에 반대하여 이중사회를 건설하기 위해 자본은 지금까지 제국주의와 식민주의에 의해서만 사용된 기구들을 식민지 본국들에 재수입하고 있다. 나치(Nazis), 쿠 클럭스 클랜(Ku Klux Klan), 보어(Boer),* 프리메이슨(freemasonry)이 자본주의적 문화에 존재하는 성부(聖父), 성자(聖子), 성신(聖神)이 되고 있다. 이중사회는 생산자의 사회적 통합을 파괴하고자 하는 가장 세련되고 강력한 산물이다. 그렇게 함으로써 자본은 공포와 패닉을―아주 당연한 것으로서―유발시키고 있다.

이중사회, 곧 빈곤과 사회적 배제가 실재(real)라는 것은 사실이다.

---

* 원래 보어(boer)는 네덜란드어로 '농민'을 뜻한다. 여기서 보어인(Boer)은 오늘날 자칭 아프리카너(Afrikaner)라고 말하는 이들이며, 남아프리카 지역으로 이민하여 아프리카에 정착한 네덜란드계 사람들과 그의 후손들을 말한다. 남아프리카 공화국의 악명 높은 인종차별정책(아파르트헤이트)은 보어인들에 의해 만들어졌다.

또한 우리는 그것들이 적들에 의해 수행된 신비로운 책략들(manoeuvres)이라고 주장한다. 그것들은 우리를 고통스럽게 만들기 위한 진정한(real) 신비화다. 따라서 우리의 과업은 우리를 위해 이러한 현실(reality)을 보다 잘 이해하는 것이고, 그렇게 함으로써 그것과 더 잘 싸우기 위해 준비하는 것이다. 우선 우리는 프롤레타리아의 사회적 통합을 향한 경향과 그러한 통합방식 속에서 정치적·경제적·이데올로기적 장애물들 사이의 관계가 어떻게 절합되어 왔는가 하는 문제를 고찰해 보자. 또한 우리는 그러한 통합이 가끔 파괴되는 형태와 그것이 도전받았던 일반적인 방식도 검토해 보자. 이제 통합을 향한 경향을 통제하기 위한 자본의 충동(drive) 속에서 이 프로젝트의 집중화된 계획과 사회적(즉 경제적·제도적인) 규제철폐라는 목표 사이에 모순이 있다는 것은 자명하다. 즉 수단과 제시된 목적들 사이에 모순이 있다. 이 모순의 표면적인 출현을 고려하지 않고 계급관계의 수준에서 통찰하는 데 있어 위에서 언급한 목적들의 조합이 일반적으로 포함하는 모순의 배후와 그것의 관성과 곤란함 속에 매우 풍부한 저항형태들의 결합이 존재하고, 일부 적대적인 운동들과 더 이상 줄일 수 없는 대안적인 결정들이 존재한다는 것을 주목하자. 이 모든 것이 근본적이다. 규제철폐는 단지 프롤레타리아의 이해관계에만 타격을 입히는 것이 아니라, 가끔 규제철폐가 제공했던 보장들도 파괴한다는 것을 의미한다. 그러나 규제철폐는 또한 정치적 공간들을 개방한다는 것을 나타낸다. 즉 프롤레타리아적 지식/권력의 새로운 형태 그 자체를 보여줄 수 있는 장소를 개방한다는 것을 의미한다. 그러나 규제철폐가 항상 우리가 강조했던 특징들을 가지고 있지는 않으므로 나는 이러한 견해들을 한정시켜야 한다. 오히려 최근 수십 년간을 특징 짓고 있는 포스트 개혁주의적 투쟁 덕분에 그것들을 획득했다. 즉 20세기 전형적인 프롤레타리아의 투쟁과 자본주의적 재구조화 사이에 억압적인 변증법의 혼란과정 속에서 그것들을 획득한 것이다. 그러나 이러한 혼란은 단지 경기순환에서의 혼란에 불과하다. 규제철폐는 (경기)순환의 혼란을 나타내 주며, 그러한 혼란을 하나의 경향으로 비쳐보면 규제철폐는 그것을 촉진시키는 것이다. 그러므로 규제철폐는 최소한 특정 국면들에 있어 통제의 재구조화에 대한 연속성과 그러한 통제의 억압적인 메커니즘과는 더 이상 양립할 수 없는 새로운 순환을 발생시키는 투쟁을 가능하게 한다. 빈곤과 주변화라는 이중사회의 현행성(actuality)과 깊이의 문제로 돌아가서 우리는 이 모든 것이 개입의 메커니즘에 의해 [오히려 비개입의 선택적이고 목적론적인 계획 또는 재구조화 기간과 목적들의 전위(轉位)에 의해] 통치된다는 것(governed)을 지적함으로써 결론을 내려야 한다. 다시 말해 이중사회, 곧 빈곤과 주변화(marginalization)는 규제철폐의 메커니즘에 의해 통치된다. 규제철폐의 메커니즘은 처음에 가공할 만한 충격을 가지지만 결국은 문제설정적(problematic)으로 나타난다. 실제로 프롤레타리아적 도전에 대한 강조 때문에 초체계적인(extra-systemic) 요소들이 등장하거나 혹은 단순히 체계의 기능적인 문제들 때문에 규제철폐의 메커니즘을 전체적으로 유지하기가 곤란한 상황을 일으켰고, 따라서 그 메커니즘이 통제의 틀 속에 (전략적인 형태로) 포함되는 상황을 가져왔다.

자본주의적 발전과정에 항상 틈들이 존재해 왔다. 특히 유통영역에 있어 그것은 직접적인 자본주의적 통제에서 독립되어 있다. 이러한 틈들 속에서 일정한 사용가치가 정의되었고, 때때로 그러한 가치에 뿌리를 둔 공동체들이 존재해 왔다. 맑스 자신은 이러한 '소규모 유통'에 관해 이야기했다. 이제 우리는 종종 자기가치화 과정을 기술할 기회를 가지게 되었다. 자기가치화 과정이란 사회의 자본주의적 포섭에 의해 남겨진 틈들 속에서 존재하거나 자신들의 포섭과정으로부터 독립되어 있는 것이다. 그러나 현 시기(포스트 개혁주의 시대)에 일어나고 있는 것은 근본적으로 완전히 다른 것(something)이다. 왜냐하면 이것은 자본주의의 전반적인 틀 속에 불충분하게 포함된 요소들과 자본주의 통제에 불충분하게 종속된 요소들을 다루고 있지 않기 때문이다. 또한 특이하고 존재론적으로 구별되는 요소들을 다루고 있지 않기 때문이다. 규제철폐에 의해 남겨진 이러한 틈들 속에서 규제철폐를 유용화하거나 파괴하는 과정 속에서 나타난 프롤레타리아적 자기가치화의 요소들은 저항하거나 잔존하는 특징을 가지고 있지 않다. 기술적인 면에서 말하면 이러한 요소들은 자본에 의해 사회의 실질적 포섭에 결부되어 있는 구조의 계기들이고, 아직 포섭과정에 포획되지 않은 요소들이며, 형식적 문턱에서 기다리고 있는 그 밖의 요소들이다. 규제철폐는 세계적인 정책이다. 그것은 전반적인 정치적·경제적·법적 체계를 향한 도약을 가져왔다. 사실 규제철폐의 시대는 이 세상에서 레이건과 대처가 권력을 잡기 오래 전부터 시작되었다. 그것은 1971년 달러화의 금본위제로부터의 분리와 함께 시작되었다. 그리고 석유, 원자재, 노동시장에서의 일련의 규제철폐 방책들도(그 정점에서 내려왔음에도 불구하고 강제적으로 통합되어 있다) 함께 시작되었다. 이러한 규제철폐의 이론은 시장의 이데올로기를 정치무대의 중앙에 다시 가져오기 위한 대규모 시도로 나타난다. 그러나 이것은 오직 노동이 사회화되었을 때 생산적인(그리고 노동) 과정들이 이미 사회 전체로 침투할 때 발생할 수 있다. 그리고 너무 심하게 침전되어서 개별적인 주체가 어느 정도의 자율성을 가질 수 있을지 정확하게 파악할 수 없게 될 때 발생할 수 있다. 그것이 행위자들 간의 모든 차이들을 제거할 때 시장의 이데올로기는 그러한 차이들을 신비롭게 만들 수 없다. (사회주의적 주장은 이러한 신비화 과정을 공격하고 있다.) 여기서 이데올로기는 진짜 사실인 양 가장하고 시장을 지어낸다(invent). 여기서 신자유주의적인 이데올로기들의 사례는 사실상 과학적으로 통제된 현실(reality)을 신비화시키지 않는다. 신자유주의 이론가들은 규제철폐가 가설로 제기한 사적인(private) 주체들을 회복시켜 주는 자유에 대해 이야기한다. 그들은 과학적인 과정을 조작하고 있으며, 이는 매우 위험한 짓이다. 사실 그 중에서도 지금의 10년(1980년대)에 있어 기업가(entrepreneurial)의 진취성에 일을 맡기는 것이 미덕이라고 큰소리로 찬양하는 나라들은 동시에 공공 부채와 상업 및 재정적자들을 가장 많이 증가시키는 국가들이다. 그러한 국가들이 금융규제를 설교할 때마다 그들은 더욱 더 신용거래(credit)로 살아가게 되었다. 그러한 국가들에서 국가에 반대해 자유시장을 만드는 것이 유행하면 할수록 그들은 더욱 더 전통적인 금융수단(예를 들어 군비지출)에 의존하게 되었고, 개입의 예외적인 방책들을 가지고 경제성장을 더욱 더 '마비'(drugged)시켜 왔다. 사실 오랫동안(너무나 길게) 질식시켜 왔던 계획화 이론, 그토록(너무 많이) 형편없던 사회주의 및 몇몇 전체주의적 파국들(catastrophies) 이후 하이예크주의(Hayekism)는 좋은 느낌을 갖게 되었다. 왜 그러한가? 확실히 시장이 재발명되었거나 사적 부문(private)이 부활했기 때문이 아니라, 오히려 반대로 집합적인 일관성과 집합적인 주체들이 하이예크주의를 통해 복잡한 선택지(option)라는 수준에서 뿐만 아니라, 대안적인 가능성의 맥락들까지 표현할 수 있기 때문이다. 요약하자면 프롤레타리아 통합의 증대라는 상황이 주어진 것이라면 적대적인 집합적 조직, 시장 경직성, 증가하는 주변부 어려움들의 파괴를 추구하는 것에서 새로운 차이들의 구성을 위한 자본주의적 규제철폐가 지불해야 할 비용이 매우 높다는 것이다. 규제철폐는 투쟁의 수준으로 올라섰고, 그것이 포섭된 사회의 전체적 차원이 되었다는 것을 인식하게 되었다. 여기에 새로운 생산적 순환과 집합적 주체들의 등장과 결부된 새로운 경향이 형성되는 것이다. (규제철폐 덕분에 이러한 투쟁의 주체들은 더 이상 조합주의자들이 아니라 집합적이 되며, 따라서 더 자유롭고 보다 강력하게 된다.)

이제 우리는 조사한 기초적인 주제들을 정리할 수 있는 위치에 있다. 이것들은 "사회적 노동자부터 실질적 포섭의 상황에서 그것의 보편적 표현까지"라는 구절로 표현될 수 있다. 다시 새로워진 자연—어디에서나 집합적 행동을 용이하게 하는(더욱 강렬하게 진보적으로 되어가고 삶과 경험으로 가득한 세계의 건설을 목표로 삼는다)—은 사회적 노동자 앞에 서 있다. 세계와 자연은 유동적인 환경, 풍부하고 농후한 의사소통적인 전체가 되고 있다. 그 속에서 (역설적으로) 주체는 스스로를 서서히 보편적인 방법으로 확립하였다. 반면에 이러한 세력 내지 이러한 경향을 막으려는 수많은 메커니즘들이 작동하고 있다. 그런데도 이와 동일한 과정에 각인된 분열(disruption)을 위한 잠재성(potential)과 대안들의 발명이 존재한다. 예를 들어 삶의 더 높은 질과 상상력을 위한 구성적인 시간을 선택할 가능성이 존재한다. 거기에는 삶의 재생산이 포함된 즐거움과 생태학적 적대—그것은 동시에 존재를 생산하고 재생산하는 역량에 있다—가 존재한다. 여러 모로 많은 점에서 사회적 노동자의 등장은 페미니즘 운동의 등장과 함께 나왔고, 밀접한 관련이 있다는 것은—그리고 우리는 더 상세히 이 점들에 대해 되돌아볼 것이다—우연의 일치가 아니다. 이것은 결국 페미니즘 운동 여기저기에서 생산의 개념은 재생산 개념의 하위범주가 되고 재생산 개념은 그 자체가 자연 개념의 하위

범주가 되는 등 순환적인 방식에 기인한 것이다. 그러나 모든 것이 무차별해지거나 쓸모없어진 가치에 의지하게 되는 것을 의미하지 않는다. 또한—존재론적인 혁신의 가장 중요한 표명으로서—삶(생명)은 그 자체로 모든 연역과 모든 실천적인 발명의 패러다임으로 도입되어 이러한 사건의 중심에 항상 재현되는 것을 의미하지 않는다.

1930년대 개혁주의적 혁명은 거대 노동, 거대 자본, 거대 정부가 포함된 정치적·노동조합적·자본주의적 연합에 의해 유지되었다. 만약 이것이 종말을 고하고 그들이 표방했던 가치들이 지금 고갈되었다면 오늘날 새로운 연합과 새로운 가치들을 인지하게 되는 것이 아마도 가능할지도 모른다. 새로운 연합들과 가치들은 사회적 노동자, 페미니즘 운동, 혁명적 지식인들의 새로운 그룹(특히 환경, 임금, 삶의 질이라는 이슈와 관련된 그룹들은 자유와 부에 관한 억누를 수 없는 요구들을 만들기 시작했다)의 지식/권력[또는 역으로(vice versa)]의 역동성을 구성하게 된다. 반면에 오늘날 새로운 연합들은 그들이 혁명적인 토양에 기반 할 때만 가능할 수 있다. 우리가 지금 도달한 단계에서 개혁주의는 불가능하다. 그리고 모든 노동에 대한 사회적 협력의 새로운 형태는 구성적인 대상들로 향하고, 파국적이고 혁명적이며 존재론적으로 혁신적인 변혁을 나타낸다. 변혁적인 행동은 그 자체로 생태학적 기계를 설치한다. 이것이 나타나는 전체성과 확장이라는 면에서 그것의 무게, 발생범위 그리고 행동의 목표를 제기하는 역량은 즉시 미래를 향한 돌이킬 수 없는 투사(proection)가 된다. 마치 중력에서 해방된 신체처럼 천국의 바람이 움직이는 대로 어디든지 자유롭게 날아간다.

5
사회적 노동자의 세계 경제

지금까지 우리는 새로운 주제가 어떻게 형성되었는지, 그것이 작용하는 맥락이 어떻게 서서히 달라지게 되었는지 공시적이고 분석적인 용어로 살펴보았다. 즉 사회적 노동자는 생태학적 기계 속에서 살아가고 있다. 생태학적 기계는 사회적 노동자의 작용 잠재력(operating poten tial)을 배치하고, 그것을 통해 세계를 구성하고 재구성한다. 이제 우리는 살아 있는 역사라는 측면에서 이러한 공시적(synchronic) 계기들[이론적으로 강력한 변형 잠재력(transformative potential)을 지니고 있다] 이 어떻게 통시적(diachronically)·구성적(constitutively)으로 파악될 수 있는지 분석할 것이다. 언뜻 보기에 이러한 이론적 이행은 가능할 수 있다. 적어도 하나의 근본적인 이유, 즉 새로운 유형의 노동자를 구성하는 과정은 세계 시장의 형성 및 구조화 과정이 가지는 명백한 상동성(homology)으로 전개했을 때 가능하다. 사실 자극이 되는(stimulating) 경제는 더 이상 단일한

'세계 경제'로 나타나지 않는다. 이러한 경제 내에서 생산적인 독립체는 발전하게 되고, 그러면서—중심과 주변부 사이에 비참한 관계가 지속되는 시기 동안—발전과정에 따라 전파된다. 오늘날 모든 스탈린주의자 내지 로스토우주의자(Rostowian)의 발전 모델들은 그들의 잠재력을 고갈시켰다. 더 이상 '단계들'(stages) 내지 '세계 경제'가 존재하지 않는다. 대신 세계 시장만이 존재한다. 그 이유는 확산되고, 지속적이며, 상동적이고, 근접한 과정들의 결과로서 생산적인 작인(agents)이 형성되고 있기 때문이다. 이러한 과정들은 폭포가 아니라 서로 연결된 일련의 저수지와 같다. 이러한 결정은 사회적 노동자 분석에 관한 한, 근본적인 것이다. 사회적 노동자의 세계 경제는 통합된 세계 시장이다.

사회적 노동자의 세계 경제는 1971년부터 1982년까지 10년 동안 현저했다. 2장에서 우리는 이 세기의 특징이 특히 1930년대와 1960년대에 형성되었다는 것을 강조했다. 이 20년 동안 개혁주의의 촉진은 자본주의적 발전을 위험한 파국으로 밀어붙이는 한편, 사회적 노동자의 등장에 필요한 구조적 조건을 조성했다. 그 시점부터 사회적 노동자의 새로운 특질들과 생산의 결정들, 재생산과 공황 사이에 충돌이 첨예해졌다. 이러한 충돌(혹은 조게로적 파괴)은 1968년 사건들의 결과로 인해 가장 중요해졌다. 이 지점에서부터 계속 새로운 실재성(reality)을 구성하는 비판적인 과정이 활기를 띠게 되었고, 그 결과 우리는 1970년대에 최초로 충돌의 전형적인 징후를 목격했다. 1971년[달러화의 금태환 정지, 잇따른 모든 국제가격들의 규제철폐와 통화균형들의 붕괴, 브레튼우즈 체제(Bretton Wood System)라는 국제적 케인즈주의의 종말, 유가(油價)의 비정상적인 상승과 그것에 뒤이은 여파]부터 1982년(멕시코 부채위기, 규제철폐의 영향을 통제하는 자본주의의 무능력을 보여준 이러한 위기의 증거, 세계 시장에서의 사회적 노동자들의 행위들)까지 10년 동안 우리는 이미 21세기에 있었다. 21세기에 있는 우리는 여전히 불명확하고 원형적인 방법들 속에 있었다. [그리고 아마도 그것들(방법들)은 불명확하고 원형적이기 때문에 개입하는 균열을 확인하고 두드러지게 하는 데 있어서 특히 상징적이고 강력하다.] 이 모든 것의 결과로서 우리는 이전에 전혀 경험하지 못했던 위기의 양상에 직면했다는 것을 스스로 알게 되었다. 규제철폐 정책의 구축과 사회적 노동자의 구성은—둘 다 세계적 차원에서—서로 관련되어 있었다. 이것은 새로운 규모로 적대적인 압력의 발전을 일으켰다. 그리고 우리가 알 수 있는 것처럼 새로운 관계는 더 이상 우리들이 20세기에 살고 있는 것으로 생각하는 것을 용납하지 않는다. 우리가 지금까지 알고 있던 통상의 경기순환은 사라졌다. 그리고 경제학 교수만이 아직도 그것을 파악하려는 헛된 시도에 열중하는 것에 지나지 않는다. 오히려 경제적·정치적 지평은 한편에서는 부분적인 경기순환들, 통제할 수 없는 운동들, 그리고 갑작스런 경기후퇴가 동시에 출현하고 있고, 다른 한편에서는 새로운 자율적인 경기순환의 등장과 생산적 협력에서의 새로운 차원이 등장할 정도로 점점 더 그 특징이 중요해지고 있다. 우리가 언급했던 이 기간(10년) 동안 세계 경제 또는 세계 시장은 사회적 노동자의 역사적 구성의 완결을 위한 분열증적인 맥락(schizoid context)이 되었다.

뒤이어 우리는 1970년대를 자주 언급하게 될 것이다. 우리는 이미 수많은 이슈들을 넌지시 알려주었고, 그것들을 다시 시작할 것이다. 그렇긴 해도 우리는 이 시기에 최종적으로 성숙되었고, 위기적인 균형(crisis proportion)에 도달했던 엄청난 과정에 대해 무엇이 본질적인 것인지 이해하도록 노력해 보자. 또한 그 잠재력들이 무엇인지, 즉 자본이 한층 더 대규모 자본을 지배하기 위한 목적으로 이용했던 계획형태들과 원재료들이 무엇인지 이해하도록 노력해 보자. 둘째, 우리는 사회적 노동자의 세계 시장이라기보다 사회적 노동자의 세계 경제가 어떻게 재구조화되었는지 알게 될 것이다. 셋째, 우리는 1970년대에 성숙에 도달했고 1980년대에 폭발했던 위기의 맥락들과 배치들을 확인하게 될 것이다. 지면관계상 우리는 가장 본질적인 측면에 초점을 맞추겠지만 이 모든 것을 매우 간략히 정리할 것이다.

무엇보다도 먼저 선진 자본주의 국가들에서 개혁주의가 크게 성공한 기간 동안에 착취자와 피착취자 간의 충돌이 이미 높은 수준에 도달하지 않았다면 세계 시장의 구성과정이 가능할 수 없었다는 점을 강조해야 한다. 이 모든 것은 어떻게 발생하는가? 그 대답은 정확하게 우리가 실질적 포섭에 대해 이야기할 때 기술했던 방법에서 생겨났다는 것이다. 이 경우에 있어 이론은 단지 역사적 발전에 대한 철자 바꾸기(anagram)에 지나지 않는다. 착취의 사회화는 생산과 재생산의 모든 조건들이 자본에 의해 직접 흡수된 결과였다. 자본은 사회를 소비했고, 그럼으로써 자본은 사회적으로 되었다. 똑같은 일이 세계적 차원에서도 일어났다. 자본은 세계 전체를 소비했고, 그럼으로써 자본은 세계적으로 되었다. 그러나 세계적으로 된 자본이 '사회적 자본'이었다는 점과 이슈가 되고 있는 것이 명확하게 사회적 노동자에 대한 착취의 세계화라는 점을 강조해야 한다. 우리는 착취의 기원적인 측면들을 다루지 않는다. (예를 들어 식민지 본국들이 주변부 국가들을 착취하는 관계 등) 위의 분석이 맞는다면 오랜 양식의 제국주의가 지금 이탈리아에 있는 파시즘처럼 지극히 미미한 존재로 있다고 말하는 것도 맞다. 그러나 '오랜 양식'의 제국주의(제3세계의 조건들과 저항이 영속적인 기념비로서 서 있는)가 극복된다고 해도 이것은 제국주의적 착취관계가 더 이상 존재하지 않는다는 것을 함축하지 않는다. 반면 새로운 착취의 유형은 오랜 유형보다(그러한 일들이 가능하다면) 더 끔찍하고 더 광범위하다. 참여적이고 자유주의적이며 '민주적'인 새로운 제국주의 유형은 강화되고 있다. 그러므로 사회적 자본이 세계적으로 되기 위해서는 예외없이 높은 정치적 대가를 지불해야 한다고 말할 수 있다. 이것이 요점이다. 사회적 자본의 세계화, 곧 사회적 노동자의 착취를 위한 본질적인 조건은 정치적 통제의 형태들이 자본에 의해 행사된 뛰어난(배타적이지 않는) 통제형태가 된다는 사실이다. 자본은 그것의 정치적 지배형태를 가능한 한 확장한다. 단지 그것의 정치적 형태에 있어 지배는 세계적 규모로 존재하는 생산(즉 협력)의 상호 의존적인 지식을 통제의 네트워크(억압의 네트워크가 될지 모르고 어쨌든 항상 착취의 네트워크다)로 변형시키는 것에 이용될 수 있다. 그러므로 국제적 통제의 도식(schema)은 사실상 항상 있고, 배타적으로 정치적이다. 그것은 중앙집권적인 요소들, 지역과 주변부의 정체성과 애착의 표현들로 이루어진다. 이 모든 것들은 착취의 관점부터 사실상 늘 통합적인 변증법에 붙잡혀 있다. 그러므로 이 변증법은 정치적이지 않을 수 없다. 이러한 관련성에서 만들어져 나아간 지점들이 있다. 예를 들어 우리가 말해왔듯이 가치법칙은 분명하게(물론 필요한 것이지만) 착취관계를 확인하기 위한 도식 이상의 것으로 간주될 수 없다. 이론적으로 그것은 불충분하며, 단지 직접적이고 대략적인 분석들을 생산하기 위해(결국 소유주를 위한) 유용하다. 일반적인 가치법칙의 이용에서 경험된 어려움들은 세계적인 규모로 그것의 적용에 의해 강화된다. 가치법칙은 단순한 착취의 확장이 아니라 착취의 강도를 강조하기 위함이다. 그것은 새로운 본원적 축적을 재생시키는 가치의 무수한 부분들을 가리킨다. 그러나 자본의 세계화 과정을 고려해 볼 때 선형적인 접근법(linear approach)

에 적용시키고 체계에 환원될 수 있는 준거점을 찾을 수 있게 가치법칙을 기술하는 것은 불가능하다. 제국주의 이론에 관한 한, 이러한 것들은 가치론으로 성공하지 못한다. 자본은 어디에서나 자본주의 통제에서 벗어나 있다. 오히려 자본은 넘쳐 흐르며, 자본의 존재를 풍부하고 폭넓게 느낄 수 있다. 그것은 공장에서, 대도시에서, 심지어 지금까지 산업화의 손길이 미치지 않은 열대지역까지 순환하고 있다. 거기에 매우 다양한 가치표현들이 존재하는 동시에 경기순환의 지속, 교차(cross-over), 합성(superimposition)으로 인해 그러한 표현들이 서로 차별화될 수 없다. 즉 만약 그러한 통제가 사실상 정치적인 것이라면 자본은 단지 자본주의 생산관계의 세계화 과정, 즉 세계 시장(다른 관점으로는 세계적인 상업사회, 이제까지 알려지지 않았던 역설적인 종류의 세계 경제)의 확립만 통제할 수 있다. 자본주의 엘리트는 정치적 엘리트이고, 자신들이 행사할 수 있는 통제의 외연과 강도에 적합한 기술적 수단들을 만들어냈다. 사회적 생산의 정치적 측면들이 주요한 요점을 이룬다. 대개 주도적인 것으로 규정되는 부문들은 가장 큰 통제력이 산출된 부문이다. 노동관계의 규율과 조직은 오직 정치적 도구로서 행사된다. 마치 한때 상품이 통제수단에 의해 생산된 것으로 상상했던 것처럼 이제는 통제수단에 의해 통제가 생산된다고 이야기할 수 있다. 이것은 식민지 본국 사회들 내지 전체로서의 세계 사회(world-society)에 있어 생산량, 생산된 가치량, 일반적인 상품생산량—그리고 더욱이 질에 있어서—이 더 이상 통제와는 아무런 상관이 없다는 의미다. 다수의 노동자에 대한 강제된 협력이 있었던 대중 노동자 시절과 달리 통제는 더 이상 문자 그대로 생산을 위한 필수조건이 아니다. 오늘날 통제는 부기(book keeping)에 의해 규정된다. 후자(부기)는 권력과 체계가 가치를 넘어서 재생산되는 것을 표현한다.

오늘날의 생산은 협력을 제어하는 사회적 노동자에 의해 지배된다. 따라서 고용주에 의한 통제는 실제로(in reality) 공허하고, 재귀적이며, 잔인하고, 불모적이다. 자동화와 컴퓨터 혁명은 이 자본주의적 통제의 획기적인 위기의 핵심을 구성한다. 자동화와 컴퓨터 혁명은 21세기의 상징이다.

경제적인 것에서 정치적인 것으로의 변혁은 적절한 기구들을 요구한다. 자동화와 전산화는 이러한 목적을 실현하기 위해 고안된 기구들이다. 이 기구들은 자본주의적 권력의 요건들에 따라 채택된 과학적 지식(scientific knowledge)의 집약이다. 이 기구들은 '근대화'(modernization)의 상징이자 전파하는 벨트(belt)다. 사회적·산업적 노동의 통제에 있어 자동화와 컴퓨터들에 허용된 여러 가지 기능 중에서 우리는 다음에 주목할 것이다. 노동의 대체, 이에 따른 노동 이직률의 합리화. 생산주기의 모든 조건과 단계에 포함된 정확한 시간의 점검, 이에 따른 사회화된 노동력의 모든 활동성과 욕구의 예속. 생산에 들어가는 모든 요소에 관계된 직접적이고 명확한 생산비용의 산출, 이에 따른 체계적인 포함과 배제에 관련한 합리적 결정들의 허용. 마지막으로 (위의 조건들이 모인 결과로서) 사회적 통제를 위한 새로운 위계들(hierarchies)과 새로운 합법성을 확립하는 것의 성공 등이다. 잠시 동안 우리는 다른 측면들보다도 오히려 이것들을 강조하고 싶다. (우리는 위의 이슈들의 다른 중요한 측면들을 나중에 되돌아볼 것이다.) 왜냐하면 그렇게 함으로써 우리는 기술로 무장된 정치적 통제가 세계 경제 도처에 퍼지게 한 수단들을 분명히 말할 수 있기 때문이다. 어디서든 존재하는(그리고 그것은 지구 표면에 있는 거의 모든 곳에서 존재한다) 이 기술은 생산적 협력의 새로운 형태 내·외부에서 효율적인 통제의 형태를 확립하는 데 사용된다. 이러한 통제형태들은 확실히 강력하다. 대량의 사회적인 생산적 노동 위에서 이러한 통제 형태들은 통제의 확산을 위한 토대들과 계층들을 구성하는 경향이 있다. 이를 위해 자동화 과정들과 무엇보다도 전산화 과정들은 사회적 행위자들을 통제목표에 따라 상응시키고 분류시키는 것을 가능하게 한다. 우리는 이제 위에서 소개한 통제수단에 의한 통제의 생산이라는 개념의 완전한 의미를 제대로 인식할 수 있다. 정치적 지배는 직접적이고 효율적으로 자동화되거나 전산화된 통제구조들과 연결될 수 있다. 전산화된 통제구조들은 단순한 반영일 뿐만 아니라 명령의 체현(embodiment)이다. 생산주기의 합리화(특히 더욱 더 복잡한 것들), 정보, 지식, 간섭의 네트워크 구축은 모두 시장 합리화의 방법으로 나타난다. 그 시장은 규제철폐의 발전과 함께 활용될 때 이 체계의 합법화와 재생산을 위한 기능적인 도식에 결부되고, 사회적 영향력들의 효과적인 상동화(homologization)를 위해 선호되는 도구가 된다.

위에서 언급한 결정들의 결합은 적절한 국제적 노동분업을 확립하기 위한 세계 시장을 구조화한다. 국제적 노동분업은 추상적인 용어다. 결국 세계 시장을 통합하는 과정들은 너무나 짧은 시간에 이루어졌기 때문에 국제적 노동분업 내지 특정한 지역들의 특수화를 이야기하기보다는 균일하게 퍼진 생산의 형태들과 계층들에 대해 이야기하는 편이 나을 것이다. 내가 하고자 하는 말은 자본주의적 통제가 한낱 생산의 배치와 과정들(즉 시간적 · 공간적 측면들)에 따른 각 국가의 형식적인 단일화를 더 이상 필요로 하지 않는다는 것이다. 이러한 구조들은 이미 그들의 목적을 위해 제공되었다. 오히려 각 국가 내에서 사회적 노동의 통제 사례와 마찬가지로 세계 시장의 자본주의적 식민지화는 필수적이고, 횡단적이며, 외부적이다. 그것은 여러 가지 중요한 결론들을 갖고 있다. 예를 들어 혹자는 '주변부 포드주의'라는 개념이 실제로—비록 특정 시기에 대한 '주변부 포드주의'라는 개념이 주변부에 있어 대규모 국제적 경제들의 고전적인 규준에 따라 중심부 경제들에 통합되는 새로운 노동 시장이라는 사고와 새로운 성장이라는 사고에 성공적으로 포착된다 할지라도—그것 이상의 어떤 것을 의미하는지 물어볼 수 있다. 지금 '주변부 포드주의' 적용을 통해 선진적이고 자율적인 성장의 문턱을 넘어선 나라들은 사회적 노동자의 세계 경제 내에 완전한 참가자가 되고 있다. 이러한 통합은 시장 확대와 완전한 근대화에 대한 협력적 저항(예들들어 전문 노동자들에 의한)이 아주 약해진 나라들에서 가장 크게 공포되었다. 게다가 이러한 통합은 선행한 사회구조적 형태들이 아주 교묘해진 곳에서 가장 완벽하고 강제적으로 이루어졌다. 이리하여 전자본주의적이거나 수공업적인 생산양식(이미 합법성과 참여에서 한물간 규준을 구성하는)은 이제 새로운 생산의 사회적 구조를 손쉽게 형성한다. 그것들은 새로운 생산적인 가능성의 발견과 축적에 대한 견해를 탐구하는 새로운 영역과 상황을 제공한다. 그러나 그것들은 무엇보다도 이데올로기적인 지지와 합법적인 환상들을 제공한다. 이런 연유로 일본의 산업적·정치적 구조는 모범적인 사례가 된다. 일본에서 기술적인 성공, 급격한 산업적 혁신, 주도적 시장의 건설과 정복은 사회적 통제의 전통적인 형태들, 서비스의 제공과 발전에 있어 공동 작업체계(국가, 기업체, 가족들 간에)의 강화와 나란히 놓여 있다. 이러한 조합이 가능했던 이유는 일본이 기술적 발전의 적절한 수준에 기초해 정치적 통제를 행했기 때문이다. 이 사례는 공동체들과 노동과정들 간의 차이들을 흡수하고 제거했으므로 자본주의적 생산양식에 대한 최대의 안전성을 부여했다. 그러므로 일본의 사례에서 실질적 포섭은 일본 자체의 요건들에 부응해서 형식적 포섭에 앞설 수 있게 나타난다. 그러나 기술적 요인들의 중요성에 대한 인식은 복합체 전체가 지배권력들이 규정하는 영향력에 의해 결합되어 있다는 사실을 모호하게 해서는 안 된다. 그것들은 완전히 고대의 유산일 뿐이며, 내부 제국주의의 형태를 이룬다.

내가 이런 경향을 너무 많이 강조해서 그 결과—특히 일본을 예로들 때—그것이 선형함수인 것 같고, 그것이 생산하는 구조는 결과로서보다 일반적인 종류의 모순들에 면역되어 있는 것처럼 보인다. 사실 그것은 비록 극단적이지만 현실(real)이기도 한 일련의 조건들을 구성한다. 그리고 우리는 역사적 현실성(reality)을 보다 정확히 분석함으로써 위와같은 인상(印象)을 바로잡을 수 있다. 이와 같은 목적을 위해 우리는 1971년부터 1981년까지의 시기로 되돌아갈 필요가 있다. 우리가 말했던 이 시기에 생산이 점점 더 '제3세계' 국가들로 이동하고 있었던 동안 생산의 헤게모니적 작인(agent)으로서 대중 노동자의 확고함을 약화시키기 위한 자본주의의 필요는—식민지 본국들에서—폭력적인 규제철폐의 첫 경험을 초래했다. 따라서 소위 '주변부 포드주의'가 널리 퍼지게 된 것이다. (실제로 '주변부 테일러주의'로 이야기되어야 한다. 이것이 서서히 '포드주의'로 되었다. 다시 말해서 수축된 기술을 이용한 대량생산이 서서히 대량의 주변부 시장을 위한 생산으로 되었다.) 그 순간부터 세계의 산업적 지도는 재편되었다. 주변부 포드주의 국가들은 사회적 노동자의 세계 경제의 정회원들이 되었다. 이 상황에서 가장 중요한 차이들은 구체화되었던 세계 경제적 체계 속에서의 차이보다는 그것과 새로운 이 체계의 경계들에 포함되지 않는 국가들에서의 차이 사이에 있다. 다시 말해서 식민지 본국들 속에서 두 가지 수준의 존재—통합의 존재와 배제의 존재—가 공존하는 것처럼 세계 경제 내에서도 내부의 통합과 배제의 영역이라는 수준이 있다. 자본주의 국가들(최근 이러한 범주에 합류한 국가들을 포함해서)과 조직화된 구조로서의 세계 시장에 대치해서 배제된 세계—기아와 절망의 세계—가 있다. 요약하자면 '제3세계'는 더 이상 그와 같이 존재하지 않으며, 제3세계의 대부분은 '제1세계'로 가입한 후에 주변부로 살고 있는 제1세계의 그것보다 더 낮고 더 불쌍한 조건들 위에 건설된 '또 다른 세계'의 발견으로 이어진다.

지난 20년간 통화의 발전(monetary development)이라는 관점에서 보면 우리가 기술해 온 통합과정을 추적하는 것이 특히 흥미로울 것이다. 정확하게는 우리가 완벽한 분석을 제시할 수 없다고 하는 것이 아니라, 이것이 우리의 과업은 아니라고 하는 것이다. 그러나 피상적인 분석에 기초할지라도 우리는 위의 기간 동안 이루어진 세계 시장의 통합을 향한 거대한 진보를 살펴볼 수 있다. 이것은 주변부 발전에 차관을 대준 거대 기업들이 단일한 생산계획 내에서 각 국가, 각 대륙, 각 지역을 망라하는 속임수 때문이다. 세계 시장의 통합을 향한 거대한 진보는 이러한 방식으로 엄밀히 동질적인 구조들—점점 더 확장하기 위한—의 심오하고 지속적인 상호 침투를 유발시키고 있다. 이러한 통합은 주로 통화 기구들(monetary instruments)의 발전을 통해 일어났다. 일단 통합이 달성되면(즉 일단 그 구조가 확립되고, 그것의 사회적 중요성이 인식된다) 통화기구들은 덜 유용해지고, 그들의 효율성은 의문시되고 도전받게 된다. IMF는 성공하지 못했다. 국제적 채무와 이율(rate of interest)의 시행을 관리하는 전통적인 방법은 세계 시장으로 통합(또는 배제)되는 규범을 확립하기 위해 고안된 것으로 더 이상 그들의 목적에 적합하지 않았다. 오래된 통제체계를 부활시키려는 모든 시도들—전통적인 유형의 제국주의 체계든 잘 알려진 국제 노동분업의 모델들이든 간에—은 실패했다.

주변부 경제들은 하나의 근본적인 이유로 인해 이것들의 방안을 받아들이는 것을 거부했다. 즉 주변부 경제들은 더 이상 주변부가 아니기 때문이다. 주변부 경제들은 발전된 세계(그리고 순수한 발전을 겪고 있던 그들의 경제들)와 동일한 차원을 지닌 경제적 구조로 이미 통합되었다. 이러한 상황을 인식하면서 주변부 국가들은 그들의 경제적 발전의 연료로 받아왔던 차관 상환을 거부하기 시작했다. 이러한 거부에 직면한 중심부의 정부들은—그리고 이것은 신기한 특징이다—강압적인 방안을 취할 수 없었다. 1982년 이후 멕시코의 채무 불이행에 직면한 미국 정부는 미국 내 중서부 농부들이 자신들의 융자 상환을 거부했던 것과 동일한 상황이라는 것을 알았다. 두 가지 거부 사례가 그 구조의 다른 부분들에 파급되었고, 이것은 통합을 파괴할 우려가 있었다. 따라서 사회적 노동자의 세계 경제는 그것의 본래 색깔을 드러내기 시작했다. 최초로 통합을 일으키기 위해 사용되던 기구들은 그러한 통합의 높은 진보 정도에 의해 위기에 빠졌다. 이리하여 통합의 정도는 지배의 한계를 표시하는데 도움이 되었다. 여기서 우리는 역시 사회적 노동자의 유전적 유산 부분을 형성시키는 새로운 법칙과 현 단계에서 자본주의 생산양식의 발전을 넘어서 그것의 헤게모니에 직면하게 된다. (그러나 기본적인 새로운 모순들의 등장과 별도로, 당연히 이에 덧붙여 우리는 '다른 세계' 또는 배제와 기아의 세계가 존재한다는 것을 잊을 수가 없다. 대중 노동자와 달리 사회적 노동자는 배제된 것을 잊지 않을 것이다.)

한층 더 통시적인 관점에서 위의 분석을 바탕으로 우리는 위기의 순간(moment)을 확인할 수 있었다. 이러한 순간은 문자 그대로의 의미에서 위기다. 그것은 정치·경제·사회적 위기였다. 그리고 그것은 종종 그 자체가 군사적 위기(즉 상호 의존적 세계를 전제하는 새로운 형태들의 위기)로 나타났다. 그것은 늘 그렇듯 체계의 가장 허약한 지점들(다시 말해 최근에 통합된 국가들)에 영향을 미치는 위기다. 또한 통화 체계와 생산성 비율에 관련 있는 구조의 가장 민감한 신경부위들을 뚫고 들어가는 위기다. 그러나 다른 무엇보다도 그것은 이론적 위기다. 즉 사회적 노동자의 세계 경제는 그 자체가 급진적이고 전체적인 적대적 현상이 된다는 것을 보여준다. 적대적 측면들이 포함된 사회적 노동자 개념은 이미 우리에게 알려진 것(something)이었다. 첫째로 우리가 사회적 노동자의 필요성을 자본주의적 생산에 대해 대안적인 가치들을 대치시키는 것으로 묘사했을 때, 둘째로 우리가 사회적 노동자의 생태학적 환경과 성숙 자본주의의 사회산업적 환경을 대비시킬 때 그것이 나타났다는 것이다. 그러나 이 시점에서 적대감은 세계 경제적 수준에서—즉 통합된 세계 시장의 수준에서—그 자체로 느껴지게 되었고, 따라서 대단히 급진적이게 되었다. 그러나 이 급진주의는 개념과 관련된 것이 아니라 현실성(reality)과 관련된 것이다. 그러므로 사회적 노동자에 있어 세계 경제의 성격에 내재하는 모순들을 강조하는 것이 필요하다. 마찬가지로 이와 같이 발전에 있어 표면적으로 나타난 모순들을 넘어서는 것이 필요하다. 전자의 모순들은 발전의 부산물이라는 이원론보다 더 깊숙하게 내재해 있다. 그것들은 기아와 자연파괴, 그리고 이러한 재난들과 밀접한 관련이 있는 전체주의의 여러 가지 형태들을 넘어서 배제의 확고한 메커니즘에 의해 유발된 분노를 넘어선다. 우리는 규제철폐가 시장을 통합하기 위해 착수된 그것의 효과들과 충돌했다고 지적했을 때—일단 후자(그러한 충돌)는 실제로(actually) 더 고차원적인 통합을 가져왔다—그것들의 모순들을 어느 정도 암시했다. 그리고 가장 중요한 이 목적들의 타율적인 측면이 의심할 여지없이 채무위기, 국제 통화정책들의 위기[또는 다른 말로 투자 수준이 낮은 시기에 이율의 급속한 증가라는 역설]에 의해 구성되었다면 우리가 분석해 온 특수한 모순의 다른 측면들(개발의 산물이고 개발의 한계들을 입증한다) 역시 근본적인 것이다.

그러한 측면들은 셋 아니면 둘로 두드러진다. (지금 우리는 간단히 국제 채무관리에 영향을 미치는 위기에 대해 언급했다.) 우리가 주목했던 어떤 점에서는 끔찍한 국제적 채무위기라는 진절머리가 나는 사건은 1982년에 시작되었고, 특히 라틴아메리카 국가들을 포함했다. 그러나 동시에 두 가지 다른 주요 위기들이 중대한 단계로 들어섰거나 시작되었다. 즉 중동과 남아프리카의 위기들이다. 두 경우에 있어 위태로웠던 것은 세계 시장에서의 경제발전과 착취가 중대한 지역, 즉 석유를 생산하는 지역과 남아프리카에 있는 유명한 귀금속 산출지역에 있는 사회적 노동자의 통합을 통제하고 방해하는 역량 때문이었다. 이 수단들은 통화적인 수단들과 다르게 이용된다. 이스라엘의 무장한 협박행위와 점령지 확대, 이란·이라크 간 더러운 골육상잔의 전쟁은 중동에서 사용된 수단들이었다. 남아프리카에서는 피부색에 따른 프롤레타리아의 분할, 악랄한 착취, 적대적인 노동력의 이용과 함께 나치(Nazi)의 영토확장에 사용된 방법들의 모방, 마지막으로 사방팔방에서(tour-azimut) 골육상잔의 전쟁들을 부추기는 시도들이 있었다. 각각의 경우 그 목표는 통일되고 반란적인 주체의 재등장을 방해하는 것이고, 강고한 해방운동을 향한 진전을 봉쇄하는 것이었다. 위에서 언급한 사건들, 즉 모순의 역학이 그 자체로 타의 추종을 불허하는 폭력과 흉포함으로 표명되는 근본적이고 이론적인 이유를 주의 깊게 생각해 보는 것도 흥미롭다. 사회적 노동자의 세계 경제통합에 있어 내재하는 모순의 이러한 강력한 결과들은 그 구조의 패러다임이 될 것이다. 따라서 우리의 논쟁은 두 부분으로 되어 있다. 한편으로 착취된 자들의 피로 얼룩졌기 때문이고, 이러한 논의선 상에서 과학도 그 자체로 투쟁의 관점에서 표현될 수밖에 없다. 다른 한 편으로 이러한 연구선상의 과학적 중요성은 충분히 입증되고 있다. 그 것들의 통상적인 위기와 사건의 속도(pace)는 사회적 노동자의 단합이 통제방안의 실행을 강요하게 만든다는 것을 보여준다. 그러나 그런 방 안은 즉각적인 반격들(counter-attacks)—똑같이 통상적이고 강력한 공 격들—을 유발한다. 사회적 노동자와 존재를 드러낸 착취형태들을 통 해 이 모순은 통합되고, 그것의 환원 불가능성은 표명된다. 그래서 우리 는 이론적·역사적으로 다시 원점으로 돌아온다. 사회적 자본과 포섭의 한계들은 사회적 노동자에 의해 제기된 대안과 저항으로 구성되어 있다. 만약 우리가 이 모든 것을 조직의 관점에서 검토하지 않는다면 이것은 단순히 그러한 운영을 위한 기회가 아직 무르익지 않았기 때문이다. 그 러나 우리는 이 관점에 대해 나중에 더 언급할 것이다.

따라서 우리는 공시적인 표현들과 통시적인 결정들 간의 관련성에 대한 분석을 완료했다. 분석은 사회적 노동자라는 개념에 내재한 적대 적인 압력들이 역사적으로 발달할 때, 즉 그들이 자신들의 유물론적 체 현을 찾았을 때 자연스러운 결론에 도달한다. 따라서 분석과 이론은 후 천적인 것(posteriori)과 현실성(reality)—즉 현실성이 구성되는 구체적이 고 결정적인 역사적 적대—이 유전적 관련성을 가진다는 것을 보여준 다. 우리의 분석방식을 전제한다면 거기에 따라 나타난 발견이라는 면 에서 독창적인 이러한 결과는(다시 말해 대중 노동자 시대에 반대하여 그 이후에 등장한 사회적 노동자) 어떤 점에서 앞서 결정했던 것을 반대하게 될 것이다. 그 결과 (예측하지 못하고 혁신적인 것이어서 충격적이고 중요한 것이라는) 함축된 의미의 조합과 일치하지 않는 것처럼 보인다는 점 또한 반대하게 될 것이다. 우리는 그것을 사회적 노동자 시대의 파국적인 시작을 나타내는 것이라고 주장했다. 요약하자면 우리는 모든 미스터리를 알아내려고 잘 알려진 테마를 단순히 되풀이하는 것을 반대하게 될 것이다. 사회적 노동자의 등장과 함께 우리는 역사적 종합(synthesis)을 구성하는 모든 변증법적 법칙들과 경향이(그리고 따라서 지배의 합법성) 작동되기를 중단하고 있다고 가정하고 있다. 그러나 나는 이 주제들이 진지하게 고려될 가치가 있고, 실제로 사실임을 보여줄 수 있다고 믿는다. 변증법적 지평(horizon)이 더 이상 의미 없는 주제임을 지지하기 위해 제시된 다른 논점들에 비해, 거대한 인간 보철물(prosthesis)은 적대가 극단적이 되는 수준에서 세계 시장의 구조적 구성에 의해 전제된다는 것을 기억해야 할 것이다. (황금의 시대에) 그러한 극단적인 상황에서 발전(즉 구조조정을 일으키는 투쟁)의 법칙은 절멸할 정도로 약화되었다. 발전이 모두를 아우르는 것이라고 할 때 무엇이 그것을 계속해서 자극하는지 이해하기가 불가능하다. 가치에 대한 모든 표현은 그것의 유용성을 잃어버렸고, 더 이상 자기 인식과 자기가치화라는 면에서 어느 것도 의미하지 않는다. 그리고 사회가 제로섬(zero-sum) 발전과정으로 나타나며 변증법은 실제로(really) 더 이상 머물 곳이 없다. 차이가 통제의 결정요인이라는 면에서 규정될 때 존재론적 함의(ontological connotation)들을 가진 재구성의 어떤 가능성도 사라진다. 여기서 나는 전통적인 의미에서 존재론적 함의들을 언급하고 있다. 왜냐하면 새로운 존재론은 세계적 규모의 사회적 노동활동의 역사적 보철물에 의해 구성되기 때문이다. 이것은 사회적 생산활동을 통해 세계의(그리고 자연의) 재배가(再倍加, redoubling)를 이룬다. 이런 수준의 발전(개발)을 상상하는 것은 터무니없는 짓이 된다. 그러나 자본주의적 외피 속에서 이 보철물이 사회적 노동자에 대항해 자행한 착취와 폭력의 배가된 무게라는 견해에서 행위에 유일하게 남아 있는 가능성은 그 지배를 이론적으로 전복시키고, 그것을 문제설정(problematic)적이고 지속 불가능하게 만드는 것임을 인식하는 것이다. 만약 이론적 비평과 개념적 가능성이 실천력과 파괴적 역량에 연결될 수 있다면 이것은 또 다른 문제다. 그러나 사회적 노동자의 생산양식이 어떻게 세계적인 규모가 되었는지에 대한 분석의 확산, 그리고 그것의 특수한 형태들을 보다 분석적으로 보다 상세히 고찰하는 것은 이론과 실천 사이(이론적인 면에서든 정치적인 면에서든)의 관계의 문제와 직면하게 될 것이다. 우리는 이것을 다음 장에서 시작해 보자.

6
성숙 자본주의에서의 수탈

공장에서 임금은 대중 노동자의 공동체를 위한 토대가 되었다. 임금은 본원적 공동체의 본원적 토대였다. 생산과 재생산, 노동과 소비는 모두 임금을 둘러싸고 조직되었고, 임금에 기반을 두었다. 계급의식은 임금과 그것의 상대적 가치를 넘어선 투쟁의 결과로서 형성되었다. 이 모든 것이 공장 노동자에 있어 사실이지만 사회적 노동자에 관한 한 얼마나 유효(stand) 할까? 우리는 사회적 노동자가 본질적으로 엄청나게 애매모호하고, 어떻게 그러한 모호성(ambiguity) 을 구성하는지 볼 수 있다. 사회적 노동자는 세계의 자본주의적 보철물에 사로잡혀 있고, 자본주의가 그것의 발전과정과 종말을 초래하는 현실성(reality) 의 배가(doubling) 속에 갇혀 있다. 사회적 노동자의 노동에 있어 사회적 차원은 현실성의 자본주의적 보철물 속에서 확립하게 된다. 사회적 노동자의 노동은 대중 노동자의 노동보다 더 생산적이다. 사회적 노동자는 매우 높은 수준의 생산적 잠재력을 갖고 태어난다. 왜냐하면 사회적 노동자에게는 사회 전체의 생산적인 잠재력에 활기를 띠게 하는 역량이 있고, 사회 내부에 있는 모든 죽은 노동을 실현시키는(actualizing) 역량이 있기 때문이다. 모든 수준과 맥락에서 공동체는 점점 더 노동 생산성의 토대가 된다. 대중 노동자 시대의 임금경제에서 소득에 나타난 지배관계와 비교해서 사회적 노동자의 소득은 완전히 새로운 상황의 표현이다. 그것은 생산적인 가능성들이 엄청나게 폭넓게 기능하고 있는 관계의 표현이다. 즉 공동체적 영역에서의 개화(開花)이자 생산적 잠재력들의 풍부한 표현이다. 오늘날 자본주의적 착취는 더 이상 임금만 가지고 발생하지는 않는다. 우리가 기술했던 조건들을 전제한다면 착취는 더 이상 단순한 생산자의 착취에 있는 것이 아니라, 가장 직접적인 의미에서 생산자의 공동체에 대한 착취에 있다. 임금은 개별적인 착취의 표현인 반면에 선진 자본주의에서 착취는 직접적으로 공동체와 집합성에 영향을 미친다. 선진 자본주의는 직접적으로 노동의 협력을 수탈한다. 자본은 기술적이고 정치적인 기구들(가치의 일상적인 약탈을 위한 무기)이라는 수단에 의해 사회 전체로 파고들어 간다. 왜냐하면 자본은 보다 높은 수준의 생산성을 만들어내기 위해 사회 내에 성립된 노동협력의 각각의 형태들을 따르고, 계속 알리기 위해서 뿐만 아니라 예측하고 조직하며 포괄하기 위해서다. 자본은 어디에서나 그 자체로 암시된다. 그리고 어디에서나 자본은 가치를 조정·징발·회복하기 위한 힘을 얻기 위해 시도하고 있다. 그러나 매우 높은 수준의 사회적 노동자의 생산성은 과학, 커뮤니케이션, 지식의 커뮤니케이션이라는 원재료—우리가 알고 있는 지적이고 독창적인 노동력에 적합한 유일한 원재료—에 기초하고 있다. 그러므로 자본은 커뮤니케이션을 전유해야 한다. 자본은 공동체를 착취해야 하고,

사회적 노동자의 모든 과업에서 지식을 단순한 수단으로 축소시키기 위해 지식을 관리하는 자율적인 역량 위에 자본 자신을 겹쳐놓아야 한다. 이것이 선진 자본주의에서 취하는 착취의 형태다. 우리는 이 장에서 사회적 노동자의 세계 경제를—이번에는 공시적 관점에서부터—좀 더 검토할 것이다.

커뮤니케이션의 착취는 사회적 노동자의 노동 생산성의 집합적 성격에 대한 신비화로 나타난다. 이 가정은 몇 가지 의문을 갖게 한다. 예를 들어 '임금'이 사회적 노동자를 위해 연출했던 역할은 사회적 노동자에게 있어 동등한 것일까? 즉 우리는 생산된 가치의 상징으로 내세울 수 있고 사회적 노동자의 탈취범위를 나타낼 수 있는 몇 가지 요소들을 확인할 수 있을까? 커뮤니케이션은 현대적이고 추상적인 형태에 있는 진정한 공동체(community)의 본질을 구성한다. 그것은 사회적 노동자를 구성하고 있는 원재료다. 그러므로 커뮤니케이션은 자주 수탈되었고, 항상 통제되었으며, 가끔 방해되었다. 그러면 가치분배는 그것의 화폐적 형태뿐만 아니라 정치적 형태에 있어서 어떻게 선진 자본주의 사회에서 조직되었을까? 요약하자면 사회적 노동자에게 임금은 무엇인가?

우리는 이 모든 의문에 대한 대답을 다음과 같이 제시할 것이다. 일단 우리는 공동체의 커뮤니케이션 착취가 어떻게 생겨났는지 살펴보자. 우선 우리는 수탈과정에 대한 내용의 절합보다는 오히려 이러한 수탈이 일어난 양식(mode)에 관심이 있다. 이제 선진 자본주의의 생산적 공동체 내에서 우리는 하버마스(Habermas)를 따라 우리가 '의사소통 행위'(communicative action)라고 부를 수 있는 일차적 현상에 직면했다는 사실을 찾고자 한다. 그것은 현실성(reality)의 지평이 구성하게 되는 의사소통 행위들의 상호작용에 기초하고 있다. 그러한 상호작용은 가지각색의 경향들과 방향들에 의해 특징지어진 메커니즘의 조합과 결정요인들(determinations)의 망(web)을 나타낸다. 그것은 의미의 진정한 구조들을 포함한다. 이것들은 축적된 협력의 열매들을 받아들이며, 그렇게 함으로써 생산적 사회를 가능하게 만들어야 한다. 그들은 해야 할 것이다. 그리고 사실상 그들은 한다. 의사소통 행위는 여러 가지 지적이고 윤리적인 지평들 사이에서 자유와 선택 모두를 제공한다. 무엇보다도 의사소통 행위는 죽은 사회적 노동을 활성화시키는 놀라운 가능성을 생기게 한다. 커뮤니케이션은 이들 관계들의 직접적인 흐름이다. 이것은 자본이 어째서 이들 관계들을 통제하고자 노력하는지를 보여준다. 자본은 이러한 관련성에 다양한 전략들을 채택한다. 한편으로 자본은 그것의 자발적이고 구성적인 실체(substance)에서 커뮤니케이션을 빼앗고, 결과적으로 그것을 정보— 현실성(reality)의 비생명적이고 도식적인 해석(항상 불분명하다)— 로 축소한다. 다른 한편으로 선진 자본주의는 의사소통 행위의 자발적인 것보다 노동의 전산화된 양식에 더 적합한 다양한 주체들을 생산하기 위해 프롤레타리아의 의사소통 행위(더 이상 방어적인 방식이 아니라 전략적인 관점에서)에 대항하려고 노력한다. 수탈은 처음에 부정(negation)의 형태로, 다음에는 신비화(mystification)의 형태로 생겨난다. 마지막으로 착취는 그 자체로 진정한 생산적 과정이 된다.

이러한 수탈형태들은 냉혹하고, 저항적이며, 폭력적이다. 이것들은 세계의 자본주의적 보철물에서 부정적인 보철물로의 변형을 의미한다. 이것들은 혼란스러워진 사회적 노동자의 협력적 잠재성을 흑백으로 고정시시키고 투영시킨 평평한 유리 스크린과 같다. 마치 영화 「메트로폴리스」(*Metropolis*)의 재생(replay)인 것처럼 삶(생명)은 박탈된다. 이러한 형태들은 형이상학적 지평으로 우리 앞에 있다. 여기서 형이상학적 지평은 창조의 즉흥성(spontaneity), 혁신, 가치·커뮤니케이션·의사소통의 기적, 생산적 활동성이 출현할 수 없다는 냉혹한 무관심 속에 있는 두려움이다. 이리하여 자본주의적 지배는 그것의 극단적인 전진이 가져온 충격을 수반한다. 생산은 단지 상품생산뿐만 아니라 생산적 주체들의 존재에 필요한 모든 조건들로 구성된다. 마치 대중 노동자를 위해 자본이 적절한 임금조건들을 만들어내듯이 오늘날 사회적 노동자를 위해 자본은 커뮤니케이션이 발생할 수 있는 사회적 조건들을 확립하고자 노력한다. 임금관계가 대중 노동자에게 작용하는 것이라면 커뮤니케이션은 사회적 노동자에 작용하는 것이다. 공동체의 성립은 사회적 노동자의 전제조건이자 목적이 된다. 따라서 선진 자본주의에 있는 지배의 형태들과 전형적인 커뮤니케이션의 수탈유형들은 매우 높은 통제·지배·독재의 정도를 나타낸다. 그러나 커뮤니케이션은 삶(생명)이다. 그러므로 선진 자본주의에서 갈등, 투쟁, 다양성은 삶의 결정요인을 미리 구성하기 위해(proconstitute) 노력하는 커뮤니케이션 수단에 초점을 맞추고 있다. 자본 역시도 커뮤니케이션에 초점을 두고 있다.

이제 우리는 두 가지 점을 확실히 하기 위해 당분간 본론에서 벗어난 이야기를 할 것이다. 먼저 내가 제안한 임금과 커뮤니케이션의 연속적인 상동성(homology)에 관한 것이다. 지금 논쟁이 무의미해지는 것을 막기 위해 우선 다음과 같이 기억할 필요가 있다. 맑스주의적 측면에서 내가 의미하는 임금 개념은 화폐라는 혼란스러운 형태에서 노동력이 회복되는 노동에 의해 생산된 가치의 부분일 뿐만 아니라, 임금(일반적으로 수입)으로 상징되는 생산적이고 재생산적인 자극들과 욕망들의 복합체다. 나는 사회적 노동자의 노동가치—그/그녀의 힘—가 그/그녀가 대표하는 노동협력의 실체(substance) 덕분이라고 믿는다. 그/그녀는 협력, 커뮤니케이션 그리고 창조된 가치를 대표한다. 그러므로 요즘에는 선진 자본주의에 있어 사회적 노동자의 관점에서 보면 커뮤니케이션은 가치의 실체이고 임금은 이러한 실체의 일부라고 말하고 싶어 할지도 모른다. 그러나 그러한 주장은 정확하지 않을 것이다. 왜냐하면 내용의 변화는 형태의 변화도 수반하기 때문이다. 그리고 우리가 여러 차례 강조했듯이 내용의 변화는 극히 심오하고, 모든 가치표현에 영향을 미치고 있기 때문이다. 요약하면 비록 우리가 임금에 대한 세련된 개념을 가지고 있다 할지라도 임금과 임금을 대표하는 가치를 혼동해서는 안 된다(또는 우리가 알 수 있는 것처럼 거기에는 지속적인 투쟁이 있다). 다른 한편으로 커뮤니케이션과도 혼동하지 말아야 한다. 다시 말해 우리가 현재 경험하고 있는 역사적 변화들(그리고 정치적 불안)에 대한 이해는 임금과 커뮤니케이션의 상동성에 의해 촉진될 수 있는 이러한 사실을 혼동해서는 안 된다는 것이다.

두 번째는 커뮤니케이션과 정부 간의 구별과 관련된다. 우리가 보아왔듯이 전자는 현재의 의사소통 행위를 나타내고, 후자는 커뮤니케이션을 그것의 주역들(사회적 노동자들)로부터 탈취했을 때 현실성(reality) 재생산의 비활성(inert) 메커니즘 안에 커뮤니케이션을 강제로 구금한다는 것을 나타낸다. 그러나 이러한 구별은 부정확하고, 우리가 새로운 역사적 주체의 창조에 있어 근본적인 존재로 나타나게 된 요소들을 분석하는 데 적용할 수 없다. 특히 이 새로운 주체(그리고 의사소통 행위)가 현실성(reality)의 인위적인 구성, 자본주의 발전의 보철물 내지 추상화의 증대에 내재해 있다는 사실을 고려할 때, 이 구별은 데우스 엑스 마키나 (deux ex machina)에 의해 생산된 범주로 나타날지 모른다. 그러므로 만약 우리가 추상적이고 명확한 구별을 원한다면 가끔 그것을 사용할 때 커뮤니케이션과 정보 사이의 구별에 이용하는 것을 매우 조심해야 한다. 그러나 구체적인 분석을 위해서는 상당히 부적당하다는 것도 명심해야 한다. 그만큼 의사소통 행위와 전산화된 축적의 불가분하게 얽혀진 관계를 감안하여 이러한 구별은 커뮤니케이션의 독립성과 창조성이 강조된 유토피아적 요소보다 더한 의혹(suspicion)을 일으킬지 모르는 경우다. 그렇다면 가령 커뮤니케이션은 (가치로서) 순수하고 단순한 유토피아인가? 아니다. 그와는 반대로 커뮤니케이션은 사회적 노동자에 있어 생산의 기초적 본질이 된다. 그러나 정확히 이와 같은 이유로 커뮤니케이션은 모든 실재(real) 결정에 영향을 미치고 활기를 띤 것으로 보이고, 그 자체가 인간의 인공적인 지평 위에서 폭넓게 분포하는 것으로 보인다. 다른 한편, 그렇다면 정보는 순수하고 공허한 반복, 잔여적인 사실, 비활성(inert) 실체, 단순한 파편에 불과한가? 커뮤니케이션이 유토피아가 아닌 것과 같은 이유로 그 대답은 분명히 '아니오'이다. 그것은 수탈이 발생하는 이러한 복잡한 구조 속에 있다.

이 점에서 의사소통 표현과 그것의 수탈에 있는 여러 가지 측면들이 어떻게 형식적으로 서로 관련을 맺고 있는지 살펴본다면 우리는 그것의 맥락이라는 관점에서부터 이 과정의 구조를 고찰할 수 있다. 마지막으로 우리는 예비적(preliminary) 관측을 해야 한다. 즉 커뮤니케이션 사회와 사회적 노동자의 지배가 저항적이고 헤게모니적일수록 생산의 사회적 토대(오히려 수탈이 행사된 사회적 토대) 역시 더욱 더 통합되고 강력하게 된다는 관측이다. 그 결과 자본은 매우 잔혹한 변증법적 작동을 하게 된다. (변증법은 항상 배타적인 자본의 변증법이다.) 이 변증법은 끊임없이, 인정사정 없이 종속의 시도로 나타난다. 그러나 그것은 완전히 불충분하고 성공하지 못하는 것으로 나타난다. 이러한 성공 불가능성은 자본주의적 종속의 시도를 항상 극단적으로 만든다. 우리는 통제의 생산에 대한 몇 가지 징후들을 다음에서 고찰할 것이다.

첫째로 가장 분명한 것은 경제적 또는 통화적 통제(그리고 억압)다. 여기서 다시 우리는 엄청난 역설에 직면하게 된다. 왜냐하면 사회적 노동자의 세계 경제에서 화폐는 착취의 신비화에 기여하는 현상의 직접적인 특징 몇 가지를 잃어버리기 때문이다. 사실상 생산이 사회적이라면, 그것의 가치가 생산과정의 사회적 총체성(totality)과 관련해 측정되어야 한다면(그러므로 이 복합체 전부는 추상적인 개념으로 나타난다) 화폐는 가치의 높은 성질에 의해 연출된 추상적 평균의 우수한 표상을 제공하는 것처럼 보일 것이다. 이런 면에서 혹자는 통화주의(monetarism)의 중심적 직관(intuition)이 옳다고 당연하게 말할지도 모른다. [즉 화폐는 사회의 반영(reflection)이자 교환의 전체성에 대한 반영이다.] 화폐는 수치적인 (numerical) 표현이다. 오히려 화폐는 다시 한 번 개별적인 것이 아니라 집합적인 것으로, 구체적인 것이 아니라 추상적인 것으로, 확실한 것이 아니라 비결정적인 것으로 된다. 그것의 추상적 무차별을 통해 화폐는 사회적 생산과정들에 의해 표현된 추상 노동량에 상응한다. 여기에 역설이 있다. 그것은 너무나 잘 알려진 이유 때문에 역설적이다. 이미 신고전주의 학파의 창립자인 왈라스(Walras)는 화폐의 사회적 차원에 대한 인식(노동의 사회적 차원과 관련해)을 사회주의의 개척지(frontiers)로 인도했다. 이제 완전히 성숙된 사회적 경제의 조건들 하에서 그 역설은 더욱더 풀리기 시작했다. 현재 상황에서 고용되었거나 그렇지 않은 시민들에게 똑같이 분배되는 평균임금의 사회체계보다 실제로 더 논리적인 것은 없을 것이다. 그러한 체계는 도덕적으로 올바를 뿐만 아니라 경제적 그리고 부기(book-keeping)적 관점에서도 정확한 것이다. 사회적 노동자의 세계 경제에서 노동은 공동체적이고(communitary) 통합적인 토대로 일어난다. 그러므로 화폐는 추상적이고 집합적인 노동의 직접적인 단위를 나타내는 데 사용될 수 있다. 게다가 이러한 공식은 그들이 가치창출을 위한 협력과정들에 어떻게 참여하든지 간에 노동력을 표현하려는 개인들을 위한 일종의 기회균등을 포함한다. 이제 통화적 통제의 높은 발전 그 자체가 초래하는 이러한 일련의 역설에 직면해 자본은 몹시 분노한 자의 폭력처럼 반응한다. 사회적 노동의 추상적 특징들과 관련해 화폐의 이 새로운 기능에 대한 인식은 순수한 반응을 불러일으킨다. 그렇다면 이것은 부정적 측면이다. 즉 노동협력의 사회적 특징은 수탈적일 뿐만 아니라 척도로서의 질적 적용 가능성에 따른 평균적인 질에 대한 부정이다. 이것은 복지국가가 제공하는 것과 비슷한 퇴보(degradation)의 형태를 나타낸다. 사회적 임금에 대한 생각이 복지국가의 선진적인 형태들에 적용되는 동안 이것은 노동협력의 집합적 구조의 인식 밖에 있는 것이 아니라, 오히려 빈곤층을 위한 제한된 지원을 제공하기 위해서다. 그리고 이런 관점에서 노동일(working day) 편성(organization)에 대한 재검토 내지 노동시간의 주된(major) 단축은 제외된다. [내가 좋아하는 말로 하면 몰아냈다(exorcised).] 그렇지 않으면 노동의 측정은 부정적인 방식으로 전환된다. 그것은 다양성과 분리의 신비적인 수단으로 사용된다. 그것은 선진 자본주의에서 성립된 인간 활동, 커뮤니케이션, 협력의 추상적 통합에 넘어서고 대항하는(above and against) 수탈의 신비화이다. 실제로 자본주의가 사회적 노동력에 대한 통화적 통제를 시도함으로써 나타난 역설은 매우 깊은 상처가 된다. 거기서 실현된 자본은 노동력에 대한 화폐적 지배를 유지하기 위해 그 자신의 부기(book-keeping)(통화적 통제)가 확실히 전제된 사회적 성격을 신비화하거나 부정해야 하는 역설에서 빠져나올 길이 없다. 그 역설의 전반을 인식하고 있으면 자본은 그 자신의 생산적 역량이 고갈된 지표로서 후자(역설)를 정확히 볼 수 있다. 그리고 자본은 자신의 죽음에 대한 불가피성(inevitability)을 받아들이길 거부하는 자의 폭력이 가지는 자본 자신의 유한성(finiteness)이라는 징후에 반발하고 있다. 추상적이고 집합적인 생산량들의 복합체에 대한 수치적 표현, (적어도 의도적으로) 동일하게 구성되고 균일하게 분포된 권력의 보상이 이루어지는 순간부터 화폐는 억압적인 수단으로 사용된다. 이러한 단락(短絡, short circuit)의 결과는 극단적인 잔혹함이다. 삶의 감각(sensation)에 대항한 죽음의 감각이 극단적인 잔혹함을 둘러싼다.

다시 여러 가지 화폐의 기능들[화폐를 상징하는 여러 가지 것들과 화폐를 재현하는 서로 다른 현실들(realities)]을 고찰하면 우리는 유물론의 형이상학적 내면을 되살릴 수 있다. 그곳에서는 공동체의 이중출현, 협력의 동학, 명령과 해방이 동학이 가가 접합되고, 탈접합되며(disarticulated) 함축되고 밝혀지게 된다. 이미 마키아벨리, 그 다음으로 스피노자, 맑스, 레닌 속에서 이러한 관계는 형이상학의 핵심이 되었다. 이것은 완전히 파악되어야 하는 연결의 복잡성으로 인해 이해하기 어렵다. 그러나 이러한 일련의 연결이 결코 변증법적 해법을 받아들이지 않는다는 것을 유념할 때 어쨌든 매우 지루하고 거의 불가능한 일이 된다. 이러한 갈등의 해결이란 없다. 거기에는 오직 깊고 폭력적인 적대감만 있을 뿐이다. 삶과 죽음은 서로 대립한다. 그 관계에 의해 표명된 폭력은 뭐라 말할 수 없다. 단지 윤리적이거나 시(詩)적인 실천(practice)만이 그것을 파악하는 데 성공한다. 그러한 표현이 혁신을 이끈다. 다시 말해 긍정적이거나 부정적인 힘의 출현이라는 인식을 이끈다. 이런 관점에서 스피노자는 마키아벨리의 시각과 그 반대(vice versa)의 시각으로 해석되어야 한다. 정통파(orthodoxy)의 물음들을 제외하고 맑스와 레닌은 이러한 관계와 그것의 해결 불가능성과 억압할 수 없는 폭력이라는 시각에서 독해해야 한다. 오늘날 혁명적 유물론은 이러한 역설 속에 존재하고 그것들에 의해 평가되고 있다.

우리가 이야기했던 애매모호하고 역설적이며 해결할 수 없는 상황 속에서 만들어지고 갇히게 된 자본주의적 노동협력에 대한 수탈의 부정적 측면은 불가피하게 확산·고조되고 있다. 사회적 관계의 잔혹성이 극한에 달한다면 공포(terror)는 틀림없이 극대화된다. 물질적인 면에서 공포를 향한 자본의 [권력(potere)] 충동은 원자력(nuclear power)*의 이데올로기와 실천에 의해 조직된다. 비록 이 단계에서 따분할지라도 공포를 향한 충동은 자본의 악마적인 성질의 결과가 아니라는 것을 강조하는 것이 중요하다. 오히려 그러한 경향의 기원과 메커니즘은 생산적 협력에 대한 자본의 수탈 변증법에서 그 기원을 찾을 수 있다. 이때 생산적 협력에 대한 자본의 수탈 변증법은 그 자체의 강렬도(degree of intensity)에서 비롯된 것이다. 그러한 강도(intensity)는 수탈의 관계가 취약할수록 보다 커진다. 사실상 자본의 합법성은 생산과정에 수반된 협력이 진전된 단계에 도달하는 것보다 도달한 것을 유지하는 것이 더 어렵다. 이러

---

* nuclear power는 통상 원자력으로 번역했지만 정치적 권력관계를 표현할 때는 핵권력으로 번역했다.

한 상황에서 권력[potere]의 합법성은 받아들일 수 없는 초월성(transcendence)이 된다. 이 관계는 실제로 암묵적으로 타도된다. 권력의 취약한 인공성은 견고한 협력의 창조성에 맞서게 된다. 그러나 권력이 이러한 조건들 하에서 지배를 강요한다면 우리가 언급했던 사회적 압력이 확대될 뿐만 아니라, 또한 우리가 보아왔듯이 완전한 파멸(breakdown)을 초래하게 될 것이다. 권력은 그것을 약화시키고 그것의 안정성을 파괴하고 있는 일종의 분기(分岐) 상태를 이미 겪고 있다. 거기에는 새로운 상태가 질적인 도약(leap)으로 폭발하려고 할 때 생기는, 예를 들어 탄력 있는 물체(substance)가 지나치게 늘어나려고 할 때처럼 매우 특별한 물리적 순간이 있다. 그것은 우리의 경험과 연구로 지금 부득이하게 고려해야 하는 바로 그러한 순간이다. 이것은 수탈을 지속적으로 보장하기 위해 죽음의 위협을 일으킨 권력이 실제로 죽음 앞에서 살아 있기 때문이다.

선진 자본주의에서 핵공포(nuclear terror)는 고정된 축적 혹은 고정된 사회적 자본으로서 나타난다. 이러한 모습의 예는 무수히 많다. 히로시마와 나가사키 이후 세계 도처에 있는 하늘은 핵폭발에 의한 방사능 낙진과 핵구름에 간간이 오염되었다. 이것은 한편으로는 두려움(fear)을 유지하고, 다른 한편으로는 권력행사의 특이한 형태에 있는 불가역성의 세계 전체를 상기시키는 데 도움이 되었다. 그러나 죽음의 구름이 주인의 손에서 미끄러져 체르노빌에 생겼을 때 합법성(legitimation)의 권력은 정당화되어야 하는 대상을 회피하고, 이러한 분리에 의한 핵구름은 한낱 죽음으로 떨어지게 된다. 누구든지 이러한 도덕적 짐에 반응했다. 그러나 우리는 어떻게 효율적으로 이에 저항할 수 있을까? 오늘날 우리는 삶과 죽음 사이에 있는 위태로운 균형 속에 산다. 그리고 아직 생명을 주는 것들과 잠재적으로 치명적인 것들을 종종 구별할 수 없다. 지구의 대기는 독이 되었다. 이것은 핵공포가 여기에 머물러 있는 것을 의미하는 것일까? 사람들 마음속에 뿌리를 둔 공포란 어떤 죽음을 예감하는 것일까? 만약 고용주들이 우리에게 경험시키고 싶어 하는 방식으로 우리가 핵권력(nuclear power)을 체험하게 된다면 이 모든 것은 참이 될 것이다. 즉 사회적 자본으로, 필수품으로, 심지어 재산으로, 되돌릴 수 없는 과학의 정복으로, 어쨌든 우리가 돌이킬 수 없게 결부된 사회적 결정으로 경험하기를 원한다. 그러나 상황은 그렇지 않다. 핵권력의 이미지—공포에 떨게 하는 그것의 무시무시한 역량과 함께, 편재해 있고 감지하기 어려운 그것의 잔혹성과 함께, 그리고 그것의 천국 같은(heaven-like) 폭넓음과 그것의 뿌리 같은(root-like) 깊이, 그것의 몇백 년간의 지속, 생물학적 돌연변이를 유발하는 그것의 역량과 함께—는 권력투쟁에 사용될 수 있다. 이것은 핵권력이 치명적이고, 끔찍하며, 따라서 혐오스럽기 때문에 가능하다. 나는 이러한 핵권력의 이미지가 이미 권력에게 등을 돌렸다고 말한 것이 아니다. 나는 공포의 그림자 속에서 경험한 핵권력에 대한 도전이 거대한 저항과 잔혹한 권력의 결정에 직면함 없이는 이길 수 없다고 말한 것이다. 그리고 핵권력에 익숙한 장소에서 이러한 도전 없이는 이길 수 없다고 말한 것이다. 우리가 승리를 확보하려면 핵권력 내 권력의 토대가 사회에 알려져 있는 단 하나의 참된 치명적 질병이라는 사실을 완전히 폭로하는 것이 필요할 것이다. 자본은 핵권력과 밀접한 관계가 있다. 자본은 핵권력을 고용하고, 고정된 사회적 자본으로서 핵권력의 승인을 확보하기를 원한다. 이러한 사회적 토대인 핵공포는—자본이든 사회적 자본이든 간에—파괴될 수밖에 없다.

정리(Theorem) : 고정된 사회적 자본이 핵자본으로 나타날 때 그것의 재생산은 더 이상 평화로울 수 없다. 그것은 정당하지도 않고 참을 수도 없는 것이다. 이러한 자본은 파괴되어야 한다. 이 변증법은 여기서 끝이 난다. 파괴의 그림자 아래서 존재하는 자본주의적 권력(power)과 노동협력의 사회적 힘(power) 사이에 단지 적대가 있을 뿐이다.

전쟁은 항상 자본주의적 사회조직의 근본적인 양상이었다. 이러한 관점에서 본다면 홉스는 유능한 부르주아 사회의 전문가이자 예언자였다. 사회조직 속으로의 전쟁의 내부화(interiorization)는 현대 부르주아 사회의 근본적인 요소다. 그것은 현대 국가를 세우는 기초적인 전제조건이다. 지금 우리는 이러한 역사적 국면의 마지막에 살고 있다. 그리고 종종 발생하듯이 그 기원―이런 경우에 사회질서의 특수한 목적, 즉 전쟁에 대한 사법적 해결―은 (발전의 진보된 단계로 인해) 극단적인 대안들에 길을 열어준다. 전쟁은 다시 한 번 직접적인 무대(back-drop)가 되었고, 우리의 존재를 과잉결정한다. 핵권력은 이러한 과잉결정을 강화시켰고, 그것을 되돌릴 수 없게 만들었다. 그러므로 전쟁은 현존(presence)이고, 영구적인 지평(horizon)이며, 지속적인 압력이다. 사회는 단지 배경(background)이 된다. 원자력의 도입으로 정당화의 과정들은 잔인해졌다. 잔인함(cruelty)은 이제 규범(norm)이다. 공포(fear)는 더 이상 권력 유지를 위해 충분치 않다. 공포는 맹렬해지고 널리 퍼져서 사람들이 그것에 망연자실해야 한다. 원자력은 우리의 영혼을 고문한다. 전쟁은 우리의 의식지평 위에 고정점(fixed point)이 된 원자력의 반향(reverberation) 속에서 잠재적으로 존재한다.

우리는 나중에 이 모든 것을 다시 다룰 것이다. 우선 우리는 원자력의 과잉결정에서 비롯된 결과들 중에서 한 가지만 논할 것이다. 그것은 다음과 같이 말할 수 있다. 선진 자본주의 국가에서 원자력, 원자력 위협, 원자력 시설들에 대한 공공적 성격에 상응하는 극비(極秘)가 널리 퍼져 있다. 핵국가(nuclear state)는 비밀주의(secrecy)에 기반을 둔 국가다. 비밀주의는 국가 내 모든 조직들에 확산되고 정치적 활동에 있어 울타리로 구분되는 지역들(areas)과 비축된 영역들(domains)의 수를 눈에 띄게 증가시키고 있다. 그들은 비밀주의가 보안상의 이유로 필요하다고 말한다. 이런 면에서 그들은 옳다. 그것은 그들의 보안을 위해 필요하다. 또한 그것은 그들의 구조, 존재, 재생산의 보안을 위해 필요하다. 그리고 그들의 사회적 존재가 비밀주의에 의해 유지된다는 사실은 매우 징후적(symptomatic)이다. 비밀주의―오히려 처음에 커뮤니케이션 사회에 완전히 나쁘게 적용된(ill-adapted) 원리―는 사실 사회적 커뮤니케이션의 수탈과정에 있는 심화된 보조(step)를 아울러 확대시키는 기능을 가진 원리다. 우리는 지배의 틀 안에서 사회적 커뮤니케이션의 경로들(channels)과 그들의 대체물(substitution)에 대한 신비화와 수탈과정에서 시작했다. 이제 우리는 지배가 커뮤니케이션의 정반대로 나타나는 이러한 과정의 보완물(complement)에 직면했다는 것을 알아냈다. 지배는 비밀주의다. 수탈은 단지 커뮤니케이션과 그것이 생산하는 노동협력의 결과들을 신비화할 뿐만 아니라, 심지어 그것은 커뮤니케이션조차 금하고 그것의 실체를 파괴한다. 커뮤니케이션은 단지 그것이 선택적으로 이용되는 범위로 존재할 수 있고, 자본주의 목적론에 종속된다. 그러므로 주체성을 생산하는 메커니즘 또한 비밀주의를 생산한다. 비밀주의는 커뮤니케이션 과정들을 구성하는 결정요인들(determinations)을 파괴하는 역량의 상징이다. 선진 자본주의 사회의 커다란 부조리는 이 사회가 개방적이라고 주장하면서 동시에 비밀주의가 줄곧 증가한다는 사실이다. 즉 그들이 민주적이라고 주장하면서 동시에 비밀주의가 점점 더 보장되고 옹호된다는 사실이다. 삶의 질을 높여주는 가능성들이 폭발적으로 증가하는 동시에 죽음의 가능성과 관련된 비밀주의는 유지되고 있다. 이러한 역설은 그것의 한계들을 수반하고 있으며, 그것은 선진 자본주의를 특징짓는 정치적이고 생산적인 구조들의 거대한 괴팍함(perversity)을 단적으로 보여주는 부조리다.

다시 말해서 후기 자본주의에 있어 자본에 기반한 수탈행위는 본질적으로 커뮤니케이션에서 자본의 비밀—사회적 노동자의 생산양식에 의해 만들어진 창조적 기적—을 허용치 않는 것이 목표가 된다. 이러한 비밀은 일단 수탈이 되면 지배권력에 속하는 미스터리로 변형된다. 왜 힘은 항상 모호하고, 신성하며, 폭력적인 것으로 나타나는 것일까? 이런 상황에서 신비로운 환상은 역설적인 지점에 도달하고, 권력을 불가사의한 것으로 만들려고 시도하며 그것의 반대편에 영향을 미치기 시작한다. 즉 커뮤니케이션 과정—그리고 무엇보다도 이 과정의 주체—에 영향을 미치기 시작한다. 이러한 수탈행위는 '탈취(takeover)의 법칙'이라는 표현으로, 늘 그래왔듯이 더러운(vile) 행위로 계속된다. 생산적 협력이 모든 가치의 유일한 토대라고 사회적 공동체와 집합적 주체가 인식할수록 이러한 행위는 점점 더 비열해진다. 그러나 공동체의 억누를 수 없는 주장들은 선진 자본주의의 사회적 관계들을 약화시키고 있고, 선진 자본주의의 사회적 관계들을 거대한 압력 하에 두고 있다. 요컨대 사회적 노동자의 세계 경제와 자본은 전반적으로 영원히 모순된다. 그리고 실제로 이러한 이유로 혁명적 사상들—파괴적이든 건설적이든 둘다—은 아직도 표현방식을 찾고 있다. 자본주의적 수탈에 반대하는 혁명적 사상들은 프롤레타리아의 재전유를 제안한다.

7
적대적 주체성의 생산

　　객관적 현상으로 간주될 수 있는 오늘날의 '변형'(transformation)에
관련하여 분석된 몇 가지 아이디어를 가지고 우리는 이제 그것을 주체
적 관점에서 다루고자 한다. 주체적 측면(이하에서 우리는 이에 대해서 충
분히 기술할 것이다)은 절대적으로 근본적이다—주체적 측면이 많을수
록 사회와 자본의 관계성은 한편으로 국가와, 다른 한편으로 주체 혹은
시민, 생산자 혹은 '착취당하는 자들'(the exploited)과의 관계성으로서 더
많이 표명된다—그러므로 (주체적 측면은) 주체들 간의 관계성이다. 그리
고 이 관계성의 '복합성'(complexity)은 연결의 다양성 혹은 차이의 깊이,
모순 혹은 대안에 의존하는데, 이것이 사회와 자본 간의 결합체(nexus)를
형성한다.

　　그 다음에 우리가 하고자 하는 것은 주체적 관점에서 이러한 관계
성의 역동성을 분석하는 것이다. 이러한 분석은 무엇을 수반해야 하는

가? 주체적 관점이라는 것은 무엇을 의미하는가? 이러한 의미에서 주체에 대해 이야기하는 것은 '실체적 관계성'(substantial relationship)을 수립하여 존재론적 개념을 재확인하는 것을 의미하는 것인가? 혹은 대안적으로 그 자체로 '적대'는 오직 주체적 용어로만 명기될 수 있는 것인가? 이러한 질문에 답하기 위해 몇 가지 참조점을 확립하는 것이 유용할 것이다. 첫째, 여기서 언급되고 있는 것들은 실체적이거나 불변의 '계기'(moments)가 아니라는 것은 명백하다. 주체, 주체들, 존재론적 관계성과 적대의 영속성, 인간 경험의 직접적인 현상학적 요소의 모든 형태, 그리고 그것들은 경험을 넘어서는 토대를 요구하지 않는다. 그러나 경험―그리고 특히 '집합적 주체성'(collective subjectivities)에 관련된 경험―은 역동적인 것이다. 둘째, 따라서 혹자가 관점―즉 목적의 변화―에 관련될 때 주체가 그 자체를 메커니즘으로 나타낸다는 것은 명백하다. [다른 방식으로, 즉 푸코를 따라 가타리에 의해서 사용된 용어들에서 그것을 표현한다면 주체는 그들 자신을 '배치'(agencements)로 나타내려 할 것이다.] 그러므로 반복하자면 '실체론적 존재론'(substantialist ontology)과 '적대적 마니교주의'(antagonistic Manicheism, 그것들은 변증법적 유물론과 같은 형태에서 발견된다)와 같은 유형은 확실히 우리의 논의에서 자리 잡을 곳이 없다. 그것들은 단 하나의 타당한 이유도 없기에 당연히 우리의 유물론은 변증법적인 의미가 없다. 그러나 우리는 "이러한 관점들은 그렇다면 실체가 없는 것인가"(disembodied)라고 묻는 경향이 있다고 말해야 한다. 비판적 추론 대신에 실체론적 존재론뿐 아니라 페티시즘(혁명적 혹은 그 이외에)을 막기 위해 모든 형태의 존재론을 기각할 필요가 있을까? 나는 그렇게 생각하지 않는다. 반대로 나는 주체적 관점은 기본적으로 '구성적'(constitutive)이고, 이러한 구성적 과정은 현실적 결정요인들의 해석학에 따른 존재론적 용어로 해석될 수 있을 것이라고 믿는다. 이에 따라 내가 의미하고자 하는 것은 [주체적] 관점이 실질적 조건으로 대치된다는 것이고, 주체들 간의 갈등은 감지할 수 있는 것이며, 그리고 [주체적] 관점과 [주체들 간의] 갈등의 지점들은 물질적 중요성을 갖는 틀과 맥락에 형태를 부여한다는 것이다. 따라서 우리의 구조주의는 '주체 없는 과정'으로서의 '무차별성'(indifference)과 동등한 수준으로 획득될 수는 없다. 반대로 주체성의 존재론적 측면은 [주체적] 관점의 형성, 투쟁지침의 엮임, 그리고 의도와 욕망의 드러냄(revelation)을 통해 확립된다(혹은 생산된다).

주체성의 존재론적 측면은 다양한(혹은 적대적인) 방식으로 생산된다. 이것은 우리가 역사적 퍼스낼러티(personality)의 기원에서 뿐만 아니라 역사와 사회의 전체 구성에서, 그리고 예속된 제도적 방적돌기(spinnerettes)에의 말려듦(involvement)에서 '몰적'이고 '적대적인 대안'(antagonistic alternatives)을 확인할 수 있음을 의미한다. 역사는 그것이 개별적인 결정요인[들](determinations)의 발생적 메커니즘의 관점, 즉 이러한 결정요인[들]이 축적되고 사회적인 형태가 된다고 하는 관점으로 분석되지 않는다면 계급투쟁의 역사가 아니다. 이러한 사회적 형태는 동시에 특이한 존재, 즉 개별적인 측면들과 이데올로기적 문턱(threshold), 그리고 기계들의 축적으로서 간주될 수 있다. 이러한 일반적 관점 내에서 새로운 '집합적인 특이성'(collective singularities)은 삶, 권력, 그리고 재생산 등의 원초적 문제와 갈등을 일으키게 된다. 이제 갈등이 이러한 관계성의 본질적 측면에 초점을 맞출 때—즉 갈등이 사회적 교류(social intercourse)의 존재와 속도에 관련된 위세(force)의 주된 결정과 같은 측면에 초점을 맞출 때—대안들은 몰적·이중적·적대적으로 된다. 현재의 경우 이것은 노동협력에 있어서 '수탈'의 문제가 이슈가 될 때 대안은 몰적이고 이중적이며 적대적으로 되었음을 의미한다. 이러한 방식으로 혹자는 미시적 갈등에서 몰적 갈등으로 이행해 가고, 인간 활동을 조정하는 기계는 라인업에 반대하는 경직을 철회한다. 그러한 경직성은 연결의 복합성뿐만 아니라 특수한 역사의 밀도에도 영향을 끼치지 못한다. 오히려 그것은 단순히 특이한 관점의 '환원 불가능성' (irreducibility) 만을 증명할 뿐이다. 그것은 또한 노동협력의 커뮤니케이션을 통해서 메커니즘이 표현 혹은 '수탈'의 문제들 주위에 확립될 때 폭력이 '구성적 메커니즘' (constructive mechanisms) 의 자연적인 부분이 된다는 것을 증명한다. 그리고 '적대'는 단순화되지 않고 주체를 구성하는 복합성을 증가시킨다. 그리고 스스로를 확립함으로써 이러한 복합성은 적대를 창조한다. 그것은 우리가 '구성적 존재론' (constitutive ontology) 이라고 지칭하는 매우 특별한 존재론의 형태로, 항상 분석적이고 창조적으로 효용적인 작용의 축적을 통해서 집합적 정체성의 형성에 도달할 수 있다. 이것이 주체성 생산의 토대에서 우리가 발견한 것—즉 적대적 대안의 중심성에 대한 일련의 관찰을 통해 내린 결론이다—이다. 우리는 '인간과학' (human science) 에서 독창적 혹은 이미 있는 접근을 가져야 하다고 주장할 수 있는 것은 이러한 방식이 유일하다는 것을 덧붙일 수 있다. 동시에 우리의 방법론은 한편으로 관념적이고 총체적인 과학 개념의 텅 빈 추상과, 다른 한편으로 무차별적이고 냉소적인 다원주의 개념—거기에서 주어진 주체는 어떤 다른 것보다 중요하지 않고, 그리고 전혀 중요하지 않다—을 반대한다. 대조적으로 구체적인 주체에 집중하는 우리 자신의 다원주의는 이원론과 적대를 받아들이고, 차별화된 분석의 관념적 범주를 활용하며, 그리고 그 결과를 '존재론적 재정위' (reorientation) 를 위해서 사용한다. 우리 자신의 존재론은 다원주의에서 자신의 뿌리를 발견하지만 미결정의 관념적 범주를 거부한다. 그것은 틀 전체(그리고 사회의, 국가와 그것을 둘러싸고 있는 환경)를 구성하는 메커니즘과 경향의 적대적 활용과 관련되어 정의된다.

사회와 국가의 통합은 공식적으로 파괴되었다. 우선 어떤 형태가 국가에 의해 취해지는지, 그리고 그것이 적대적 주체로서 어떻게 작용하는지를 살펴보자. 모든 '법률적인 헌법' (juridical constitutions)*은 국가의 행위와 목적 획득의 '합법성' (legitimacy)과 효용성을 보증하기 위해 구상된 행위에 관련된 일련의 법적인 규정에 해당한다. 달리 말해 헌법이라는 수단에 의해 국가는 폭력의 합법적 사용에 대한 독점을 보증받는데, 거기서 '합법화' (legitimation)는 가치의 조합으로 이해되고, 그리고 국가는 주체로서 그 자신의 존재와 행위의 정당화와 대의로서 확립되기 위해 노력하는 '위세' (force)의 네트워크로 이해된다. 그러나 단순히 주체성의 법적/제헌적(legal/constitutional) 측면만을 재기술하는 것은 불충분하다. 선진 자본주의 국가 형태가 위력의(그리고 결과적인 목적과 한계의) 경향성의 결정적이고 역사적인 상세화(specification)로 드러나는

---

* 'constitution'은 '구성'으로 옮긴다. 단 법률적인 의미로 쓰일 때에는 '제헌' 혹은 '헌법'으로 옮긴다. 그리고 'constitutional'은 '구성적', '제헌적', '헌법적'으로 옮긴다. 네그리에 따르면 구성은 "힘들의 일반적 결합, 완전히 내재적인 사회적 지평의 절대적이고 평등한 포괄"이다. 즉 구성은 다중 혹은 인민의 내재적 욕망의 운동과 같이 다양하고 이질적인 것들이 서로 접속되어 그 특이함 속에서 공통적인 것을 창조해 나가는 과정을 지칭한다. '구성력' 혹은 '구성하는 힘' (puissance)은 '구성된 힘'인 '권력' (power)과 달리 아래로부터의 그들 자신의 특이한 공통체의 메커니즘들을, 즉 그들 자신의 사회적 조직화의 메커니즘들을 구성하는 것을 지칭한다[조정환, 『아우또노미아』(갈무리, 2003), 474쪽].

것은 필연적이다. 간단히 말해 국가를 갈등성 맥락의 조직으로서 뿐만 아니라 무엇보다도 수탈의 엔진[즉 착취]으로, 그리고 다른 주체에 명확히 반대하는 주체로서 드러낼 필요가 있는 것이다. 그러므로 우리는 공시적 분석에서 통시적 분석으로 이행해 가고자 한다. 그러나 바로 그때 국가 형태의 절합(articulation)에 대한 기술을 풍부하게 하는 단일한 목표를 가지고서 말이다.

예를 들어 1960년대 말, 그리고 특히 1960년대의 결정적인 이론적 패러다임이었던 1968년을 생각해 보자. 이러한 역사적 관점 내에서 국가에 의해 취해진 적대적인 주체성의 생산은 어떤 형태를 띠었는가? 이 질문에 답하는 것은 불가능하지 않다. 반대로 그 질문에 큰 어려움 없이 답할 수 있다. 대부분의 직접적인 형태에서 답은 투쟁의 변증법적 일반 원리 혹은 변증법적 메커니즘에 의해 영향을 받은 주체성 생산형태의 단순한 적용으로 구성되는 것으로 보일 수 있다. 적대와 투쟁, 재구조화, 새로운 구성 및 주체성 등과 같은 적대를 지지하는 주체적 구성의 정의 등. 그러나 우리가 이미 살펴본 것처럼 1960년대는 그것을 지배한 개혁주의를 통해—즉 개혁주의는 노동계급이 노동조합과 정치적 프로그램으로서, 그리고 노동계급 자신의 기반성과 자신이 조직의 기호로서 채택한 것이다—규제 이전에 존재하는(pre-existing) 위기와 규제의 형태를 생산했다. 1960년대 이후 변증법적 개혁주의 국가 이미지는 통치수단으로서의 '위기국가'(crisis-state), 즉 위기에의 의지를 갖도록 강요하는 국가의 이미지로서, 그리고 국가가 위기의 소비자가 되는 이미지로 이어졌다. 자신들의 지배를 재확립하기 위해 자본과 국가는 노동의 감독, 조직과 분배에 관해 그들의 수단들의 일부분이 아닌 전체적인 범위를 수정하도록 강요받았다. 그러나 이러한 사회의 일반적 재구조화 과정과 자본주의적 생산양식을 완전하게 하는 과정은 구체적 특질들을 가지고 있는데, 즉 그것은 그 과정이 구질서를 뒷받침하는 주체적 결정 그리고 집합적이고 조합적인 주장들을 무용하게 하지 않는다는 것이다. 재구조화의 과정은 확실히 급진적이지만 그것은 또한 일시적인 안정성과 계속해서 유효하게 되어야 하는 상대적 통제와 같은 요소의 연관에 의해 제한—혹자는 통제된다고 말하기도 한다—된다. 그러므로 점증하는(increasingly) 폭력과 (과정의) 재구조화·총체화하는 시기가 일치할 때(consistently with) 혁신적인 과정이 그것의 전체에서 나타나면 변증법은 멈추게 된다. 갑자기, 하지만 여전히 사회적 구성은 분명 적대에 의해 지배된다는 것이 증명된다. 그것은 마치 사회과학의 연구결과를 지배해왔던 변증법적 법칙들이 현실성(reality)과 주체성을 파악하는 데 용이하지 못하게 되고, 섞여 짜여지고 승화되는 대신에 마침내 자신[변증법]의 메커니즘들 안에서 고립된 자신을 발견하게 되고 적대적이게 된 것과 같다. 이것은 유명한 '개혁주의 재구조화'(reformist restructuration)라는 기간 동안에 노동의 사회화(in the socialization of work)의 측면에서 양적으로나 질적으로나 결정적이었기 때문에 일어났다. 이러한 점에서 사회는 인상적인 '동형성'(isomorphisms)을 나타낸다. 사회는 공장의 조건을 재생산했다. 그리고 착취가 직접적으로 발생했던 장소들은 착취가 간접적으로 발생했던 장소와 함께 '변형적인 실천'(transformative practices)의 전이에 의해서 계속해서 교차되었다. 노동의 세계는 완전히 사회적이고, 유동적이며, 횡단할 수 있고, 침투 가능하며, 전이될 수 있는 것이 되었다. 이러한 상황을 바라보는 관점이 무엇이든 간에 대중 노동자로부터 사회적 노동자로의 생산적 헤게모니의 중심의 변형은 주목할 만한 것이며, 그런 의미에서 변증법은 더 이상 존재할 수 없게 되었다. 투쟁과 재구조화 간의 관계성은 깨졌는데, 왜냐하면 우리가 이미 말했듯이 그것은 사회적으로 널리 퍼졌기 때문이다. 그것은 자본의 구조에 생기를 주는 '유기적 구성'(organic composition)을 공격했다. 관계성은 육체노동과 지적 노동 간의 교환과정들과 노동협력과 지식의 커뮤니케이션 간의 교환과정들을 근본적으로 (본질과 가치에서) 강제하는 것으로 그것의 특성이 바뀌었다. 이러한 관점에서 자본이 발산하는 주체성 생산의 실천은 무엇인가?

이러한 상황에서 자본에 의한 적대적 주체성의 생산은 단지 반복에 지나지 않는다. 그것은 엄청난 에너지를 요구한다! 이러한 관점에서 주체성의 생산이 의미하는 것은 실재와 외관에서 낡은 생산양식의 규범—조합적인 경직성, 고착화된 메커니즘과 권력의 안정성에 대한 보증—은 생산력의 변형, 사회화, '유동화'(liquefication), 그리고 동원을 강제해야 한다는 것이다. 곧 명백해지겠지만 이러한 것들이 가능하지 않다면, 그리고 만약 신조합주의적 해결책이 무용한 것이 되었다면 다른 수단들이 강구되어야만 한다[그러나 1970년대 초에—그리고 이탈리아에서 소위 '역사적 타협'의 전 기간 동안—신조합주의적 해결책은 헤게모니적이었다.] 근본적인 것은 생산력이 정치적 표현을 차단하는 것인데 생산력을 지배하기 위해 그것들을 연구할 필요가 있다. 간단히 말해 생산력(우리가 설명한 바 있는) 혁명과 관련해서는 생산력의 사회화를 분쇄하고 생산력의 자율(혹은 다른 말로 한다면 생산적인 협력을 발생시키는 커뮤니케이션의 활성적인 능력으로서의)을 착취하는 것은 필수적이다. 이러한 관점에서 자본에 의한 주체성의 생산은 확실히 허위적인 적대의 요소를 창조하지는 않는다. 주체성의 생산은 적대 그 자체가 적용되는 질료다. 주체성의 생산은 적대의 허위적 요소를 그것들이 전면에서 폭발하고 나타나도록 만들어낸다. 요점은 이러한 적대적 형태에서 그것을 아는 것이고, 그것을 소유하는 것이며, 그것을 무자비하게(implacably) 다루는 것이다. 자본에 의한 주체성의 생산은 전적으로 노동자와 생산자의 지배하에 놓여 있는 사회화의 권력을 분쇄하는 것을 최우선으로 하는 필요성에 의해 결정될 것이다. 주체성을 분쇄하기 위한 계획(그것은 소위 재구조화된 자본주의의 노동이다)이 주어진다면 "그것은 어떤 형태나 방식으로 발전할 수 있는가?"라는 질문을 제기할 수 있다.

메커니즘은 복잡하다. 사실 요점은 노동과정으로부터 나타나는 구조에 대한 계획을 반대하는 것(즉 외부적 대안을 준비하는 것)이 아니라 이러한 과정을 침투하게 하고, 그들의 표현에서의 모든 변화와 그것들이 자신을 구성하는 환경의 총체에 대해 통제를 획득하는 것이다. 요점은 경기순환이 무너진 곳에서, 혹은 경기순환이 발전을 나타낼 수 있는 모든 능력과 변증법적으로 발전을 내포할 수 있는 것을 잃어버린 그곳에서 정치적 순환(political cycle)을 재구성하는 것이다. 이러한 상황에서 주체성의 자본주의적 생산을 명령하는 작용의 복합성을 강조하는 것이 필요하다. 이 상황에서 역설은 극단으로 치닫게 되고 자본에 의한 주체성의 생산은 그것의 공통적 과정에 통합되는 주체의 극단적 분열로 나타나는 경향이 있다. 게다가 이러한 분열을 토대로 하여 주체성의 생산은 주체의 분리를 가장하는 경향이 있다.

이러한 과정의 강력한 기원—즉 노동의 사회화에 대한 저항과 노동의 커뮤니케이션과 협력에 대한 저항인 주체성 생산의 메커니즘의 기원—은 현재에 위치할 수 있다(비록 그것의 출현 징후들은 이미 1970년대 말부터 현저해졌지만). 무엇보다도 세 가지 수단들은—자본의 관점에서—사회적인 것(the social)의 구조적 동형성들(isomorphisms)을 부수는 데 유용했다. 세 가지 수단들에는 시장의 재구조화, 사회적 노동력의 분절화(segmentation), 그리고 매우 강력한 이데올로기적 기호(semiotic, 선별, 위계, 그리고 개별적 가치 등)가 있다. 주체성의 자본주의적 생산의 세 가지 기본 수단들을 각각 차례로 검토해 보자. 이들을 검토함에 있어서 우리는 이미 실행된 프로젝트와 함께 분노—그리고 심지어 자연적이고 역사적인 한계를 [폭력과 광폭함(ferocity)을 가지고] 넘어서려는 노력—를 잊어서는 안 될 것이다. 이러한 것들이 분명해지는 경우에도 이러한 프로젝트들은 관념주의(idealism)에 의해 더욱 더 모호해지고 효과적으로 작용하지 못하게 된다. 간단히 말해 이러한 경우에도 모순들은 실재(the real, 즉 비신비화된)의 본질, 즉 주체성의 생산을 공격하는데, 생산은 새로운 생산적 협력 운동에 참여한(in adherence) 프롤레타리아의 관점에서 이해될 수 있다. 시장의 재구조화에 대해 검토하는 것으로 시작해 보자. 이것은 매우 복잡한 작용을 가지고 있다. 제한되고 파괴적인 목표는 즉시 복지국가의 분해 혹은 퇴조로 귀속된다. 사실 우연이 아니라 '시장 재구조화'의 이데올로기적 기계들을 조직하는 수천 가지 '책략들'(manoeuvres)은 오직 복지국가 파괴의 경우, 그리고 모든 형태들의 복지 파괴의 경우에만 지출될 도구적 합리성을 발견할 수 있다. 첫째, 재구조화의 이데올로기는 매우 파괴적인 특징을 가지고 있는데, 사실 너무 파괴적이어서 심지어 회사의 고용주에게 유용한 그 결사체들의 분해들이 종종 발생하기도 한다. 재구조화된 시장은 나타나야 하고, 그리고 현실적으로 경제적 자유들의 낙원이 되어야만 한다. 그러나 복지국가의 부정성의 특징과 연관시키지 않고서는 이러한 경제적 현실성을 어떻게 설명할 것인지를 알지 못한다. 사실 이들 중 어느 것도 우리에게 모호하지는 않는데, 왜냐하면 복지국가는 노동행위의 사회화가 제도적으로 나타난 것에 다름 아니기 때문이다. 이 사회화는 정치적 개입(보통 '국가 개입'을 의미한다)의 도구적 사용과 관련된 것을 포함한다. 그것[정치적 개입]의 목표는 노동행위의 사회화를 뒷받침하고, 이 토대 위에서 새로운 생산적 행위자들에 의해 생산된 부를 재분배하는 것이다. 그러므로 복지국가의 파괴는 노동 사회화의 붕괴를 함축한다. 시장의 재구조화는 배타적인 부정적 권력의 프로그램이 될 것이다. (확실히 이러한 목표는 심오한 영향력과 전적으로 긍정적인 특징을 가지는 수단과 개입의 사용을 요구할 것이다. 그러나 작용의 목적들은 신비화하거나 파괴적이다.) 시장의 재구조화는 사회적 협력의 개별적 약탈에 자유를 주는 것을 의미한다. 그것은 경쟁의 저열한 전설을 증진시키는 것과 커뮤니케이션의 수탈에 협력하는 것을 의미한다. 둘째, 시장 재구조화의 선두에서 자본주의 이데올로기는 노동시장 분절화의 대상들을 위치시켰다. 공격적인 자본주의 이론가들은 노동력의 사회화 혹은 생산적인 협력에 의해 행해지는 수평적 커뮤니케이션의 조건을 파괴하는 것만으로는 충분하지 않으므로 좀 더 확실히 협력적 과정들에 대한 분리, 이탈, 그리고 효과적인 장애물의 조건을 확립하는 것이 필요하다고 말한다. 우리가 이미 살펴본 것처럼 '분절화'는 이러한 목표[달성]에 있어 필수적인 수단이다. 그러나 그것만으로는 충분하지 않다. 분할에 대한 이러한 자본주의적 요청의 결과인 '이중사회'는 그 자체로 재생산될 수 있어야만 한다. 성공적이고 지속적인 분할의 원동력이 작동되도록 하는 것(set in motion)은 필수적이다. '분절화'는 이상적 지평, 분리와 규제적 이념들의 무한정한 과정이 된다. 거의 종교적인—그러므로 보다 신비화된—사람들 사이에서의 불평등의 악령(spirit)은 이러한 프로젝트에 있어 본질적인 것이다. 임금에서 가족으로, 고용기회들에서 학교와 연구활동까지(그리고 무엇보다도 이주, 이민, 주변적 생산단위들, 주변부 포디즘 등과 같은 국제적 차원들 등) 사회적 조직의 모든 객관적 측면들은 불평등의 악령들에 의해 영향을 받아야만 한다. 이로써 우리는 사회화, 즉 위계와 그것의 이데올로기적 정전들의 분열과정에 대한 분석의 세 번째 부분에 도달했다. 복지국가의 몰락과 시장의 재구조화, 노동의 사회적 특질의 분해, 노동시장의 분절화와 파편화—그리고 결국 이중사회와 이것들이 발생시키는 다른 모든 잔여물(filth)—는 그것들이 명백히 확대된 재생산 모델(그것은 어느 정도 독립적인 힘과 분리의 계획으로 증명된 것이다)에 상호 연관된 것이 아니라면 아무런 의미가 없는 것이다. 노동력의 사회화, 커뮤니케이션과 노동협력의 '공통적 특성'(communal nature)의 자본주의적 분열은 극단적 신비화와 급진적인 대안적 프로젝트에 관련하여 증진된다. 그것은 계급투쟁의 결정과 분열의 관점으로서 증진된다. 이것은 자본이 소중히 했던 변증법을 폐기했음을 의미한다. 관념적이고 유형화된 관점을 통해 우리는 자본주의적 주체성의 최고 형태를 취할 수 있다. 위계적 가치들—특권의 전통적 요소들과 엘리트 계층의 기능의 혼합물인—은 여기에 강제되거나 생산 혹은 재생산된다. 이러한 작용이 결론으로 도출되는 데 있어 자본은 그 자신이 노동력을 위하 적대적 전략을 현실화하고, [적대적] 전략은 노동력으로부터 나온다. 이러한 관점에서 자본주의적 주체성은 전적으로 명확한 것이다. 지금까지의 논의를 통해 분명해진 것처럼 그것의 정의는 어떤 종류의 실재론적 전제의 공통성을 지니지 않고 있다. 자본주의적 주체성은 투쟁전략의 공고화와 [사회적 위계의] 가장 꼭대기에서 밑바닥까지 착취당한 이후 적대의 파괴의 공고화 과정에 의해 구성되는 메커니즘이자 주체이다. 이러한 전략은 일반적으로 거대한 적대적 관계성 쌍의 정의를 향하는 착취에 의해 대체되기 위한 일상적 충돌의 미시적 갈등에 의해 [흔적이] 찾아진다. 이러한 방식으로 적대적 대립은 미시적 수준에서 형성된다. 그것은 착취를 위한/착취에 해당하는(for or against) 몰적 적대이자 사회화, 평등 그리고 자유를 위한/이에 대항하는 몰적 적대이다.

이제 우리는 이러한 연결과 관련한 마지막 요점들을 살펴볼 것이다. 우리가 앞서 살펴보았듯이(그것은 현실성과 우리의 방법론 모두에 적용되는 것이다) 사회적인 것을 통해서 작동되는 전략은 사회적인 것에 뿌리를 두고 있을 뿐만 아니라 이데올로기의 영역에도 관련된다. 그것들의 현실성(reality)은 항상 그리고 모든 경우에 두 가지 목소리로 울린다. 맑스주의적 용어로 말한다면 이러한 전략은 토대와 상부구조 모두에 속하는 것들이다. 또한 그것들은 매우 명료하고 복잡한 인과관계의 메커니즘을 통한 관계성의 조합을 포함한다. 그러나 여기서 우리는 잠정적으로 앞서 관찰했던 것들로부터 도출한 어떤 종류의 법칙들을 확립할 수 있는데, 즉 자본주의적 전략의 관념주의적 측면의 이데올로기적 특성은 노동의 사회화를 파괴하려는 욕구에 대한 압력이 가해지면 가해질수록, 그리고 이러한 프로젝트가 배타적이고 적대적인 대안을 구성하는 것을 시도하면 할수록 더욱 더 크게 강조된다. 이것이 말하는 것은 자본에 의한 위계적 가치의 확립은 계속해서 현실성의 결여를 표상한다는 것이다. 여기서 자본주의적 계획은 더 이상 현실성을 신비화하지는 않지만 면밀히 관찰해 보면 현실성을 신비화로 대체하고, 그것으로써 세계의 텅 빔을 두드러지게 한다. 그것은 또한 이데올로기의 있을법함(verisimilitude)을 해체한다. 위계의 기호(semiotic)와 그것의 가치는 매우 추상적인 '계기'(moment)이다. 그러나 추상적인 계기는 노동의 개별적 특성을 단독으로(singularly) 부정하는 것은 아니다. 오히려 그것은 일반적으로 현실성의 지식을 반대하는 추상의 계기이다. 그것은 명령의 기능이며 효율적인 기표이지만 불합리한 절합이다. 주체성의 생산은 비인간의 (inhuman) 생산이 되었다. 사회적 노동자의 시대에서 자본주의 이데올로기의 나치즘적 측면은 과소평가될 수 없다.

이 모든 것들에 반대하여 노동자들은 적대적 주체성 생산의 유비적 과정을 선점해야만 한다. 지금까지 우리가 윤곽을 그려왔던 주체성은 자본주의적이었으므로 노동자들의 주체성은 프롤레타리아적이어야만 한다. 어떻게 그것을 확인할 수 있을 것이며 어떻게 그것을 인식할 수 있을 것인가? 이 질문에 대답하기는 어렵다. 그러나 우리는 다음 장에서 그렇게 하도록 노력할 것이다. 잠시 동안 우리가 분석한 원인들의 틀 속에서 그러한 과정의 기원을 확인할 수 있도록 하는 메커니즘을 인식하는 것이 가능한지 살펴보는 것도 흥미로운 일일 것이다.

첫 번째 요점은 다음과 같다. 우리가 사회적 노동력을 공격하는 상황에 처하게 되어 노동자 사회에 미칠 자본주의적 주체의 영향력과 이러한 주체의 적대적 구성과정에 우리 자신이 직면했다는 것을 상상해보자. 이제 이러한 상황—이러한 상황은 1970년대 말부터 목격되어 온 것인데—은 다성적이지 않다. 말하자면 통제할 수 없는 영향들[그것은 자본가의 관점에서 보면 사악한 것이지만 그 반대 관점에서는 '덕이 있는'(vir-tuous)* 것이다]은 그들 자신을 자유롭게 한다. (자유의 계기와 특이화의 경험과 같은) 힘들의 다양성이 작동되도록 하는 생산적인 사회를 파괴하는

---

* '덕' virtue은 다양하고 이질적인 것들 사이에서 잠재적 공통성을 발견하고 또 창출하는 이성적 힘이다(조정환, 2003, 476쪽). 이 단어의 형용사형인 'virtuous'는 '덕이 있는'으로 번역하고자 한다.

자본주의적 시도들은 노동운동의 역사적 연속성(historical continuity)에서 벗어난다 하더라도 역시 시장을 위한 자본주의적 계획과 쉽게 양립되지 않는다. 자신들의 전략을 발전시킴에 있어 자본은 이러한 새로운 특이성들(new singularities)을 인식하도록 강요받지만, 우리에게 이 여정이 자본이 설정한 방향에 따라서 결론지어질 수 있다는 것에 대해서 아무것도 말해주지 않는다. 실제로 이러한 특이한 계기들은 비록 사회화된 노동과정의 통합성과 의사소통적인 협력으로부터 분리되어 있지만[그리고 때때로 게토화되어(ghettorized) 있지만] 효과적인 저항들을 생산해낼 수 있다. 이러한 특이한 계기들은 재구성적인 계획을 모를 뿐더러—알아도 받아들이려 하지 않을 것이다—자본가의 계획 역시 모른다. 노동자들의 투쟁사의 다른 경우에서도 우리는 유사한 상황에 놓인 자신을 발견할 수 있다. 투쟁의 패배는 새로운 경험들, 종종 순수한 저항(예들 들어 이민과 같은)을 이끌어내기도 했다. 그러나 패배들은 회복될 수 없는 것이었다. 1970년대에 대중 노동자와 대중 노동자 조직의 패배는 모든 의미에서 사회적 이산(social dispersion)과 매우 고조된 이동성의 시대에 의해 잇따른 것이다. 사회의 동맥들(arteries)—사회적 에너지의 동원—에 따른 이러한 내부 이주(internal migration)는 처음에는 순수한 저항의 현상이었다. 그러나 대안적 혹은 적대적인 메커니즘의 재구성 이전에 질료들, 조건들, 그리고 수단들의 준비를 허용했기 때문에 저항은 매우 중요하다. 그와 동시에 위기상황에서 자본은 적대적 생산의 전략을 발전시키고 그 반대 또한 발전시킨다는 것을 강조하는 것은 중요하다. 혹은 그것[적대적 생산의 전략]은 발전되기 시작하거나 혹은 다른 경향을 취하기 시작하거나 적대적 목표의 형태를 취하기 시작한다는 것을 강조하는 것이 중요하다. 이러한 기원에는 어떤 변증법도 존재하지 않는다. 오히려 기원에서부터 서로 갈등하고 그러한 행위를 그들 스스로 준비하는 적대적 패러다임만이 존재한다. 어떻게 그런 메커니즘이 계속 발전할 수 있는가?

이러한 질문에 대한 첫 번째 응답에서 나는 다음과 같이 말하고 싶다. 그러한 과정이 자본가의 측에서 현실에서 관념으로 진행되면 될수록 노동자의 사회와 생산적 협력의 측면에서 메커니즘의 구성기계는 관념에서 현실로, 그리고 결정의 결여에서 특이화[혹은 단순한 용어로 덧붙이자면 저항에서 '전유'(appropriation)로, 재전유에서 자기 조직으로]의 최대치로 나아간다. 간단히 말해 이것은 다양한 자기가치화의 형상을 통한 여정이다. 관념적 주장의 최대치는 저항의 상태인 반면 현실적인 결정의 최대치는 협력과정의 특이화와 그것을, 특이성에 의해 전적으로 복속된, 효과적인 유토피아—코뮌주의자들의 디스토피아—가 원하는 대로 위치시키는 것으로 구성된다. 그러나 우리는 이 모든 것들에 대해서 나중에 설명할 것이다. 여기서는 자본과 관련하여 분석했던 것들에서 과정의 복합성은 미시적 갈등에서 거대한 몰적이고 벌거벗은 계급투쟁의 적대적 대립으로의 전환인 상대적 선형성(relative linearity)을 손상시키지 않는다는 것—이는 심지어 노동자 사회의 경우도 마찬가지일 것이지만—을 상기하는 것이 필수적이다.

저항에서 전유로의 운동은 사회적 노동자들에게 무엇을 의미하는가? 그것은 거의 무감각적이고 무의식적으로, 횡단은 이전의 투쟁기간 동안 구성된 견고한 가치의 세계는 재구성에서 경험했던 활성적 신비화를 위해 그들의 잔여적 일관성과 그로부터 파생된 정체성에 대립한다는 것을 의미한다. 그러나 과거 현실성에의 이러한 재연결(그것의 가치—결정은 향유되었지만, 다른 한편으로 그것은 고용주의 대항—공격에 의해 순수한 욕구들의 지평과 거의 같은 정도로 지금까지 축소되었다)은 충분하지 않은데, 만약 우리가—그리고 때때로 그것은 본질적인데—이러한 과거에서 의식을 입증하는 것도 아니고 기억을 입증하는 것이 아닌 오직 투쟁의 연속인 심층적인 선, 구체적인 지층을 정의할 수 없다면 말이다. 그리고 모든 변형, 파멸, 그리고 급진적 혁신들은 구성되고 재정초된 토대 주위에, 주체적 존재론의 역동적인 윤곽 주위에 모여든다. 그럼으로써 모든 새로운 대안적 가치의 표현은 주체로서의 생산적 사회를 확인하고 현실화하는 과정들에 포함된다. 현실화된 욕구 혹은 드러난 가치를 위해 그러한 가치들로부터 발산한 감각과 의미의 연결은 주체적 변형을 요구한다. 이러한 '변형'(transformation)은 커뮤니케이션의 재전유와 협력의 경험을 통해 발현되는 주체성에서의 변형이자 재전유의 물질적 작용이 또한 자기 인식의 계기인 변형이다. 이 기간에 '자기 조직'(self-organization)은 이미 알려진 '자기가치화'—이것은 아마도 결코 멈춰선 적은 없지만(최소한 저항의 형태 속에서), 그러나 가장 심오한 경험 속에 놓여 있었기에 개방되지는 않았던 것이다—의 전제가 된다. '자기가치화'는 사회적 주체에게 있어 고유한 것이며, 사회적 노동자(왜냐하면 모든 그들의 운동은 가치화하는 것이기 때문에)에게 있어 본래적인 것이다. 그러므로 적대적 주체성 생산의 기호(semiotic)는 또한 프롤레타리아적 관점에서도 나타나기 시작한다. 저항과 전유 간에, 재전유와 새로운 구성 간에 프롤레타리아적 관점으로부터의 '주체화'(subjectivization) 과정은—사회에서 현실적으로 경험한 질적 변형 내에서—드러나게 된다. 결론적으로 대안적인 프롤레타리아 기계주의의 결정적 형성을 이끄는 과정의 주요한 단계들을 나타내 보자. 이러한 단계들은 우리가 경험했고 계속 투쟁했던 사건의 단계들이다. 그것들은—적어도 그것의 구성적 과정의 기원에서, 우리가 그것을 인식하는 수준에서—사회적 노동자의 기호학적인 결정적 요소들이다. 첫째, 그것들은 대중 노동자의 저항으로서, 그리고 대중 노동자 사건의 급진화로서의 투쟁경험을 구성한다. 선진 자본주의 생산양식의 가장자리에서 노동에 대한 투쟁은 명확해지고, 확산되었으며, 깊어졌다. 그 다음 이러한 토대 위에서 노동과정들의 사회적 특질, 이러한 새로운 생산형태에서의 사회적 생산의 헤게모니에 대한 돌이킬 수 없는 인식에 대한 질적 도약, 다른 한편으로 자본주의 프로젝트는 이러한 새로운 현실성, 이러한 매우 강력하고 효과적이며 잔혹하게 억압적인 프로젝트를 지배하는 것을 구상했다. 이러한 비상사태(emergency)에서 그들은 재구조화의 파괴적 충격과 억압의 결과로서 노동계급의 계급의식의 쇠퇴와 사회적 노동자 운동의 상대적 말살(relative cancellation)을 구성한다. 저항과 결코 파괴되지 않는 운동, 착취에 대한 대항, 평등을 위한 커뮤니케이션의 재전유와 협력에 대한 통제를 요구하는 수천 가지 은밀한 이야기들이다. 동시에 이제 새롭게 인식된 적에 대항한 탄핵과 투쟁, 즉 명령권과 전유권 이상으로 침해하는 적에 대항한, 그리고 노동 커뮤니케이션과 노동협력에 맞선 적에 대항한 탄핵과 투쟁이다. 마지막으로—그리고 오늘날의 문제는—권력투쟁과 생산관리(management)를 이끌기 위해 적합한 대중의 형태들, 즉 전위조직(vanguard organization)을 구성하는 문제다. 여기까지 어떻게 사회적 노동자의 관점에서 적대적 주체성의 생산이 조직되었는지 살펴보았다. 다음 장에서 우리는 역사적 관점에서 이러한 현실성(reality)을 고려할 것이다. 우리는 사회적 노동자의 혁명적 조직구성에서 진보된 단계에 있다.

8
자율, 비밀조직에서 정당으로

세기말은 이미 우리의 최근의 지나간 위기와 수용할 수 없는 혁신에 대한 고시(announcement) 그 자체로 나타나는 미래 속에 잠긴 것이다. 위기는 분명해졌다. 우리가 '계기'(moment)로 정의한 미래는 과거와 관련하여 설명될 수 없으며, 주체들의 행위들도 우리를 관습에 붙드는 논리적 법규(canon)로 환원될 수 없다. 혁신에 관련되는 한 그것은 설명될 수 없는 것이다. 우리는 그것을 단절로, 질적 문턱의 횡단으로, 개혁주의의 문화와 프로젝트가 끝장나는 급작스럽고 폭력적인 계기로 이해하고자 한다. 혁신은 또한 역사적으로 1960년대에 위치될 수 있었고, 1968년까지 계속되었다. 그 당시에 혁신은 위기 속에 가라앉은 것처럼 중지된 듯 보였다. 즉 혁신은 오랜 기간 동안 감지할 수 없었다. 그러나 구성은 발전하기를 계속하였고, 지금까지 잠자고 있던 모든 것들이 갑자기 다시 깨어나기 시작했다. 삶은 역사 속에 스스로 나타난다. 계급투쟁과 그것의 혁신—19세기와 비교했을 때 20세기를 '특별하게 차이나는 것' (differentia specifica)으로 구성하는 혁신도—은 외관으로 드러났다. 20세기는 이행의 시대이다. 20세기의 많은 부분이 19세기의 연속이었고, 그것에서 20세기는 펼쳐지기 시작한다. 우리는 이러한 이행의 시대를 살아가고 있는데, 그것을 이론적 관점에서 경험으로 변형하는 것은 대단히 중요하다. 왜냐하면 이행의 시대에서 우리는 역사적인 프롤레타리아적 주체(이는 19세기 말에 사회적 주체로서 그 자체로 확립되었다)가 헤게모니를 장악하고, 동시에 알려지지 않았지만 구성되고 강렬하지만 존재하지 않는 미래를 스스로 열어젖히는 것을 보아왔기 때문이다. 이행의 시대의 한계(parameter) 안에서 20세기는 극도로 간결해지고 제한되었으며 응결 또는 한정되었지만, [20세기는] 우리들 각자에게 있어 아마도(이미 그렇게 되었을지도 모르지만) 하나의 전기적 사건이 될 것이다. 문제의 전기(傳記)는 투쟁, 한 편의 비극 혹은 하나의 거대한 모험의 전기다. 그것은 또한 이론적 용어들로 설명될 수 있는 경험이기도 하다.

세기말은 이미 미래 속에 잠겼다. 이행의 징후가 특히 현저해지고 있다. 두 가지 이행의 징후들, 즉 1971년과 1982년 사이 달러화의 주기/위기(cycle/crisis)와 1973년과 1986년 사이 석유가격의 주기/위기를 살펴보자. 이러한 주기들을 설명하기 위해 1968년에서의 사회적 노동자의 출현으로 되돌아갈 필요가 있다. [사회적 노동자인] 그/그녀의 출현과 투쟁들에 의해 일어난 충격의 토대 위에서 자본주의적 이니셔티브(initiatives)는 폭동적 이니셔티브와 혁명적 투쟁들을 봉쇄하기 위해 개혁주의적 에너지 동원을 시도했다. 1971년 금본위제로부터의 이탈에 의해 일어난 동요와 새로운 독립의 결과로서의 달러는 자본주의적 이니셔티브의 양화(量化) 수단으로서 인식되었다. 혹은 그것은 새로운 사회적 주체들의 갑작스런 출현에 대한 대응인 개혁주의적 정책들을 어디에서나 실현 가능하도록 하는 수단으로 인식되었다. 이는 달러화의 역할과 전혀 새로운 통화[주의] 시대 기원의 중요성이 강조되는 것을 초래했다. 실물등가의 고삐 풀린(unfettered) 매개물로서 달러는 자유의 상징과 개혁주의의 주역이 되었다. 그러나 핵심적인 제국주의 국가의 [기축] 통화로서 그것[달러]은 모든 역사적 계급투쟁 운동의 과잉결정이었다. 어느 정도까지 자유와 과잉결정이 공존할 수 있을까? 최근의 이러한 모호한 연결의 역사는 그와 같은 연결의 위기를 증명한다. 1971년 금본위제로부터의 달러의 이탈과 함께 시작된 그 시대는 1982년 멕시코의 부채위기로 종결 혹은 대체되었다. 통화는 개혁주의의 작인(agent)이자 세계시장 확장의 주창자로 행위할 수 있는 능력을 소모했다. 모든 경직성들을 붕괴시킬 긴급한 필요와 함께 지배와 과잉결정에 대한 욕구는 그 자체로 역설로 드러났다. 어쨌든 다음과 같은 사실은 확실하다. 아마도 중심부 국가에게 타당한 것이 주변부 국가들에게 확실히 타당한 것은 아니라는 것이다. 멕시코의 부채상환 거부는 하나의 사례(example)이자 선례(precedent)가 되었다. 금본위제로부터 자유로워진 달러는 자유와 위력(strength)을 표상하는 대신에 가치가 저하되기 시작했고 독단과 방향상실, 불안감(malaise)과 불확실성을 표상하게 되었다. 1971년에서 1982년 사이의 기간[그리고 '실질적' 포섭의 기간이 자신의 형태를 취하기 시작한]은 발전이 생산양식의 역동성과 통제형태 간의 '불균형'(disequilibrium) 상태와 같은 것이라는 것을 증명한다. 왜 비범했던 1971년 미국의 이니셔티브는 실패했는가? 이에 대한 대답은 미국 정부가 세계적 규모로 일어난 사회적 노동자의 결정요인들인 질적 도약을 붙잡지 못했기 때문이다. 노동의 사회화의 성장은 생산성의 거대한 성장이 이해관계와 이익을 지배하는 규칙에 '재예속되는 것'(re-subjected to)을 방해했는데, 거기서 통제의 행사 가능성은 존재하지 않았다. 왜냐하면 달러 주기가 '정치적 주기' 혹은 '이데올로기적 주기'로 신속하게 환원된다는 것에 대한 이해가 부족했기 때문이다. 레이건(정부)은 닉슨과 다른 정부들을 계승했다. 그 때문에 이데올로기적 주기는 대중들에게 보여졌고, 1971년 닉슨 프로젝트의 상대적 합리성은 '반동적인'(reactionary) 프로파간다의 희멀건 수프(broth) 속에 희석되었다. 그것은 모든 심급(instance)과 사건의 풍자만화(caricature)였다.

간단히 아래와 같은 '정리'(theorem)를 설정하는 것이 가능할 것이다. 전 세계적 규모의 사회적 노동자들의 등장은 개혁주의를 강요했지만, 동시에 사회적 노동자의 등장은 자신의 '출현'(epiphany)을 확고히 하는 것과 확장된 재생산의 형태를 통해 자신의 되돌릴 수 없는 기원의 증명을 목표로 하는 수단 사용─그것은 비록 많은 측면에서 손상당했지만─에 개혁주의를 예속시켰다. 자본주의적 개혁주의는 유발 혹은 사용되었고, 닳아빠졌거나 폐기되었다. 그것은 또한 해결할 수 없는 모순들의 얽힘 속에서 퇴화했다. 1968년 이후로 점증하는 범위까지 한편으로 축적체제든, 재생산 형태든, 이동성이 차원들, 다른 한편으로 제두적 동학들 간의 관계성의 위기가 심화되었다. 오직 사회적 노동자의 중심적이고 억누를 수 없으며 헤게모니적 현실성(reality)의 인식만이 진보적인 정치적 지평을 재구성할 수 있도록 해준다. 그리고 이것은 자본가 계급이 원했던 것이 아니므로 프롤레타리아 혁명의 문제는 의제(agenda)로 되돌려졌다.

우리가 1973부터 1986년 사이의 '석유주기'(oil cycle)를 살펴본다면, 이를테면 '달러주기'와 관련하여 우리가 강조했던 것보다 명백한 역설들에 우리 자신이 직면해 있음을 발견할 수 있을 것이다. 사실 이 경우에도 어떤 개혁주의—무엇보다도, 그러나 배타적이지 않은 중도적인 아랍 국가에서—는 고유가에 의해 유지되던 족쇄를 풀었다. 아랍 국가들에서 개혁주의 프로젝트에 영감을 받은 정치적 모티프들은 자본주의 확장의 새로운 중심을 결정하는—석유를 토대로 한 축적을 통한—것이었다. 이는 한편으로 중도적인 아랍 국가들이—팔레스타인과 그 밖의— '대중적' (popular) 이고 혁명적인 세력들(forces) 에 가했던 정치적 패배에 대한 보상으로, 다른 한편으로 중도적인 아랍세력들이 이스라엘 문제를 놓고 제국주의 권력들의 손아귀에서 고통당했던 패배에 대한 보호막(cover) 으로서 의도된 것이었다. 중동에 관한 한, '석유주기' 는 개혁주의적 착상에 고도로 통합된 정치적 주기인데, 그것은 위계적·구조적으로 규제된다. 그것은 세 가지 요인들을 포함하고 있다. 첫째, 근면한 (hard-working) 노동자에게 고용의 기회들을 제공하는 동시에 그들의 혁명적 권력을 결정적으로 제거하는 것이다. 둘째, 새롭게—그리고 늘 상승해 왔던—석유가격에 의해 부유하게 되었던, 그리고 중단기 (mediumterm) 축적과 지역에 관련된 질서의 유지에 관련된 통제의 요소로 행위하려는 의지를 지닌 정치적으로 중도적인 일련의 국가들이다. 셋째, 사건들의 복잡한 성쇠의 되풀이(ebb and flow) 를 통제하기 위해 지역에 설립된 최상의 제국주의 권력과 무자비한 과잉결정이다. 지난 10년을 통틀어 세계의 다른 국가들은 점증하는 이중적인 인플레이션 메커니즘들에 의해 재분배되는 '총석유[비] 지출' (oil expenditure) 에 비례하는(proportionate) 몫을 통한 이러한 계획에 의해 촉발된 안정성에 대가를 지불해야 했다. 그러나 역설은 곧 드러났다. 서구 국가에서 노동계급들은 위에서 언급된 균형상태와 비용 그리고 인플레이션에 의해 일어난 위협적 상황(blackmail)을 서서히 덜 받아들이려 했다. 그러므로 중동 국가들에서도 모순은 보다 심오하게, 그리고 극적으로 느껴졌다—무엇보다도 이란 혁명과 팔레스타인 혁명의 절망적 정체 때의 국면은 중도적인 개혁주의와 제국주의적 규제의 프로젝트 결합의 불가능성을 결정적으로 설명했다. 모든 기대를 넘어서, 그리고 이미 지각하기 쉽지 않은 결과로 모든 상황이 폭발했을 때 우리는 다시 결합된 축적체제들의 불가능성(비록 그들이 개혁주의자일 수 있을지라도, 그리고 그들이 결정요인들의 넓은 범위에 토대를 두고 있을지라도)과 보수적인 제도적·정치적인 프로젝트를 이해할 수 있게 되었다.

사회적 노동자의 권력에 있어서 첫 번째 현시(manifestation)의 결과로서 1968년 이후의 안정성 프로젝트의 실패는 보다 분명해졌다. 오늘날 레이건주의(Reaganism)는 종말에 이르렀다. 레이건주의는 가능한 한 가장 기괴한(grotesque) 방식으로 가장 야만적인 보수주의의 틀 구조와 일치할 수도 있고, 그리고 그 틀 구조 안에 한정되기도 하는 시장 자유의 프로젝트를 착수시키는 것을 시도한 전략이었다. 그것은 가능한 한 가장 조악한 방식으로 자본주의 문명에 생산성 증대(increased productivity)라는 새롭고 신비하던 희망을 주는 것을 시도했다. 이러한 프로젝트의 종말에 주목한다면 우리는 새로운 주체의 출현을 저지시키는 것이 불가능함을 기뻐하지 아니할 수 없다. 후자는 폐기될 수 없다. 그것은 동시대의 시대적 본질을 구성한다. 또한 그것은 이미 우리가 살아가고 있는 미래 속에 잠긴 것이다. 그리고 의심할 여지없이 어리석은 신자유주의자들이나 체계적 사고를 하는 천재들도 지난 10년 동안 정치적 논쟁과 도서관 서고를 가득 채웠던 신화적 목적들에 복무하기 위해 구상되었던 모든 쓰레기들로부터 자신을 자유롭게 하는 기쁨—빠르고, 그리고 작고 짧은 섬광과도 같은—을 우리로부터 빼앗는 데 성공할 수 없다.

사회적 노동자와 그/그녀의 자율(성)을 논쟁의 핵심에 위치시켜 보자. 이것은 장구한 역사를 통해 표면들의 강력한 출현과 강력한 혁신으로 돌아가게 하는 그/그녀의 운동의 은밀함을 추적하는 시도이다. 우리는 사회적 노동자들로 구성된 생산적 인간에 관련된 주제들을 알고 있다. 첫째, 지적 노동과 육체노동 간의 관계성이다. 둘째, 중심과 주변, 그리고 북반구와 남반구 간의 역동성, 그것은 세계시장의 확장과 그것의 위계적 분열을 통해 재생산된다. 셋째, 생산과 재생산 간의 긴장과 여성 노동의 사회적 생산성이라는 이슈들, 그리고 앞선 긴장들의 결과의 전면적으로 드러남이다. 넷째, 자연사적 문제 혹은 생산과 그것 안에서 새로운 사회적 측면들의 생태학적 결정의 결합은 근본적인 것으로 간주되어야만 한다. 마지막으로 사회적 노동자의 인간 발전의 모든 정치적 측면들—물질적이고 관념적인—을 요약하는 임금과 복지국가 간의 자유와 평등의 공시적 변증법이다. 이제 이러한 관계성들 각각으로 이루어져야만 하는 평가들은 잠시 미루어두고 강조되어야만 하는 근본적 측면이 있다. 즉 모든 선형적 분석들—그러나 그것들은 발전해 왔고, 이러한 계급구성의 변동에 연관되는 매우 정교화된 분석들을 포함하는 모든 선형적인 분석들—은 위에서 언급된 요소들과 준비된 구성적 짝패인 덕이 있는 종합(synthesis)을 설명하는 데 무용하다는 것이다. 노동자 측에서의 유물론적 설명들이나 자본주의 진영(camp)에서의 기술적인 설명들은 문제의 실체—그것은 새로운 주체와 그 출현의 급진적 특성의 정치적 자율(성)이다—에 접근하는 데 있어 시작조차도 못한다.

우리의 발걸음들을 되짚어보고 이러한 요점들을 보다 상세하게 검토해 보자. 계급투쟁의 수준에서 사회적 노동자의 개념화는 우리가 자주 언급했듯이 사회적 관계성의 완벽한 재구조화로 특징지어진다. 사회적 관계성은 외적으로는 적대적으로 발견된다. 변증법적 시퀀스(sequence)와 기술적 인과연쇄(causal chain)로서의 투쟁—발전—위기—재구조화(그리고 등등)의 연쇄사건은 그 자체로 더 이상 나타날 이유가 없다. 대신에 관계성은 그것의 긴장들을 확고히 하는(crystallizing) 사회체(social body)를 좌절시키는 두 가지 경향성들을 동반한다. 더 이상 어떤 시간적 연속성이란 존재하지 않는다. 그러므로 더 이상 어떤 과거 혹은 어떤 기억도 없다. 오직 단절(discontinuity)에 의해 나타나는 존재론적 연속성들만이 있을 뿐이다. 이러한 단절은 구성의 저장물에서, 욕구와 욕망의 분기하는 축적들에서 후자가 새로운 형태를 취할 때의 단절이다. 그것은 또한 그 자신들의 존재론적 과정들의 단절이다. 그래서 새로운 사건들의 급작스런 비상사태들—역사적 과정에서의 단절과 같이—을 통한 계시가 있기도 하다. 우리는 이러한 현실성 속에서 살아가고 있으며 현실성을 동반하지 않은 묵시론적 측면(apocalyptic aspect)은 그리 달갑지 않다. 사회적 노동자는 사회적 관계성이 '자율적인 토대'(autonomous foundation)임을 발견한다. 사회적 노동자 개념은 독립적인 정치적 관계성을 확립하는 정치적 행위 개념이다. 이는 권력관계들과 연관해서 보면 적대적 사회이고, 생산과 재생산의 과정과 연관해서 보면 '대안들'이며, 주체와 공동체의 목표와 연관해서 보면 '자율적인' 것이다. 그리고 어떻게든 과정의 발전을 보조하거나 혹은 질적 도약을 일으키거나, 혹은 어떻게든 동일한 인과관계(causality)를 현실화하는 '데우스 엑스 마키나'(deux ex machina)가 없다는 것을 마음속에 새겨야만 할 것이다. 오히려 과정은 사회적 노동자의 발전 중심의 주위에 모여든 체계들이 된 메커니즘들의 결합에 의해 침투된 영역에서의 자유로운 구조적 지평 내에 존재한다. 이러한 구성을 수반하는 유일한 급진적 실길(guid-ing thread)은 '정치적인 것'(the political)과 '정치적인 것의 자율성'(the autonomy of the political) 혹은 자율성의 정치이다.

우리의 문제는 '정치적인 것'—'정치적인 것'은 '사회적인 것'(the social)으로부터 해방된 것이 아니라, '사회적인 것' 자체 내부에서 전적으로·독립적으로 재개하는 것이다—의 자율[성]을 확립하는 것이다.

제3인터내셔널 내에서, 그리고 볼셰비키 당—그리고 그것[정치적인 것의 자율]은 여기저기에서 영광스런 전통에도 불구하고 슬픈 에피고니(Epigoni)들*에 의해서 다시 계속 논의되어 왔었다—에서 정교해진 '정치적인 것의 자율'의 개념에 대항하는 논쟁에 익숙했던 대부분의 우리들이 정치적 논의와 혁명적 경험 이후에 '정치적인 것의 자율'이라는 결론에 이른 것과 [그것을] 미화하는 것은 이상한 일이다. '정치적인 것의 자율'이라는 표현을 만회하는 것과 그것의 체계적 배치와 그것의 역사적 의미를 전복하는 것은 가치가 있다. 사실 우리가 행하고 있는 이론적 상황에서 '정치적인 것'은 '사회적인 것'의 추상(an abstraction of the social)이 아니라 오히려 '사회적 추상'(social abstraction)이다. '정치적인 것'은 커뮤니케이션이다. 그것은 상징적인 것이다. 그것은 사회적·생산적인 협력을 확립하고 후자에게 스스로를 재생산하고 가치를 생산하도록 하는 물질적인 것이다. 그렇다면 변화하는 것은 '정치적인 것의 자율'(그것은 전통으로부터 폐기될 때 유용한 것이다)의 개념이라기보다는 '간단히 말해'(tout court) '정치적인 것'의 개념이다. 정치는 토대를 확

---

* 그리스 신화에 나오는 인물들이다. '에피고니'는 '자손', '자식'이라는 뜻을 지닌 그리스어로, 테베(Thebes)를 공격한 7용사의 자식들을 말한다.

립한다. 정치는 자율의 개념에서 함축된다. 자율과 제도 간의 변증법적 관계를 폭발의 지점—되돌릴 수 없는 균열의 지점까지—까지 몰고 간 충동적인 역사적 과정은 이제 우리에게 적대와 대안들을 통해 정치적인 것을 독립적으로 확립하는 자율의 개념을 제공한다. 따라서 마키아벨리는 그가 출발했던 지점에서, 즉 사회적인 것에서 재발견된다.

그러나 자율은 '비정치적'(non-political)인 것으로 정의된 것이라는 비판들이 제기될 것이다. 그것은 확실히 '정치적인 것'은 선진 자본주의 체계들에서 스스로를 나타내는 방식을 반대한다는 의미에서 '비정치적'인 것으로 정의된다. '정치적인 것'='노동의 사회적 조직의 신비화'='투쟁을 생산하는 메커니즘으로서의 주체성을 폐기하는 것'='사보타주보다는 지배.' 그러나 이제 노동자의 사회로의 침입으로 인해 그 용어의 배치와 의미는 변했다. 정치적인 것의 확장을 위한 영역을 예약하는 것의 가능성은 없다. 모든 것들은 정치적인 것이다. 그리고 권력의 정치[학]와 자율[성]의 정치[학]가 있을 뿐이다. 전자[권력의 정치(학)]는 우리가 이미 기술했던 것처럼 어두운 위엄이 그것의 현실 외관과 마주대하는 것(subtends)으로 남아 있고, 후자[자율(성)의 정치(학)]는 존재론적으로 현실성에 침투하고 현실성을 확립하는 인식의 행위이다. 그것은 프로젝트의 주체성을 제도화하고 표류하는 신비화의 객체성을 고정시킴으로써 사회적인 것을 확립한다. 사회적 노동에 의해 사용된 범주들에 관련해서 정치적인 것의 자율은 사회적인 것의 자기 인식을 표현하는 용어이다. 정치적인 것의 자율은 사회적인 것의 생산적 재전유를 표현하는 용어이다. 마지막으로 정치적인 것의 자율은 사회적인 것의 혁신적인 위반을 표현하는 용어이다. '사회적 노동자의 정치적 자율'='주체의 자기 인식'='사회적인 것의 재전유'='세계에 대한 정치

적 혁신.'

　무엇보다도 주체의 자기 인식이 있다. 주체의 자기 인식은 사회적 노동자를 그/그녀 자신에 대한 인식으로 이끄는 과정들을 반복적으로 강조한다. 그러나 이러한 문제의 특수성(specificity)과 새로움은 사회적 노동자가 은밀함의 상태로부터 명시적인 행위로 이행해 가는 메커니즘을 고려한다면, 혹은 사회적 노동자에게 있어서 생산적 기계의 전복적인 정치적 운동들을 연구하고 조직한다면 명확해진다. 이러한 점에서 역사적 유물론이 '신성불가침'(sacrosanct)으로 간주하여 우리에게 가르쳐 왔던 용어들을 폐기할 필요가 있다. 이것이 의미하는 것은 의식을 생산하는 운동들의 물질적 특징이 아니라 그 자신의 발전을 통해 생산적 형태의 운동의 물질적 측면들을 확립하는 집합적 의식이다. 이러한 이행은 전통을 파괴하지만 유물론을 현대화한다. 자기가치화는 자기 조직 (self-organization) 전에 오는 것이 아니라 후에 온다. 모든 자발적인 가치화 과정의 개념은 제거될 수 없는 것이다. 주체는 자기 조직과 자기 인식을 통해 스스로를 나타낸다. 조직은 주체 구성의 중심적이고 기본적인 물질적 요소이다. 이러한 구성적 메커니즘에서 더 강하거나 더 중요한 다른 요소는 없다. 무엇보다도 사회적 노동자의 발전에 있어서 최저 공분모(the lowest common denominator)를 구성하는 조직으로부터 분리된 어떤 요소도 없다. 그러나 조직이 새로운 주체 구성의 건물(bricks and mortar)을 구성한다고 한다면, 그리고 조직이 주체의 생산자인 메커니즘을 구성하고 연료를 공급한다면—지적 노동, 대안적 선택들, 그리고 조직적 위력(strength)과 계획의 종합으로서—의식은 주체의 생산적 과정에서 중심적인 요소가 된다. 교전상태를 조직하는 것은 의식의 내용과 구성적인 긴장을 발전시킨다. 교전상태와 조직으로부터 분리된 의식은 존재하지 않는다. 우리가 여기서 주장하는 것들(그것의 뿌리들과 원인들과 함께)은 존재론적 결정요인들이 행위의 운동들 앞에 오는 것처럼 우리들 앞에 온다는 사실이 남아 있다. 모든 것들은 우리로 하여금 이러한 존재론적 한계를 상기시킨다. 사회적 노동자의 경험은 대중 노동자의 투쟁주기가 약화되고 자본주의적 재구성이 사회적인 것에 영향을 미치기 시작했을 때 거대한 계급투쟁의 배경에 대항하여 시작했다. 표현과 새로운 연합들의 직접적인 만족, 노동의 사회적 특성과 노동협력의 결정요인들에서 새로운 생산적인 주역의 헤게모니에 대한 인식, 이 모든 것들은 억압에 의해서 분쇄되었다. 그러나 그것은 저항의 틀 구조와 동일한 정도로―은밀하게―계속해서 존재해 왔다. 사건들의 정상적인 과정에서 억압은 사실상 변증법적이다. 억압하는 동시에 회복한다. 그러나 우리의 경우에 억압은 이러한 의미에서 기능적인 것과는 거리가 멀다. 억압은 새로운 주체에 영향을 미칠 수 없었고, 새로운 주체를 회복하는 것과도 거리가 멀었으며, 그것의 충격을 경험했다. 전문 노동자의 전통적인 조합조직도, 대중 노동자 노조에 대한 우호적인 시장상황도, 복지국가의 보조금도 그 단계에서는 생산적인 메커니즘을 유지할 수 없었다. 오직 새로운 주체만이―그 자신의 주체성의 지속적인 재생산을 통해서―이러한 것들을 할 수 있었다. 이러한 상황에서 자본에 의해 강제된 은밀함으로부터 분리된 조직은 형성되고 재형성된다. 이러한 점에서 생산적 조직과 비교하여 정치적 조직의 부재 간 명확한 구별은 가능하지 않은데, 왜냐하면 일반적으로 이러한 구별은 맞지만 우리가 보았듯이 사회적 노동자의 경우에 이러한 구별은 그르기 때문이다. 그 다음 새로운 상황이 주체를 전면에 내세울 때 조직과 의식의 운동의 복합성과 심오함이 드러나게 될 것이다. 마지막 요점 : 사회적 노동자의 은밀한 과정 내에서 일어나는 것들은 필수적으로 기억을 구성하지는 않는다. 사실 때때로 혹자가 명백한 투쟁의 국면에서 살아갈 때 기억은 아마도 패배의 하나, 그리고 은밀한 투쟁을 포함하는 수많은 부정직하거나 잘못된 방법들 중 하나일 것이다. 아니다. 이것은 요점이 아니다. 자기 조직(화)은 기억에 앞선다. 기억들과 분리되어 새로운 주체에 있어서 존재론적 영속성, 즉 진보된 무의식과 경험들의 축적은 존재한다. 명백한 투쟁의 재출현은 자기 인식의 매트릭스와 관점으로서 경험을 재질서화하고 강제한다. 그러므로 기억들로부터 분리됨으로써 새로운 주체의 구성을 통해 발생적 과정이 지속된다. 물신적 방법이 아니라 창조적인 방식으로. 그리고 새로운 주체가 출현할 때 그것은 과거의 모든 경험을 매개한다. 존재의 전체는—라이프니츠적 우주 내에서와 같이—새로운 주체 내에서 구성된다. 존재가 자기 인식과 함께 시작하는 것은 이러한 이유 때문이다. 말하자면 존재는 우리의 선조가 멈춰선 곳에서 다시 시작한다. 처음부터 다시 시작하는 것은 결코 퇴보하는 것이 아니다.

사회적인 것의 재전유는 새로운 종합의 두 번째 조건이다. 다시 한번 이 용어가 함축하는 것은 정치적인 것의 자율[성], 즉 우리가 위에서 명백하게 언급했던 존재론적(ontological)인 정치적인 것의 자율성이다. 정치적인 것의 자율이 출발점을 구성한다는 것의 의미는 이제 완전히 명확한데, 왜냐하면 사회적 노동자는 그/그녀의 프로젝트에 관련될 수 없는 불균형을 인식하지 않기 때문이다. 달리 말한다면, 사회적 노동자는 지식과 권력에 대한 그/그녀의 의지에 종사하는 것으로 배치될 수 없는 불균형을 인식하지 않기 때문이다. 이 모든 것들은 가능한데, 왜냐하면 사회적인 것—그것이 생산의 구조를 구성할 정도까지, 그리고 노동과 관련된 초월(transcendence)을 인식하지 못할 정도까지—은 사회적 노동자에 의해 전적으로 그리고 완전하게 침투되었기 때문이다. 사회적인 것은 결정요인들, 긴장들, 그리고 구성적 메커니즘들을 따라서 침투된다. 그러므로 작동되는 것—즉 적대적인 사회적 결합체(nexus)의 재전유—은 재전유의 순수한 메커니즘이다. 이러한 단계에서 몇 가지 요점들이 지적되어야 할 것이다. 첫째, 재전유 과정은 구성의 존재론적 긴장이 구성적 과정의 구성요소들 사이의 평등을 증진시킨다는 의미에서 주체의 자기 인식에 의해 지배된다(혹은 적어도 구성적 과정 스스로를 평등하게 하는 필수적 요소들로서의 그들의 평등을 증진시킨다). 이러한 이유는 명확하다. 구성적 과정에서 다양성과 차이가—수평적이고 횡단적인 방식으로—통합, 집합, 그리고 인식의 법칙에 의해 수반되기 때문이다. 형식적 관점에서 다양성은 새로운 주체의 구성요소의 집합과 관련하여 근본적인 영향력을 행사한다. 즉 이러한 점에서 협력적 관계의 횡단적 특성은 근본적이라는 의미에서. 평등은 새로운 생산적 주역을 구성하는 주체들의 자유, 행동들과 활동의 기준을 통합한다. 간단히 말해 평등은 구성의 기계들, 메커니즘들, 그리고 형태들 내에서 효과적이다. 그러나 다른 한편으로 평등은 또한 외부 쪽으로 선회되는 위세이며, 그것은 통제, 즉 수탈자(expropriator)의 수탈의 회수(resumption)를 위해 결정적으로 조직되는 것이다. 이것이 바로 두 번째 요점으로 지적되어야 할 것이고, 그것은 강조되어야 할 만큼 중요하다. 재전유는 전적으로 물질적 과정에 해당하는 것이다. 그것은 정치적인 것에 의한 사회적인 것의 재흡수인데,이는 형식적 가능성에서 역사적 결정으로의 이행에서 그들 스스로를 표명하는 방해할 수 없는 다양성과 중단에 의한 구원의 과정이다. 이것은 생산적인 것은 정치적인 것 내에 통합되어야만 한다는 것을 의미한다. 사회적 노동자라는 인격에서, 그리고 사회 전체에 대한 그/그녀의 헤게모니의 위력(strength)에서 생산적인 것은 이미 정치적인 것 내에서 형식적으로 통합되었다. 이제 생산적인 조직인 동시에 사회적인 조직은 사회적 노동자의 조직과 동일한 것으로 되어야만 한다는 의미에서 생산적인 것은 현실적 조건들에 통합되어야만 했다. 사회적 노동자의 정당은 생산의 주체이다. 그것은 스스로의 내부에서 사회적 생산을 재흡수한다. 간략하게 표현해서 우리가 세 번째 요점으로 지적하고자 하는 것은 이것이다. 생산을 통해 주체의 평등주의적 실체가 필수적으로 사회적으로 된다. 코뮤니즘의 사회조직, 코뮤니즘의 생산조직, 코뮤니즘의 국가조직의 평등주의적 전제는 이러한 점에서 가능하다. 평등이 모든 영역을 지배한다. 사회적 주체에 의한 생산의 재전유의 요소라는 이러한 전제는 또한 급진적 민주주의의 지표이다.

우리의 관심을 끌었던 세 번째 요점, 즉 프롤레타리아 주체와 그것의 조직 구성을 특징짓는 사회적인 것의 혁신적 위반을 설명하는 것에 이르렀다. 여기에서 우리가 종종 소환해 왔고 다시 정교하게 해왔던 적대라는 이슈가 다시 한 번 중심적으로 논의되어야 한다. 이것은 새로운 주체가 스스로 전유되었던 자기 인식과 사회적 생산의 과정은(새로운 주체의 형태를 창조적으로 형성하고자 스스로를 동일화하고자 하는 지점까지) 지속적인 혁신과정의 동력이 되었기 때문이고, 이러한 관점은 가치들, 대안들, 그리고 이론적 혁신들의 단순한 정의 구성의 지평들에 의해 특징지어진 것과는 다르다. 여기서 문제는 다시 한 번 실천적인 것이 된다. 우리 스스로 참여하고 있는 것은 분열, 변형적 결정의 과정 그리고 구성적 메커니즘의 과정이다. 이러한 점에서 구성적 존재론은 비존재의 여백을 열어젖힌다. 그것은 아직 존재하지 않는 새로운 실재성(reality)에까지 그렇게 하는 경향이 있다. 역설적으로 이러한 계기까지 혁명적 과정은 주어진 것의 회복, 즉 이미 구성된 것들의 회복을 목표로 삼았다. 거기에서 억압과 재구성은 은폐되기 위해 노력한다. 이제 혁명적 과정은 변형적 폭력의 특징들을 재개한다. 개별성을 동일화하고 정의하는 권력으로서 적대라는 개념은 다시 한 번 결정적인 것이 된다. 레닌주의와 폭력은 다시 한 번 동시대적인 관련성을 갖게 된다. 구성적 과정에 의해 지금까지 나타났던 민주주의의 과잉(superabundance)과 모순되는 것이 아닌가 하는 의문이 제기된다. 그러나 왜 이러한 의문이 제기되어야만 하는가? 주체의 자기 인식과 사회적인 것의 틀 구조를 지지하는 재전유는 생산조직의 민주적 과정과 주체의 적들에 대항하는 배타적 결정을 구성한다. 혹은 역사적 과정이자 해방운동에 대항하며 공고해진 이익을 위한 자본주의적 지배와 생산인 모든 정치적이고 자연적인 한계들에 대항하는 배타적 결정을 구성한다. 여기서 정치적인 것의 자율[성] 개념은 전통적인 개념에 보다 밀접해진다. 이것은 사회적인 것이 정치적인 것에 흡수되어 왔고 정치적인 것이 결과적으로 변형되어 왔던 정도까지 가능하다. 사회적 노동자는 더 이상 자본주의 역사의 생산물이 아니며, 그/그녀는 단지 일반적인(en general) 생산의 필수적인 조건도 아니다. 오히려 그/그녀는 모든 혁신의 중심이자 모든 사회화의 평등주의적 구조(fabric)로 뻗어나간 주체성이다. 그/그녀는 모든 생산적인 공동체를 통해 권력을 생산하는 주체성을 구성한다. 따라서 그/그녀는 그/그녀의 '혁명에 대한 권리'를 정당화한다. 혁명은 지식과 권력이다. 혁명적 과정의 합법성의 문제는 추상적인 것이 아니다. 그렇다고 단순히 법률적인 넌센스의 조각도 아니다. 오히려 그것은 헤게모니의 표현이다. 그것은 적대적 관계성의 동일화이다. 그것은 운명이다. 비밀조직(clandestinity)과 정당 사이에서 자율[성]은 조직적이고 생산적이며 혁명적인 잠재성의 완벽한 계획을 확립한다.

　　희망의 메커니즘은 현실주의와 연결되어 있다. 프롤레타리아 사회 주체의 현실적인 것에 대한 침투가 크게 증가한다면 우리는 혁명이 가능하다는 것을 알 수 있다. 따라서 유토피아는 현실이 억압적 통제 아래 있다는 확실성에 의해 수반된다. 이러한 상황을 '디스토피아' 라고 부르자. 이것은 우리가 승리의 문턱에 이르렀고, 우리를 고무시키는 그 원인들이 억누를 수 없는(irresistible) 것임을 의미한다. 그러나 그것은 또한 승리는 폭력의 새롭고 끔찍한 형태의 고용을 요구한다는 것을 의미한다. 그것은 사회적인 것의 직접적인 조직, 생산의 재전유와 새로운 사회적·생산적 질서의 확립을 요구한다. 우리는 이 모든 것들이 필수적이라는 것을 알고 있지만 아직 그것을 원하고 있지는 않다. 그러나 그것은 우리가 결정할 수 있는 것이 아니다. 우리는 지식과 공동체의 즐거운 과도함(excess)에 좌우되어 있다.

2부

이 세기의 마지막은 미래로의 몰입을 나타낸다. 20세기는 우리
의 지식에 아무것도 보태주지 않았다. 20세기는 단지 우리의
열정을 그것의 극한까지 밀어붙였다. 그러나 동시에 그것은—
종종 상상력이 주어진 삶에 대한 보잘것없는 시간의 질적인 측
면에서—창조적인 세기였다. 그것은 우리에게 혁명의 경험을
남겼고, 새로운 존재론적 결정(ontological determinations)을
창조했다. 우리 스스로가 판단해야 하는 것은 새로운 존재론적
결정에 관한 것이다.

9
펠릭스 가타리에게 보내는 편지 :
'사회적 실천'에 대해

1984년 10월

친애하는 펠릭스에게

저는 몬트리올에서 열리는 당신의 학술회의에 논문을 제출해달라는 요청을 받았고, 이에 저는 기꺼이 응할 겁니다. 하지만 저는 학술회의가 열리기 훨씬 이전에 우편으로 맡기는 원고 형식이 마음에 들지 않습니다. 왜냐하면 그렇게 하는 것이 메마르고 젠 체하는 것 같기 때문입니다. 그래서 다시 한 번 생각한 끝에 저는 학술회의에서 당신이 이 편지를 읽어주었으면 하고 부탁하는 것이 최선이라는 결론을 내렸습니다. 이 편지는 제가 당신에게 보내는 가장 최근의 것이고, 이것이 다루는 주제는 평소대로 '사회적 실천'(social practice)에 관한 우리의 연구입니다. 이러한 방식으로 당신은 토론의 전제들에 명확하게 개입할 수 있고, 아마도 저를 포함한 다른 사람들과 논쟁할 수 있을 겁니다. 이것은 저의 메마르고 동떨어진 기고문을 생생하고 직접적인 것으로 만드는 방법이며, 이러한 방법은 보다 직접적으로는 수년 동안의 강제된 격리 이후 모든 동료들과의 생산적인 토론을 다시 시작하고 싶은 저의 욕망을 충족시켜 줄 수 있을 겁니다.

이제 '새로운 연합들'(Les nouvelles alliances)에서의 몇 가지 매우 일반적인 프로그램의 요소들에 대해 밑그림을 그린 뒤 당신과 내가 '사회적 실천'(social practice)의 문제를 제기해야 한다는 것은 명백해졌습니다. 사실 프로그램이란 실현되어야만 하는데, 그렇지 않으면 그것들을 선언한 것이 무의미한 것이 되기 때문입니다. 그러나 또한 사회적 실천과 같은 주제가 최근 몇 년 동안 불명예와 아이러니와 같은 정도로 전락해 온 것도 사실입니다─사회적 실천과 같은 주제는 배반자(renegades)이다!─ 즉 전복적이고 변혁적인(transformative) 교전상태로서 사회적 실천이라는 것이 여전히 가능할 뿐만 아니라, 프로그램이 공식화될 수 있고 혁명적인 담론이 커뮤니케이션될 수 있는가를 혹자는 스스로에게 질문을 해야만 하는 의무가 있는 겁니다. 이것을 이해하기 위해서, 만약 필요하다면 회의를 불식시키기 위해서 이 문제를 보다 자세하게 들여다 보기로 하죠.

다른 경우를 통해서 나는 두 가지 가능성─'프로그램'(the programme)에 관련된 것과 '실천'(practice)에 관련된 것─을 다루는 가능성이 단일한 실험방식에 관련되어 있음을 확신할 수 있었습니다. 만약 실천이 프로그램의 진리를 증명해야 한다면 프로그램은 오직 주체가 그것을 현실화시킬 수 있는 범위까지만 형성된다는 것입니다. 제가 젊었을 때 우리는 이를 연구를 통해서 '선순환'으로 부르곤 했는데, 구체적으로 그것을 계급투쟁에서 살아 움직이게 했습니다. 1960년대에 커다란 공장에서 피아트 공장 노동자 혹은 화학공장 노동자들과 함께 우리는 단 하나의 증명방법(single method of verification)만을 가졌습니다. 직접적인 실천, 즉 노동 거부의 진리는 공장의 가동을 중지시키는 것이었습니다. 이데올로기에 대한 우리의 오만한 회의주의(arrogant scepticism)는 실천 측면에서 논쟁의 여지가 없는 진리의 기준을 회복했습니다. 진리는 명백하게 드러났습니다. 우리의 노동자들은 얼마나 비트겐슈타인(주의)적이었는지!

오늘날 이러한 것들과 관련하여 솔직하게, 그리고 아마도 조금은 잔인하게 '진리는 만들어지는 것'(verum ipsum factum)*이라는 것을 되풀이하는 것은 쉬운 일입니다. 그러나 이것은 현실적이지 않습니다. 사회적 실천의 문제가 이러한 반복에 의해 해결될 수 있을 것처럼 보이지도 않습니다. 또한 방법의 이러한 이론적 반복에 의해서도, 환상적이고 경탄스러운 실천적 기억에 의해서도 해결될 수 있을 것처럼 보이지도 않습니다. 하나의 방법은 무차별적으로(indifferently) 적용될 수 있는 도구가 아닌 것입니다. 반대로 진리에 대해 말하자면 방법론은 오직 헤게모니적 주체, 새롭게 생겨나는 진리, 승리한 역사성의 대강으로만 존재할 수 있습니다. 그들이 놀랍게 된 것은 이러한 연유 때문입니다. 오늘날 결의의 부족과 집합적 기억의 의심할 바 없는 쇠퇴로 인해 고통을 당하고, 비판적 청춘기와 더 이상 젊지 않은 피부에 돋은 여드름을 가장하며 의식의 단선적 리듬들 내에서의 혁신적 행복과 부정확한 개시를 상상하는 그러한 사람들 말입니다. 반대로 한 가지 사실은 분명한데, 즉 우리는 패

---

* 이탈리아 역사철학자 비코의 주요 명제

배했다는 것이고, 이 패배는 혁명적 투쟁에서의 의식의 변혁에 의해서 촉발된 욕구들, 욕망들 그리고 지성의 부만큼이나 중요한 존재론적 의의를 지니고 있다는 것입니다. 이제 우리 스스로에게 이런 질문을 던져볼 수 있을 것입니다. "패배의 무게가 변혁의 의의를 무효화시키는 것인가?" 저는 잘 모르겠습니다. 그러나 우리를 봅시다. 우리는 실패했습니다. 우리는 다시 시작해야만 합니다. 우리는 [패배를] 회상하는 것을 떨쳐버려야 하고, 사건의 반복은 불가능하다는 것을 깨달아야 합니다. 모든 것들이 달라졌다 하더라도 그것은 율리시스(Ulysses)의 이타카(Ithaca)로의 귀환(returning)이 아닌, 오히려 아브라함의 미지의 땅을 향한 행진일 것입니다. 이러한 패배는 오직 거대한 비판적 역량에 의해서만 의식과 사회적 전복의 길로부터 제거될 수 있는 견고한 장벽이자 장애물을 나타냅니다. 그러나 이 패배를 다시 생각하는 것이 남아 있습니다. 패배의 원인과 우리의 적이 우리를 패배시켰던 방법을 다시 생각해야 하고, 기억에의 단선성(linearity)이라는 것은 없다는 것을 기억해야 할 것입니다. 오직 윤리적 생존만이 있을 뿐입니다. 제 앞에서 저는 산업 현대화, 이윤의 재발견과 시장의 재발명을 볼 수 있습니다. "악법도 법이다"(dura lex sed lex), 우리는 패배했습니다 1960년대의 문화와 투쟁들은 1970년대에 패배했습니다. [우리는] 1980년대에 자본주의의 승리가 공고해지는 것을 목격했습니다. 우리가 목격해 왔던 변혁보다 패배가 더 중요한 것이라면 저는 고고학적 유물(archeological remainder)일 것입니다. 만약 그렇지 않다면?

만약 그렇지 않다면 우리가 존재했던 장소를 막았던 근대화가 없었을지도 모릅니다. 왜냐하면 우리를 패배시켰던 적은 이러한 프로젝트의 앞에 왔을 것이며, 그것이 그들의 근대화의 형식적 이유였습니다. 그러나 무엇이 우리의 부정성(negativity)을 그들의 긍정에 연결시키는 것입니까? 사실은 근대화란 것은 오직 우리가 (과거에) 그러했던, 우리가 소유했던 지식의 재점유와 강력한 신비화입니다. 몇 가지 예들이 있습니다. 첫째, 부정적인 관점에서 우리가 형성해 왔던 명령행사에 대한 제한들은 붕괴되어야만 했고, 임금보장에 대한 요구—[이러한 요구는] 유효수요(effective demand)의 증가에 토대를 둔 것으로, 당시에는 수용할 수 없었던 욕망이었던 것입니다—는 거부되었습니다. 긍정적인 관점에서 아직도 공장에서 고용주는 새로운 생산조직을 설립해야만 했는데, 그것에 의해 권위에의 복종은 '감소된 노동'(less work)을 보상할 수 있었습니다. 다른 한편으로, 노동 거부로부터 발생한 지식에 의해 자유롭게 발명된 자동화는 이러한 프롤레타리아와 노동자의 욕구의 보편성을 깨트리고 신비화하기 위해 적용되었습니다. 둘째, 사회에서 공공지출(public expenditure)의 신중하고 명료하며 지적인 조정을 통해서 우리는 사회적 노동일의 새로운 모델을 조직했습니다. 근대화하기 위해 그들은 또한 사회적 수준에서 인플레이션을 통해 (억압적이고, 위계적이고, 기능적 등등의) 배제의 규칙들을 새롭게 하고 엄격하게 하는 것을 통해 우리를 패배시켜야만 했습니다. 그러나 동시에 그들은 제3차 산업화와 기업적 역량들의 사회화의 거대한 과정을 승인해야만 했고, 그것은 결과적으로 그들로 하여금 정보기술을 통한 일반화된 통제를 행사하도록 했습니다. 이 영역에서 완전히 해결되지 않은 권력투쟁이 아직도 계속되고 있습니다. 사회적인 것의 전산화는 고용주의 통제로부터 탈취한(wrested from), 그리고 노동협력의 지평에서 입증된 노동일의 길이와 관련된 긍정적인 노동자와 프롤레타리아 유토피아에 의해서 자유롭게 발명된 것입니다. 그러나 그 반대로 그것[사회적인 것의 전산화]은 이러한 욕구의 압력을 깨트리고 사회적 노동력(사회적 노동은 기생적인 산업적 영토화로부터 스스로 자유로워진 노동이고, 스스로를 사회적 보편성으로 나타냅니다)을 자본주의적으로 착취하기 위해 적용되었습니다. 마지막으로, 해방에 대한 투쟁들과 욕망들이 일어났던 곳 어디에서든지 우리는 유사한 메커니즘을 목격할 수 있었습니다. 우리의 권력을 억압하고 우리의 지식을 신비화시키는 메커니즘, 즉 우리가 발 딛고 있던 곳 아래의 사납고 피투성이가 된 변증법도 이러한 메커니즘입니다.

이러한 적의 변증법의 고유한 특성들을 다시 추적하는 것은—그렇게 하는 것이 필요하다면—우리를 고통스럽게 했던 패배를 잊어야 한다는 것을 의미하는 것은 아닙니다. 반대로 그것은 패배의 강도를 이해해야 한다는 것을 의미합니다. 그것은 과거의 불가능한 회복을 의미하는 것이 아니라, 반대로 지배기계의 새로운 총체성에 대립하는 것을 의미합니다. 총체성은 항상 적의 것입니다. 하나의 총체성은 구체적인 역사의 요소들을 재분류하고 명령의 기능적 순환성에서 그것들을 형성합니다. 우리는 몇 가지 중요한, 때때로 근본적인 지배기계의 구성요소들을 가지고 있습니다. 그러나 지금 그것을 새로운 총체성 안에서 인식해야 합니다. 우리의 기억은 때때로 이러한 요소들의 일부를 찾아다닐 수 있습니다. 그러나 패배 후에 우리의 지식은 무력해졌습니다. 스스로 우리에게 적대적인 이러한 신비화된 세계 안에서, 이러한 사태들의 명령들의 장면 안에서 우리는 대응할 수 없었습니다. 그러므로 삶을 다시 시작하기 위해, 그리고 지식을 다시 조직하기 위해 우리는 이러한 새로운 총체성을 깨트려야만 합니다. 특수성에 다시 권력을 주기 위해 우리를 감금했던 총체성으로부터 우리의 파편화된 존재를 찢어내야 합니다. 우리를 옥죄고 있는 총체성이 파괴되지 않는다면 세계의 재구성에 적용될 수 있는 우리의 우발성(contingency) 혹은 특수성에의 선언도—다른 경우에도 그러했지만—없을 것입니다.

총체성에 의해 강제된 한계들의 파괴는 사회적 실천의 첫 번째 행위를 스스로 제기합니다. 이는 과거에 대한 갈망 때문도 아니고, 분노에 대한 향수나 아나키적 격동 때문도 아닙니다. 혹은 예수회적인 볼셰비키적 전문주의도 아니고, 마지막으로 국가의 심장부를 장악하고 그것을 파괴하고 그것을 전유하여 새로운 바커스적(Bacchian) 의례에 참여하기 위함도 아닙니다. 그 반대로 이러한 파괴는 총체성의 감옥으로부터 탈출하기 위한 유일한 길이며, 선분으로서, 특수성으로서 자유로워지는 유일한 길이기 때문입니다. 모든 구성적인 사회적 실천이 홀로 정초될 수 있는 것은 이러한 파괴적인 자유의 행위 위에서입니다.

개혁주의, 수정주의, 사회주의, (간략히 현실 운동에서 코뮤니즘 반대를 표명하는 모든 방식들은) 해방과 파괴 사이의 연계를 부정하는 데 있어 한마음 한뜻이 되었습니다. 가치들의 연속성에 연관된 혁신에 대한 사회민주적인 진압으로부터 관료제적 해방을 진정한 해방(emancipation)으로 환원시키는 스탈린식 테러까지, 모든 경우에 [해방과 파괴 간의] 관계성은 부인되었고, 그것의 잠재성 측면에서는 괴물 같은 결과들이 뒤따를 것으로 추정되었습니다. 좌파의 본질적인 구성적 요소들 가운데 하나—엄밀히 말해 해방과 파괴 간의 연계—가 폐기되는 것(set aside)으로 간주되는 오늘날 '좌파'(Left)라는 개념이 무게감 혹은 중요성[의미]을 덜 지니게 되었다는 것은 놀랄 만한 일이 아닙니다. '좌파'라는 개념은 전쟁의 개념입니다. 누가 어떻게 그것의 파괴적 차원들을 망각하는 것을 요구할 수 있겠습니까? 누가 해방을 지지하고자 하는 권력의 긴장을 거부할 수 있겠습니까? 여전히 보다 역설적인 것은 권력을 이해하는 능력에 있어서의 큰 증대―그것의 확장은 푸코에 의해 기술되었고, 그것의 분자적 침투는 우리와 가장 친밀한 지적 교사들과 동료들 등등에 의해 기술된 것으로―는 우리에게 전가되었고, 거의 우리에 대항해서 사용되었다는 사실입니다. 보다 높은 파괴적 역량을 가능하게 만드는 대신 권력의 복합성에 대한 인식은 마치 우리 스스로를 더 이상 구출할 수 없는 미로인 것처럼 보입니다. 왜 자유와 삶의 모든 단일한 원인들을 파괴하기 위해 적 권력의, 보수적 위세의 전형을 대신하는 필수성에 반대하는 복합성을 지배하는 능력―그것을 구성하는 특이성에 관한―은 변혁의 지식에 부가될 수 없는 것입니까?

그 밖에 그것이 윤리적 알레르기로 스스로를 나타내지 않을 때, 가장 친근한 우리의 친구들과 동료들 사이에서도 파괴에 대한 존재론적 망설임 같은 일종의 꺼려함이 있었습니다. 사실 코뮤니즘은 단지 존재의 확대로서 공정하게 상상된 것입니다(우리가 항상 그것을 확신하지 않았더라면 페미니즘은 그것을 하나의 근본 원리로 향유했을 것입니다). 그러나 이러한 꺼려함은 부당한 것인데, 왜냐하면 코뮤니즘적 해방을 요구하는 파괴는 존재의 표면의 가치를 손상시키지 않기 때문입니다. 이와 관련하여 나는 파괴의 유형을 우리의 사상사에서의 철학적 회의(doubt)의 기능들과 비교하고자 합니다. 사실 회의는 존재의 지평을 남용한 것이 아니라 발견한 것입니다. [이는] 회의의 모든 형태들에서의 회의―즉 소크라테스적 무지에서 데카르트적 회의까지―에서 그러합니다. 그러나 동시에 파괴적 힘은 결정적 변혁을 위한 투쟁을 이입시킵니다! 데카르트적 회의를 살펴봅시다. 부르주아 계급의 주장, 근대 국가의 탄생이 있었던 17세기의 세계에 관념들은 현실성을 가지고 있었고, 전통들은 여전히 견고한 지평을 구성하고 있던 권력과 주술을 가지고 있었는데, [그런] 17세기에서 회의는 관념들에 영향을 미치는 과학이었을 뿐만 아니라 무엇보다도 관념의 구체성, 기계적 존재, 물질적 일관성에 개입하는 실천이었습니다. 회의는 단순히 유령이나 비현실적인 관념들이 아니라 사물들의 파괴적인 사회적 실천인데, 이는 그것이 자유를 주장하는 범위까지 파괴적입니다. 회의는 현실성의 중지가 아니라 현실적인 것의 신비화된 형태에 저항하는 권력이자 권력의 위압성과 그것의 환영적 형태들—믿음, 오류, 기만, 그리고 모든 의식의 우상—에 저항하는 권력입니다. 오직 지식의 감옥이 파괴되는 그 순간으로부터 진리 안에서 윤리적 존재, 즉 해방이 있을 수 있을 것입니다.

그러므로 '힘'(posse)은 '앎'(nosse)의 앞에 옵니다.* 그것은 모든 상황들에서 그러한데, 예를 들어 우리를 지배하기 위해, 우리로부터 지식(knowledge)을 빼앗기 위해 고용주는 권력(power)에 대한 그의 모든 위엄을 발견해야만 합니다. 그에게 있어 '힘'은 '앎'의 물질적 조건입니다. 그러나 우리의 경우에 '힘'은 '앎'의 조건이 되기도 합니다. 앎의 조건은 물질적이기보다는 형식적이지만, 그렇다고 해서 그것이 물질적인 것에 조금도 영향을 끼치지 않는 것은 아닙니다. 우리가 지식을 빼앗길 때면 언제나 이러한 일이 일어나는데, 왜냐하면 우리는 권력의 영역에서 패배했기 때문입니다. 확실히 권력을 통한 우리의 지식과의 관계성은

----

* 우리가 '힘'으로 번역하고자 하는 라틴어 '포세'(posse)는 영어로 번역하면 '할 수 있는 것'(to be able to)이고, '앎'이라고 번역하고자 하는 라틴어 '노세'(nosse)는 영어로 번역하면 '알고자 하는 것' 'to know'이다. 본문에서 라틴어 '포세'(posse)는 '권력'(power)에 상응하고 '노세'(nosse)는 '지식'(knowledge)에 상응한다. 따라서 우리는 네그리가 '포세'(posse)와 '노세'(nosse)로 표현하고 있는 부분은 각각 '힘'과 '앎'으로, power와 knowledge는 '권력'과 '지식'으로 번역한다.

저속한 것이 아닙니다. 그것은 자의적이고 맹목적인 기대의 의미, 혹은 보다 좋게 연속적인 지식의 과잉결정을 가지지 않습니다. 대신에 그것은 가치법칙의 폐기와 그것과 함께 화폐의 진보적 기능 이래로 고용주가 존재와 함께 계속 가지고 있었던 관계의 질입니다. 오히려 변혁 개념에서—그것은 변혁적인 사회적 실천에서 파괴와 해방 간의 가교를 형성하는—지식과 권력 간의 관계성은 충만하고 풍성한 것입니다. 저는 아주 오래된 대구인 '합리적/비합리적'을 사용하기를 좋아합니다. 이러한 메타포에서 '앎'에 의한 '힘'의 자본주의적 예측은 비합리적입니다. 대신 프롤레타리아적 관계는 합리적입니다. 여기서 '합리적'이란 그들 자신의 내용을 생산하는 형식들로 이해될 수 있습니다. 프롤레타리아적 관점에서 힘과 앎, 파괴와 해방은 형식적으로 '공통경계적'(coterminous)이고 상호적으로 결정적입니다. 지식의 형식적 동시대성은 권력의 물질적 기대의 조건입니다. 프롤레타리아적 행위에서 지식은 권력을 합법화하고 권력을 공정하게 합니다[주의. 유비적 추론(reasoning)은 지식에 의한 권력의 기대의 일시적 차원과 관련하여, 따라서 자본의 관점과 변혁적인 사회적 실천의 관점으로부터 일시적으로 상정된 존재론적 특성의 범위와 관련하여 이용될 수 있다].

존경하는 펠릭스 씨, 사회적 실천에 대한 우리 탐구의 결정요인들로 돌아가 봅시다. 처음부터 시작해서 몇 가지 전제들을 발전시켜 보도록 합시다. 첫째, 파괴가 해방의 내부적 조건이라면, 역동적인 관념이 변혁 개념의 정의에 근본적이라면 사회적 실천과정은 단순한 '흐름'(flux)으로 구성되지 않습니다. 반대로 우리는 '배치의 일관성'(consistence of d'agencements) 혹은 '투여'(investments), 그리고 사회적 의무와 같은 개념을 제외한 채로 사회적 실천을 고려할 수는 없습니다. 그러나 한편으로 이러한 일관성은 전적으로 존재론적이며, [일관성은] 상부구조들 혹은 과잉결정들을 제공하거나 혹은 가능하게 하지도 않습니다. 다른 한편으로 이러한 존재론적 일관성은 구조적 '퓔룸'(phylums)*과 매번 명확하게 영토화되는 차원들의 얽힘(interlacing)입니다. 상세화(specification)는 사회조직의 형태들과 국면들의 발전의 역사적 계열들을 따라 주어진 것입니다. 이제 이러한 틀 구조 안에서 파괴와 해방 간의, 권력과 지식 간의 연결을 명확하게 하고 결정하는 것이 의미하는 것은 무엇입니까? 우리가 일반적인 담론에서 우리 사회의 구체적 수준에까지—우리의 존재론적 장의 지평을 결정하는 데까지—내려갈 때, 그리고 제도와 국가적이고 억압적이며 자본주의적인 집합적 장치들(équipe ments collectifs)의 기계적이고 탈영토화된 일관성에 대립할 때 이런 관계는 어떻게 나타납니까?

우리는 이러한 문제를 두 가지 관점들을 통해서 다룰 수 있을 것입니다. 첫째, 국가의 구조적 조직이라는 관점에서—그리고 여기서 그것은 하나의 예로 제시될 것입니다. 둘째, 해방과정에서의 조직의 상세화라는 관점에서입니다. 이제 두 가지 관점들에서 문제는 사회적 선분들의 복합성과 수렴, 공시적 얽힘, 역사적 축적이 서서히 구조적 총체성을

---

* 여기서 퓔룸은 생물학에서의 문(門)을 지칭한다. 그리고 생물학적 의미로서의 근원이라는 뜻도 있다. 동일어로 불어의 '엉브렁쉬멍'(embran chement)이 있는데, ① 나무의 갈래, ② 분기점, 갈래길, 지선, 지류, ③ 학문의 분과, 부문, ④ 생물학의 문 등의 뜻이 있다. —이정우, '기계적 퓔룸'(machinic phylum)의 개념이 중요하다. 퓔룸은 연속적 변이(정도의 사유, 베르그송주의)의 바탕/주체로서 특이성을 실어 나른다. 퓔룸의 차원에서는 인간과 자연이 통합된다. 퓔룸은 디아그람과 쌍을 이루어 추상기계를 형성한다. 추상기계가 구체적인 형상을 띠게 되면 배치가 된다(기계적 배치와 언표적 배치).

형성하는 것에 이르는 존재론적이고 물질적인 기능들의 복합성을 정의하는 것을 가능하게 하는 감각들의 다양성(multiplicity)에 의해서 구성됩니다.

펠릭스, 당신 스스로도 주장했듯이 예를 들어 국가에 대해서 이야기할 때 사람들이 내부적으로, 때때로 지배의 영토화를 위해 소용되어 왔던 일련의 수준들을 구성하는 복합과 층화된 존재론적 차원들에 대해서 이야기한다는 것은 명백합니다. 이러한 선분들은 국가를 형성할 뿐만 아니라 주체성 그 자체를 생산하고 재생산합니다. 그러므로 '국가의 소멸'(extinction of the state)에 대해서 이야기하는 것은 매우 문제적인 것이고, 그리고 그것의 파괴에 대해서 명백히 부조리하게 이야기하는 것—은유적으로 이야기하는 것이 아닌—은 순진하고 단순한 짓입니다. 혹자는 확실히 항상 국가에서 새로운 종류의 사회적 선분들의 형성에 대해 이해하고 있습니다. 그 형성은 보다 큰 범위에서 탈영토화되고, 자본주의적 재영토화의 정책들에 의해서 깨어진 필름들의 구성이라는 의미에서 보다 개방적입니다. 그러나 이 모든 것들은 존재론적 경험들의 역사적 축적—그것들은 영속적이고 견고한 것인—을 요구합니다.

우리가 사회와 사회적 주체들의 관점에서 이 문제를 살펴본다면 어떻게 유비적 과정들이 우리가 국가의 수준에서 설명했던 것들과 평행적으로 일어나고 있는가를 이해할 수 있습니다. 이것이 의미하는 것은 국가와 그것의 층화된 구조를 통해 우리는 사회에서의 조직경험의 문제적 발전과 사회적 노동의 조직에 설치된 장치들의 축적들을 이해할 수 있다는 것입니다. 그래서 사회적 주체들의 의식과 그들의 대중행위들에서 우리는 연대와 구성의 요소들을 추적할 수 있습니다. 투쟁, 승리와 패배, 해방과 조직의 경험들—그러나 무엇보다도 이러한 전체적이고 광범위한 발전에 자양분이 된 해방의 지식의 역사와 필름을 추적할 수 있습니다.

이탈리아와 유럽 노동자주의의 영역에서 사회적 계급들의 기술적인 것과 정치적 구성 간을 구별하려던 적이 있었습니다. 이와 같은 이중적 접근은 단순히 분석적인 것에 불과합니다. 사실 정의는 전적으로 간결했고, 그것의 절합은 살아진(lived) 경험들의 차원과 관련하여 정당하게 증명되었습니다. 그러나 노동자주의의 방법론과 보다 진보된(advanced) 역사—사회적 조사방법론 간에는 중요한 친화성이 있습니다. 노동일, 노동시장, 그리고 생산과 재생산 구조의 조직의 발전을 둘러싼 역사적 사건들에 뒤이어—그리고 무엇보다도 투쟁의 주기를 둘러싼 사건들에 뒤이어—계급의식의 형태들의 진화에 대한 기술은 노동자주의의 영역에서 성공적으로 전개되었습니다. 나는 이러한 기술이 능가될 수 없고 능가할 수도 없다고 봅니다. 이러한 연구의 오래된 단편은 이제 확증되었습니다. 정당사(혹은 달리 말해 제도적 장치와 혁명적 배치 간의 연속적인 계급의식의 변증법의 역사), 정당사의 무정부주의적·사회민주주의적 사회주의이고, 레닌주의적인 형태들은 계급구성의 진화적 방향과 관련하여 설명될 수 있습니다. 이러한 진화를 통해 순수한 축적, 분류와 선별—구성—의 주체적 역동성이 발견되었다는 것이 명백해져야만 합니다. 이 모든 것들은 의식 안에 고정되고 조직의 과거 경험들은 연속적으로 새롭게 된 해방 프로젝트의 중요한 요소가 됩니다. 이러한 관점에서 레닌주의는 효과적으로 아나키즘과 사회민주주의(이것들은 레닌주의의 직접적인 선조들이었거나 적들이었습니다)를 넘어설 수 있었습니다. 레닌주의는 스스로를 구성하는 고유의 배치의 일부로서 그것들을 구하고 재분류하여 새로운 조직적 형태의 선분으로 그것들을 환원하여 그렇게 할 수 있었습니다[효과적으로 아나키즘과 사회민주주의를 넘어설 수 있었습니다].

오늘날 동일한 방식으로 해방을 위한 투쟁들은 '임계적 단계' (critical stage)에 도달해 있으며, 새로운 사회적 조직형태와 해방의 투쟁에서 자동화와 사회적 전산화 노동자들이 레닌주의를 이해하고 넘어선다는 것은 분명합니다. 레닌주의는 아나키즘이 레닌주의와 연합한 것과 동일한 방식으로 해방과 연합합니다. 조직과 투쟁의 새로운 관점 내에서 레닌주의는 확실히 극복되어야 할 요소이지만 그것은 우리가 준비해 가야 할 배치 속에서 항상 존재하는 것입니다.

따라서 우리는 해방과 파괴 간의 관계성에 대해 토의하는 것으로 돌아갈 수 있습니다. 사회적 실천의 현재적 단계에서 파괴적인 계기를 구성하는 것을 어떻게 할 수 있고 어떻게 해야만 합니까? 그것은 1970년대의 패배 이후에 사회적·생산적인 삶과 프롤레타리아적인 지식의 선분들이 재조직한 국가 총체성을 해체하는 것으로 구성되어야만 합니다. 소위 현대화를 패배시킨다는 것은 확실히 그러한 현대화가 촉발하는 것을 통한 기술적이고 물질적인 변형들의 중요성을 부정하는 것은 아닐 것입니다. 오히려 현대화를 패배시킨다는 것은 총체성으로부터 그것을 제거하고 자유롭게 하는 것, 그리고 자본주의가 오늘날 강제하고자 하는 압도적인 '최종상태' (end-state)에 대항하는 행위를 허용하고, 예속되어야 할 규제된 재영토화에 맞서 행위하는 것을 허용하는 것입니다. 파괴는 생산과 재생산의 구성요소에 있어서 복합체의 일반적인 탈구 (dislocation) 과정이 작동되는 것을 포함합니다. 확실히 레닌주의는 이러한 차원들과 수준들에서의 사회적 과정 너머에 있는 기본적인 추진력이 될 수 없습니다. 레닌주의는 이러한 차원들과 특성들을 출발부터 결여하고 있습니다. 레닌주의는 헤게모니적인 의식에 의해 주조된 사회적이고 생산적인 계급의 혁명적 요구로부터 소원해졌고, 이 때문에 광범위하게 비판받을 수 있다고 봅니다. 그러나 비판하는 것과 나란히 레닌을 마치 죽은 개처럼 취급하지 않도록 주의해야 합니다. 레닌주의는 계급투쟁의 피할 수 없는 과업, 즉 적의 지배 메커니즘의 총체성을 파괴하는 과업을 강력하게 소생시키는 것으로서 유효하고, 그리고 항상 유효할 것입니다. 해방을 욕망하는 자들에게 이러한 과업은 지속적으로 재확인되어야만 하는 것입니다. 때문에 해방의 틀 구조의 총체적인 탈구는 중심적인 경험으로서 총체성의 파괴를 포함합니다.

바로 이 지점에서 우리는 일련의 새로운 성찰을 시작할 수 있을 것입니다. 우선 우리 스스로 몇 가지 요점들을 환기시켜 봅시다. 오늘날 우리는 패배의 시대를 살아가고 있습니다. 이 점을 절대 잊어서는 안 될 것입니다. 대안적인 사회적 실천(그것은 그 자체로 파괴 이론에 자양분이 됩니다)은 책략의 여지가 조금밖에 없습니다. 사실 그와 같은 실천은 종종 지배권력에 의해 생산된 총체성의 틀 구조 안에서 결말을 맺는 경향도 있었습니다. 또한 역설적으로 총체성의 틀 구조 안에서그들 자신의 지식이라기보다는 타자의 지식(지식은 중재를 준비하지 않은 것이고, 신랄한 것이며, 종종 금지할 수 없는 것입니다)을 제한하고 구속하는 지배권력의 인식은 매우 높습니다. 확실히 지배의 불안정성은 억압당한 자들의 저항에 의한 것이라기보다는 지배관계들의 취약성에 의해서 나타납니다(이와 관련해서 많은 차원들이 분석되어야만 합니다. 무엇보다도 합의형태 메커니즘의 순환과 속도, 그리고 합법성의 일시적 차원. 그러나 이 모든 것들은 다음 기회에 다루고자 합니다). 이러한 위기의 객관적 측면은 과소평가되어서는 안 됩니다. 지배의 종합의 수준과 주체성을 생산하는 적의 역량에서 강도의 정도는 객관적으로 볼 때 극미합니다. 적의 총체성은 유기적일 수 없습니다. 그러나—우리는 여기서 일련의 새로운 성찰들에 도달하게 되는데—이것은 새로운 '좌파'의 개념을 구성하는 이론과 실천을 확립하기에는 불충분합니다. 달리 말하자면 다시 한 번 사회적 이론과 실천을 근본적인 활동으로, 총체성에 반대하는 파괴의 심급 혹은 객관적 모순에의 개입으로 이해하는 것은 충분하지 않습니다. 요약하자면, 사회적 실천은 단지 위기의 이론에 머물러서는 안 됩니다. 오히려 그것은 또한 존재론적 차원을 고려해야만 할 것이며, 구성적 경향을 개발해야만 합니다.

이제 우리가 적의 지배 하에서 착취당한 자의 지식을 포함하는 적의 총체성 역량을 파괴할 때 바로 그 순간에 우리는 현저하게 선분된 이론의 특징들을 표현할 수 있는 능력을, 억누를 수 없는 욕망의 특수성을, 전적으로 횡단적인 배치의 구성을 얻게 됩니다. 그러므로 자연히 우리의 사회적 실천의 전적인 비중은 적의 총체성의 파괴에 포함됩니다. 이것은 파괴행위는 사회적 행위들의 논리에 존재론적으로 만연한 것이기 때문이 아니라, 단순히 파괴적 행위는 표현의 큰 가능성을 가져다 주기 때문입니다. 이러저 실천은 욕망하는 선분들이 해방운동으로서 나타납니다. 이와 같은 표현들이 전적으로 드러날 때 전쟁기계들—그것은 총체성을 지속적으로 해체시킬 수 있고, 이러한 파괴를 구성적인 사실로 전도시킬 수 있는 것입니다—은 작동합니다. 정당과 '좌파' 개념은 단순히 전쟁기계로서가 아니라, 결과적으로 선분들의 표현과 이러한 실증적인 행위들의 충만함으로서 정의될 수 있습니다.

최근 몇 년 동안 발전되어 온 큰 의미를 지니는 일련의 역사적 과정들은 이제 그들 스스로를 형성하고 있는 것처럼 느껴졌고, 우리는 모두 그들이 표현하는 위대한 새로움을 인식했습니다. 저는 폴란드의 〈자유노조〉(Solidarność)*의 경험, 서독의 '녹색운동'(green movement)의 발전과—비록 덜 조직적이고 여전히 비판적 고찰이 필요하지만 비슷한 이유들로 매우 중요한—일련의 다른 새로운 운동들[이탈리아의 〈아우토콘보카티〉(Autoconvocati),** NATO에 저항하는 스페인 사람들의 투쟁과 영국 광부들의 투쟁과 같은]에 대해서 언급하고 있습니다. 노동자 운동의 조직적 전통들과 비교할 때 이러한 조직운동들과 투쟁의 특징들은 완전히 새로운 것입니다. 그러므로 그것들은 우리의 역사와 전통에 관련될 수 없습니다. 이러한 운동들은 총체성에서 파괴를 포함하는 존재론적 경험과 총체성에 영속적으로 대항하는 것으로 정향된 에너지의 해방을 예시합니다. 그것들의 구성을 분석하는 것을 통하여 피착취계급의 정치적 형성들의 물질적 토대들을 확립하는 것은 어려운 것이 아니지만 그렇게 하는 것이 여기서 필수적인 것은 아닙니다. 보다 중요한 것은 이러한 모든 예시들의 특별한 혁신을 강조하는 것입니다. 우리가 언급한 모든 운동들은 큰 홍수 뒤에 나타났으며, 그리고 큰 홍수 뒤에도 세계는 계속해서 존재할 뿐만 아니라, 사실 그러한 재난이 토양을 매우 비옥하게 했다는 것을 깨닫기 시작하는 것은 나쁜 생각이 아닙니다.

---

* 〈자유노조〉(Solidarność)는 폴란드의 노동조합이다. 정식 명칭은 '독립자기통치노동조합연대'(Independent Self—governing Trade Union 'Solidarity')이다.
** 〈아우토콘보카티〉(Autoconvocati)는 〈자율소집평의회〉라고 번역할 수 있을 것이다. 이탈리아의 노동조합 중 대표격이라고 할 수 있는 〈공산·사회주의계 정파노조〉인 '이탈리아 노동총동맹'(CGIL)의 '금속노조'(FIOM) 내의 비판세력이라고 할 수 있다. 〈아우토콘보카티〉는 노동조합의 산업관계의 중앙집중성과 반민주성이 조장된다고 비판하며 노동자의 현장성과 자율성을 바탕으로 한 노조 내부 민주주의의 확대를 요구했다.

이러한 운동들의 고유한 특징들에 대해서 살펴봅시다. 첫째, 그것들은 사회의 운동들입니다. 둘째, 그것들은 개혁주의 운동들이 아니라 다른 종류의 운동들입니다. 그러므로 그것들은 횡단적이며 대안적입니다. 그것들의 목표는 총체성을 소유하는 것이 아니라 총체성을 파괴하는 데 있습니다. 그리고 총체성을 파괴하는 데 있어 그것들은 자신들의 지식(그것의 풍부함뿐 아니라 그것의 위대한 다양성인)의 독립성과 자신들의 권력의 영향력을 긍정합니다. 무슨 법칙을 따라서 이러한 운동들의 현존이 연대성을 획득했는지 저는 잘 모릅니다. 그러나 그러한 법칙들이 존재한다면 그것들을 발견하는 것이 필요할 것입니다. 이와 관련하여 나는 어떤 가정들을 내던지고자 합니다. 유동성에서 일관성으로의 이행, 운동들에서 정당으로의 이행은 필수불가결하게 대중들의 물리력과 새로운 지식 권력과 파괴적 역량 간의 관계를 확립하는 데 활용된 지적인 급진주의에 종속된다는 그런 가정 말입니다. 저의 인상은 연대의 정도와 투쟁 운동의 조직적 안정성―존재론적 필수불가결성―의 정도는 오직 그것[투쟁 운동]이 정치조건들의 급진적 변환의 기계로서 스스로를 인식할 때만 평가될 수 있다는 것입니다(그리고 가능한 명확하게 확립될 수 있다는 것입니다). 처음으로 매우 오랫동안 발전되어 온 유토피아적 과정의 끝에서 발생한 것으로, 역설적으로 정치적인 것의 자율(성)은 사회적인 것의 독립으로서의, 그리고 국가의 거부로서의 형상을 취했습니다.

현대의 자유주의와 우파는 혁명적 지식의 수많은 현재적 결정요인들을 이해했습니다. 그 결과 그들은 그것을 신비화하려고 노력했고, 이렇게 해서 우리들은 '신철학'(nouveaux philosophes)*의 향연을 목격했습니다. 대안적 정치학에는 실제로 자유방임(aissez faire)이란 전혀 없습니다. 반대로 우리는 생산수단들의 전면적 '집산화'(collectivization)를 요구해야만 하는데, 이것은 우리에게 명백하고 진부한 것으로 보입니다. 그러나 이것이 이슈는 아닙니다. 이슈는 다른 것이고, 그것은 매우 중요합니다. 자유는 자유의 조건들을 위한 모든 가능성들이, 만약 그렇지 않다면 사라져 버리고 지배권력의 총체성에 흡수되고 말아버리는 세계에서의 본질적인 다양성의 상태입니다. 오직 정치적인 것의 제도적 영역 내에서의 차이의 격증(irruption)—대안적 존재론의—만이 해방의 의미와 변혁적인 사회적 실천의 재확립을 허용할 수 있습니다. 인식론과 과학철학, 미학에서, 그리고 모든 구조적/기능적 체계들에서 대격변적 요소—급진적 차이의—의 발현은 인간성의 지평이 총체성에 고통을 겪

---

* 1968년의 혁명 이후 1970년대를 거쳐 1980년대에 이르러 프랑스에서는 구조주의와 맑스주의[급진적 좌파 및 전통적 공산주의]가 동시적으로 쇠퇴하는 일련의 사태를 경험하게 된다. 여기에 결정적인 영향을 미친 것은 솔제니친의 『수용소 군도』이다. 이 책의 출판과 더불어 〈사회주의냐 야만이냐〉 그룹과 같은 진영에서의 현실 사회주의 비판을 통해서 독재, 수용소에서의 인권유린, 전체주의, 관료주의 등 서구 현실 사회주의의 모순, 한계를 직접적으로 노정했다고 할 수 있다. 이는 인권, 민주주의, 휴머니즘 등의 인본주의적 가치를 폄하하던 일련의 비판적 지식인들의 비판의 입지를 약화시켰고, 이에 비판적 지식인들은 1970년대 중반과 1980년대에 접어들어 지적 침묵의 시대를 스스로 경험하게 된다. 이러한 상황에서 소위 '신철학'(nouveaux philosophes) 그룹이라고 할 수 있는 일련의 68세대의 철학자들이 대중매체 장치를 적극적으로 활용하고 마오주의적 성향의 프롤레타리아 좌파에의 참여, 68혁명 전체를 비판하면서 주류 철학의 흐름을 형성하면서 등장한다. 앙리 글뤽스만, 크리스티앙 메츠, 기 라르드로, 베르나르 앙리 레비, 장 폴 돌레 등이 그들이다. 한때 68혁명의 가치를 공유했던 마오주의자이자 투사였던 이들은 자유주의의 매력에 영혼을 팔면서 1980년대라는 현재적 상황에서 발생하는 모든 문제들을 68혁명으로 소급시키고, 거기에 악의 이미지[전체주의, 관료주의, 인간주의적 가치의 말살]를 덧씌운 채로 비판한다. 이들은 주로 '반(反)철학'적 기치를 내걸고 대중매체와 언론 플레이로 일관했다[프랑스아 도스, 김웅권 역, 『구조주의의 역사 IV』(동문선, 2003)].

은 것[총체성을 경험한 것]과 같은 정도로 근본적인 계기가 됩니다. 단지 전복적 정치학으로는 이러한 진리의 초과(excess)를 생산할 수 없습니다. 그럼에도 오직 전복적 정치학만이 반복적으로 총체성의 이미지(폐지가 아니라 급진적 혁신인)를 제공하는 데에, 따라서 대격변의 개념을 기대하고 설명하는 데에 성공할 수 있었습니다. 1848, 1870, 1917, 1968년, 그리고 등등의 사건들에 의해 표상된 대격변이 부재했더라면 과학은 열역학의 대격변을 결코 발견해내지 못했을 것입니다. 그러나 지금 문제는 대격변을 불러일으키는 것입니다. 그러나 이것을 말하기 위해서는 우리가 해결할 수 없는 수많은 이슈들을 포함시켜야 합니다. 아직까지 우리는 이 문제를 해결해야만 합니다. 즉 대격변을 불러일으키면서 대격변으로서의 우리들 자신을 어떻게 구성할 것인가, 총체화되지 않은 그런 총체성으로서의 우리들 자신을 어떻게 구성할 것인가, 자본주의와 국가와의 상동관계로 되지 않으면서 자본주의와 국가의 총체성에 대한 파괴적 대립물로서의 우리들 자신을 어떻게 구성할 것인가. 우리에게 필요한 것은 레닌주의의 충격과 자율주의의 자유를 가지는 조직적 형태들인 급진적으로 민주화된 전복의 형태일 것입니다. 사회적 실천은 페티시즘―이러한 페티시즘을 '일반의지'(general will) 혹은 '공동이익' (common good)이라고 불리는 것인데, 그것[페티시즘]은 차이들을 무효화하게 하는 데에 개입하고, 차이들을 단지 착취의 우주 내에서의 한낱 톱니바퀴(cog)로 전락시킵니다―을 피하면서 특이성의 배치가 되어야만 합니다.

나의 친구 펠릭스 씨, 이제 결론을 내려야 할 것 같습니다. 적의 가공할 만큼 강력한 사회적 실천이 마음속에 떠오릅니다. 그것은 제가 개인적으로 느꼈던 것이고, 우리의 패배에도 기여했던 것입니다. 저는 물론 테러리즘에 대해서 언급하고 있습니다. 그것은 매우 단순하게 특징 지을 수 있습니다. 그것은 괴물적인 사건입니다—테러리즘은 국가 폭력의 신비화된 번역과 총체성의 텅 빈 허구의 신비화된 번역, 관계성의 역동성과 관대함을 다시 한 번 제거하는, 해방을 파괴 속에 몰아넣는 독단적이고 신비적인 대공습입니다. 그러나 테러리즘은 스캔들이 되어왔고, 만약 우리가 테러리즘의 우리에 대한 엄청난 질책을 피할 수 없다면 여전히 그러할 것입니다. 우리에 대한 테러리즘의 질책은 "우리는 유능하게 될 수 없다"는 것입니다. 여기서 우리는 다음과 같은 문구 없이 반역하는 민중입니다 ; 자유를 재정복하고자 하는 민중, 지배권력들에 방해받아 왔던 균열을 일으키는 민중입니다. 테러리즘은 우리가 자유로운 존재가 아니라고, 다윗이 아니라 단지 골리앗 앞의 양과 같은 존재일 뿐이라고 우리를 비난했습니다. 우리는 테러리즘과 국가 폭력이 추방된 것으로부터 새로운 삶을 발명할 수 있습니다. 테러리즘과 국가 폭력이 추방되는 것은 오직 우리가 대안적인 가치들과 방법들의 완전히 급진적인 문제들을 제기할 수 있는 교전상태로 돌아갈 때에만 가능합니다. 우리는 이것을 우리의 사회적 실천이 수천수만의 다윗에 의해 취해져야만 할 수 있을 것입니다.

'힘'(posse)은 '앎'(nosse)의 앞에 온다고 말했습니다. 나의 친구 펠릭스 씨, 만약 우리가 그렇게 말한다면 우리는 파시스트라고 비난받을 것입니다. 저에 관한 한, 저는 사태를 더 심각하게 만들 준비가 되어 있습니다(심지어 나쁜 취향과 비속함의 지점에까지도). 사랑, 오직 사랑만이 권력과 지식 간의 연결을 결정지을 수 있다고 말할 수 있습니다. 이러한 부끄러운 '비합리주의'(irrationalism)의 고백의 심층으로부터 저는 저에게 정당성을 제시한 오랜 친구들을 불러올 것입니다. 이들 가운데 첫 번째가 선한 스피노자입니다. 그는 이탈리아 르네상스의 위대한 철학자 중 최상으로 언급될 수 있습니다. 그는 사랑이 권력과 지식 사이에 놓여 있다고 굳게 믿었습니다. 그러나 또한 괴테의 영원한 지지자였던 레닌이 있습니다. "태초에 행위가 있었다." 자, 이제 행위를 할 차례입니다.

모든 이들에게 사랑을 전합니다.
당신의
토니로부터.

IO
시민사회를 통한 여행 :
피터 브루크너를 추모하며

1. 헤겔 철학에서 시민사회의 권력은 국가론의 본질적 토대로 나타났다. 사실 시민사회가 변증법의 확실한 토대라고 한다면 시민사회는 변증법적 국가의 욕망을 제기하고, 따라서 국가의 합법성을 제기하는 '영구혁명'(permanent revolution)이다. 이러한 의미에서 헤겔에게서 혁명은 국가의 토대가 된다. 시민사회에 의한 '권력의 획득'(taking of power)은 이것의 실현(realization), 부정(negation), 그리고 숭고(sublimation)다. 헤겔 체계의 이러한 본질적인 측면을 이해하기 위해서 헤겔의 저서들—그의 청년기 저작보다는 오히려 그의 초기 성인기의 저작들인 예나 시

---

* 피터 브루크너(Peter Brückner)는 1922년생으로 독일의 사회심리학자이다. 그는 하노버 공과대학에서 교편을 잡았다. 그리고 1960년대 후반에 적군파를 은밀하게 지원한 지식인으로 알려졌다.

기의 저작들*—을 관통하는 것으로 충분할 것이다. 헤겔의 성숙기 저서인 『법철학』**은 전복적인 효과들을 부정하지는 않지만 그것의 모든 잠재적인 전복적 효과들을 빼앗는다. 그러나 이러한 박탈행위가 성공적이라는 것은 사실인데, 왜냐하면 성숙기 헤겔의 작업에서 혁명적 변증법이었던 것들이 진정한 신정론(theodicy)으로 변형되었다. 사실 『법철학』에서 국가의 기초를 세우는 데 있어 혁명(즉 시민사회의 운동)은 질서를 재확립하는 역할을 한다. 이러한 점에서 국가는 역사철학의 한 요소가 될 수 있었다.—혁명적 변증법이었던 것들은 스스로를 신성의 관점 내에 위치시키기 위해 모든 변증법적 변화 가능성의 특질들과 모든 부정성과 존재론적 잠재성의 흔적을 잃어버렸다. 국가의 혁명적 합법화는 그것의 형이상학적 합법화에 의해 슬그머니(surreptitiously) 추방당하고 대체되었다.

그러나 헤겔의 논거는 부정확하다. 헤겔에 의해 이론화된 국가의 혁명적 설립은 시민사회의 부르주아 조직에 의해 자격을 얻었다. 혁명적 합법화의 메커니즘은 자본주의 사회가 그것을 조직하기 시작할 때 사회적 노동의 변증법에 의해 재생산되는 것이다. 그것의 조직은 자본주의적 생산(예나 시기의 저작들), 부르주아 사회, 그리고 그것의 동맹(베를린 시기의 철학에서)에서 생겨난 것이다. 헤겔에게서 국가 설립의 변증법적 과정은 시민사회로부터 출발하여 그 자신의 필연성과 그 자신의 순수한 '이성의 관념'(idea of reason)으로서 자본주의 혁명의 역사가 예시

---

* 헤겔의 예나 시기 철학의 단편들을 엿볼 수 있는 저작으로는 게오르크 W. F. 헤겔, 서정혁 역, 『헤겔 예나 시기 정신철학』(이제이북스, 2006) 참조.
** 게오르그 빌헬름 프리드리히 헤겔, 임석진 역, 『법철학』(한길사, 2008).

하는 진보적이고 수직적인(vertical) 조직화의 리듬으로 이어진다.

계급의 유물론적 분석에 변증법을 채택함으로써 맑스는 헤겔의 국가와 시민사회 개념의 핵심을 공격했다. 계급들 간의 위세의 균형에 대한 수평적 분석의 수준에서 맑스는 사실 자본주의가 생산관계 내에서 결정한 이분법의 본질적인 해결 불가능성(insolubility)을 강조했다. 결론적으로 자본주의적 혁명 프로젝트의 변증법 또한 해결 불가능하다. '시민사회로부터의 출발'이라는 이러한 프로젝트는 국가형태, 가치, 그리고 자본주의적 생산조직의 특수성에서 수직적 체계를 조직하는 것을 목표로 한다. 어떤 환경에서도 자본주의적 진보는 진보적인 혁명화의 문턱 이상으로 확립할 수 있다. 동일하게 혁명적인 국가는 시민사회의 운동을 끝내지 않고 결코 끝내게 하지도 않는다. 시민사회는 분할되었고 승화하지 못했다. 승화(sublimation)는 이데올로기이고, 순수하며, 단순하다. 그것은 과학이 신화로 붕괴되는 것이다. 모든 국가론은 신학적(theological)이다. 혁명은 지금까지 오직 국가를 완성했다. 하지만 요점은 국가를 파괴하는 것이다. 그러나 이러한 파괴는 시민사회가 조직되어 있는 이분법(dichotomy)에 내적인 것이다. 즉 국가는 그것의 지평 속에 존재한다.

2. '권력의 획득'(taking of power), 그리고 국가와 연관된 사회의 자본주의(적) 이분법의 결정적 메커니즘으로서의 수직적 조직은 맑스-레닌주의자의 정통(orthodox) 개념으로 헤겔 변증법의 순수한 복권을 표상한다. 소위 '맑스주의의 위기'라고 하는 것은 본질적으로 혁명적인 사유의 인력과 헤겔-레닌주의의 영역에서 혁명의 맑스(주의)적 읽기에 의해 촉발된 위기이다. 그러므로 국가론의 위기와 관련된 맑스주의의 위

기는 결과적으로 맑스주의가 국가 합법성의 오래된 기예(art)로 변형되어 왔다는 사실에서 기인한 것이다. 그러나 맑스주의는 자신의 비판적인 날(edged)을 잃어버렸고 자본의 철학과 논리가 되었다는 맑스주의에 대한 우파의 공격—이러한 냉정한 경향에 직면하여—은 정당한(legitimate) 것이 아니다. 비판(주의)은 오직 '좌파'만이 할 수 있다. 이를테면 변혁의 관점으로부터, 즉 '감응적'(sympathetic)이고 혁신적인 혁명의 관점으로부터 제기될 수 있다.

그러나 이것은 가능한가? 맑스주의 자체를 맑스주의자들과 혁명적인 비판가들에게 복종시키는 것이 아직도 가능한가? 나는 그것이 가능하다고 믿는다. 또한 나는 무엇보다도 비판은 (맑스가 그렇게 했던 것처럼) 헤겔적 전통—거기서 시민사회는 국가의 방향과 국가 스스로의 내부적 이분법의 해결방향으로 수직적으로 조직된다—의 특수한 측면 위에 초점이 맞춰져야 한다고 믿는다. 이러한 점에서 유물론적 분석은 우선 계급들과 계급투쟁의 현행적(actual)이고 결정적인 배치와 일치하지 않는 해결책의 불가능성을 입증한다. 이것이 의미하는 바는 시민사회가 여전히 이분법적이고, 갈등은 본질적으로 해결 불가능하다는 것이다. 그러나 이러한 관점에서 분석은 다음과 같이 통합되어야 한다, 계급갈등의 소거 혹은 해결의 전제는 더 이상 인정될 수 없을 뿐만 아니라, 주어진 경험과 연구의 현 상태, 계급갈등이 일어나는 소거 혹은 해결의 수직적 조직형태는 동등하게 인정될 수 없다는 의미에서 국가의 합법성 이론에 대한 헤겔적 버전의 재확인에 대조되는 것으로 통합되어야 한다.

이러한 요점을 명백히 해보자. 현대 자본주의 사회의 기본적 특징은 전 지구적 자본에 시민사회를 '실질적 포섭'(the real subsumption, 즉 복종)하는 것이다. 이러한 현상은 통상적으로(normally) 국가형태 자체를 나타낸다. 분석에서 드러난 것처럼 최초의 상황이 빠르게 전개되었다. 따라서 분석의 토대는 이동했다. 약진(leap forward)은 시민사회의 특징들을 정의하는 모든 것들을 포함하는 전 지구적인 것이다. 사실 실질적 포섭은 단순히 시민사회 내의 사회적 이분법을 드러내지 않는데, 시민사회는 어떠한 경우에도 이러한 상황에 고립되는 것이 불가능하다. 오히려 실질적 포섭은 시민사회와 국가의 새로운 구성에 의해 구성된 결정적인 복합체 내에서 이분법을 드러낸다. 이러한 구성물(compound)은 분석의 배타적이며 유일한(exclusive) 대상이 되었다. 다른 접근은 단순히 언어학적 가치를 지닐 뿐이다. 이러한 복합적인 사회—국가의 '통치역량'(governability)의 문제는 이러한 복합성의 규칙적인 재생산 혹은 혁명화하기의 문제와 동일한 것이다. 그러므로 이러한 관점에서 사회의 이분법은 완벽하게 수평적인 것으로 되는 경향이 있다. 소위 국가의 독트린—만약 혹자가 아직도 이러한 철 지난 용어법을 사용하고자 한다면—은 '주권자와 주체'(sovereign and subject)의 개념들에 더 이상 그 자체로 관련될 수 없지만 오직 '권력과 길항력'(countervailing power)—권력과 길항력은 형식적 분석에서는 교환 가능한 용어들로 다루어질 것이지만, 그것들[권력과 대항권력]은 확실히 정치적 분석의 관점에서는 그렇게 다루어질 수 없다는 것을 명심해야 한다—에는 연관된다. 결국 합법성의 주제들은 어떠한 대가를 치르더라도 형식적이고 순환적(circular)으로 되는 반면에 혁명의 유물론적 주제들, 그리고 일반적으로 통치역량의 정치적 주제들은 완벽하게 수평적 영역 위에서의 이분법을 취하는 역량이 된다. 나는 이 '수평적' 영역을 전쟁의 영역으로 부르고자 한다. 국가론 혹은 혁명의 이론은 전쟁의 영역을 정상적인 것으로 가정해야만 한다. 정치 그리고 구성의 과정은 여타의 수단에 의한 전쟁의 연속(continuation)이다.*

3. 사회적 이분법이 사회-국가 복합체의 수준으로 변환되었다면, 갈등에 대한 수직적 해결의 이해가 불가능하다면(합법화의 이론적 틀 구조의 불확실함 때문에 종종 일어나는 것이 아니라면 의지는 상황의 파국적 과잉결정이어야만 한다), 그리고 만약 이러한 조건들이 실제적으로 작용한다면 오직 가능하게 보이는 전략은 갈등을 안정화시키기 위해 노력하는 것이다. 법학분야(filed)에서, 그리고 국가의 '제헌적'(constitutional)이고 정치적인 이론 분야에서 최근까지 이러한 종류의 접근법들이 시도되는 것처럼 보인다.

법학분야에서는 합법성(legality) 이론의 계약주의적 버전들이 대단히 유행하고 있다. 이러한 접근들의 특징은 법(law)에 대한 모든 추상적이고 일반적인 정의들이 소멸(dissolution)된다는 것이다. 법적 원칙들은 드디어 세속국가의 이득을 얻었다. 법적 원칙들은 형식적 합리성(다소 신비화되었지만 그럼에도 불구하고 강력한)의 합법성을 스스로 함축하지 않는 불명확한 지배의 형태들을 취함으로써 이러한 '세속화'(secularization)에 대한 대가를 지불한다.

'제헌적'(constitutional) 이론분야에서는 정치적 교섭(bargaining)의 조합주의적 버전들이 유행하고 있다. 사실 공평무사한 분석은 선진 자

---

* 클라우제비츠, 『전쟁론』 1장 24번 테제에는 "전쟁은 다른 수단에 의한 정치의 연속이다"라는 구절이 있다. 이에 푸코는 『사회를 보호해야 한다』 1강에서 "정치는 다른 수단에 의한 전쟁의 연속이다"라고 클라우제비츠의 명제를 뒤집었다. 네그리는 푸코와 같은 입장이다.

본주의 국가의 제헌적 기능은 기업과 조합주의(자) 연합의 네트워크를 효과적으로 구성한다는 것을 인식할 수밖에 없다. 이러한 위세들로 구성된 물질적 구성은 형식적 구성을 과잉결정하거나 혹은 과소결정(underdetermines)하며, 그것의 기능(functioning)의 모든 신경중추에서의 위기를 일으킨다. 주어진 조합주의적 위세의 활력(vitality)은 (1960년대에도 그랬던 것처럼) 형식적 구성의 지속적인 개혁―주요한 적대의 격동과 변동에 진보적이 되기 용이하고 물질적·조합주의적 구성의 반란(insurgence)에 진보적이 되기 용이한―과 관련되어 사유하는 것이 불가능하다.

독일 철학에서, 그리고 특히 겔렌(Gehlen)*에 의해 이 후자의 상황은 '포스트 역사'(Posthistorie)**라는 표제 아래서 승인되었거나 특화되었

---

* 아르놀트 겔렌(Arnold Gehlen, 1904‒1976)은 독일의 영향력 있는 보수주의 철학자이자 사회학자이다. 그는 1927년 라이프치히 대학에서 유기 철학을 주장한 한스 드리슈(Hans Driesch)의 지도 아래 철학 박사학위를 받았다. 주된 관심분야는 철학적 인간학이고 인간 생물학을 학문적 관점으로 견지했다. 그의 사상은 동시대 독일의 신보수주의 사상가들에게 영향을 미쳤다. 국내에 번역된 책은 다음과 같다. 아르놀트 겔렌, 이을상 역, 『인간학적 탐구』(이문출판사, 2001) ; 박만준 역, 『최초의 인간과 그 이후의 문화』(지만지, 2009) ; 이을상 역, 『인간, 그 본성과 세계에서의 위치』(지만지, 2010).
** Posthistorie는 '포스트 역사' 혹은 '포스트 이스투아르'라고 번역할 수 있다. 일찍이 겔렌은 1950년대부터 이 개념을 '정리'(定理)하는 데에 복무한다. 겔렌은 이 개념을 수학자이자 철학자인 앙투안 쿠르노(1861)와 사회학자 셀레스탱 부글레(1901)로부터 영감을 얻어 1952년에 헤겔 우파 및 니체적 관점과 결합해서 이를 '역사의 종언'이라는 테제/가설을 수립한다. 그는 미소 냉전상황과 원자력 무기의 위험으로 세계사가 더 이상은 진보할 수 없는 막다른 상황에 이른 그 지점에서 역사, 적어도 이념의 역사가 종말했다고 선언하는데, 이것이 바로 '포스트 이스투아르'이다. 그는 이를 '역사의 종언'이자 동시에 이념적 혹은 '이데올로기의 종언'으로 규정한 것이다[페터 V. 지마, 김태환 역, 『모던/포스트모던』(문학과지성사, 2010), 35‒8쪽]. 한편 겔렌의 '포스트

다. 포스트 역사의 정의는 현재적이고 역사적으로 되돌릴 수 없는 어떤 것으로서 실질적 포섭의 물질적 특징과 (결과적으로) 법적이고 제헌적인 체계의 전통적 조직의 위기를 결합한다. 그러므로 이러한 시도는 그럴 듯한 사회적 행위의 분석적 틀로부터 시작하는 이러한 새로운 상황과의 대립을 만들어낸다. 이론의 유일한 목표는 분명 갈등의 안정화를 위한 기준을 설정하는 것이다. 현실성(reality)의 복합성은 함축될 수밖에 없고 통제될 수밖에 없다. 포스트 역사에서 국가는 '모던'(modern), 역사적 생산의 위세들의 명확한 결정화(crystallization)에 진입하기 위해 역사로부터 탈출한다. 그러므로 나는 겔렌과 그의 학파의 분석을 여기서 언급하고 있는 화제들을 보다 명확하기 위해 루만(Luhmann)의 논의를 다룰 때까지 미루고자 한다. 그러나 이러한 이론들이 국가-사회 관계성의 수평적 조직을 폭로하는 데 있어 새로운 국가-사회 복합체를 특성화함에도 불구하고 이분법적인 요소의 영속성을 그들이 신비화하는 정도까지만 성공한다는 것은 분명하다.

다른 한편 대립의 수평적 조직이 새로운 사회-국가 복합체 내의 변증법적 관계성의 기본적 형태를 구성한다는 가정은 맑스주의적 관점에서 본다면 [변증법적] 관계성에 귀속되어야만 하다는 거에두 불구하고 '이분법적 본질'(dichotomous essence)을 숨길 수 있는 것으로 보이지 않는다. 사실 포섭은 시민사회의 이분법적 본질을 폐기할 수 없는데, 시민사회는 오직 국가 쪽으로 수직적으로 갈등의 해결을 조직함으로써 그것을 해결할 수 있는 가능성을 제거할 뿐이다. 사실 새로운 관계성의 관

역사'(Posthistorie) 개념에 대한 직접적 비판은 볼프강 벨쉬의 다음 저서를 참조. 볼프강 벨쉬, 박민수 역, 『우리의 포스트모던적 모던』(책세상, 1998).

점에서 보면 사회적 적대와 사회변혁과 혁명을 향한 욕망은 그 자체를 보다 강력하고 분명하게 느끼게끔 한다. 계급투쟁은 결정되지 않았다.

피터 브루크너는 프랑크푸르트 학파의 가장자리에서, 그리고 무엇보다 겔렌의 인류학 내에서 아마도 이러한 새로운 차원들 내의 '혁명' 개념의 새로운 특징들을 가장 잘 보여준 저자라고 할 수 있을 것이다. 계급투쟁은 끝난 것이 아니라, 인간적 총체성에 관계하는 영역으로 대체된 것이다. 실질적 포섭과 수평적 조직 그리고 사회적 관계성의 대중적 특징은 형식적 통제의 가능성을 부정하고 인간—사회적 관계성의 물질적 특성을 강조한다.

4. 우리가 과잉결정되지도 않고 과잉결정할 수도 없는 평평한 수평선을 상정한다면, 그리고 그것이 물질적 토대를 가지는 이분법적 관계성의 형태를 취하는 경향이 있는 적대에 의해 확산된다면 대립이 안정화될 수 있는 수단들을 확인하는 것이 가능한가?

추상적인 신계약주의 모델 이외에, 신조합주의의 저속한 처방과 실천들 이외에, 그리고 기능주의자와 사회행위 이론들의 신비화된 왜곡 이외에 제안된 갈등의 구성주의적 해결(settlement)을 제안하는 관점에서 유일하게 유용한 이론적 틀 구조는 연방주의에 의해 제공된 어떤 것이다. 연방주의에서 주체들은 평등의 토대 위에 회합한 자율적인 개체로 (현재의 경우 그들은 체계의 재생산을 위해 노동한다) 그려진다. 그러므로 주체들 간에는 계약이 없다. 그럼에도 불구하고 일반적이고 추상적인 범주들에서 단일하고 집합적인 신체들의 권리들을 인식하고 평등하게 하는 구성의 가능성도 없다. 오히려 주체들 간의 응집과 단일한 주체의 특징에 대한 방어와 집합성의 보존 측면에서 평가되는 '합의'

(agreement)가 있다. 그러나 이러한 17세기와 18세기 부르주아 사회의 기원에 대한 구성적 유물론이 연방주의 이론에 의해 구성된 범위를 설명할 자리는 없다. 이러한 이론적 틀의 중요한 매력은 활동하기 시작하는 주체들의 현저함, 그들의 구성적 현존의 '환원불가능성'(irreducibility)이다. 이러한 이론적 틀은 바로 전쟁상태의 조직이다.

모든 개연성에서, 그리고 이러한 계급투쟁 국면에서 기본적인 문제는 계급투쟁의 구성적 안정화다. 그러나 이것이 목표라고 한다면 주체들 간 상호적 규제의 토대로서 간주된 주체들의 행위영역의 경계를 허용하는 신비화되지 않은 기준을 확인하는 것이 필수적이다.

그러나 갈등의 안정을 위해 구상된 질서와 합의적 협정들을 확립하기 위한 수단의 발전은 오직 주체들의 평등의 선험적 인식(prior recognition)의 토대 위에서 일어날 수 있다는 사실이 남아 있다. 그러나 이것이 가능한가? 혹은 그 경우에 불일치(disparity)는 이것과 모든 안정화의 전략이 실행할 수 없는(unworkable) 것으로 만드는 만큼 분명하지 않은 것은 아닌가? 특히 축적의 오래된 평형상태와 여전히 오래된 관계성과 자본주의 재생산의 회복을 여전히 목표로 하는 위세들이 존재하는 것은 아닌가? 그리고 이러한 무저 때문에 관계성의 파괴적인 과잉견정이 수단으로 가지고자 하는 의지가 존재하는 것은 아닌가?

그러나 오늘날 안정화의 시대는 프롤레타리아의 '이해관계'에 있다는 것은 분명하다. 사실 프롤레타리아가 매개체(carrier)인 사회혁명은 안정화를 통해 진보한다. 다른 한편으로 안정화는 지배의 전통적인 행사자의 이해관계와 관련이 없다. 왜냐하면 그들이 매우 잘 깨닫고 있는 바대로 사회혁명은 안정화를 통해 앞으로 나아갔기 때문이다. 비록 사회혁명이 하나의 정치적 혁명으로서 자신을 나타내지 않았다 하더라도 말이다.

　따라서 오늘날 프롤레타리아의 궁극적 이해관계는 평화를 위한 투쟁을 통해 사회적 혁명을 진보시키는 안정화를 강제하고 보증하는 것이다. 이러한 이해관계는 프롤레타리아 자신의 주체성을 심화시키고, 개방하고, 풍부하게 하는 수단들과 캠페인들을 통해 명료해진다. 평화를 통해 이러한 유산을 공고하게 하고 이러한 성과물(maturity)을 사회적 혁명에 접합시키는 것은 오늘날 진정으로 구성적인 행위를 수행하는 것이다. 이러한 방식으로 시민사회는 더 이상 부르주아적인 것이 아니라 프롤레타리아적으로 재발견될 것이다. 이는[프롤레타리아적인 것은] 그것을 승화시키고자 새로운 국가 설립을 목표로 하는 것이 아니라, 아마도 괴물적인 부르주아와 자본주의적 물신(fetish)을 파괴하는 것을 목표로 하고, 결과적으로 공동체에 대한 그들의 모든 다양한 기능들을 발전시키는 데 성공하는 것을 목표로 한다. 이것이 하나의 유토피아라는 것에 대해서는 의심할 여지가 없다. 그러나 그것은 존재의 영역에서 진보하고 펼쳐지는 유토피아다. 매우 유토피아적이라서, 비록 신비화된 형태일지라도 적은 유토피아를 가정해야 한다. 그는 스스로 평화롭고 기술적으로 동등한 사회를 약속한다. 그러므로 계급 없는 사회를 약속한다. 그러나 인간의 변혁행위보다 기술이 계급을 제거할 수 있다고 생각하는 것은 모든 유토피아 중에서 최악이다. 사실상 사회적 운동은 결코 결정화될 수 없고, 결코 제도화될 수 없으며, 결코 기술적 장치로 환원될 수 없다.

　이러한 새로운 틀 구조 내에서 새로운 구성적 책략(manoeuvre)이 시도되고 있다[예를 들어 이 문제가 현실적인 것이라는 것을 인식하기 위해 요하네스 앙골리(Johannes Angoli)가 1983년 2월 18일에 〈타게스짜이퉁〉(*Tageszei-*

tugn) 지에 독일연방의회에서 녹색 운동의 역할에 대해 기고한 논문 "Zwischen Bewegung und Institution" (「운동과 제도의 사이에서」) 을 검토하는 것만으로도 충분하다].

II
실질적 포섭단계에서의
국가와 계급

1. 국가와 계급

1.1 국가론과 계급론 간의 관계

국가론은 지배의 이론이고 계급론은 '자기가치화'[self−valoriza
tion(selbstverwertung)]와 프롤레타리아 독립의 이론이라는 점에서 국가
론과 계급론 간에는 아무런 관련이 없다. 이것은 국가가 지배계급의 수
단은 아니라든가 혹은 폭력의 합법적 사용에 대한 독점이 아니라는 것
등을 의미하지 않는다. 그것은 오직 이러한 특징들이 더 이상 노동계급
의 운동들과 더 이상 공통적인 것(in common)을 가질 수 없다는 것을 의
미한다. 일반적으로 우리는 국가개혁주의와 국가조직들의 활동들을 노

동계급과 프롤레타리아 계급의 운동들에 대한 반응들로 간주하곤 했었다. '자유주의'(the liberal)와 '계획' 국가('planning' state) 기간 동안 그러한 연결이 있었다. 그러나 오늘날 이러한 관계성은 더 이상 존재하지 않는다. 계급에 기반한 국가의 발전을 이해하고자 하는 틀을 구성하는 것은 불가능하다. 이러한 관점에서—지배계급, 즉 '착취하는 계급'(exploiting class)의 단순한 재생산을 위한 기능적 질서의 자율적인 생산자로서 그것의 궁극적인 특성이라는 측면에서—국가 자체가 고립되었다. 착취의 메커니즘들은 본질적으로 사실상 행정관리적(administrative)이며, 그것들의 목적은 권력기계의 단순 재생산이다.

1.2 프롤레타리아의 위치와 두 계급 모델의 사용

프롤레타리아는 노동이 착취당하는 어디에서든 존재한다. 그러므로 그것은 사회 전체에 걸쳐 존재한다고 할 수 있다. 우리는 생산적 노동이 생산의 모든 부문들 가운데서 동등하게 분배된 사회에 살고 있다. 생산과 '유통' 간의 구변은 언급하지 않고 생산적 노동과 재생산적 노동 간의 구별은—생산과 재생산 간의—완전히 유지될 수 없다. '착취'는 자본 내의 사회, 즉 국가 내의 사회 전체의 실질적 포섭의 관점에서 분석되어야만 한다. 레빕비아 감옥에서 가장 널리 읽힌 것은 『자본』의 '미출간된 제6장'이다. 코뮤니즘 혁명의 기본적인 주역은 착취의 사회적 주체다. 즉 사회화된 프롤레타리아, 즉 메트로폴리탄 프롤레타리아(metropolitan proletariat)이다. 아마도 두 계급 모델은 계속 유지될 것이다. 그것이 공간적 조건으로 인식되지 않을지 모른다는 사실을 제외하고.

전통적인 '공장제 모델'(factory model)에서의 경우와 같이 착취하는 자들과 착취당하는 자들 간의 공간적 분할은 더 이상 존재하지 않는다. 오직 착취—착취는 그것의 전체에서 노동일(working day)에 관심을 가지며, 시간의 전유라는 이슈에 대한 투쟁(사회 전체를 포함하는)에서 스스로를 표현한다—그 자체에 전적으로 내부적인 분할만이 있을 뿐이다. 두 계급 모델은 착취당한 시간과 자유 시간을 대치시키는 시간의 모델이다. 결과적으로 두 계급들은 변증법적인 것이 아니라 단지 적대적인 것, 관계성으로 환대(entertain)하고 있음이 분명하다. 노동일의 조직에서 필요 시간량과 잉여가치 시간량의 관계는 모든 균형을 상실했다. 기껏해야 그것은 화폐적 조건, 즉 화폐적 임금의 조건으로만 측정되는데, 왜냐하면 실질 임금의 개념이 더 이상 의미가 없어졌기 때문이다. 프롤레타리아는 어디에 있는가? 프롤레타리아는 고용주가 있는 곳이면 어디든 있다. 그러나 이러한 '동시적 편재'(simultaneous ubiquity)는 오직 각각이 차례로 권력의 무게를 경험하는 것뿐임을 의미한다. 실질적 포섭단계의 시대에서 착취에 대한 공간적 해석은 더 이상 의미가 없다. 노동일에서 착취는 시간적인 의미를 지닐 뿐이다.

두 계급 모델을 사용하는 것과 관련해 오직 실제의 문제는 프롤레타리아 독립을 통해 혁명적 주체의 통일을 전도시키는 행위의 과정들이 있다는 것을 확인하는 것이다.

1.3 국가와 계급구조

변증법적 관계성 이외에 계급구조는 자본주의 체계의 재생산을 목표로 하는 지배의 관점 내에서 고려되어야만 한다. 그러므로 이러한 관점에서 자본주의 생산양식과 노동의 분업이 아니라, 매우 단순한 지배의 행정관리적 기능들과 유형들의 이론들이 제안되어야 한다. 자본과 자본의 국가는 실질적으로 계급(들)을 형성하지는 않지만재생산 과정에서 그것들을 동일화하고(identify) 그것들에게 생명을 불어넣어 준다. 우리는 이러한 관점에서 계급들에 대해 제대로 말할 수 없다. 사실 국가가 가지는 이점은 재생산의 전체주의적 메커니즘에 직면한 사회의 상대적 분할이다.

국가 임금은 사회적 생산력의 '집적'(aggregation) 형태에 대항한 격렬한 전투다. 그것의 유일한 권력은 그것이 수행하는 분할작업으로 구성된다. 그러므로 다루는 것은 부정적 관계성이다. 국가에 의해 수행된 '사회적 현실성'(social reality)을 상징화하는 작업의 내용은 분할(segmentation)의 시도를 지속적으로 새롭게 하는 것이다.

국가는 착취적인 사회로부터 발산되는 혁신적인 이니셔티브를 흡수할 수 없다. 국가는 단지 지배의 합법성이 가지는 추상적이고 상징적인 틀 속에 그것들을 등록하고 삽입할 수 있다. 국가 그 자체를 이미지로 표상하다, 이미지는 노동계급과 그것의 다양한 분파들의 구체적인 존재 앞에 지나가는 영화, 텔레비전, 정보 메커니즘이다. 국가는 지배의 순수한 신비화이다. 그것은 효율적인 신비화 이외의 것으로는 존재할 수 없다. 국가는 계급을 형성하는 것이 아니라 계급을 표상한다. 계급에 관련된 어떠한 문제들도 그것에 대해 말하는 국가의 방식들과 공통적인 어떤 것을 가질 수 없다. 국가는 이러한 '비현실성'(unreality)의 형태일 뿐이다.

1.4 사회주의 사회와 맑스주의적 분석

맑스주의적 분석이 현실적으로 존재하는 사회주의 사회(들)에 적용될 수 없는지에 대한 이유는 전혀 명확하지 않다. 혁명적인 방법이 적용될 수 없는지에 대한 이유는 명확하지 않은 반면 맑스주의적 방법이 적용될 수 있는지에 대한 이유는 명확하다. 소위 사회주의 사회(들)는 자본주의 사회(들)보다 퇴보되었다. 몇몇 사회주의 사회에서 실질적 포섭과정은 아직 충분히 발전되지 않았다. [그런 사회에는] 아직도 어떤 전통적인 종류의 계급투쟁이 일어날 수 있는 어떤 여지(margin)가 존재한다. 이와 관련해 전형적인 사례는 폴란드의 경우인데, 거기서 투쟁하는 동지들은 우리의 전적인 연대를 받아 마땅하다. 이러한 사회에 맑스주의적 분석을 적용하는 것은 두 가지 이점이 있다. 첫째, 맑스주의적 분석은 우리에게 임금노동의 착취에 토대를 둔 사회발전의 복합적 이미지를 제공해 준다. 둘째, 맑스주의적 분석은 이러한 모델이 가정하고 있는 다양한 대안적인 형태들을 제시해 준다.

특히 오늘날 사회주의 사회들은 서구 자본주의의 폐기된 발전 모델들, 즉 착취의 감독에서 군사적 구조의 우위 쪽으로 향하는 경향이 있는 것처럼 보인다. 이것은 이러한 국가들에서의 계급투쟁의 높은 수준과 폭력에서 파생한다. 결국 이러한 사회들이 받아들인 제국주의적 권력에서의 갈등적 관계성들에서 기인한 것이다.

2. 국가와 정치

2.1 국가론과 사회주의 전략

국가론과 사회주의 전략 사이의 관계성은 탈신비화와 관련해, 혹은 달리 말하면 부정적 이론과 관련해 나타난다. 1절에서 다루어진 문제들과 이슈들이 실질적 포섭의 맑스주의적 변형과 관련해 고려되어야 하는 것처럼 2절의 질문 그룹들은 '자기가치화'와 프롤레타리아적 제도주의자의 이슈로 되돌아온다. 이제 국가를 탈신비화하는 작업이 수행되었다. 그럼에도 불구하고 혹자는 확장된 국가론이 사회주의 전략의 메커니즘을 정의하는 데 있어 유용한 방식인지에 대해 스스로 물을 수 있다. 이렇게 묻는 것은 사회주의 확립에 있어 권력이 얼마나 필수적인가를 묻는 것과 동일한 것이다. 그러나 이에 대한 대답이 단순히 추상적 필요성에 의한 것은 아니다. 그것은 절대적으로 불가능한데, 왜냐하면 권력이 계급투쟁의 두 가지 측면 위에서 인식되는 방식에서 '상동관계'(homology)는 존재하지 않기 때문이다. 만약 혹자가 어떤 도움을 원한다면 '국가학'(Staatslehre)의 문제들보다는 스스로를 국가법들의 특수한 주제들 혹은 교회와 국가 간의 갈등의 역사에 위치시키는 것이 필요하다. 이것은 외부적(external)이고 상호 독립적인 권력들과 그것들의 갈등적 근접성(proximity)의 문제를 제기한다. 어떤 사람은 신계약주의적 관점들이 계급들로부터 분출되는 다양한 권력의 영역들 가운데 교차지대들(intersection zones)을 이해하게 해주고 체계화하게 해주기 때문에 이러한 지점에서 유용하다고 믿는다. 그러나 혹자는 이러한 관점이 단지 암시적이며, 즉 그들의 형식적 특성 때문에 역사적으로 발전되어 온 전략과 대항권력의 계열들을 포착하는 것에 무력하다는 인상을 가지고 있다.

2.2 전통적 사회주의 모델과 새로운 운동

사회주의의 전통적인 모델은 생산적 노동의 이데올로기 그리고 축적의 목적을 위한 생산적 노동의 사회적 조직이다. 이러한 민주적인 양상의 결과로 생기는 혁명적 맥락—진보적인 해방과 생태학적 운동들의 진리의 결과로서 일어나는 것처럼—은 사회주의의 역사적–이론적 틀 속에서 더 이상 해결할 수 없는 문제들을 제기한다.

혁명적 투쟁의 주체는 급진적 변화를 경험했다. 자유를 갈망하는 투쟁들의 내용은 해방을 위한 투쟁의 내용들로 재흡수되었고 변형되었다. 그것에 의해 자유는 노동의 해방이라기보다는 노동으로부터의 자유가 되었다. 이러한 관점에서 혁명적 투쟁에 참가하게 된 새로운 세대들은 [과거의] 기억으로부터 자유로워졌다. 그러나 이것은 혁명적 과정이 원칙들의 결여임을 의미하지 않는다. 반대로 기존의 사회조직 형태에 대한 근본적인 거부를 통해, 그리고 코뮌적인 것과 사회적 투쟁의 경험을 통해 혁명적 투쟁들은 거의 지각되지 않는 급진주의의 형태를 취한다. 원칙들은 투쟁의 발전을 통해 탄생한다. 그리고 투쟁하는 사람들 가운데 혹자는 무엇보다도 삶의 질을 개선하려는 목표, 삶을 죽음에 예속시키려는 모든 시도들에 투쟁하고 파괴하려는 목표를 정확히 기술해야 한다. 사회주의적 존재에 고유한 생산양식의 평등과 사회화라는 이슈는 특수하게 문제화되는 방식에서 채택되지 않는다. 왜냐하면 평등과 사회화(Vergesellschaftigung)는 본질적 대상들(사실 대부분 그것들은 더 이상 대상들이 아니다)이 아니라 자본에 의해 강제된 조건들이라는 것이 분명하기 때문이고, 자유의 실천에 의해 재정복되어야 하기 때문이다.

2.3 사회주의 개념의 재정의

사회주의라는 용어로서 우리는 자본축적의 목적으로 규제된(ordered), 그리고 노동하는 인구를 강제하는 것을 목표로 하는 경제적·물리적 국가 형태들의 강제(coercion)에 따라 구조화된, 더욱 더 완전하게 사회적 노동계획의 토대 위에서 조직된 사회를 이해할 수 있다. 또한 우리는 사회주의라는 개념을 통해 노동과 생산 특성의 필수기능이 되는 것보다 오히려 사회와 그 조직의 재생산에 관련된 문제들에 연결되는 노동분업일지라도 노동분업이 존재하는 사회를 이해할 수 있다. 다른 한편 '코뮤니즘'으로서 우리는 사회가 노동의 필요성으로부터 스스로를 자유롭게 하는 사회를 이해할 수 있다. 따라서 집합적 조직인 사회는 노동의 축적보다는 노동의 축소를 목표로 하고, 모든 인간 에너지들의 동시적인 해방을 목표로 하며, 질병과 죽음에 대항하는 발명과 투쟁을 위한 시간의 완전하고 일반적인 이용을 목표로 한다. 계급투쟁의 현재적 국면에서 사회주의와 코뮤니즘 간의 구별은 절대적으로 근본적이다. 사회주의는 더 이상 역사적 필연성으로서 독립된 존재가 아니다. 오히려 그것은 발전된 자본주의 형태들을 따라서 흡수되었거나 주조되었다. 즉 자본주의 사회화(Vergesellschaftigung)를 따르든지 혹은 현실 사회주의의 관료주의를 따르든지 간에 자본에 의해 도구가 되었기 때문에 사회주의는 실질적 포섭 자체가 나타내는 외관들(guises) 중 하나이다. 그러나 실질적 포섭의 상황에서 프롤레타리아의 독립 자체가 코뮤니즘에 대한 요구와 투쟁으로서 나타난다. 이러한 투쟁에 필연적인 조건들은 '자기가치화' [프롤레타리아의 자기 관리(proletarishe Selbstverwer-tung)] 의 실체와 프롤레타리아의 '제도화'(Institutionalisierung)의 자율적 과정에 의해 주어진 것이다.

2.4 계급투쟁과 국가 간의 관계성

우리는 계급투쟁을 변증법적 복합체의 지속적인 재구조화(사실 프롤레타리아의 투쟁 대 자본주의 재구조화의 형성은 실질적 포섭상황들에서는 더 이상 존재하지 않는 관계성이다) 의 측면으로서가 아니라, 욕구들의 출현과 전유의 이니셔티브의 심급들로서 설명할 수 있다. 국가는 부의 생산과 재생산의 흐름들을 규제하는 그 자신을 발견한다. 프롤레타리아는 계층, 운동들, 기타 등등과 같은 그것의 다양한 형태들에서 이러한 부의 한층 더 크고 보다 중요한 '몫'(전제조건) 을 전유하기를 시도한다. 그리고 부(wealth) 뿐만 아니라 무엇보다도 자유와 시간까지도 전유하기를 시도한다. 국가의 지배가 더 이상 매개기능을 가지고 있지 않은 것처럼 투쟁들은 매개적인 기능들을 가지고 있지 않다. 매개(mediation) 는 사망했다. 재화의 생산은 지배를 통해 발생한다. 생산과 재생산, 지배/이익과 저항/임금 간의 관계성은 조화롭지 못했다. 자본은 그것의 국가(그리고 오늘날 집합적 자본은 국가형태 이외에서는 존재할 수 없다)를 통해 자본주의적 명령들의 틀에 복무하는 기능적이고 사회적인 관계성을 구성하는 것을 과잉결정하고 시도하지만, [이는] 자기가치화 과정의 독립과는 아무런 관계가 없다. 만약 그것들을 선도하는 주체가 프롤레타리아 주체일 경우, 국가 내에서의 투쟁들은 항상 국가에 대항하는 투쟁들이다. 국가의 행정관리적 절차는 오늘날 분리의 논리를 따라서 학습된다. 분리의 논리는 관계성을 길항력들의 갈등으로 이해한다. 그러나 타당성(즉 현존하는 질서와 관련된 타당성), 그것들은 아마도 잠재적으로, 그리고 전적으로 비효율적인 법률적(juridical)이고 행정관리적인 행위를 가지고 있을 것이다. 행정관리적 행위는 오직 대항권력이 그것들에 동의할 때에만 효율적일 수 있다. 그러므로 '내부에서 그리고 대항적인'(within and against)이라고 하는 것은 배타적인 결정요인들이 아니라, 오히려 프롤레타리아 자신의 독립적인 '제도화'(institutionality)의 구성에서 프롤레타리아의 여정을 따르는 단일한 행로의 결정요인들이다.

2.5 혁명적 주체의 운동과 구성

오늘날 프롤레타리아가 발전시켜야만 하는 유일한 정치적 투쟁은 그 자신 속에 있다. 이것은 한편으로 국가에 대항하는 적대, 다른 한편으로 이러한 적대가 표현되고 있는 원인들과 운동의 다양성 간의 통일성을 일으키는 방향으로 프롤레타리아를 이끌어야 하는 투쟁을 의미한다. 일종의 유물론적 '평등'(Vergleichung)*은 다양한 계급적 표현들 가운데서 발달되어야 한다. 착취의 모든 형태들에 대항하는 연합, 이것은 통일성을 추구하는 것이 필연적으로 적대의 영역에서―그러므로 계급의 적의 존재에서—발생한다는 자각(awareness)과 관련 있어야 한다. 또한 이러한 통일성의 유형이 프롤레타리아의 행위들과 욕구들의 복합체, 즉 표현들의 복합체라는 것을 고려하지 않는다는 자각과 관련 있어야 한다. 요컨대 착취의 모든 형태들에 대항하는 연합은 아담 스미스의 문구를 수정해서 읽으면, '프롤레타리아의 부'(wealth of the proletariat)가 길항력에 작용하는(exercising) 유일한 기능으로 환원될 수 없지만, 그것을 구성하는 다양하고 다층적인(multiple) 사회적 권력의 형태로 동등하게 표현되어야 한다는 자각과 관련 있어야 한다. 그것의 계층화와 욕구들의 다양성을 통해 프롤레타리아의 내적 구성과정은 오늘날 계급정치의 가장 근본적인 문제가 되었고, 이것은 상상할 수 있는 문제다. 그것의 다양한 표현들을 통해 혁명적 주체의 구성은 오늘날 헤게모니의 실질적 문제이다.

3. 국가와 정당

3.1 맑스주의 당이론의 재정의를 위해

레닌주의 정당론(그리고 일반적으로 제3인터내셔널적 특징의 당 개념

---

* 독일어 'Vergleichung'은 조정, 화해, 비교/대조라는 뜻을 가지고 있다. 동사형은 'vergleichen'으로 ① 균등하게 하다, 똑바르게 하다, 평평하게 하다, ② 조정하다, 화해하다, ③ 비교/대조하다, ④ 비유하다 등의 뜻을 가지고 있다. 여기서는 평등으로 번역한다.

들)은 당이 노동계급의 '대리자'(representative)라는 것, 따라서 이중적인 의미에서 사회에 외재적이라는 것을 유지한다. 첫 번째 심급에서 당은 의식 있고 책임 있는 운동의 전위조직이기 때문이고[그래서 계급과 관련한 당의 외재성은 대리(representation)와 관련해서 일어난다], 두 번째 심급에서 노동계급의 당은 노동계급의 외재적인 어떤 것으로서 사회를 상상하기 때문이다. 이제 변혁의 결과로서 포섭은 일어났고, 노동계급은 사회에 외재적인 것이 아니라 오히려 사회를 통틀어 분산된 생산력의 모든 부분들에 연관된다. 우리는 이 새로운 주체를 사회적 노동자 혹은 메트로폴리탄 노동자(Metropolitan worker)라고 부른다. 혁명적 주체에 의해 구성된 새로운 현실성에서 볼 때 당의 역할은 무엇인가? 우리는 즉시 정당 자체가 '대리자'로서 확고히 할 수 없다고 말할 수 있다. 이것은 정당에 프롤레타리아의 사회적 구성을 부여하는 것이 가능하지 않다는 의미다. 심지어 당 자체를 사회적 노동 이전에 노동계급의 전위조직으로서 확고히 할 수 없다. 이러한 전통적인 정당론의 이중부정(double negation)이 제기한 문제는 조직과 투쟁의 지속적인 경험들을 통한 실천 외에는 해결될 수 없다.

모든 개연성에서 당은 오직 길항력의 조직자로서, 따라서 오직 쿠뮤니즘 조직의 집합적인 사회적 작인(agent)으로서 다시 태어날 수 있을 것이다. 어떤 경우라도 길항력을 위한 프롤레타리아 조직들과 개방들, 그리고 코뮤니즘으로 이어지는 프롤레타리아 제도적 구조들을 대중들 가운데 설립하는 것은 오늘날 당의 유일한 임무다. 이행의 도구로서 정당은 계급의 일반적(general) 이해관계 대리자로서의 역할을 부정해야 한다. 그 대신에 정당은 계급의 특수한(particular) 이해관계를 조직하고 만족시키는 역량으로서 확고히 해야 한다.

3.2 '공산당'의 역할

대부분의 서유럽처럼 동유럽에서(차이는 질적인 것이 아니라 양적인 것이다) 당은 순수하고 단순한 국가의 기능이다. 동유럽 국가들에서 당은 주인(master)이다. 당은 노동조직의 주인이고, 따라서 사회적 착취의 작인(agent)이다.

다른 한편으로 서유럽에서, 특히 극단적인 의회 다원주의(parliamentary pluralism)에 의해 특징화된 이러한 체제들에서 정당체계는 이미 매우 관료적이고 억압적인 원자가(valence)를 가지는 신조합주의(neo-corporatist) 체계가 되었다.

이러한 사태는 노동계급과 관련된 소위 서유럽 공산당들이 공장 프롤레타리아에 의해 구성된 전통적이고 신뢰할 수 있는 계층들의 방패막이로 한층 더 제한되고 환원되는 것과 관련된다. 새로운 운동으로부터 발산된 혁명적 공세는 조합주의 부류와 같은 정치적 타협의 틀 속에서 수용될 수 있는 범위까지만 지지된다. 노동과 생산성 이데올로기는 서유럽 공산당들을 어떠한 유보도 없이 핵에너지에 대한 지지자로 줄 세우는 데 공헌했다. 청년운동들에 관한 한, 서유럽 공산당은 억압적인 행위와 '게토화'(ghettoization)의 시도 사이에서 모호한 역할을 했다. 서유럽 공산당이 관여하는 한, 환경문제는 단지 도시를 깨끗하게 하는 캠페인 수준에 그쳤다. 노동윤리는 사회적 일탈에 대항하는 억압적 정책과 관련하여 가장 심각한 손상을 입게 되었다. 감옥은 도시 배제적(exclusionary) 체제들에 의해 주변화된 사람들로 가득 찼다. 간단히 말해 소위 공산당은 종종 보수적이고 반동적인 이데올로기의 주된 자원이 되었다. 이것은 공산당이 여전히 거대한 프롤레타리아 대중과 타협하지 않는다는 것을 의미하지 않는다. 그러나 궁극적으로 그들의 역할은 조합주의적 체제화(regimentation)의 하나이고, 이러한 위세들의 통제 중 하나다. 산업 재구조화의 관리와 인플레이션에 대한 전쟁에서 공산당의 역할은 아마도 이탈리아에서의 역사적 타협—이러한 면에서 공산당은 겨우 레이건 신봉자(Reaganite)로 불릴 수 있다—이라는 짧은 기간을 통해 예증되었다. 주로 독일과 프랑스에서 사회주의 정당들은 새로운 운동들과 대화를 착수하려고 시도하고 있다. 여기에서, 즉 감옥에서 이러한 책략들(manoeuvres)이 선거에서의 목적달성 이상의 것들을 가졌는지를 평가하기는 어렵다.

3.3 코뮤니즘 운동에서 당의 적합성

전제되어야 하는 근본적인 현실성은 국가에 대한 당의 중요성에 의해 주어진 것이다. 당은 그것의 형성을 이루는 안정적인 요소들로서 국가에 의해 재정지원을 받는다. 당은 국가권력에 의해 보증된 매스미디어와 중앙집중화된 관료제에 대한 직접적인 지배력이 있다. 의회체제는 순수하거나 혹은 불순한 형태로 존재하지 않는다. 그것은 매우 단순히 정당체제에 의해 대체되어 왔다. 이러한 상황에서 변혁으로의 두 가지 가능한 길들이 있다. 길항력[길항력은 또한 그리고 무엇보다도 정당과 국가 의지를 틀짓는(framing) 것에서 행사되는 참여적 활동으로 향해져 있다]의 창조와 공고화를 통해 이행하거나 혹은 합법성의 부재 혹은 수동적 합법성의 침묵(sprachlosigkeit) 중 하나에 협력하는 길이다. 그람시주의의 이탈리아적 전통에서 혹자는 수동적인 것(passively)을 경험한 대중들로부터의 혁명이라는 의미에서 '수동혁명'(passive revolution)*에 대해 이야기한다. 오늘날 아마도 '아래로부터의 혁명'(a revolution from below)을 도입한 분파적인(sectional) 대중운동들의 수동적 과정을 지칭하는 데 있어 '수동혁명'이라는 표현을 사용하는 것이 적절할 것이다. 일반적인 견해에서 정당들은 약하기도 하고 강하기도 하다. 정당권력이 국가활동에 의해 전적으로 보증된다는 의미에서 그렇고, 정당이 일종의 '대중적 의지'를 위한 연결고리(transmission belts)로 기능하는 경우에는 그렇지 않다. 정당들은 낡아빠진 신비화의 기계들이다.

---

* '수동혁명'(passive revolution)은 정치사회로부터의 혁명(위로부터의 개혁까지를 포함해서)을 지칭할 때 사용되는 용어다. 그람시는 『옥중수고』의 「국가와 시민사회」 장에서 국가의 위기를 아래로부터의 혁명을 통한 지배계급의 위기, 지배계급의 대중적 지배에 대한 동의의 실패의 위기 등으로 서술하면서 이를 '혁명'적 상황에서 비롯되는 '권위의 위기', '헤게모니의 위기' 혹은 '국가의 일반적 위기'라고 규정한다. 결국 '수동혁명'은 지배계급이 자신들의 헤게모니의 위기를 타파하기 위한 미봉책이라고 할 수 있다. 그람시는 기동전(機動戰)이 적절히 수행될 수 있었던 러시아와는 달리 서구에서는 그것이 가능하지 않은 이유를 국가와 그것의 상호적 파트너로 존재하는 시민사회의 영역이 견고함 때문이라고 간주한다. 즉 "서구에서는 국가와 시민사회에 적절한 관계가 형성되었고, 국가가 동요할 때에는 당장에 시민사회의 견고한 구조가 모습을 드러냈다. 국가는 단지 외곽에 둘러쳐진 외호에 지나지 않으며, 그 뒤에는 요새와 토루의 강력한 체계[시민사회]가 버티고 있었던" 것이다[안토니오 그람시, 이상훈 역, 『옥중수고』(거름, 1996), 245−328쪽 참조].

4. 국가와 정치권력

4.1 국가형태와 그것의 위력의 역사적 결정요인들

이 문제를 다루는 데 있어 기본적인 확신, 즉 국가는 잉여가치가 발생하는 것을 추출하는 과정에서의 형태라는 것을 상기하는 것이 아마도 필수적일 것이다. 국가의 '상대적 자율성'이 이전의 자본주의 발전국면 동안에 어떤 의미를 획득했다면, 실질적 포섭기간 동안에 어떠한 종류의 국가의 자율(성)과 정치적인 것의 자율(성)은 상상도 할 수 없다. 불충분한 자본주의 생산의 발전 때문에 현실 사회주의 국가들에서는, 아마도 여전히 국가의 상대적 자율성과 사회주의 프로젝트의 상대적 자율성을 위한 여지가 있을 수 있지만, 선진 자본주의 국가들에서는 절대적으로 불가능하다. 따라서 첫 번째 심급에서 국가의 위력(strength of the state)은 집합적 자본주의의 위력이다. 역사적인 면에서 국가의 위력은 소기 기본을 포섭이 방향으로 믿어내고, 국가가 그것을 체험하두록 이끄는 노동자 투쟁의 변증법적 토대 위에서 설명될 수 있다. 오늘날 포섭의 국면과 그것의 적대의 재등장에서 '국가의 위력' 개념은 위기에 이르렀다. 변증법적 이론은 전쟁 이론과 갈등을 겪게 되었다. 전쟁의 현실성에서 국가는 하나의 극(pole)—그리고 오직 하나의 극—이다. 사회적 생산 세계를 상징화하려는 국가의 시도(그리고 기능적으로 그것을 분절하는 상징화를 통해)는 사회적 생산과 재생산의 모든 접합들(bonds)까지 확장하려고 증가하는 저항과 부딪치게 된다. 국가의 위력에 대한 역사적 설명은 그것의 실재(real) 무게를 충분히 인지해야 한다. 즉 가로막는 과정—실행된 마지막 변증법적 행위—을 충분히 인지해야 한다. 변증법은 현행적(actual) 발전법칙이 아니고 형이상학적 법칙도 아니다. 그것은 자본에 의해 도입된 매우 단순한 법칙일 뿐이다. 코뮤니즘은 변증법의 폐기(supersession)로 나아가고 있다. 그러므로 이미 전쟁과 새로운 조직의 관리(conduct)를 통해 최고의 기본법(basic law)은 전쟁의 법이 되었다. 그러나 국가의 위력은 항상 계급관계의 하나의—단 하나의—극(pole)이다.

4.2 형식적·법적·정치적 권리와 진보적 계급투쟁 간의 관계성

형식적 그리고/혹은(and/or) 비형식적인 법적 그리고/혹은 정치적 권리들은 비록 그것들이 자본주의 발전에 의해 영향을 받을지라도(그리고 결과적으로 그것들이 정확하게 탈신비화될지라도), 단지 자본주의적 발전의 기능들이 아니라 '실질적인'(effective) 것이다. 그러나 계급의 새로운 구성으로 인해 이러한 형식적 권리들은 억압할 수 없는 물질적인 욕구에 상응한다. 따라서 민주적 투쟁들은 그것의 사회화된 형태에서 노동계급의 동질적(consubstantial) 요소들이다. 진보적 투쟁은 계급의 새로운 제도성(institutionality)을 위한 기회들을 창출한다. 그것은 투쟁들이 통합으로 끝날지도 모른다는 관념과 경쟁할 필요가 있다. 통합은 오직 투쟁의 부재로부터 발생한다. 자기가치화의 사소하지 않은 효과는 투쟁에 내재적이다. 투쟁 이후에 재확립될지 모르는 균형상태(equilibrium)는 위세들의 온전한 평형상태로 놔두지 않는 그들의 과정을 취할 것이다.

투쟁의 총체적인 통합 이론은 결코 중요하게 수행될 수 없다. 평화의 상태는 투쟁 이전에 속하는 부의 분배에서 동등한 균형(equilibria)과 동등한 상대적 몫(share)의 토대 위에서 확립될 수 없다. 균형의 현상유지 이데올로기로서 케인즈주의는 노동계급에 유리한 역할을 하였다. 그러나 케인즈주의는 끝났다. 오늘날 문제는 갈등의 두 가지 측면에 의해 부(wealth)뿐만 아니라, 사회의 시간적 존재의 전유를 창조적인 면에서 지시하는 상호적이고 적대적인 것이다.

4.3 자본주의와 코뮤니즘 사회에서의 합법성과 법

'합법성'(legislation)과 법의 역할은 코뮤니즘을 향한 진보를 강력하게 과잉결정하는 것에 다름 아니다. 이러한 과정이 수행되는 한, 혹자가 법에 대해 그릇된 관념을 가지지 않는다고 규정했을 때, 즉 사회의 과잉결정보다는 단순히 조직에 대해 성찰할 때 국가와 함께 법의 역할 또한 쇠퇴한다고 생각하는 것은 합리적이다. 그러나 법은 의지로 변형되는 규범, 지배, 그리고 잉여가치다. 자본주의 발전에서 기득의 맥락은 자의적이고 타당성의 단순 개념들로 환원된다. 켈젠*은 그것의 형식적이고 규범적 측면들에서 부르주아 법 발전의 탁월한(unsurpassed) 대리자이

---

* Hans Kelsen(1881–1973)은 오스트리아계 미국의 법학자이다. 신칸트 학파의 입장에서 순수법학을 제창하고 규범 개념에 의한 법 및 국가 이론과 법 단계설을 수립함으로써 빈 학파의 지도자가 되었다. 주요 저서로 『국법학의 주요 문제』(1911), 『일반국가학』(민준기 역, 민음사, 1990), 『순수법학』(한스 켈젠, 변종필·최희수 역, 지산, 1999), 『정의란 무엇인가』(한스 켈젠, 김선복 역, 책과사람들, 2010) 등이 있다.

다. 노동계급은 부르주아에 의해 사용된 것들과는 다른 이름들로 법을 호명할 수 없다. 노동계급은 유일하게 부르주아 법을 파괴할 수 있다. 거기에는 합의(agreement)와 계약(contract)의 경우가 남아 있다. 우리가 겪고 있는 이행의 시대와 새로운 수동혁명의 시기 동안에 계약적 합의들(contractual agreements)은 중요할지 모른다. 그러나 그것들은 오늘날 존재하는 공법(public law)보다는 국제법(international law)의 기술 수준과 이론으로 환원되어야 한다. 이러한 관점에서 현행적 실천은 완전히 법을 대신한다. 이러한 사항에서 중요한 것은 사물들을 섞지 않는 것이다.

예를 들어 널리 사용되는 용어, 즉 '새로운 법들'(new laws)을 고려해 보자. 그 법이 의미하는 바는 자본주의이든 사회주의이든 상관없이 바로 국가의 개념과 밀접한 관계로 창조된다는 것이다. 동시에 국가에 의한 모든 법의 창출은 그것의 부정의 창출이다. 자본주의는 새로운 욕구들 및 행동들 등등을 창조한다. 그것들은 법이 확립하는 새로운 욕구들 및 행위들 등등과 매우 동일한 정도로 통제되어야만 한다. 이것은 명백하고, 자본주의 지배의 유지와 재생산에 있어 어떠한 어려움도 창조하는 것처럼 보이지 않는다.

만약 새로운 법에 의해 그들의 인식을 통한 갈등성(conflictuality)의 새로운 요소들이 유발된 것 같다고 이해된다면 이것 또한 상당히 명백한 것처럼 보인다. 법의 자본주의적 생산기계는 동시에, 그리고 동등한 수준으로 갈등의 해결을 위해 조직된 기계, 즉 자본주의적 국가의 재생산을 위해 기능적으로 조직된 기계와 일치하지 않는다. 문제는 새로운 법(들)이 아니라, 새로운 법 자체를 단결시키고 헤게모니적이게 하는 프롤레타리아적 길항력의 경향성이다. 실제 문제는 제기되기 시작하는 집합적 요구다. 그것은 짧은 기간을 제외하고 법률적 체계 내부에 포함될 수 없다. 이러한 의미에서—즉 새로운 계약성(contractuality)의 틀 내에서 법률적(juridical)이기보다는 오히려 위세와 강요된 타결(settlement)의 관계성에 일련의 토대를 두고—수많은 새로운 법들이 생산된다. 그러나 이러한 집합적 요구들을 기술하기 위해 법적 전문용어(legal terminology)를 사용하는 것은 매우 위험하다. 동시대 이탈리아 역사에서 이와 관련된 사례들은 풍부하다. 프롤레타리아 주체들의 실질적 요구들의 원자가(valence)와 관련해서(법에 의해 프롤레타리아 주체들을 제한하는 것이 불가능한 곳에서, 그리고 프롤레타리아 주체들을 그렇게 취급하는 습관, 예를 들어 파업권의 제한과 노동조합의 통제와 같은 습관들에서), 그리고 권력의 새로운 체계들을 차단하는 규범들의 예외적인 생산과 관련해서[예를 들어 공표된 노동자들의 법령(statute)과 같은] 그러하다.

4.4 국가의 폭력과 국가에 대항하는 폭력의 역할

오늘날 국가에 대항하는 폭력의 역할은 확립되기 어렵다. 그리고 프롤레타리아 조직과 길항력 이론의 부재에서 일반적인 폭력의 역할을 확립하기도 어렵다. 국가에 대항하는 폭력의 행사는 주체들에 대항하는 폭력국가에 의한 행사만큼이나 광범위하게 실질적인 것이 되었다. 국가를 파괴하는 하나의 목소리를 가진(univocal) 폭력을 촉발시키는(unleashing) 치명적인 순간을 상상하는 것은 어렵다. 길항력 이론과 프롤레타리아의 직접적 조직 이론이 어떠한 의미를 갖는다면 폭력은 프롤레타리아 조직과 길항력의 합리적 행위와 관련되어 있어야 한다. 프롤레타리아 사회조직의 복합성을 고려해 볼 때 무장반란(insurrection)의 이데올로기들은 이론적으로 이치에 맞지 않다. 오늘날의 이행과정은 폭동의 '지금'(now)이 될 수 없는 시간—시대(time-period) 속에서 발전할 것이다. 오히려 관련 있는 시간—시대는 그 자체를 공고히 하는 동시에 부(wealth)를 전유하는 프롤레타리아 권력의 억누를 수 없는 경향성에 필연적이다. 요점은 파괴하는 것이 아니라 무엇보다도 건설하는 것이다.

《자본주의 국가》(Kapitalistate)지에 의해 제안된 화제들 가운데 "프롤레타리아의 '자기 결정'과 새로운 구성주의"라는 주제들에 대한 인용의 부재는 비판받았다. 이것은 아마도 혁명적 비판과 상상에 관해 오늘날 작용하고 있는 주요한 화제들일 것이다. 기본적인 문제는 어떻게 프롤레타리아의 자기가치화가 열린 제도성(institutionality)으로 될 수 있는가를 확인하는 것—비교(比較)적인 토론에 의해서라도—을 성공하는가에 있는 것처럼 보인다. 거기에는 우리가 따르고자 노력하고 기술하고자 노력하는 수많은 과정들이 있다. 그러나 이런 연유로 우리가 완전한 이론적 틀에 보다 가깝게 도달하는 것이 필요하다.

우리가 주의를 집중해야만 하는 화제들은 다음과 같다. 한편으로 개혁주의 전략들의 실패(대부분의 유럽 공산당들의 전략들과 같이)와 공산주의 좌파의 폭동적 전략들의 실패가 있다. 그리고 다른 한편으로 거대한 운동들의 투쟁과 노동계급의 활동적인 계층들에 의한 길항력 행사의 공고화가 있다.

12
핵국가 개념에 대한 몇 가지
노트들

국가가 존재하고 핵 에너지와 핵무기 공급에 있어서의 생산주기들도 존재한다. 그러나 '핵국가'라고 불릴 수 있는 특수한(specific) 기술적−이론적 실체(entity)가 존재하는가?

물론 기술적인(descriptive) 관점에서 볼 때 일련의 특수한 정책들이 국가와 핵무기들/핵 에너지들 사이의 관계성에 연결되어 발전해 왔다는 것에 주목할 수 있다. 이 정책들은 엄밀하게 군사적이고 에너지[적인] 영역들뿐만 아니라 경제적이고 재정적인 정책들의 영역들, 산업적인 전환과 재구조화의 계획을 위한 정책들, 지역정책들, 공공질서 정책들, 비밀 서비스 활동들, 말할 필요도 없이 외교정책, 대외무역 그리고 산업적 공급들, 과학적 정책, 우주정책 등등과 관련된다.

그러나 이러한 정책들에 의해 야기된 새로운 관계성과 활동성들의 복합체가 질적 도약을 가져왔다고 가정하더라도, 혹은—이것이 보다 자연스러운 것이라고 할 수 있는데—핵 에너지의 발전이 기존 생산양식에서의 중요한 변화들을 보다 적당하게 이끌었다고 믿는다 할지라도 내게는 이러한 이유로 국가의 성격을 수정하는 것과, 그러므로 '핵국가'라는 특수한 개념을 새롭게 도입하는 것이 정당한 것처럼 보이지 않는다. 금세기의 첫 반세기 동안 에너지의 주된 수급원이 석탄에서 전기로 전환되었을 때, 매우 정확하게 이것이 국가형태에서의 변화를 초래했다고 생각할 수는 없다. 비록 생산유형들과 국가활동들 사이의 수많은 관계성들이 이러한 변형에 의해 영향을 받았다고 할지라도 말이다. 전기는 생산의 기술적인 측면으로 지속되었다. 그리고 레닌은 자본주의 정부가 전기를 독점적 기업들의 발전에 고용할 수 있었던 만큼 전기를 소비에트와 쉽게 결합시킬 수 있었다. 그러므로 기술적 변형은 상대적으로 자율적인 것이었다.

우리가 '핵국가'의 개념에 의해 수반되는 것들을 정립하기를 원한다면 에너지의 유형과 국가형태 간의 관계성들을 구체적으로 기술하는 특정한 개념을 파악해야 한다. 다시 말해 우리는 다음과 같은 질문에 답해야만 한다. "원자력의 사용과 연관된 군사적이고 에너지[적인] 정책들이 발전을 통해 규범적인 것에서 그리고 제헌적이고 정치적인 조건들에서 국가의 합법화 성격에 영향을 미치는 것과 같은 상당한 변형들이 있었는가?" 그것이 질문이다.

우선, 규범적인 관점에서 문제를 검토해 보자. 그리고 우리 자신에게 물어보자. "민주주의적 국가에서의 합법성(legitimacy) 개념에는 무엇이 포함되는가?" 우리의 대답은 합법성은 한편으로 폭력의 법적 행사, 다른 한편으로 정치적 명령들과 폭력의 사용에 대한 독점권을 가진 조직들의 합의적이고 민주적인 형태 사이의 제헌적으로 보증된 관계성이라는 것이다. 이것은 통치의 조직들 그리고 정치적 의지의 형성이 추동하는 과정들과 주체들 사이에는 '제헌적 사법권'(constitutional jurisdiction)을 가진 조직들에 의해 감시되고 그리고/혹은(and/or) 재설정된 어떤 균형이 존재해야 한다는 것을 의미한다. 그리고 그것을 조직하는 집합적 주체들을 통해 '대중의지'(popular will)의 판단에 규칙적으로 배치된 어떤 균형이 존재해야만 한다는 것을 의미한다.

우리 자신에게 물어보자. 핵 에너지와 핵 매뉴팩처, 핵비축(stock-piling)의 발전과 핵무기의 가능한 사용이 민주주의적 합법성 개념과 그것의 '제헌적 실행'(constitutional implementation)에 영향을 미치는가? 그것이 폭력의 법적 행사와 대중적 의지형성 사이의 관계성을 변형하는가?

이러한 질문들에 대한 적절한 대답은 내게 긍정적으로 보일 수밖에 없다. 민주주의적이고 구성적인 관계성들은 핵 에너지의 발전과 핵 방어정책의 발전에 따라 변화한다. 왜냐하면 핵 방어정책은 폭력의 법적 사용의 잠재적 효과들에 대한 모든 한계들을 제거하고, 그것과 정치적 의지의 형성 메커니즘 사이의 관계성을 극도로 불평등하게 만들기 때문이다.

사회적이고 정치적인 위기시대(혹은 혹자가 고조된 계급투쟁의 위기시대라고 부르기를 좋아한다면)에 이러한 분리의 동학은 강렬하게 여겨진다. 우리가 그것들을 이론적으로 분석하거나 혹은 경험적으로 기술하거나 하는 것과는 독립적으로 여기게 된다.

우리는 아직 핵 에너지 발전의 부대효과들(concomitant effects), 즉 방사선 낙진과 생태학적 파괴의 효과들에 대해서는 이야기하지 않았다. 이차적 의미를 지닌 것은 아니지만 이것들이 규범적인 합법성 개념에 직접적으로 관련된 것은 아니다. 비록 천연자원의 보존과 생물학적 재생산 조건들의 보전은 헌법(어떤 헌법이라도)이 빈틈없이 방어하는 가치들의 조합 가운데 포함되고 있다는 것을 거부할지라도 말이다. 우리는 이러한 것들을 언급하지 않았는데, 왜냐하면 제헌적 합법성(constitutional legitimation)의 균형상태의 붕괴를 초래할 정치적 동학을 이해하기 위한 순간에 주로 관심이 있기 때문이다. 우리는 다른 효과들에 대해 나중에 살펴볼 것이다.

우선 정부에 의해 소유되는 핵 에너지 역량의 파괴적인 잠재력에 의해 제기되는 이론적 문제로 돌아가 보자. 직접적인 관찰을 하는 것이 유용할 것이다. 가설에 의해 원자력의 파괴적 잠재력은 폭력의 법적 행사를 특징화할 수 있다. 그리고 어떤 경우에서라도 폭력의 법적 실행 안에 포함되어 있는 원자력의 파괴적 잠재력은 효율적인 파괴역량으로서 단순히 스스로를 나타내는 것이 아니라, 기본적으로(원칙적으로) 사법적 질서의 강제적 과잉결정의 효과로서 나타난다. 정치적 구성과 그것의 실행규칙들과 절차들의 관점에서 보면, 그와 같은 파괴적 잠재력은 모든 대안적이고 적대적인 정치적 운동에 관련된 과잉결정의 권력으로서 나타난다(그것은 비구성적이거나 혹은 단순히 반대하는 행동 이외의 것이다). 위협의 감정은 '합법성'(legality)을 일반적으로 매우 심오하게 특징화하고, 강압적인 억지[력](oppressive deterrent)은 합법성의 추상적인 제헌적 관계성을 추하게 할 뿐만 아니라, 일방적인 관계성이 표상하는 구체적인 역사적-정치적 관계성의 다양성에 개입하고 [이를] 압도하는 높은 수준의 억압을 일으킨다. 내가 하고자 하는 말은 전쟁 억지효과(deterrent effect)가 정치적 자유의 행사와 구성의 기능화에 직접적으로 연관된다는 것이다. 정치사상사에서 그와 같이 완전하고 총체적인 표현에 근거를 둔 주권 권력의 절대성은 결코 존재하지 않았다.

그 결과 권력행사의 억제에 대한 전통적인 자유민주주의적 분석에 절대적 권력을 일임하는 것은 이론적으로 순전히 불합리하다. 그것을 '신계약주의'(neo-contractualist) 혹은 '신공리주의'(neo-utilitarian) 넌센스(이식되었거나 혹은 이식하였거나 그것들은 심어진 채로 남아 있다)와 관련해서 평가하는 것은 더욱 더 그렇다. 첫 번째 심급에서 핵국가는 권력행사에 대한 한계들에 관련된 문제로부터 전적으로 벗어난 국가로 정의될 수 있다. 그러므로 [핵국가는] 지금까지 이해되어 왔던 의미에서 바로 '합법적 국가'(legitimate state)의 정의로부터 전적으로 벗어난 국가로 정의될 수 있다. '민주주의적 합법성'(democratic legitimacy)을 폭력의 법적 행사, 그리고 그러한 행사된 폭력에 의한 조직들과 명령들의 '합의적 형성'(consensual formation) 사이에 제헌적으로 보증된 관계성이라고 한다면 핵권력과 국가의 '연계'는 그러한 관계성을 무효화시킨다.

- 폭력행사인 점을 고려하면 관계성의 물리적 조건들의 파괴를 이끌 수도 있다.
- 이러한 위협에 내재하는 억제력이라는 점을 고려하면 어떤 경우라도 그러한 억제력이 전체주의적인 형태에 과잉결정하는 정치적 의지에 대한 제헌적 성격을 파괴할 수도 있다.
- 파괴적 권력의 집중화 수준이라는 점을 고려하면 제헌적 억제의 문제는 거의 단지 형식적인 면에서 제거된다.

나는 주변적인 요점을 첨가하고자 하는데, 그것은 핵국가의 발전에 수반되는 민주주의적 합법성에서의 퇴행적인 경향성을 확인하는 것으로, 기술관료(technocracy)의 통상적인 비판 및 기술관료적 국가의 유토피아들과는 아무런 공통점이 없다. 핵권력의 경우에 비판은 그것의 역할, 기능 혹은 외부적 모습이 아니라 바로 권력의 의미, 즉 그것의 특질과 실체에 초점을 둔다. 다시 말해 분석은 축적된 권력의 이러한 심각한 결과로서 바로 주권의 개념이 어떻게 순수한 물질성(materiality)으로 환원되는 경향이 있는지를 드러내 준다.

그러나 이 모든 것들을 말하는 데 있어 우리는 단순히 핵국가의 형태를 기술하는 것에서 시작하고 있다. 사실 우리가 주의를 규범적인 분석에서 정치적이고 구성적인/제헌적인(constitutional) 과학으로 바꾼다면 민주주의적 관계성들의 붕괴는 보다 더 분명해질 것이다.

사실 그것이 취하는 정치적 형태(자유민주주의적이거나 사회주의적인)와는 독립적으로, 핵국가는 정치적 의지의 형성을 방해하는 경향 이외에도 바로 통치의 형태와 관련된 일련의 보완효과들을 일으키는 경향이 있다. 사회적 고정자본이 핵 에너지의 흐름에 의해 규정된 구성들에서 체현될 때 생산에서, 혹은 재생산과 방어를 관리하는 정책들에서 사회적·정치적인 매개기능들은 분기하기(diverge) 시작할 뿐만 아니라 별도로 조직된다. 핵자본의 논리는 로고스중심적(logocentric)이다. 그것은 독립적인 재생산과 자율적인 조직의 논리다. 핵자본의 정치적 층위(stratum)는 이러한 기능적 필요성들에 의해 형성되기 시작하며, 새로운 사회적 계층화(stratification)의 형태는 결과적으로 이러한 새로운 사회적 토대 위에서 생겨난다. 국민소득(national income)의 재분배는 무엇보다도 분리된 목표들을 실현하기 위해, 그리고 분리된 구조들을 확립하기 위해 점차 새로운 사회적 위계의 구성을 목표로 한다. 권위들은 자신들을 정치적 의지의 민주적 형성과 함께 모든 변증법적 관계성들로부터 벗어나는 정도까지 고립되는 경향이 있다. 동일한 정도로 권위들은 자신들을 분리 상태에서 재생산하기 위해, 계층화의 적정한 법들에 따라 사회적 재생산을 형성하기 위해 고립되는 경향이 있다.

이 시점에서 두 번째 장애요소가 강조되어야 한다. 즉 거대한 제국주의 권력들(미국과 소련)의 국가적 형태들의 타락(degeneration)을 강력하게 비난하는 가장 최근의 민주주의적 문헌[메리 캘도어(Mary Kaldor),* 코르넬리우스 카스토리아디스(Cornélius Castoriadis)** 등]에서 정확히 행해진 것처럼 강조되어야 한다. 통치의 사회로부터의 고립, 합법성의 흐름의 중단, 그리고 한층 더 독립적인 '군-산-핵체계'(industrial-military-nuclear system)에 밀접하게 결부된 장치들의 형성으로부터 시작하는 것, 일반적인 사회적 생산성의 장애(block)도 역시 명백해진다. 사회적 생산의 수준에서 생산성의 개념이 정치적 사회의 대부분과 공통되는 참여적 변증법에 내적 형태들을 함축한다면 이러한 모든 것들은 즉시 명백해진다. 정치영역에 대한 이러한 관계성의 파편화는 체계의 일반적인 생산성의 영역 위까지 넘쳐 흐른다.

그와 같은 문제는 경제적 영역에서 광범위하게 증명되었다. 정치

---

* Mary Kaldor(1946-) : 런던정경대학(LSE)의 글로벌 거버넌스 전공 교수이자 글로벌 거버넌스 연구소의 소장이다. 현재 세계화, 국제관계, 인도주의 개입, 세계시민사회, 글로벌 거버넌스 등에 관해 활발한 저술활동을 하고 있다. 그녀는 유럽핵무장철폐운동(END)의 창립 멤버이자 《유럽핵무장철폐운동저널》(*European Nuclear Disarmament Journal*)의 편집인을 지냈다. 최근 저서로는 『인간안보 : 세계화와 개입에 관한 고찰』(*Human Security : Reflections on Globalization and Intervention*, 2007), 『세계시민사회 : 전쟁에 대한 해답』(*Global Civil Society : An Answer to War*, 2003) 등이 있고, 한글판으로는 『새로운 전쟁과 낡은 전쟁』(유강은 역, 그린비, 2010)이 있다.

** Cornélius Castoriadis(1922-1997) : 그리스 출신의 사상가로 우리에게는 《사회주의냐 야만이냐》의 편집인으로, 그리고 양운덕 역, 『사회의 상상적 제도 1』(문예출판사, 1994)의 저자로 알려져 있다.

적으로 고립된 핵-군-산의 복합화(sophistication)인 경제적 영역에서 정확하게 산업적 혁신 내지 경제성장에의 기여로 더 이상 일어나지 않는다. [이전의 핵이] 더욱 증가하는 정도까지 핵-군의 발전은 권력의 순수한 이미지를 강화하고, 이러한 불합리한 측면에서 세계를 증식시키고 오염시키는 유일한 역량을 가진 기괴한 병적 생성물(excre-scence)로 비난받아 왔다. 이와 관련해 모든 제3세계의 독재자들은 소규모의 핵-군 장치를 가질 수 있었다. 이는 분명히 적들과 싸우기 위한 목적이라기보다 권력에 대한 그들의 평판을 재구성하려는 목적을 위한 것이다. 핵에너지에 대한 절대적 권력의 합법성이 주체에 관한 신학적 저작들과 그렇게 밀접한 동조성(conformity)을 가지게 되리라고 어느 누가 생각할 수 있었겠는가!

유럽의 민주주의적-조합주의(democratic-corporatist) 국가들에 대해 말하자면, 이러한 왜곡된 발전과 관련해 여전히 다소 퇴행적이지만 이해관계 집단들 간의 합의의 분열[이러한 국가들이 오늘날 외상신경증적으로(traumatically) 경험한]이라는 문제에 대한 적절한 해결책이 핵-군 연관 프로젝트의 틀에 따른 조합주의적 계층화의 재구축에 있다는 것은 의심할 여지가 없다. 프랑스에서 이러한 프로젝트는 때때로 결정적으로 반동적인 정치적 서클뿐만 아니라 사회민주주의/개혁주의(social democratic/reformist) 집단들에서도 찾을 수 있다.

어떠한 경우에 산업화된 선진국들의 비밀 혹은 은밀한 권력의 무시무시한 발전은 군-핵 그리고 산업적 장치들의 왜곡된 합리성의 형태로 나타난 것에 불과하다. 소위 산업적·재정적·군사적 스캔들을 통해 우리는 합법성의 위기를 일으키는 세력들이 사회적 프로젝트를 재조직하는 시도를 어떻게 하는가를 인지하기 시작할 수 있다. 이러한 프로젝트가 작동되자마자, 그리고 그것이 불가항력적(irresistibly)이게 필연적으로 보이게 되자마자 비밀권력은 새로운 합법성의 형태에서 표면화될 것이다. 비밀권력은 변형(deformation)되었기보다는 차라리 핵국가와 그것에 연계된 테러와의 전이(transition)의 진통(labour pains)을 구성하는 것처럼 보일 것이다. 이러한 의미에서 '신비로운 제국들'은 통치계층에 의해 강제된 미래의 불법적인 예시들(prefigurements)과 테러적인(terroristic) 기대의 실현 외에는 아무것도 아니다. 유럽에서 우리는 예외적으로 진보된 단계에 이미 도달했던 미국과 소련 같은 국가들에서의 발전적인 과정의 선―역사(pre-history)를 통해 효과적으로 살고 있다. 또한 지스카르(Giscard)*의 전통적인 프랑스 혹은 슈트라우스(Strauss)**의 미래적인 독일은 이탈리아에 영향을 끼치는 자본주의적 경향의 암시(indication)로서 간주될 수 있다.

수많은 다른 점들이 부가될 수 있는 이러한 분석적 관점들이 확립된다면 우리는 '핵국가' 개념이 수많은 현상들을 설명하는 데 유용하고, 그 개념이 동시대 국가의 규범적이고 정치적인 구조들에 대한 특수한 새로운 어떤 것들을 포착하는 것에 현실적으로 가능하게 한다고 결론지을 수 있다.

핵국가와 함께 자본주의 국가의 장기적인 역사적 발전과정은 결론에 이르는 것처럼 보인다는 것도 주목할 수 있다. 축적과 자본주의 국가

---

* Valery Giscard d'Estaing(1926-) : 1974년에서 1981년까지 제20대 프랑스의 대통령을 지낸 중도 우파 정치인이다.
** Franz Josef Strauss(1915-1988) : 독일의 정치가. 그리스도교 사회동맹(CSU) 창당에 참여, 부총재를 역임했다. 국방장관 시절 대서양조약기구의 활동에 관한 국가기밀 누설사건을 보도한 이른바《슈피겔》지 사건으로 장관직을 사임했다.

에 의한 축적의 보장 시대, 즉 최초의 잔혹한(brutal) 시대 이후에 사회가 민주적으로 기능하게 된다는 신비화된 '증거'로서 국가는 시장의 위력을 증거로 제시했다. 그러나 시장의 부드러운 기능화(functioning)를 고려하면 시장의 논리와 시장의 '자유주의적 강제'에 동화될 수 없는 새로운 세력의 등장에 의해 방해받기 때문에 절대적인 강제의 메커니즘을 재활성화하는 필요가 생겨나게 된다. 문제가 되는 것은 바로 통제의 형태다. 핵으로 위장한 통제의 형태에서 자본주의적 축적이 토대가 되는 사회적 시간의 흡수와 착취는 무슨 수를 써서라도 유지되어야 한다. 그렇지 않으면 파괴적 역량으로서 핵권력 자체가 내포한 바로 그 시대(time)의 소멸(annulment)이라는 고통을 받게 된다. 핵국가는 인간 파괴의 제로(zero)—시간을 가리키고, 이러한 위협의 토대 위에서 핵국가의 권력을 정당화하려는 역사적—정치적 형태다. 이러한 틀 속에서 민주적—제헌적 합법성의 관계성은 핵국가에 의해 파괴될 뿐만 아니라, 핵국가 내에서 사회적 착취의 새로운 유형들—특수하고 분리된 새로운 사회적 계층화의 형태들과 새로운 통치적 장치들—이 강화된다. 그 결과 권력의 개념 그 자체가 변형된다.

이러한 광범위한 관점 속에서 평화의 표어(watchword)는 삶과 그것의 재생산 문제뿐만 아니라, 정확하게 전체주의적 국가의 새로운 형태에 반대하여 그러한 문제들과 관련되고 정의되기 때문에, 즉 변혁에서의 프롤레타리아의 전 지구적 이해관계에 연관된 의의를 지니고 있기 때문에 개념적인 중요성을 가진다.

최후의 거대한 제국주의 전쟁 이후 수십 년 동안 코뮤니즘을 위해 투쟁한 세대들의 경험에서 평화의 표어는 종종 국제적 이해관계들을 가진 이들의 개입(involvement) 또는 다소간 인정되거나 애매모호한 유토피아적 자신감에 의한 결과로서 왜곡되었다. 따라서 평화의 표어는 극단적이고 기회주의적인 이념들에 의해 훼손되었고 취약해졌다. 그 결과 어떤 세대들에게 평화를 위한 투쟁은 프롤레타리아의 투쟁역량을 약화시키고 그것을 부정적인 것 속에, 즉 거의 보수적인 포장지 속에 보존시키는 것처럼 보였다.

핵국가의 개념을 제대로 이해했다면 오늘날 우리는 다른 한편으로 그것의 권능(mighty)과 잔인한 차원들이라는 맥락에서 죽음에 대립하는 삶의 재생산의 이해관계와 사회적 변혁의 절박함이 어떻게 통일성을 구성하는지 이해할 수 있다. 핵국가가 모든 사회적 생산과 집합적 존재의 유대를 더럽힌다는 것은 암의 파멸적인 측면을 생각하지 않고 삶의 재생산 측면을 생각하는 것이 불가능하다는 의미다. 인간 결사체(association)의 기본적 특징으로서 공포를 끝장내는 변혁을 위한 투쟁 없이 혹자 자신의 본질적 재생산에 관련해서 생각하는 것은 불가능하다. 그러나 이러한 공포를 제거하기 위해 집합적 존재의 일반적 조건들을 변형시키는 것과 핵국가 자체에서 수행하고 어디에서든 퍼트리는 핵국가의 제헌적/구성적(constitutional) 조직의 파괴적 내용을 파괴하는 것이 필수적이다. 따라서 평화는 우리 시대의 기본적 표어다. 그리고 그것은 긍정적이고, 구축적이며(constructive), 구성적(constitutional)이다. 다시 말해 사실상 대안적이다. 평화를 보증하기 위해 우리는 정치적 발전과 사회적 생산성의 발전의 장애물 제거가 필요하다. 우리는 자유시간이 자본에 의해 위협받는 파괴와 노동시간의 강제에 종속된 상태를 극복하는 것이 필요하다. 우리는 인간 존재에 대한 희망을 회복해야 한다.

마지막으로 수많은 것들 중에서 검토된 것이 있다. 선진 자본주의에서 국가는 전체 사회에 대한 조직의 기능을 가진다. 핵국가는 이러한 성향(propensity)을 재생하고(regenerate) 완벽하게(perfects) 한다. 사회 전체를 공격함으로써 핵 에너지의 발전은 모든 곳에서 국가 합법성(legality)의 새로운 조건들을 착수할 뿐만 아니라, 생산의 물질적 조건들과 전반적인 조건들을 통해 세계를 오염시킨다. 이러한 점에서 우리의 분석은 기술적(descriptive) 양태로 되돌아가야 한다. 인간 생물권(biosphere)과 국가 영토에서의 행정관리, 경찰, 군대의 통제라는 양 극단 사이에 수백의 국가 간섭(intervention) 지역들이 펼쳐져 있다. 핵국가는 이러한 지역들을 공격 및 파괴하고—더 이상 단순히 유력한 규범적 활동성 혹은 형식적 조건들과 관련해서가 아니라 물질적 조건에서—그 어떠한 경우에도 그 자신의 목적들을 위해 지역들을 배열한다. 그러므로 저항과 새로운 존재양태를 위한 탐색이 이러한 모든 장들(fields)에서 필수적이다. 그리고 투쟁의 발전은 파괴적인 충격과 공존할 수밖에 없지만 동시에 투쟁의 발전은 상황들, 부문들, 그리고 특정한 갈등들의 국면에 조정되고 다양하고 정확하게 적용된다. 이러한 반격(counter attack)은 매우 다양해질 것이다. 그것의 힘/권력은 핵국가에 대한 사회의 복종이라는 전반적인 이슈로 확장될 것이고, 모든 측면에서 반격의 영향력을 확대할 거이다. 바로 이때 이해되어야 할 논점은 이렇게 광범위하게 분산된 분자적(molecular) 투쟁들이 현실적이고 효과적인 조정 센터(coordinating center)—그러나 그것은 어떠한 상황에서도 자본주의의 발전과 핵국가의 구조로부터 이끌어져 나온 특징들을 모방하지 않는다—를 요구하게 될 것이라는 점이다. 오늘날 자유를 위한 투쟁들의 중심이 운동들의 증식(multiplication)과 핵권력의 논리로부터 파생되는 공포를 제거하기 위한 일상적이고 지속적인 노력으로 성립된다고 생각하는 것은 유토피아적인 것이 아니다. 그리고 존재의 새로운 양태들에 대한 자발적인 제안

속에서, 즉 어떤 경우에도 로고스중심적이고 도구적 논리에 종속되지 않는 변혁과 부활의 프로젝트라는 확신 속에서 성립된다고 생각하는 것은 유토피아적인 것이 아니다. 투쟁의 복합성과 확장은 종합(synthesis)이 아니라 확산을 요구한다. 오늘날 평화는 이러한 강력한 해방투쟁을 외부로 확장시킬 수 있는 표어이자 요구이다.

13
포스트모던

　'포스트모던'(postmodern)이라는 표현을 사용하는 것은 '고대의'
(acient)와 '현대의'(modern)라는 개념에 관한 오래된 논쟁*—르네상스
이래의 유럽 문화를 통해 계속된 '토포스'(topos)—이 해결되었음을 의
미한다. 동시대에 모던이라는 개념은 진보라는 개념과 밀접하게 연결되

---

* 서구의 지성사적 맥락에서 '모더니티'(modernity) 개념과 밀접한 연관을 맺고 있는
'고대의'(acient)와 '현대의'(modern)라는 두 가지 개념 간의 대립적·논쟁적 구도는
기원 후 5세기경 고대 로마에서부터 최근의 '포스트모던(이즘)'[post−modern(ism)]
논쟁에 이르기까지 그 역사와 유래가 매우 깊다. 이와 관련하여 참조될 만한 텍스트는
다음의 것이 있다. 개념사적·미학적 맥락에서 이 논쟁을 다루고 있는 저서로는 수용
미학의 창시자이자 독일의 문예학자인 한스 로베르트 야우스, 장영태 역, 『도전으로서
의 문학사』(문학과지성사, 1998)와 칼리니스쿠, 이영욱 외 공역, 『모더니티의 다섯 얼
굴』(시각과 언어, 1998)을 참조하길 바란다. 또한 '포스트모던(이즘)'[post−
modern(ism)] 논쟁의 구도에서 이 문제를 다루고 확장하고 있는 저서 중 독자들이 쉽

어 있고, 진보라는 개념은 전위(vanguard)라는 개념과 밀접하게 연결되어 있었으며, 이런 방식으로 진정한 '역사적 신정설'(historical theodicy)이 구체화되었다는 것을 기억한다면 이러한 해결에 대한 확신이 더욱 더 중요해진다. 지금 '포스트모던'(postmodern)이라는 개념은 이러한 진보적 연관(concatenation)에 강력한 도전을 나타내는 것이다. 역사의 위대한 프레스코화들(frescos)은 '사색적'(speculative)이든 종교적이든 간에 더 이상 우리에게 아무것도 말해줄 수 없다. "보편성은 붕괴했다"라고 장 프랑수아 리오타르는 『포스트모던의 조건 : 지식에 관한 리포트』*라는 저서에서 선언했다. 그러나 '포스트모더니즘'이 모던적 사유의 위기라는 징후라고 한다면 그것은 또한 빈곤한 정치적 · 사회적 분석 내에서, 그리고 이와 별도로 포스트모더니즘은 오늘날의 문화에 있어 얼마나 새롭고 부정할 수 없을 정도로 혁신적인가를 보여준다. 보다 진부하고 비관적인 포스트모던 개념의 버전에서 오늘날 문화의 참신한 측면들은 수용된 언어(received language), 수용된 언어의 의미들과 표현들의 총체적인 분해(disintegration)에 있다. 그것은 그것의 토대의 구조적 미끄러짐(tectonic slppage)이다.** 대조적으로 동일한 토대에서 생겨났지만 보다 정

게 접근할 수 있는 저서로는 페터 V. 지마, 김태환 역, 『모던/포스트 모던』(문학과지성사, 2010)과 볼프강 벨쉬, 박민수 역, 『우리의 포스트모던적 모던 1, 2』(책세상, 2001)이 있다.

* 장 프랑수아 리오타르, 이현복 역, 『포스트모던적 조건─정보사회에서의 지식의 위상』(서광사, 1992).

** Jean Baudrillard, *L'échange symbolique et la mort*, Gallimard, Paris, 1976. 보드리야르의 중요한 저서들 가운데 하나이자 그의 중기 사상을 핵심적으로 엿볼 수 있는 『상징적 교환과 죽음』은 아직 한국어로 번역되지 않았다. 보드리야르는 이 책에서부터 '초실재'(hyper-real), '시뮬라시옹'(simulation)과 같은 개념들을 사용하기 시작한다. 이 책에

교해진 개념들에서 포스트모던은 언어들의 복수주의(pluralism), 불확실한 판단들의 역할, 커뮤니케이션의 지평이 언제나 절대적인 것으로 되고 있다는 것을 의미한다.* 그러나 참신함(novelty)에 관한 한, 포스트모던은 훨씬 더 풍부한 개념으로 바뀔 수 있다.

다소 역설적으로 우리 시대의 참신한 특색들을 긍정하면서 모던을 부정하는 것은 계몽주의 혁명에 대한 낭만주의의 부정과 19세기 동안에 등장한 새로운 문화적 정체성에 대한 낭만주의자들의 긍정을 모방한 것처럼 보인다고 덧붙일 수 있다. 아마도 포스트모던의 본질에 속하는 것은 긍정적인 것과 부정적인 것 사이의 관계성이다. 우리는 포스트모던이 새로운 형태의 낭만주의라고 결론내릴 수 있는가? 이러한 질문에 답하기 위해, 보다 일반적으로 우리의 정의에 살(flesh)을 붙이기 위해 그것의 각각의 측면들을 차례로 살펴볼 것이다.

우선 부정적인 측면은 위기의 인식으로 이루어져 있다. 이러한 위기는 정치적 위기다. 거의 모든 포스트모던 개념[을 사용하는]의 저자

서 그는 상징체계의 종말과 그것이 기호로 대체되는 것을 검토하는데, 특히 「시뮬라크라의 질서」라는 절에서는 하이퍼리얼 개념이 직접적으로 제시되고 있고, 현대 사회에서 모든 것들이 '기호적'으로 작동되는 방식의 수없이 많은 사례들이 제시된다[리처드 J. 레인, 곽상순 역, 『장 보드리야르 소비하기』(앨피, 2008)].

* *Jean—François Lyotard, Économie libidinale*, Minuit, 1974 ; *Le différend*, Minuit, Paris, 1984. 『포스트모던적 조건』과 함께 리오타르의 핵심적 저서들 가운데 하나라고 할 수 있는 『리비도 경제』와 『분쟁』은 아직 한국어로 번역되지 않았다. 리오타르의 초기 핵심 저작인 『리비도 경제』는 프로이트, 맑스, 그리고 자본주의 간의 관계성에 관한 흥미로운 논의가 진행된다. 매우 논쟁적인 저작인 『분쟁』은 언어 게임적 관점을 통해 모더니티, 윤리, 역사, 정치 등의 문제 등을 폭넓게 다루고 있다. 리오타르에 관한 가장 쉬운 개론서로서는 사이먼 말파스, 윤동구 역, 『장 프랑스아 리오타르 포스트모더니즘을 구하라』(앨피, 2008)를 참조하라.

들은 모더니티의 형태와 '좌파 문화'였던 진보로서의 역사의 표상에서 그들의 기원들을 찾고 있다. 이제 그 문화의 틀을 구성하던 위대한 가치들은 위기에 봉착했다. 좌파 문화의 제도화는 그들의 타율성을 드러냈다. 자유라고 주장된 것은 전제정치(despotism)가 되었다. 평등은 노예상태로 전화되었다. 노동과 가치의 실질적 교환은 상징적 교환, 삶의 시뮬레이션 그리고 죽음의 이미지가 되었다. 가치순환에 있어 모든 상품들은 화폐가 되었고, 모든 관계(reference)는 등가물 순환에서의 총체성을 나타냈으며, 모든 특이성들은 전부 의미를 상실했고, 존재의 의미는 순수한 편집증이 되었다. 우리는 우리가 몰두했던 존재의 전체적인 무의미성을 지각하려는 고통스러운 실체를 무한정하게 계속 예시할 수 있다. 존재, 그것의 틀과 방향성은 더 이상 우리에게 지각되지 않는다. 정치적 위기의 배후에 있고 정치적 위기를 지속시키는 것은 관념적이고 철학적인—나는 형이상학적이라고 말하고 싶지만—위기이다. 윤리적-정치적인 세계에서 증명된 지향성의 결여는 개념과 언어의 관념적 세계에서 보다 강하게 느껴진다.* 솔직하다고 할 수 없지만—약간의 정당성을 가지고—포스트모더니즘 철학자들은 동시대 사유의 가장 중요한 흐름들[후설(Husserl)의 현상학적 금욕주의로부터 비트겐슈타인(Wittgenstein)의 언어학적 신비주의까지 그리고 하이데거의 니힐리즘으로부터 구조주의의 최신 버전까지]이 포스트모더니스트들에 의해 정확하게 기술된 새로운 현상학에 그들의 이론적인 어려움들을 떠넘기고 일정 정도로 수렴된다고 간주

---

* 장 보드리야르, 이규현 역, 『기호의 정치경제학 비판』(문학과지성사, 1998).

한다.*

비록 포스트모더니즘이 우리 시대의 이념적 위기를 절충적인 용어들로 해석하고 있음에도 불구하고 그것은 높은 수준의 설명력을 가진다. 빈번한 분석영역들의 조합, 분과학문적인 경계들의 붕괴, 연구영역들의 중복 등 모두가 포스트모더니즘의 분석력을 강화시킨다. 그것은 정확하게 기술적이고 생산적인 가치들의 혼돈, 전도, 타율성을 가리키는 정치적이고 이념적인 위기들 간의 근접성을 통해서다. 결국 모더니즘의 위기와 역설적인 포스트모더니스트들의 대안은 명백해졌고, 이는 미학의 영역**에서 더욱 현저하게 되었다. 모더니즘이 스타일과 구성성(constructiveness)으로 구성되었다면, 그리고 그것이 예술적인 프로메테우스주의와 테크놀로지의 실제적인(practical) 종합(synthesis)의 최신 형태라고 한다면 이 모든 것들 역시 끝이 났다. 이제 물질은 그토록 철저하게 덧없는 것이 되었으며, '비물질적'(immaterial)이라고 정의될 수 있는 것으로 너무 부정확하게 다루어졌다. 포스트모더니즘은 내용으로서 키치(kitsch)와 패취(pacht)를 모으고, 모든 선별을 거부하며, 일련의 목적 없는 유용성들에 복무하는 데에 저자들을 위치시킨다. 게다가 커뮤니케이션 산업은 어떤 존재론적 참조점의 부족, '실재'(the real)와 '상상계'(the imaginary)의 교환가능성(interchangeability), 상상계와 그것의 맹목적인 생명력

---

* 벵쌍 데꽁브, 박성창 역, 『동일자와 타자 : 현대 프랑스철학 1933-1978』(인간사랑, 1990).
** 네그리가 미학적·예술적 측면에서 포스트모던에 대해서 논의한 글로는 다음을 참조. 안토니오 네그리, 「카를로에게 보내는 편지 : 포스트모던에 대해」, 심세광 역, 『예술과 다중』(갈무리, 2010), 59-70쪽.

에 대한 변명을 통해 포스트모더니즘의 선호 영역이 되었다. 생산과 기술은 더 이상 진보를 향한 길이 아니다. 모더니즘의 헤게모니와 '사회주의는 소비에트 권력 더하기(plus) 전력화(electrification)와 같다!'는 환상 이래로 너무나 많은 시간이 지나갔다. 오늘날 생산과 기술은 냉담하게 생명 혹은 죽음의 생산으로서 디자인될 수 있다. 예를 들어 원자력이 얼마만큼 파괴적 목적들보다 창조적 목적에 활용될 수 있는지 분명하지 않으므로 하나(생명)를 다른 하나(죽음)와 구별하는 것은 불가능하다. 그렇다면 포스트모더니즘은 이러한 존재의 순환성에 대한 자각, 이러한 상품들의 계속적인 순환(그것은 너무도 빨라서 기술할 수도 없는), 이러한 계획(proposition)과 행동(action)의 감각과 의미 사이의 완전한 분리, 그리고 마지막으로 이 모든 것으로부터 빠져나갈 수 있는 어떠한 방법의 부재에 놓여 있다.* 포스트모더니즘은 우발적인 존재형태, 즉 원자들의 무한성(infinity)으로 이루어진 세계다(그리고 동시에 그 세계를 파괴할 수 있다). 그것은 상징적이고 상상적이며 시뮬레이션된 질서다. 그러나 그 것과 비교할 수 있는 현실성(reality)이 없기 때문에 그것 자체가 현실성 이다.

그러나 위기의 정의와 함께 포스트모더니즘에는 역설적이지 않게 긍정적인 계기에 대한 확인이 있다. 사실 이러한 정치적·이념적·생산적 위기들로서의 세계란 무엇인가? 이러한 숭고와 통제할 수 없는 순환의 세계란 무엇인가? 그리고 지금까지 경험했던 모든 인간성을 넘어서는 획기적인(epoch-making) 도약이 아니라면 그것은 무엇인가? 포스트

---

* 폴 비릴리오, 권혜원 역, 『속도와 정치』(그린비, 2004).

모더니즘이 이룩한 이론적 공헌의 긍정적 측면은 바로 이러한 근본적인 단절(fundamental discontinuity)을 기재하는 것에 있다. 그것은 완전히 새로운 면에서 제기되는 인간 사회의 문제들─생산의 장뿐만 아니라 무엇보다도 커뮤니케이션의 장까지─에서의 계기를 정확히 지적하고 강조한다. 인간 사회의 비전[그것은 무엇보다 철학적인 비전, 그 다음엔 상품의 전 세계적 유통의 생산과 그것에 예속되어 버린 주체, 그리고 결국 정보 확산 수단들의 거대한 발전으로부터 결과한 커뮤니케이션적인 구체화(concretization)]은 모든 진보적인 의미를 파괴하기는 하지만, 이러한 과정을 통해 실현된 인간 프로젝트의 엄청난 잠재성을 보여주었다.* 그것은 모든 의미의 폐허와 새로운 잠재성을 동시에 구성하고 있다. 그것은 너무나 절대적이어서 모든 절대적인 것들(absolutes)의 기반이 되는 상황이다. 포스트모더니즘적 관점의 이러한 역설적 특징은 주체와 주체들에 적합해야만 한다. 관계성의 '우발성'(contingency)은 계획(proposition), 커뮤니케이션, 행동(action)의 측면으로 던져져야 한다. 그렇게 함으로써 포스트모더니즘은 단지 거대하고 유동적인 커뮤니케이션의 우주뿐만 아니라, 이러한 의사소통적 망들(thread)의 모든 구간들에서 모순, 갈등, 무엇보다도 새로운 권력을 확인한다는 것을 전제한다. 이러한 포스트모더니즘의 측면들은─어떤 점에서는─언어학적이고 의사소통적인 관점들, 그것의 초월적인(transcendental) 특질들을 확인하고 기술하는 것의 절대성을 복원하려고 시도한 프랑크푸르트 학파의 위기와 위기(Krisis)의 철학으로부터 출발한 저자들에 의해 주로 저지당했다(하버마스, 튀겐하트, 아펠 등).

---

* 질 들뢰즈, 펠릭스 가타리, 김재인 역, 『천개의 고원』(새물결, 2001).

이 시점에서 정치경제학에 대한 맑스의 분석에서 중요하지만 거의 연구되지 않았던 텍스트를 언급하는 것이 적절할 것이다. 『정치경제학 비판 요강』*과 미출판된 『자본』의 6장에서 맑스는 자본 내 노동의 '형식적 포섭'과 '실질적 포섭'을 구분했다. '형식적 포섭'으로써 맑스는 상이한 생산양식의 다양성이 자본주의적 생산관계에 예속된 상황을 의미했다. 그와 같은 예속은 각각의 이러한 생산양식들 내의 노동과정이 자본주의적 생산라인들에 조직되었기 때문이 아니라, 자본주의적 생산관계가 사회에 대한 효율적인 헤게모니를 행사했기 때문에 발생한다. 생산, 소유 및 시장의 낡은 형태들도 이러한 방식으로 자본주의적 헤게모니와 조화롭게(orderly) 공존할 수 있다. 그러나 자본은 사회 전체에 침투하고 지배하는 것으로 나아가고 생산, 소유, 유통의 낡은 형태들이 붕괴하는 국면에 도달한다. 이러한 상황에서 자본주의적 생산양식은 헤게모니적일 뿐만 아니라, 노동과정의 자본주의적 형태도 오직 하나의 형태로 존재하게 된다. 전체 사회는 하나의 거대한 공장이 되거나 오히려 공장이 사회 전체 도처에 뻗어나간다. 이러한 상황에서 생산은 사회적이고 모든 활동들은 생산적으로 된다. 그러나 낡은 생산의 형태들이 대체되었기 때문에 총체성의 윤곽들은 모호해졌고 생산의 구체적인 장소들은 사회 곳곳에서 해체되는 것처럼 보인다. 이것은 그 자체로 사회적인 것이 된 자본에게 사회에 대한 자본의 헤게모니와 착취에서의 이익을 숨기게 용인해 주고, 그리하여 자본의 정복이 일반적 이익의 존재로서 받아들여진다. 맑스 시절에 가능했던 사건들의 과정과 코뮤니즘의 비전

---

* 칼 마르크스, 김호균 역, 『정치경제학 비판 요강 1−3』(그린비, 2007).

에 연관된 맑스의 예측은 무차별한 환경으로서 '실질적 포섭'의 포스트 모더니즘적 신비화로 구별될 수 없고 환원될 수 없다는 것이 명백하다. 그러나 첫 번째 예측은 두 번째의 토대적 기술(description)이라는 것은 사실이다(나의『맑스를 넘어선 맑스』*를 보라). 포섭의 구성을 위한 역동적 열쇠로 맑스가 구성한 적대적인 틀은 포스트모더니즘에서 사실상 제거 되었다. 그러나 포스트모더니즘에서도 적대의 제거는 인간 사회의 성 숙—즉 가장 완전한 노동의 추상이라는 역설적인 사회는 노동의 현저 한 생산성과 함께 해체되고, 맑스에 따르면 집합적 개인들의 힘/권력, 특이성의 해방, 공통적 활동의 발견과 기쁨이 된다—을 숨길 수는 없다.

　이러한 거대한 모순은 포스트모더니즘 내에 잠재한다. 이러한 이 유로 그것의 모든 발전들은 사실상 악순환(vicious circle)이 된다. 하나의 예로 포스트모더니즘에 의해 제안된 '정치적인 것'의 현재적 정의, 즉 '체계 이론'(systems theory)에서 나타난 것, 특히 니클라스 루만에 의해 정교화된 독일 체계 이론[무엇보다도 사회학적 계몽(*Soziologische Aufklärung*) 지에 실린 논문들에서]을 검토해 보자.** 완전한 순환, 절대적인 유동성, 복 합체의 급진적 단순화라는 사회적 이데올로기의 정교화를 통해 체계 이 론에서 서구 민주주의의 작용을 조직된 이해관계의 갈등으로부터 구해

---

* 안토니오 네그리, 윤수종 역, 『맑스를 넘어선 맑스』(중원문화사, 2010).

** 니클라스 루만(Niklas Luhmann, 1927–1998)은 위르겐 하버마스와 함께 전후 독일을 대표하는 사상가이자 거시이론가이며, 우리들에게는 '체계 이론'으로 잘 알려진 사회 학자다. 국내에는『사회체계 이론』(박여성 역, 한길사, 2007)을 비롯하여 몇 권의 저 서들이 번역되었다. 그의 사상에 대한 개론서로는 발터 리제 쉐퍼의『니클라스 루만의 사회 사상』(이남복, 백의, 2002)과 게오르그 크네어 · 아민 낫세이의『니클라스 루만으 로의 초대』(정성훈 역, 갈무리, 2008)가 있다.

13/포스트모던 303

내기 위한 시도가 이루어지고, 통치역량과 이러한 목적달성에 적응하는 도구들과 수단들의 벼림(forging)을 보증하기 위한 시도가 이루어진다. 요약하자면, 체계 이론은 모던의 정치적 문제들을 해결하는 것을 목표로 하는 포스트모더니즘의 현상학이다. 정치적이고 사회적인 복합성(complexity)을 감소시키는 작용은 존재론적 토대를 지니는 이율배반(antinomy)을 추상하는 것, 그리고 시뮬레이션의 투사(project)에 그것들을 통합하는 것, 즉 현실성을 치환하는 도식에 따라 그것들을 재정의하는 것에 있다. 체계 이론에서 시뮬레이션된 우주(simulated universe) 델은 중재의 표준이 되고, 그 때문에 우리는 실재(the real)의 치환이라는 진정한 과정을 목격한다. 인간 사이의 관계의 거대한 복합성(complexity)은 체계의 유연한 기능화에 적응하는 단순화로 환원되어야만 한다. 이러한 모델의 행정관리적 특성은 타당한 예시로서 자신의 권력을 손상시키지 않는다. 심지어 이러한 세련된 제안에서도 우리는 모호성이라기보다는 오히려 진정한 모순으로서 지속성을 증명할 수 있다. 사실 체계 이론 모델은 아마도 동시대 사회들 특유의 어떤 것, 즉 모순들의 결여를 알아내기 위한 포스트모던한 틀을 발전시킨다. 그러나 이 이론은 단지 이러한 사회들이 아직도 통치 가능한(governable) 것이라는 것을 증명하지 못한다. 오히려 그것은 동시대 사회들 내 인간관계성의 전형적인 유동성, 유통, 커뮤니케이션의 특징들을 강조하는 것에 그친다. 이것은 자본주의 사회의 발전과 성숙 간의 모순이 포스트모던적 틀에서 해결되었다는 것이 아니라, [자본주의 사회의 발전과 성숙 간의 모순이] 실재의 치환과 관련하여 악순환으로 변형되었거나 혹은 증폭되었다는 것을 의미한다. 다른 한편으로, 보다 풍요롭고 보다 복종하는 인간 사회는 행정관리적 접근들과 사법적인 정의들에서 암시되고 있다.

포스트모더니즘 모델을 정치적 이론에 적용시킨 두 번째 예는 그 것의 모순적 특성을 다시 드러내는데, 지난 20년의 위기 동안 실행되기 시작한 신자유주의 경제정책에 의해 주어진 것이다. 이 경우에도 역시 포스트모더니스트의 주장은 이론적 틀, 즉 시장과 그 내부의 작인들 (agents)의 완전하게 유연한 활동(working)에 관련된 주장을 확립하는 데 기여한다. 이러한 주장에 따르면 국가당국의 유일한 역할은 시장의 장 벽을 제거함으로써, 세금을 인하함으로써, 노동시장을 자유화함(liber-alizing)으로써, 기타 등등을 통해서 이러한 유연한 활동을 용이하게 하는 것이다. 그렇게 함으로써 더 높은 수준의 사회적 투자와 경제적 세계의 완전한 기능화를 촉발하고자 하는 목표가 달성된다는 것이다. 유일한 문제는 극단적인 경제의 자유화(liberalization)가 그것의 대립물을 드러낸 다는 점에 있다. 즉 극단적인 경제의 자유화는 사회적이고 생산적인 환 경이 원자화된 개인들과 그들이 존재하는 곳에서 그들이 주변적 (marginal)이거나 잔여적인 현상(포섭의 '현실성'에 대립되는 것으로서의 '형식성'에 적합한)을 표상하는 것으로 형성되는 것이 아니다. 반면 실재 환경은 집합적인 개인들로 형성된다는 것을 나타낸다. 게다가 새로운 기술과 새로운 생산력의 확대는 이러한 생산의 집합적 토대의 중요성을 증가시켰고, 그것의 오래된 모순들보다는 새로운 모순들을 강조한다. 따라서 우리는 다시 한 번 악순환된 모순에 처해 있는 우리 자신을 발견 하게 되고, 경제적 신자유주의의 '포스트모던적' 정부는 타율성 게임에 너무나 깊숙이 빠져 있다. 예컨대 정부가 시장규제를 통해 인플레이션 을 막고자 할 때 인플레이션은 더욱 심해지고, 정부가 시장자유화를 통 해 투자를 증대하고자 할 때 투자는 오히려 감소하는 등등의 사태가 벌 어진다.

결론적으로 나는 포스트모더니즘을 새로운 집합성의 신비화된 이데올로기로서 혹은 실질적 포섭의 맑스주의적 단계에서(혹은 보다 단순히 일반적인 유통과 커뮤니케이션의 단계에서) 형성된 새로운 주체들의 과학적 결정에 대한 원초적이지만 효과적인 암시(allusion)로서 읽을 것을 제안하고자 한다. 이 프로젝트는 모호하지만 그것은 내게 포스트모더니즘 이론가들이 새로운 집합적 주체성의 개념을 구성하는 것이 가능하다는 점에서 출발하는 특정한 조건들을 제안하는 것처럼 보인다. 항상 그렇듯 주체성이라는 개념의 문제는 공간과 시간의 기본적 이슈들, 그리고 기층(substratum)의 형이상학적 특질과 연관된다. 포스트모더니즘에서 혹은 맑스주의적 '실질적 포섭'에서 공간은 절대적 유연성으로 특징지어진다. 모든 사회적 주체는 노동일과 간주관적(intersubjective) 커뮤니케이션의 정밀조사(scanning)만큼 유연하다. 이러한 자격은 기층과 관련되는 것이고, 그것에 권한을 부여하는 것이다. 따라서 포스트모더니즘에서 주체는 정의하자면 완전히 유동적이고 유연한 것이다. 결국 완전히 추상적인 기층은 생산, 소비, 지식, 그리고 변혁과 평등을 향한 욕망에 의해 결정된다. 자명한 것이지만 이것들 중 어떤 것도 동등하고 교환이 능한 개인들을 창출하지 않는다. 반대로 추상적인 특질들은 의사소통적인 잠재성의 보편성 내에서 연결되고, 이러한 집합적·인간적·커뮤니케이션적인 잠재성은 그들의 실체를 탁월하게(par excellence) 구성한다. 실질적인 역설은 인간의 특성이 더 유동적이고 유연해질수록, 그리고 생산적 역량이 보다 추상적일수록 세계와 주체가 보다 집합적이 된다는 것이다. 고전들에 의해 기술되었듯 자본의 '본원적 축적'은 자연적이고 사회적인 모든 연대를 파괴했으며, 주체를 시장에서의 단순한 양적 실체와 순전히 숫자상의(numerical) 존재로 축소시켰다. 반대로 오늘날 형성되는 추상은 인간의 '간(間) 커뮤니케이션 역량'(intercommu-nicability)을 확산시키고, 이러한 수준에서 주체들의 새로운 현실성 위에서 공동체적 관계성들의 연대를 구성하는 그러한 추상이다.*

그러므로 포스트모더니즘은 낭만적인 이데올로기인가? 약간의 수정을 가한다면(mutatis mutandis), 내가 보기에 포스트모더니즘은 낭만주의가 그러했듯이 위기의 시대와 사회와 노동의 자본주의적 지배에 대한 복종을 확인하는 것처럼 보인다. 형식적 포섭과 실질적 포섭 사이의 맑스적 구별을 염두에 둔다면 낭만주의자들이 형식적인 용어로 기록하고 기술했던 것들을 포스트모더니즘은 실질적인 용어로 기록했다는 것이다.

* 칼 폴라니, 홍기빈 역, 『거대한 전환』(길, 2009).

14
새로운 가치에 대하여?

Terminal : 정보, 기술, 경제와 사회운동 간에 어떠한 관계성이 존재한다고 보십니까?

네그리 : 저는 오래 전에 착수한 연구에서 노동계급의 재구성(recom-position)이라는 가설로부터 출발한 적이 있습니다. 그러나 자동화의 등장과 함께 '대중 노동자'의 잠재성은 완전히 사라져 버렸습니다. 사실 우리는 새로운 생산형태에 직면했습니다. 이것은 위계들을 결정하는 메커니즘이 자동화 안에서와 그 자체에 의해 변화되었기 때문이고, 또한 생산적 과정이 전적으로 다른 형태들을 띠고 있었기 때문입니다. 고전적 맑스주의에서 생산관계의 총체성에 대해 무엇이 새로운 것인지를 정의하는 것은 거의 불가능합니다. 자동화는 더 이상 생산 노동자의 착취 과정의 완벽함으로는 분석될 수 없고, 오히려 사회적 관계의 총체성의

변형(modification)으로 간주되어야 합니다. 문제는 어느 정도까지 정보 기술이 생산과 재생산의 모든 사회세력들의 실질적 포섭을 수행하는 데 있어 자본에 의해 수단화되는가를 확인하는 것입니다. 자동화를 통해 생산과 상품들(하나의 상품으로 간주되어야만 하는 노동력도 포함해서)의 유통 간의 관계성은 자본 내에서 총체적으로 통합되었다는 것을 확인할 수 있습니다. 생산의 사회화는 사회가 자본에 의해 그와 같이 착취된다는 것을 의미합니다.

M. Burnier, G. Lacroix, E. Braine and B. Pianta와의 인터뷰

이러한 가설들을 고려해 우리는 이탈리아에서의 활동을 통해 저항의 잠재성 정도를 확립하려고 노력했습니다. 달리 말하자면, 자동화에 의해 촉발된 새로운 상황을 받아들임으로써 우리는 사회적 임금(즉 사회적 임금은 민중들의 요구와 연결되어 있고, 평등주의적 경향을 가지고 있으며, 무엇보다도 고용된 자와 실업자 사이의 분열 그리고 다른 사회적 분열의 붕괴를 용이하게 하는 것입니다)의 획득을 목표로 하는 정치적 전략을 발전시키려고 노력했습니다. 또한 복지국가의 모든 형태들을 사회 전체를 통틀어 일반화된 임금형태로 간주하고자 합니다. 이것은 이탈리아에서 다종다양하고 자율적인 투쟁들을 통해 일어난 것으로, 임금투쟁으로 표현된 재화를 도둑질하는 것과 같은 그릇된 종류의 것들까지 포함하고 있습니다. 이러한 운동들의 주체들은 학교들, 공장들, 정보기술 관련 분야, 그리고 지하경제(submerged economy)—이 분야는 정보기술이 생산성과 가치생산의 가장 높은 수준을 가능하게 하도록 촉발했다는 사실 때문에 그 자체로 매우 현대화되었던 분야입니다—에 포함된 사람들입니다. 나는 거대한 자동화된 공장을 언급하고 싶습니다. 예를 들어 바레세와 밀라노 사이에 위치한 바사니(Bassani)-티치노(Ticino)라는 전구 엔지니어링 공장은 공장 내에 약 3천여 명의 노동자들과 공장 밖에 각각 컴퓨터와 트럭을 가진 1만 5천 명의 노동자들을 고용하고 있습니다. 매주마다 작업계획표(work-sheets)가 분배되고, 전산화된 기계들을 사용하여 생산된 이전 주(週)의 작업이 수집됩니다. 이것은 자본주의의 전통적인 형태이지만 그보다 높은 수준에 있습니다. 구체적인 구조적 조건들(특히 소작농의 존재와 이민의 부재)에서 노동자의 투쟁은 전통적이기도 하고 진보된 것이기도 합니다. 왜냐하면 사회적 수준에서 노동자들의 투쟁은 임금인상과 모든 시민을 위한 학습 둘 다를 목표로 하기 때문입니다.

동일한 현상을 북부 이탈리아 전체를 통틀어 다소간 발견할 수 있습니다. 그 상황을 자세히 살펴보면, 예를 들어 낡은 재봉틀을 사용하는 아동의 노동은 사실 고도로 조직화된 산업 과정에 의해 규제됩니다. 그러한 산업과정은 거대산업에 재정적 이익을 제공하는 저축은행들과 비센티니법(Visentini law)에 따라 조직됩니다. 베네치아와 파도바 사이, 그리고 마르케와 밀라노 북부에 수천 명의 노동자들이 분산된 공장(dispersed factory)에 고용되었는데, 게다가 그 공장은 국제 경제의 요구에 묶여 있습니다. 예를 들어 신발산업 분야에서 독일 기업들은 '거대한 이탈리아의 지역 공장'에 신발 디자인, 기계들, 모든 필수품들을 제공합니다. 그리하여 이 공장은 집중화되고 정보에 기반한 경영을 토대로 극도로 유연한 노동을 조직합니다.

이 모든 것들은 수많은 이론적 문제들을 제기합니다. 노동자들의 주체성은 새로운 형태를 취하고 있는데, 왜냐하면 생산의 경제적 가치가 더 이상 특수한 기술적 역량들 혹은 노동자의 숙련과 연결되지 않기 때문입니다. 계급의식은 제거되었습니다. 근본적인 문제는 계급의식이 다시 존재할 수 있는가 하는 것이며, 그 답을 찾기 위해 나는 드러나지 않은 현상(subterranean phenomena), 예를 들어 200시간 이상의 파업의 지속을 새로운 연대들과 새로운 사회적 네트워크들의 표명과 같은 것들 가운데서 살펴볼 필요가 있다고 확신했습니다. 저는 '비밀스런' 노동자들의 존재, 드러나지 않은 운동이 존재하고 그것을 통해 노동자의 의식이 재구축되는 과정에 있다고 믿습니다.

Terminal : 자동화가 진전될 때 누가 적이 됩니까?

네그리 : 그 적은 사회의 조직에 있습니다. 독일 사람들은 "우리는 좌파도 우파도 아니다"라고 말합니다. 그것은 단순히 국가 혹은 고용주들의 이슈가 아니라 우리의 문화와 노동을 전유하는(appropriate) 사회적 구조에 관한 것입니다. 이것은 사람들이 점차 착취당하는 상황이라고 할 수 있습니다. 반면에 사람들은 이니셔티브, 자유, 그리고 잠재성들을 소유할 수 있습니다. 그 대신에 자본은 우리에게 해고의 메커니즘과 전혀 의미 없는 지속적인 운동만 강요했습니다. 따라서 문제는 어떤 수준에서 적대, 즉 사회적 갈등이 발생하는가를 확인하는 것입니다.

이슈가 되는 것은 단순히 노동과정의 지배와 계급의 지배라는 사실이 아닙니다. 거기에는 현재 인간 주체성의 생산과정들이 존재한다는 것입니다. 이로부터 완전한 혼란이 발생하고 있습니다. 그것은 적대와 그것이 취해져야만 할 방향들을 확인하는 것을 불가능하게 합니다. 저는 어떻게 사회적 가치들을 재정의할 수 있을지 모르겠습니다. 역설은 사회적 통제를 용이하게 하는 가치들의 선택조차도 적대를 필요로 한다는 것입니다.

이와 관련해 고용주들은 그들이 항상 해왔던 대로 우리보다도 훨씬 맑스주의자입니다. 정치의 붕괴, 사회적 지향기준의 붕괴, 그리고 자본 내 사회의 포섭은 맑스주의의 위기를 일으켰습니다. 맑스는 산업주의의 승리가 (변증법적 방식으로) 인간성의 해방을 촉발시킬 것이라고 믿었습니다. 반대로 일반적인 가치의 지향은 총체적으로 붕괴되었습니다. 혹자는 권력이 가치(나는 너보다 부자가 되는 기회를 가졌다)라고 정당하게 말할 것입니다. 그러나 이렇게 말하는 것은 정글의 법칙을 선포하는 것입니다. 모든 가치의 기준은 막혀 있고 아무것도 해방되지 못했습니다.

Terminal : 전산화는 그것이 일반적인 생산지평의 새로운 배열(configuration)에 개입하고 있는 만큼 특정한 유형의 가치 유통의 제거를 통해서 노동과정을 변형시키고 있습니다. 이와 같은 상황에서 생산 흐름의 가치는 무엇입니까? 생산성은 무엇입니까?

네그리 : 고전적으로 일정 수준으로 조직된 지식에서 일반적으로 '인간 노동력'은 노동의 활용을 위한 메커니즘에 종속됩니다. 그러나 가치의 계산은 이러한 조건들에서는 일어나지 않습니다. 여기에는 모순이 존재하는데, 한편으로 자동화는 두 개의 사회, 즉 하나는 생산적이고 다른 하나는 실업상태의 확립을 나타냅니다. 다른 한편으로 자동화는 노동하는 데 있어 시간을 소비하지 않음에도 불구하고 사회적·생산적으로 유용한 보다 높은 사회의 형태를 확립한다는 것을 나타냅니다.

요점은 실업 '반대'라고 말하는 것이 아니라 '사회적 시간은 무엇인가?'라고 묻는 것입니다. 사회적 시간이 오늘날 생산을 제약하는 지식의 전이와 생산에 유용한 것이라면 모든 사회적 시간은 그것이 낭비되든 노동을 위해 사용되든 간에 지불되어야 합니다. 그러나 이 점에 대해서는 논란이 있어왔고, 또한 엄청난 혼란도 있어왔습니다.

예를 들어 독일에서 노동조합은 녹색당(the Greens)에 대한 지지 증가와 경제위기에 직면하여 주당 35시간 노동을 제안했습니다. 생산 흐름들의 통제를 보유하기 위해 경영자 측은 이러한 협상에 동의했습니다. 그러나 생산의 주변부에 위치한 대부분의 노동자들(수습 노동자들과 여성 노동자 등)은 주당 35시간 노동을 위해 투쟁하는 것을 거부했는데, 왜냐하면 그들은 자율적이고 유연성(flexibility)을 선호한다고 느꼈기 때문에 그것들을 상실한다는 것은 그들에게 통제의 상실을 의미했기 때문입니다. 그러므로 누가 좌파에 서고 누가 우파에 서는가를 아는 것은 부차적인데, 왜냐하면 상황은 거의 해결할 수 없는(irresolvable) 복합성이기 때문입니다. 녹색당은 그들 스스로 이 문제를 놓고 분열되었습니다.

Terminal : 전산화는 자율성, 자유의 증가, 피로의 감소 등과 같은 새로운 가치들이 전부 실현 가능하게 만드는 것으로 나타났습니다. 이전에는 집단이나 사람들이 사회적 가치였던 반면에 자기(the self)가 사회적 가치가 되었습니다. 이제 '나는 내 노동에 대처할 수 있다'고 말할 수 있는 이는 개인입니다. 사실 이것은 오래된 가치입니다. 전통적인 공장의 노동자들은 어느 정도까지는 자율적인 직공(operatives)이 되기를 요청받았습니다. 사실 저는 전산화의 발전과 함께 사람들이 새로운 테크놀로지에 특정한 정도의 이데올로기적 동의를 하도록 요청받았다고 말하고 싶습니다. 그들은 그것을 긍정적인 지평, 즉 변화로 가는 사회적 길 그리고 새로운 커뮤니케이션의 형태 등으로 간주하게 되었습니다.

네그리 : 저는 이것이 완전히 긍정적이라고 믿습니다. 제 견해로는 모순은 여기에 있는 것이 아니라, 이러한 발전 수준에서 자본이 새로운 욕구를 창출하는 동시에 그것을 억누르고 있다는 사실에 있습니다. 그리고 이러한 억압은 점점 더 심해지고 있습니다. 저는 정치적인 재구성 과정이 아마도 국가적 수준에서 일반적인 사회적 사실로 해석된 자동화에 대항하는 저항을 이행한다는 것을 확신합니다. 요구된 자율성은 국가의 역할에 대한 물음을 포함하고 있습니다. 그러나 무엇보다도 요구된 자율성은 공동체 너머를 의미합니다. 그것은 '사회적 개인'의 확립과 '사회적 평면'(plane) 위에서의 생산적 기능들의 통합을 의미합니다. 예를 들어 저는 서비스에 대한 세금을 지불하는 대신에 사람들은 점차적으로 대안적인 연대, 협동 등을 조직하려고 노력힐 수 있다고 믿습니다. 그리고 이러한 모든 가능성은 그들이 다양한 재정적·기술적·생산적 자원들을 전유했을 때 보다 더 커질 수 있다는 것입니다.

Terminal : 이것은 전유(appropriation)에 대한 어떤 환상을 불러일으키는 것은 아닙니까? 예를 들어 프랑스의 코뮌들에서는 그 지역 예산을 스스로 결정하도록 맡고 있어 새로운 합의를 창출하라고 요구되고 있습니다.

네그리 : 한때 자본주의의 신비화된 명령이었던 '당신을 부자로 만드세요'['부자되세요']는 지금 '당신 자신을 전산화하세요'로 바뀌었습니다. 그러나 이러한 명령의 목적은 무엇입니까? 적어도 자유를 획득하기 위함은 아닐 것입니다. 기술적 자원들의 자본주의적 조직의 파괴는 어려운 과제이지만 그럼에도 불구하고 실현될 필요가 있습니다.

가장 강렬하고 반국가적인 모순은 이러한 새롭고 자율적인 생산력을 통해서 일어날 것입니다. 미테랑(Mitterand)이나 국가 제도들에 반대한다는 의미에서가 아니라 사회적 착취형태에 저항한다는 의미에서 말입니다. 저는 사회적 자본, 국가 그리고 권력의 제도적 형태들 간의 차이가 점점 더 적어지고 있다고 생각합니다.

Terminal : 당신은 우리가 국가 자본주의의 시대로 진입했다고 생각하십니까?

네그리 : 그렇게 생각하지 않습니다. 국가 소유의 자본비율은 확실히 엄청납니다. 이탈리아에서 국영공장(들)과 [국가] 보유자산(holdings)은 전체 생산의 절반이 넘습니다. 오늘날 생산형태들이 유통형태들과 일치하는 것에 이르렀다는 것이 사실이라면, 이것은 생산과 재생산의 형태들이 한쪽이 다른 한쪽으로 동화되는 경향이 있다는 것을 의미합니다. 실재상황은 더 복잡합니다. 예를 들어 프랑스에서 사회적 복지는 생산적인 요소인가? 나는 잘 모르겠습니다. 그러나 국가가 그것을 생산적으로 만든다는 것은 확실합니다. 혹은 그것은 지원의 형태에서 사회에 대한 일반적 통제로 이행하는 경향이 있습니다. 국가독점자본주의는 더 이상 존재하지 않습니다만 완전히 다른 어떤 것이 존재합니다. 형태들이 완전히 바뀌었습니다.

Terminal : 대안적인 메커니즘이 오늘날 억압당하는 사람들에 의해 조직될 수 있는 노동과 존재형태들의 재전유 주위에서 가능한 가치들로 기술되어 왔습니다. 이러한 생각은 상대적 임금을 위한 투쟁 때문에 많은 것들이 무시된 프랑스에서는 그리 확산되지 않았습니다. 어떻게 생산과 대안적 전략들의 이와 같은 측면들이 '전산화된 자본주의의 성장'에 직면하여 저항 혹은 재전유의 형태를 구성할 수 있을까요?

네그리 : 이것은 생각을 필요로 하는 어려운 문제입니다. 누군가는 [이 문제에 대해] 권력을 획득하고 현존하는 국가기계를 파괴해야 한다는 레닌주의적 대답을 할 것입니다. 그 밖의 유일한 반응은 '[우리는] 아무것도 할 수 없다'일 것입니다. 개인적으로 저는 레닌주의적 반응에 동의할 수 없습니다. 사회적 통합의 단선적 과정도 존재하지 않을 뿐만 아니라, 노동계급 의식의 성장과 자본주의 위기 간의 동시적 모순도 존재하지 않습니다. 오히려 체계는 분열되는 경향이 있습니다. 사회적 통합은 전쟁을 통해 일어나거나 혹은 전쟁의 공포를 통해 일어납니다. 더군다나 지배체계들은 국가폭력에 의해 과잉결정됩니다.

그러므로 관점을 재확립하기 위해서 아마도 지배체계들의 계보학을 연구해야 할 필요가 있을 것입니다. 이는 현재의 과정들 이전에 존재하던 위기의 요소들을 고려한다는 것을 의미하는 것이고, 특히 주체적인 욕구와 잠재성 간의 모순을 고려한다는 것을 의미합니다.

Terminal : 당신은 새로운 기술적 가능성들을 전유하는 복합적이고 복수적인 주체에 대해서 언급하고 있습니다. 이 생각에 대해서 설명해 주시겠습니까?

네그리 : 이것이 일어나기 위한 필수조건들은 자본주의의 발전을 통해 발생합니다. 심지어 생산의 이전 과정들에 대한 인식은 잃어버렸

지만, 아직 새로운 [생산의 과정들에 대한] 인식을 가지지 못한 위계제의 밑바닥에 놓인 노동자라 할지라도 가치들에서 가장 풍부하고 거기서 그/그녀의 위치가 여전히 보다 중요한 수준에서 대립의 가능성을 가지고 있습니다. 달리 말해 자본의 유기적 구성에서 '불변자본'(constant capital)의 비율은 거대해지는 반면에 '가변자본'(variable capital)의 비율은 그에 상응하여 작아졌습니다. 가변자본은 이전보다 더 필수적이게 되었습니다. 더군다나 모든 혁신은 가변자본으로부터 나옵니다.

양의 측면에서 생산량은 전적으로 부정적이지만 질의 측면에서 생산성의 이윤율(yield)은 거대합니다. 가변자본의 불안전성(precariousness) 때문에 가변자본은 생산성을 크게 증가시킵니다.

이러한 생산성은 단순히 생산에서 노동자들이 차지하는 위치에 의해서가 아니라 문화적 가치들과 메커니즘의 총체성에 의해서 발생합니다. 그러한 위치에서(그/그녀는 거기에 있지만 어떤 곳에서도 있을 수 있습니다) 그/그녀들 자신들이 발견하는 개인들의 권력은 이러한 사회적 관계성에 총체적으로 묶여 있습니다. 이것은 주체의 자유 혹은 달리 말해 이러한 주체는 더 이상 기계의 노예가 아니라는 것을 함축합니다.

이러한 역설이 과연 생산적인까요? 이 질문에 대한 답을 찾기 위해 이러한 관계성들에 관한 정치적 행위를 하고 대립과 행위를 추구하는 것이 필수적입니다. 이것이 유일하게 가능한 전략입니다. 이러한 문제들을 단순히 이론의 도움만으로는 해결할 수 없습니다. 이러한 새로운 현실성에서 노동계급 조사 방법을 시작하는 것이 필수적입니다.

Terminal : 노동자들의 저항에 대한 고전적 관점에서 보면 제3차 산업(the tertiary sector)에서 일하는 남성/여성 노동자들의 의식이 담당하는 역할은 무엇이며, 전통적으로 쁘띠-부르주아에 속하는 것으로 간주되어 왔던 사람들의 의식이 담당하는 역할은 무엇이며, 그리고 어떻게 그들의 의식이 변화될 수 있습니까?

네그리 : 이 질문에 대답하기 위해서는 모든 선입견을 버리는 것과 부르주아, 쁘띠-부르주아 등과 같은 개념들에 관련된 선입견을 버리고 처음부터 다시 출발하는 것이 필요합니다. 파리의 중심부에서 일하는 여성을 예로 들어봅시다. 그녀는 하루에 15시간은 공부를 하기 위해 파리에 머무르고, [그 나머지 시간은] 일을 해야만 합니다. "그녀는 진짜 쁘띠-부르주아입니까?"

내가 태어난 곳[이탈리아의 파도바]에서는 은행에서 일한다는 것은 한때 상당한 사회적 지위를 얻은 것을 의미했습니다. 그러나 현실적으로 은행에서 컴퓨터 단말기에서 타이핑 업무를 하는 여성과 근처 화학 공장에서 동일한 업무를 수행하는 여성은 정확히 동일한 과제를 수행하고 있는 것입니다. 유일한 차이가 있다면 공장에서 일하면서 연간 13개월치의 월급을 받는 여성과 비교해 [은행에서 일하는] 그녀가 연간 15개월치의 월급을 받는다는 것뿐입니다. 그러나 '노동자'가 아니라는 이유 때문에 은행에서 일하는 여성은 그녀가 특정한 사회적 지위를 가지고 있다는 것을 당연한 사실로 받아들였던 것입니다. 여기서 우리가 다루고 있는 문제는 [주어진] 상황의 현실성과는 동떨어진 비본질적인 (extrinsic) 심리적 태도라고 할 수 있을 것입니다. 그렇다면 요점은 관련된 노동의 형태, 노동일[즉 노동시간]의 형태, 그리고 셋째 작동 중에 있는 특수한 가치화의 형태를 분석하는 것입니다.

공장이란 무엇입니까? 자본주의와 노동계급의 진화 덕분에 공장의 벽돌들은 오래 전에 무너졌고, (말하자면) 제가 그 공장(the factory)이 무엇인지 이해한 지도 15년이 흘렀습니다. 제3차 산업의 거대한 공장은 '사회−공장'(society−factory)으로 분석되기를 요구받고 있습니다. 그러나 그것은 혹자로 하여금 오직 물질적 생산물과 관련해서만 이해하게끔 하므로 '공장'이라는 용어는 폐기되어야 합니다. 오늘날 생산되는 것은 물질적 생산물뿐만 아니라, 주로 정보와 지배의 구성요소들(여기에 주체성의 구성요소들도 덧붙여야 합니다)입니다.

Terminal : 노동은 계속되지만 노동이 더 이상 가치를 가지지 않은 사회의 성격은 무엇입니까?

네그리 : 그 사회는 오직 명령의 권력과 사회의 강제적 조직만이 남아 있는 사회이고 핵폭탄에 의해서 통제되는 사회입니다. "당신이 일하지 않으면 당신은 완전히 망할 것입니다." 총체적인 과잉결정만 있을 뿐이지요. 더 이상 가치나 혹은 노동관계들은 존재하지 않습니다. 단순한 지배의 관계성만이 존재할 뿐입니다. 이것은 포스트모더니티의 문화적 고정관념입니다.

Terminal : 레닌이 주장했듯이 '경제적인 것'(the economic)의 집중된 형태가 '정치적인 것'(the economic)이며 가치의 집중된 형태가 권력입니까?

네그리 : 정확하게 그 반대가 사실입니다!

Terminal : 가치화되기 위해 자본이 탈가치화되어야만 한다고 가정하면 자본을 가치화하기 위해 사회를 탈가치화하는 것이 마찬가지로 필수적인 것 아닙니까?

네그리 : 이러한 현상은 슘페터에 의해 '창조적 파괴'(creative destruction)[*]이라고 기술된 것입니다. 현재의 위기는 자본을 재가치화 하기 위한 사회적인 것의 '탈가치화'(devalorization)에서 비롯된 위기입니다. 이것은 보통 '재구조화'(restructuration)라고 불리는 것입니다. 자본에 관련되는 한, 컴퓨터와 텔레커뮤니케이션의 장(場)은 현재에도 수많은 혁신이 진행 중에 있는데, 이 혁신은 곧 가치, 달리 말해 화폐의 본질을 결정할 것입니다. 화폐는 일반적인 [가치의] 등가(equivalence)를 결코 구성하지 못했습니다. 오히려 그것은 권력의 운반자(carrier)입니다. 정치적 권력뿐만 아니라 '혁명적인' 경제권력 혹은 전위적(avant garde) 혁신들입니다. 그러므로 혹자는 아마도 화폐를 말하자면 증기 엔진, 석유, 그리고 등등으로 부를 수도 있습니다. 오늘날의 정보기술과 정보가 그와 같은 것입니다. 요점은 전산화의 과정이 다른 생산적 가치들의 일반적인 탈가치화를 일으키는 것이라고 말하는 것이 아니라, 오히려 어떤 특정한 지점을 넘어서 전산화가 가치의 질에 있어서 변화를 일으키는 것을 주목해야 한다는 것입니다. 결과적으로 누구든지 생산과정을 더 이상 이

---

[*] '창조적 파괴' 개념은 자본주의를 내재적으로 발전시키는 운동의 자기생성적 힘이 기업의 부단한 자기혁신적이며 창조적인 파괴과정(낡은 것을 파괴하고 새로운 것을 창조하는)의 연쇄를 통해서 비롯된다는 사실을 강조하기 위해 사용된 것이다. 보다 자세한 내용은 변상진 역, 『자본주의, 사회주의, 민주주의』(한길사, 2011) 7장을 참조하기 바람.

전에 고려하던 가치의 척도에 의해 측정할 수 없다는 것입니다. 우리는 더 이상 노동력과 같은 혹은 노동시간과 같은 것들의 존재에서가 아니라, 오히려 [우리는] 정보의 유통, 실제로는 광대한 정보의 양에 의해 구성된 우주 속에서 살아가고 있습니다. 그러므로 대안적인 [가치의] 측정단위들이 채택되어야만 합니다. [정보가] 더 이상 단지 [생산의] 매개 수단뿐만이 아니라 생산의 본질이 되고 있는 지점 너머에서, 전산화는 더 이상 단순히 상품(들)의 양(들)이 변형되는 형태가 아닙니다. 오히려 그것은 그 자체로 상품이 되고 있습니다.

Terminal : 노동은 트리팔리움(tripalium)*으로 지속될까요?

네그리 : 오늘날의 피아트 공장에서 노동은 덜 고되게 되었습니다. 피아트 공장은 유럽의 자동차 제조회사에서 자동화가 가장 잘 이루어졌다고들 합니다. 이전에는 30명 혹은 40명의 노동자들이 필요했던 곳에서 이제는 한 명의 노동자에 의해 자동차는 조립될 수 있습니다. 가변자본의 비율이 현저하게 감소하는 경향성은 사회적으로 결정적인 비율을 만듭니다.

생산은 비산업화된 국가들에 재배치되었다고 하는 지적이 있습니다. 이러한 지적에 특별히 반대하고 싶지는 않습니다. 산업이 대만이나 남한의 노동자들에게 임금을 지불하지 않거나 혹은 덜 지불한다는 것은 사실입니다. 그러나 이러한 나라들도 곧 자동화될 것입니다. 몇몇 사례

---

* '트라이팔리움'(tripalium)은 원래 서구에서 세 가지 말뚝으로 이루어진 고문의 수단이다. 본문에서 '트라이팔리움'은 노동강도가 3배로 강화되는 것 정도의 의미를 지닌다.

에 있어 이미 그들은 산업화된 국가들보다 훨씬 더 자동화되었습니다. 다른 사람들은 그들의 신념을 자동화의 여유에서 해방 운동들의 발전에 놓습니다. 그러나 이러한 상황은 생산양식의 모든 변형의 경우에 존재합니다. 이중사회 이론은 하나의 신비화, 혹은 오히려 경직된 분류상의 (classificatory) 이데올로기입니다. 그 자체가 제한적인 주어진 자본주의 산업구조는 사회적 진화의 전체를 결정할 권력을 가지고 있습니다. [이러한 사실과 관련된] 많은 것들이 1898/1899년경 러시아에서의 자본주의에 대한 레닌의 연구에 의해 증명되었습니다. 농업에서의 기술적 혁신은 노동력의 일부분을 풀어놓았고, 그것들은 산업에서 재고용되었습니다. 자동화가 계속해서 공장에 침투하여 노동자들은 제3차 산업으로 대체되어 이동하게 되었습니다. 여기에 새로운 기술형태로서 전산화가 개입할 것이며, 제3차 산업의 통합과 경계를 문제로 둘 것입니다. 그렇다면 전산화에 의해 추방당해 왔던 제3차 산업의 노동자들은 [추방당한] 이후 어디로 가려고 하겠습니까?

Terminal : 제3차 산업의 전문가들은 10년 안에 노동력의 절반 이상이 일자리를 잃을 것이라고 말하고 있습니다. 현재 체계는 이 모든 것들을 뒷받침하기에 충분한 견고한 존재의 최소한의 외관도 가지지 못하고 있습니다. 노동시간의 실제적인 가치화, 즉 사회가 아직 수행할 수 없는 어떤 것들은 그러므로 실패입니다. 의심할 여지없이 이것은 고용주가 여전히 직접적으로 생산적인 가치와 관련하여 판단을 하고, 다른 사회적 활동들은 쓸모가 없다고 믿으며, 오직 다음날의 노동을 위한 노동력의 재생산에만 복무하기 때문입니다. 그리고 여기에서 사회적 폭발의 위험이 생산되고 있습니다. '비생산적인' 행위들이 또한 '가치 생산하기'(value-producing)로 인식되든가 혹은 전쟁이 도래하든가 할 것입니다.

네그리 : 사람들로 하여금 그들 자신의 위기를 관리할 수 있도록 하는 시도가 이루어져야 합니다. 다음과 같이 말하는 동료는 칭찬을 받아야만 합니다. "나는 현재 2백만 달러를 법니다." "내일 나는 다만 백만 달러만을 벌 것이지만 다른 한편으로 나는 보트의 모델들을 생산할 것입니다."

이것은 전쟁이 아니라 변혁을 수반합니다. 정확하게 관찰되어 왔지만 새로운 기술은 합의를 긴장시킵니다. 그럼에도 불구하고 저는 노동을 해야 하는 의무로부터 노동하지 않을 권리로의 이행이 매우 폭력적일 것이라는 인상을 갖게 됩니다. 사실상 오늘날의 이행에서 가치화의 관계성은 그것의 인간적 의미를 박탈했습니다. 우리는 생산의 목적을 위한 생산의 상황에 도달했는데, 이는 위기의 결과로서 특정한 정치적이고 산업적인 지배계층은 인종주의적이고 광신적인 정책을 지지하는 것에까지 이르렀다는 것을 의미합니다. 그들은 곧 프랑스에서 이민자 없이 살아가는 것이 불가능할 것이라는 사실에 의해 주어진 악순환의 연속에 그들 스스로가 빠진 것을 발견하게 될 것입니다. 인종주의는 따라서 낡아빠진 정책들과 연결된 권위의 위기의 요소인 것입니다.

이에 비하여 독일과 미국에서는 처음으로 가치의 위기가 급진적인 대안의 실현과 연결되었습니다. 미국에서 낙태 반대 캠페인, 레이건주의 등을 포함하는 반동과 억압이 그것입니다. 독일에서는 아직 미약할지라도 발전이 보다 긍정적입니다 ; 우리는 한편으로 삼림보존과 같이 오래되고 전통적인 가치를, 다른 한편으로 정보기술과 같이 보다 현대적인 가치들을 함께 가지고 있는 녹색 운동의 구성을 잘 살펴볼 필요가 있습니다. 바덴-뷔르템베르크(Baden-Württemberg)에서는 농민들[이전에는 기독민주당의 영향 하에 있었던] 가운데서, 그리고 또한 기술자들과 엔지니어들 가운데서도 녹색당에 대한 일반적인 지지가 증가하고 있습니다. 우리는 반자본주의적 신자유주의라고 부를 수 있는 보수적인 발전(시골길의 복원과 특정 산업주의 형태에 대한 거부)의 역설적인 모습을 목격하고 있는 것입니다.

투쟁들과 대안들의 성장이 없다면, 그리고 우리가 사회적 길항력의 실천을 목격할 수 없다면 우리는 생산의 목적을 위한 생산에 묶여 있는 반동적인 상황 쪽으로—권력의 진정한 편집증 쪽으로—점점 더 표류하게 될 것입니다. 그와 같은 상황들에서 전쟁의 가능성은 확실히 존재할 것입니다.

아래의 인용은 *Pelican Marx Library*(Hardmondworth, Penguin, 1973 and 1976) 판에서 취해진 것이다.

『**자본**』 I_벤 폭스(Ben Fowkes) 번역[*]

이 모든 것들에도 불구하고 이러한 변동은 그 자체로 노동과정, 즉 생산의 현행적(actual) 과정의 실질적인 특성에서의 근본적인 변형을 함

---

[*] 여기서 인용하고 있는 내용은 『자본 I 』의 본문이 아니라, 부록에서 만델(mandel)이 「직접적 생산과정의 결과」라는 제목으로 게재한 글이다. 우리가 번역한 대본은 Ben Fowkes 가 번역한 『자본 I 』의 영역본이다(Karl Marx, introduced by Ernest Mandel, translated by, Ben Fowkes, *Capital : A Critique of Political Economy Volume One*, Penguin Books, 1976).

축하지 않는다. 반대로 자본이 노동과정을 포섭하는 것으로서 발견한다는 것, 다시 말해 자본이 다양하고 보다 낡은 생산양식에 의해 발달된 현존하는 노동과정을 탈취한다는 것은 사실이다. 그런 이유로 자본이 유용하게 확립된 노동과정을 탈취했다는 것은 명백하다. 예를 들어 수공업과 농업양식은 소규모 독립적인 소작농 경제에 상응한다. 자본에 의해 탈취된 이후 변화들이 전통적으로 확립된 이러한 노동과정에서 발생한다면 이는 단지 포섭의 점진적 결과일 뿐이다. 노동은 보다 집약적으로(intensive) 될 것이고, 그것의 지속은 확대될 것이며, 그것은 이해타산적인 자본가의 감시 하에서 보다 지속적으로 혹은 질서 있게 될 것이지만, 이러한 변화들은 현행적 노동과정과 현행적 노동양식의 특징에 영향을 끼치지 못할 것이다. 이러한 견해들(stands)은 명확하게 자본주의적 생산양식(대규모 산업 등)의 발전에 현저하게 대비되고 있다. 이러한 자본주의적 생산양식은 다양한 생산의 작인들(agents)의 상황들을 변형시킬 뿐만 아니라, 노동의 현행적 양식과 전체로서의 노동과정의 실재 성격을 변혁시킬 것이다(revolutionizes). 이러한 생산양식과 대조적으로 우리는 앞서 논의했던 것, 즉 자본주의적 관계의 등장 이전에 발달한 노동양식의 자본에 의한 탈취(takeover)를 자본 하 노동(work under capital)의 형식적 포섭으로 부르는 데에 이르렀다. 노동시간의 연장을 통해 강요된 잉여노동에 의한 강제(compulsion)의 형태—지배와 종속의 개인적 관계에 토대를 두는 것이 아니라, 단순히 경제적 기능을 달리하는 강제의 양식—로서 자본주의적 관계는 두 가지 형태에서 공통적이다. 그러나 명확하게 자본주의적 생산양식은 아직 잉여가치를 마음대로 처분할 다른 방법을 갖지 못한다. 그러나 기존의(preexisting) 노동양식, 즉 노동 생산력의 확립된 발전과 이러한 생산력에 대응하는 노동양식을 고려해 볼 때 잉여가치는 오직 노동일을 연장하는 것에 의해 창출될 수 있다. 즉 절대적 잉여가치가 증가하는 것에 의해 창출될 수 있다. 자본하 노동의 형식적 포섭에서 이것은 잉여가치를 생산하는 유일한 방식이다(p. 1021).

협업, 공장 내 노동분업, 기계의 사용, 그리고 일반적으로 특수한 목적을 위한 자연과학의, 기계의, 화학 등등의 의식적 사용에 의해, 기술 등등의 [의식적 사용에 의해] 생산의 변형을 통해, 그리고 유사하게 이러한 발전에 상응하는 거대한 규모의 증가(왜냐하면 사회적 노동만이 유일하게 수학과 같은 인간 발전의 일반적 생산물을 생산의 직접적 과정들에 적용할 수 있기 때문이다. 그리고 역으로 이러한 과학에서의 진보는 물질적 생산의 특정한 수준을 전제한다)를 통해 노동의 사회적 생산력 혹은 직접적으로 사회적인, 사회화된(socialized) (즉 집합적) 노동은 생성된다. 이러한 사회적 노동자의 생산력 전체의 발전(다소간 개인들의 고립된 노동과는 대조적으로) 그리고 (사회적 발전의 일반적 소산인) 과학의 사용과 함께 직접적 생산과정의 사용에서 자본의 생산력의 형태를 취한다. 그것은 노동의 생산력으로 나타나지 않거나 혹은 심지어 그것의 일부분은 자본과 동일하게 된다. 그리고 그것은 특히 개별 노동자 혹은 생산과정에 결합된 노동자의 생산력으로서 나타나지 않는다. 자본관계 전체에 함축된 신비화는 자본하의 노동의 형식적 포섭에서 그것이 이르거나 이를 수 있는 지점 너머까지 크게 증대된다. 다른 한편으로 우리는 여기서 그것의 특수한 형태—생산 그 자체의 직접적 과정의 변형(transmutations)과 노동의 사회적 생산력의 발전—에서 자본주의적 생산의 역사적 의의의 두드러진 실례를 찾을 수 있다.

노동이 자본에서 대상화되고 개별화되어 노동자 앞에 나타날 때 어떻게 그의 노동의 사회적 특징이 단지 낯선 것(alien)이 아니라, 적대적이고 대립적인 어떤 것으로서 노동자와 맞서게 되는지를 단지 관념적 수준이 아니라 현실성의 수준으로 3장에서 볼 수 있었다.

절대적 잉여—가치의 생산이 자본하노동의 형식적 포섭의 물질적 표현이라면, 상대적 잉여—가치의 생산은 아마도 그것의 실질적 포섭으로 간주될 것이다(p. 1024).

자본 하 노동의 실질적 포섭

형식적 포섭의 일반적 측면들, 즉 노동과정의 자본에의 직접적 종속은 그것의 기술적 발전의 상태와는 상관이 없다(irrespective). 그러나 이러한 토대 위에서 기술적으로 그리고 다른 특수한 생산양식—자본주의 생산—이 일어나는데, 그것은 노동과정의 성격과 그것의 현행적 조건들을 변형시킨다. 오직 그러한 것들이 일어날 때 우리는 자본하 노동의 실질적 포섭을 목격한다.

자본 하 노동의 실질적 포섭은 절대적 잉여가치에 대립하는 상대적 잉여가치에 의해 진화된 모든 형태들에서 발전된다. 자본하 노동의 실질적 포섭과 함께 완전한 (그리고 지속적으로 반복된) 혁명은 생산양식에서, 노동자들의 생산성에서 그리고 노동자와 자본가 간의 관계들에서 일어난다.

자본 하 노동의 실질적 포섭과 함께 노동과정에서 모든 변화들은 현실성이 된 것으로 이미 논의되었다. 노동의 사회적 생산력은 지금까지 발전된 것이고, 대규모의 생산과 함께 과학과 기술의 직접적 응용에 이른다. 한편으로, 자본주의적 생산은 이제 스스로를 특수한(sui generis)

생산양식으로 확립하고, 새로운 물질적 생산양식의 존재를 가져온다. 다른 한편으로, 새로운 물질적 생산양식은 스스로를 자본주의 관계들의 적절한(adequate) 형태의 발전을 위한 토대로 형성하고, 따라서 노동 생산력의 한정적인 진화의 단계를 전제한다(pp. 1034-5).

첫째, 자본 하에서 노동의 실질적 포섭의 발전과 함께 혹은 명확히 자본주의적 생산양식, 즉 전체 노동과정의 실질적 지렛대는 점점 더 개별적인 노동자가 아니다. 그 대신 사회적으로 결합한 노동권력(labour-power)과 함께 다양하게 경쟁하는 노동권력은 직접적인 상품 형성 과정에 혹은 보다 정확히 상품을 생산하는 이러한 맥락에 매우 다양한 방식으로 참여하는 전체 생산기계를 형성한다. 어떤 노동자들은 손으로 [일하는 것을] 선호하고, 다른 노동자들은 머리로 [일하는 것을] 선호하며, 어떤 이는 매니저, 엔지니어, 기술자 등등으로 [일하는 것을] 선호하고, 다른 이는 감독관으로서 [일하는 것을] 선호하고, 제3자는 육체노동자 혹은 단순 노동자로 [일하는 것을] 선호한다. 증가하는 수많은 유형의 노동은 생산적 노동(productive labour)의 직접적 개념에 포함되고, 자본에 의해 직접적으로 착취당하며, 그것의 생산과 확장과정에 종속된 노동자들, 그리고 그것을 직접적으로 수행하는 사람들은 생산적 노동자(productive worker)로 분류된다. 우리가 집합 노동자(aggregate worker)를 고려한다면, 즉 우리가 작업장에서 함께 이루어진 모든 구성원들을 취한다면 우리는 재화의 양인 동시에 집합적 생산물(aggregate product)에서 그들의 결합된 활동성이 현저하게(materially) 일어나는 것을 볼 수 있다. 그리고 여기서 매우 비물질적인 특수한 노동자—그는 이러한 집합 노동자의 수족(limb)에 지나지 않는다—의 일자리는 현행적인 육체 노동자로부터 더 멀거나 가까운 거리에 있다. 그렇다면 이러한 집합적 노동력의 활동성은 자본에 의해 직접적인 생산적 소비, 즉 그것은 자본의 자기 가치화 과정이다. 이런 이유로 우리는 잉여가치의 직접적인 생산, 즉 이러한 것의 자본으로의 직접적인 변환을 증명해야 한다(pp. 1039–40).

『요강』_마틴 니콜라우스(Martin Nicolaus) 번역*

대공업 발전과 더불어 대공업이 기초하는 토대인 타인 노동시간의 점취가 부를 구성하거나 창출하기를 중지하는 것과 마찬가지로, 이 발전과 더불어 직접적인 노동은 한 측면에서 보면 보다 더 감독하고 규율하는 활동으로 전환됨으로써 생산의 그러한 토대이기를 중지한다. 그러나 또한 생산물이 분산된 직접적 노동의 생산물이기를 중지하고 오히려 사회적 활동의 결합이 생산자로 나타나기 때문이기도 하다(p. 709).

분업이 발전하자마자 개별적인 개인의 거의 모든 노동은 그 자체로 가치나 유용성이 없는 전체의 부분이다. 노동자가 점취할 수 있는 것, 이것은 내 생산물이고 이것을 내가 가지겠다고 말할 수 있을 것은 아무것도 없다(『방어된 노동』1, 2, XI).**

---

* 여기서 네그리는 니콜라우스가 번역한 영역본 『요강』을 인용하고 있다[Karl Marx, Translated with a Foreword by Martin Nicolaus, *Grundrisse*, Penguin Books, 1973 ; 1993. 한편 우리가 여기서 인용하고 있는 『요강』은 칼 맑스, 김호균 역, 『정치경제학 비판 요강』(백의, 2002)이라는 제목으로 번역된 한국어 번역본으로, 이는 독일의 디츠(Dietz) 출판사에서 출간된 『맑스–엥겔스 전집』 42권을 번역한 것이다.
** 『정치경제학 비판 요강』 독일어판 주석자 주에서는 맑스가 여기서 인용하고 있는 곳의

직접적인 교환에서는 개별화된 직접적 노동이 특수한 생산물이나 생산물 부분에 실현된 것으로 나타나고, 이 노동의 공동의 사회적 성격—일반적 노동의 대상화이고, 일반적 욕구의 충족으로서의 그것의 성격—은 교환에 의해서만 정립된다. 이와는 반대로 대공업의 생산과정에서는, 한편으로 자동과정으로 발전한 노동수단의 생산력에서는 자연력의 사회적 오성에서의 복속이 전제인 것과 마찬가지로, 다른 한편으로는 개별자의 노동이 그것의 직접적인 현존에 있어서 지양된 개별적 노동으로, 즉 사회적 노동으로 정립되어 있다. 그리하여 이 생산양식의 다른 토대가 사라진다(Marx, 1993 : 709 ; 맑스, 2002 : 385-6).

그러나 대공업이 발전함에 따라 실제적 부의 창조는 노동시간 및 이용된 노동량보다는 노동시간 동안에 운동되고 다시 그 자신의 생산에 소요되는 직접적인 노동시간과 비례관계에 있지 않은 작동인자들의 권력—이들의 강력한 효율성—에 의존하고, 오히려 과학의 일반적 상태와 기술 진보 또는 이 과학의 생산에의 응용에 좌우된다(Marx, 1993 : 704-5 ; 맑스, 2002 : 380).

실재적 부는 오히려 이용된 노동시간과 그 생산물 사이의 엄청난 불비례에서 뿐만 아니라, 순수한 추상으로 축소된 노동과 그것이 감시

출전이 명기되어 있다. 맑스는 토마스 호지스킨의 저술『자본의 요구로부터 방어된 노동 …』(런던, 1825), 25쪽이다. 맑스가 가리키는 것은 1851년 런던 초록 노트 XI이다 (칼 맑스,『정치경제학 비판 요강 II』, 2002, 441쪽 주석 313번). 한편 호지스킨의 저서에 대해서는 다음을 참조. Thomas Hodgskin, *Labour defended against the claims of capital* ; *The unproductiveness of capital proved with reference to the present combinations amongst journeymen* (Minnesota Press, 1969).

하는 생산과정의 강권 사이의 질적인 불비례에서도 표명된다. 그리고 대공업이 이를 폭로한다. 노동은 더 이상 생산과정에 포함되어 있는 것으로 나타나지 않고 오히려 인간이 생산과정 자체에 감시자와 규율자로 관계한다. (기계류에 적용되는 것은 인간 활동의 결합과 인간 교류의 발전에도 마찬가지로 적용된다.) 수정된 자연 대상을 대상과 자신 사이에 매개 고리로 삽입하는 것은 더 이상 노동자가 아니다. [3] 노동자는 그가 산업적 과정으로 변환시키는 자연과정을 자신의 제어하에 놓여 있는 무기적 자연과 자신 사이에 수단으로 삽입한다. 그는 생산과정의 주(主) 행위자가 아니라 생산과정 옆에 선다. 이러한 변환에서 생산과 부의 커다란 지주(支柱)로 나타나는 것은 인간 스스로 수행하는 직접적인 노동도 아니고, 그가 노동하는 시간도 아니며, 그 자신의 일반적인 생산력의 점취, 그의 자연이해, 사회적 형체로의 그의 현존에 의한 자연지배, 한마디로 말해 사회적 개인의 발전이다. 현재의 부가 기초하고 있는 타인 노동시간의 절도는 새롭게 발전된, 대공업 자체에 의해 창출된 이 기초에 비하면 보잘것없는 것으로 나타난다. 직접적인 형태의 노동이 부의 위대한 원천이기를 중지하자마자 노동시간이 부의 척도이고, 따라서 교환가치가 사용가치의 [척도]이기를 중지하고 중지해야 한다. 대중의 잉여노동이 일반적 부의 발전을 위한 조건이기를 중지했듯이 소수의 비노동도 인간 두뇌의 일반적 힘들의 발전을 위한 조건이기를 중지했다. 이에 따라 교환가치에 입각한 생산은 붕괴하고 직접적인 물질적 생산과정 자체는 곤궁성과 대립성의 형태를 벗는다. 개성의 자유로운 발전, 따라서 잉여노동을 정립하기 위한 필요 노동시간의 단축이 아니라 사회의 필요 노동시간의 최소한으로의 단축 일체, 그리고 여기에는 모든 개인들을 위해 자유롭게 된 시간과 창출된 수단에 의한 개인들의 예술적·과학적 교양

등이 조응한다.

자본 자신은 노동시간을 최소한으로 단축하기 위해 노력하는 반면, 다른 한편으로는 노동을 부의 유일한 척도이자 원천으로 정립함으로써 진행되는 모순이다. 따라서 자본은 노동시간을 잉여 노동의 형태로 증대시키기 위해서 필요 노동의 형태를 감소시킨다. 따라서 갈수록 잉여 노동시간을 필요 노동 시간을 위한 조건—사활문제—으로 정립한다. 요컨대 자본은 한 측면에서 보면 부의 창출을 그것에 이용된 노동 시간에 대하여 (상대적으로) 독립시키기 위해 사회적 결합 및 사회적 교류뿐만 아니라 과학과 자연의 모든 힘을 소생시킨다. 다른 측면에서 보면 자본은 이렇게 창출된 방대한 사회력들을 노동시간으로 측정하고자 하며, 이미 창출된 가치를 가치로 유지하기 위해 필요한 한계 안에 이 사회력들을 묶어두고자 한다. 생산력과 사회적 관계들—양자는 사회적 개인의 발전의 상이한 측면들—이 자본에게는 수단으로만 나타나며, 자본을 위해서는 그것의 협소한 기초에서 출발해서 생산하기 위한 수단일 뿐이다. 그러나 사실 그것들은 이 기초를 공중에서 폭파하기 위한 물질적 조건들이다(Marx, 1993 : 705−6 ; 맑스, 2002 : 380−382).

옮긴이 후기

1968년 프랑스에서 학생운동이 극에 달했던 시절, 바리케이드 안쪽에 씌어진 여러 낙서 중에 'Ten days of happiness'라는 글귀가 있었다고 한다. 열흘 동안의 행복. 그 정도면 충분하다. 문학을 하는 이유로도, 살아가거나 사랑하는 이유로도.

김연수, 『청춘의 문장들』 중에서 …

『전복의 정치학』 초판은 이미 1991년 세계일보사에서 번역·출판된 적이 있고, 2012년 1월 현재 한국에는 수많은 네그리 관련 번역서들과 해설서들이 나와 있다. 그렇다면 네그리 사상에 대한 일반론과 이 책에 대한 요약·해설을 덧붙이는 게 독자들에게 과연 어떤 의미를 지닐까? 본 후기에서는 『전복의 정치학』이 탄생하게 된 시대적 배경과 이 책이 오늘날 한국 사회에서 갖는 의미와 특이성(singularity)에 대해 간략히 논하겠다.

1. 1986년 파리 학생투쟁과 새로운 주체의 출현

우선 1986년 파리 학생투쟁의 배경에 대해 살펴보겠다. 1986년 3

월 프랑스 최초의 좌우 동거정부(cohabitation)가 들어섰다. 사회당 대통령 미테랑(Mitterrand) 밑에 자크 시라크(Jacques Rene Chirac)가 총리인 우파(右派)내각이 수립된 것이다. 우파내각이 성립되자 자크 시라크는 강도 높은 신자유주의적 개혁을 추진했다. 사회질서 확립과 범죄예방이라는 명목 하에 강력한 치안행정을 실시했고, 프랑스인들의 실업 감소를 목표로 이민법을 강화하였다. 또한 사유화청(Privatisation)을 통해 국·공영기업의 민영화 정책을 시도했다. 이러한 신자유주의적 개혁은 대입 선발 개념 도입, 등록금 인상, 대학 재정 자율권 확대를 골자로 하는 '모노리―드바케' 법안으로 이어졌다. 알랭 드바케(Alain Devaquet) 교육부 장관은 이 법안의 취지가 '대학 자율화'에 있다고 주장했지만 학생들은 미국식 '돈덩어리 대학' 개혁안이라고 거부했다. 『전복의 정치학』 1장은 '모노리―드바케' 법안에 반대한 1986년 파리 학생투쟁에 대해 논하고 있다.

1986년 파리 학생투쟁의 의미에는 크게 세 가지 차원이 있다.

첫째, 네그리 자신이 갖는 개인적 차원이다. 이탈리아 총리 알도 모로(Aldo Moro) 암살사건의 배후로 지목되어 프랑스에 망명 중이던 네그리에게 1986년 학생투쟁은 네그리 자신이 1970년대 이탈리아에서 보았던 새로운 주체(사회적 노동자)의 출현이 옳았다는 것을 보여준 실례였다. 또한 네그리에게 있어 1986년 학생투쟁의 승리(결국 '모노리―드바케' 법안은 폐기되었고, 이에 알랭 드바케 장관은 사임하였다)는 신자유주의 국가정책과 극좌파 테러리즘에 대한 대안이자 희망이 되었다.

둘째, 새로운 주체론(사회적 노동자론)이 갖는 이론적 차원이다. 네그리는 1986년 파리 학생투쟁의 얼굴성(Faciality)에 주목한다. 1960·70년대 피아트 공장의 노동자 상(象)이 남부 이탈리아 농민 출신인 마르코였다면, 1986년 파리 학생투쟁의 대표상은 북아프리카 출신 대학생 말릭이라고 할 수 있다. 영화 「증오」(*La Haine*)에서 이민자 청년들의 모습이 소외, 불안, 증오의 존재였다면 네그리의 새로운 주체는 지적이고, 긍정적이며, 아름다운 주체이다.

셋째, 오늘날 한국 사회에서 의미를 갖는 동시대적 차원이다. 네그리가 말하는 21세기가 서기(西紀) 2000년대가 아니라 카이로스의 시간이라면, 2008년 광우병 촛불시위, 2011년 반값 등록금 투쟁 및 한미 FTA 반대시위는 1986년 파리 학생투쟁과 동시대성을 가진다고 말할 수 있다. 1986년 새로운 주체의 출현과 마찬가지로 현대중공업 골리앗 투쟁의 노동자는 오늘날 한국에서 광화문 네거리와 인터넷을 오고가며 SNS로 소통하는 집단지성들(다중들)의 모습으로 바뀌었다. 본문에서 네그리가 지적한 바와 같이 오늘날 새로운 주체인 집단지성들은 새로운 커뮤니케이션 도구 활용에 능숙하고 소통을 중시하는 사회적 노동자라고 할 수 있다.

앞서 언급한 새로운 주체들은 1986년 파리 학생투쟁 이후 승리의 역사를 쓰게 된다. '모노리-드바케' 법안은 폐기되었고, 시라크 정부의 미영합 정책은 저지되었으며, 필립 세갱(Philippe Seguin) 노동부장관이 노동시간 연장안은 철도노동자들의 장기파업과 정국혼란을 가져왔다. 이후 1988년 대선과 총선 결과 우파내각은 해산되었고 사회당 중심의 대통령과 단독내각이 구성된다.

2. 신자유주의와 빈곤화 전략

새로운 주체에 대한 자본의 대응으로 나타난 것이 신자유주의다. 네그리는『전복의 정치학』개정판 서문에서 신자유주의에 대한 자신의 예측이 대부분 옳았다고 주장한다. 1980년대 중·후반에 나타난 기술적인 변화들과 신자유주의적 정책들은 오늘날에도 여전히 유효하다. 무엇보다 오늘날 한국 사회와 연관시켜 볼 때 네그리의 신자유주의론에서 주목해야 할 것은 자본에 의한 빈곤화 전략이다. 네그리의 주장에 따르면 빈곤은 지배계급에 의해 의도적으로 계획된 것이다. 자본가들의 빈곤화 전략은 사회적 노동자들의 연대와 통합을 저지하기 위해 고안된 것이고, 부수적으로 빈곤은 가난한 자들을 협박하는 무기로 작동한다.

1986년 프랑스 파리로 돌아가 보자. 앞서 언급한 승리의 기억 이면에는 자본의 빈곤화 전략이 가져온 어두운 측면이 있다. 1970년대 중반 이후 프랑스에서는 경기침체와 고실업이 지속된다. 일자리의 감소는 이민자를 배척하는 외국인 혐오증(Xenophobia)과 반(反)이민정책, 무엇보다 장 마리 르펜(Jean-Marie Le Pen)으로 대표되는 국민전선(FN)의 대두로 이어졌다. 특히 1986년 총선에서 국민전선은 35석의 의석과 9.7%의 득표율을 획득하였고, 이후 대선과 총선에서도 자신들의 지지율을 높여 갔다. 즉 실업에 따른 빈곤화는 연대가 아니라 외국인 증오로 표출되어 나타난 것이다. 1986년 파리 학생투쟁에서도 아랍계 청년 말릭 오세칸이 프랑스 경찰에 구금된 상태에서 총에 맞아 사망하는 비극이 발생했다.

2012년 한국 역시 자본의 빈곤화 전략에 따른 양극화 현상이 심화되고 있다. 양극화 현상은 지역 간 갈등을 넘어 세대 간 갈등으로 번져가고 있으며, 아직까지 극우정당이 등장하지는 않았지만 웹(Web) 상에서 반외국인 정서가 급속히 퍼져나가고 있다. 그러나 '88만 원 세대'로 대표되는 새로운 빈곤층은 앞서 언급한 집단지성과 분리되지 않는다. 새로운 주체는 결정론적으로 주어진 것이 아니라 존재론적 활동으로 구성되는 것이다. 그러므로 새로운 주체는 자본의 빈곤화 전략에 맞서 연대와 통합의 길로 나아가야 한다. 『전복의 정치학』은 새로운 주체의 등장을 선언했지만 새로운 주체의 구체적인 대안을 제시하지는 못했다. 그러나 이 책은 빈곤화 전략이 가져온 폐해에 대해 적시하고 있다. 따라서 21세기 새로운 주체에게는 보다 적극적인 연대와 통합을 위한 존재적론 활동이 요구된다.

3. 핵(核)국가론과 커뮤니케이션의 중요성

오늘날 사회적 노동자의 출현과 자본의 정보 재구조화로 인해 커뮤니케이션이 중요해지는 데 반해 국가는 비밀주의를 기반으로 한 핵국가(nulear state)로 나타나고 있다. 지배계급들은 비밀주의가 안보(security) 상의 이유로 필요하다고 말하지만 실제로는 사회적 커뮤니케이션을 수탈하기 위해 필요한 것이다. 역설적으로 선진 자본주의 국가일수록 보다 높은 민주화와 보다 내밀한 비밀주의가 공존하고 있다. 이러한 네그리의 핵국가론은 지그문트 바우만이 말하는 액체 근대(Liquid Modernity)의 근본적이고 불확실한 불안과 관련된다. 현대의 다양한 불안[공포]은 대체 무엇이 위험한지 알 수 없는 인식 불가능성과 그것에 대항해 무엇을 할 수 있을지 판단할 수 없는 우리의 무력함에서 나온 것이다. 따라서 비밀주의는 현대 사회의 불안과 떨어질 수 없는 관계에 놓여 있다.

비밀주의와 불안은 오늘날 국가와 국가에 대항하는 투쟁을 국가와 테러리즘의 대결로 거짓 포장하고 있다. 예컨대 미국과 알 카에다(al-Qaeda), 미국과 불량국가들(이란, 북한 등)의 대결은 양자의 비밀주의를 강화시키고 세계 민중들의 불안을 증폭시키는 효과만 낳는다. 이에 네그리는 본문 9장에서 국가 폭력과 테러리즘을 넘어서 새로운 삶을 발명하기 위한 사회적 실천을 강조한다. 결국 사회적 노동자[다중]들의 사회적 실천은 비밀주의와 불안[공포]을 넘어서기 위한 존재론적 행동이자, 파괴를 목적으로 하는 테러리즘이 아니라 새로운 삶을 구성하기 위한 삶 권력이다.

최근 몇 년간 한국 사회는 비밀주의와 불안[공포]에 대항한 다중들의 저항을 경험했다. 2006년 광우병 촛불시위는 신자유주의적 안전(security)조차 보장 못 하는 정부와 이를 불신하고 불안해하는 다중들의 사회적 실천이라고 할 수 있다. 그리고 2011년 '나는 꼼수다' 열풍 및 SNS 선거운동 규제 논란은 한국 정부의 비밀주의와 언론통제에 대항해 새로운 커뮤니케이션 도구들(팟케스트 방송, SNS)을 활용한 다중들의 사회적 실천으로 볼 수 있다. 이처럼 오늘날 핵국가에 대항하는 다중들의 투쟁은 비밀주의와 불안에 맞서 정보를 공유·개방하고 커뮤니케이션을 확장하는 일부터 시작된다.

지금까지 『전복의 정치학』이 가질 수 있는 여러 의미들에 대해 살펴보았다. 마지막으로 이 책의 번역사항에 대해 정리하자면, 이 책은 James Newell이 영역한 *The Politics of Subversion : A Manifesto for the Twenty-First Century*(Polity Press, 2005)를 번역하였고, 일본어판(小倉利丸 譯, 『顚覆의 政

治學 : 21世紀へ向けての宣言』, 現代企劃室, 2000)을 참조하였다. 개정판 서문부터 6장까지 최창석이 번역하였고 7장부터 14장까지 김낙근이 번역하였다. 인간의 모든 활동과 마찬가지로 이 책의 번역 역시 여러 사람들의 도움 속에서 만들어졌다. 지금까지 여러 지식들을 가르쳐 주고 공유해 준 학교 은사님들과 세미나 동료들, 번역과 교정을 곁에서 도와준 아내, 번역의 알파와 오메가인 인간사랑 출판사 편집진들에게 감사드린다.

2012년 7월 역자들을 대표해서
최창석

[얀 물리에의 서문]

1_ 〈오페라이스모〉의 지지자들이 맑스의 미발간 저서들을 허위로 만들었다고 비
난받았다. 예를 들어 주간지《노동자의 힘》(*Potere Operaio*) 표지에 실린 맑스
주의 창시자가 썼다는 임노동에 관한 극히 신랄한 발췌문이 순전히 날조라는
것이다. 그러나 사실 그것은 진본(眞本)인 『1845년 국민경제 비판』(*Critique
of National Economy of 1845*)이었다. 자신의 해석을 뒷받침하기 위해 맑스의
저서들을 발견한다는 것 그 자체가 납득이 되지 않지만, 그럼에도 불구하고
맑스주의의 다른 역사적 조류들의 공통된 저서들과 비교해 볼 때〈오페라이스
모〉지지자들에 의해 인용된 맑스의 저서들이 완벽히 옮겨졌다는 것은 그 자
체로 매우 중요하다. 게다가 엔조 그릴로(Enzo Grillo)가 번역한 『요강』이 원
본보다 더 낫다는 농담까지 있을 정도다. 이것은 이론적·전략적 수준에서 초
기 노동계급 운동의 사회주의에 대해 격렬하게 적대적이던 풍조를 보여준다.
그것은 단지 통제의 불확실한 탈취(takeover)에 관한 단순한 전술이 아니었
다. 맑스의 『고타강령 비판』(*Critique of the Gotha Programme*)을 참조바람.

2_ 〈오페라이스모〉에 대한 중요한 자료들의 제공에 있어 특히 네그리의 연구에
서 로스돌스키(Rosdolsky)의 *The Making of Marx's Capital*이 중요한 역할을 한
다. 이 책은 P. Burgess에 의해 1977년 런던 Pluto 출판사에서 번역되었다. 한글
판으로는 정성진 역, 『마르스크의 자본론 형성』(백의, 2003)이 있다.

3_ Marx, *Manuscrits de 1857-58*(Editions Socials, Paris, 1980).

4_ Marx, *Grundrisse : Foundations of the Critique of Political Economy*(Penguin/New
Left Review, Harmondsworth, 1973). 한글판으로는 김호균 역, 『정치경제학 비

판 요강 1, 2, 3』(그린비, 2007)이 있다.

5_ Negri, *Marx Beyond Marx : Lessons on the Grundrisse*(Bergin and Garvey, New York, 1984). 한글판으로는 윤수종 역, 『맑스를 넘어선 맑스』(중원문화, 2010)가 있다.

6_ 이 점은 Harry Cleaver가 *Marx Beyond Marx* 서문에서 강조한 것이다. 한글판, 『맑스를 넘어선 맑스』에 해리 클레버의 서문이 번역되어 있다.

7_ 우리가 헤겔적인 변증법을 도구(tool)로 사용하려고 한다면 '전도'(inversion) 또는 '합리적 알맹이로부터 신비로운 껍데기의 추출'이라는 형식적 수준에 대한 알튀세르주의자의 비판은 전적으로 정당화된다.

8_ 노동자 중심주의(ouvriérisme)와 노동자주의(workerism) 둘 다 이탈리아어 '공장주의'(fabbrichismo)에 대응하며, 경멸적인 어감을 담고 있다.

9_ 그람시(Gramsci)를 둘러싸고 만들어진 전설은 톨리아티(Togliatti, 이탈리아 공산당의 지도자)에 의해 창조되었다. 특히 이탈리아와 프랑스에 있어 그람시의 변용은 갈리마르판(版) 그람시의 『정치논집』(*Ecrits Politiques*) 그리고 로베르트 파리(Robert Paris)에 의해 선정·편집된 그람시의 『옥중수고』(*Carnets*)에서 볼 수 있다. 한글판으로는 이상훈 역, 『그람시의 옥중수고 1·2』(거름, 1999)가 있다.

10_ Lucio Colletti, *From Rousseau to Lenin*(Monthly Review Press, New York, 1972).

11_ Perry Anderson, *Considerations on Western Marxism*(New Left Books, London, 1976). 한글판으로는 이현 역, 『서구 마르크스주의 읽기』(이매진, 2003)이 있다.

12_ 마리오 트론티의 『노동과 자본』의 포르투갈어 판에 쓴 나의 후기를 참조 바람. *Operarios e Capitale*(Affrontamento, Lisbon, 1976).

13_ 이 책에서 발췌된 글들은 다음과 같이 영어로 번역되었다. "The struggle against labour" (Chapter 14 of the first theses), in *Radical America*, 6, no. 1 (May–June 1972), pp. 22–5 ; "Workers and Capital" (the postscript to the second edition of 1971) in *Telos*, no. 14 (Winter 1972), pp. 25–62 ; "Social capital" (original title 'Le plan du capital') in *Telos*, no. 17 (Fall 1973), pp. 98–121 ; "The strategy of refusal" (chapter 12 of the central essay of the first theses) in *Semiotext*(e) vol. Ⅲ, no. 3 (Nes York, 1980), pp. 28–34 ; "Lenin in England" in Working Class

Autonomy and the Crisis (Red Notes and CSE Books, London, 1979).

14_ 마리오 트론티의 저서들을 제외하고 이미 영역된 다른 고전적 작품들은 다음과 같다. Paniero Panzieri, "Surplus—value and planning : note on the reading of Capital" in *The Labour Process and class struggles* (CSE pamphlet no. 1, London, 1976), pp. 4—25. Maria Rosa Dallo Costa and Selma James, *The Power of Women and the Subversion fo the Community* (Falling Wall Press, Bristol, 1972). Serigio Bologna, "Class composition and the theory of the Party at the origin of the workers' councils" movement' in *Telos* no. 13 (1972), pp. 68—91. Ferruccio Gambino, "Workers' struggles and the development of Ford in Britain" in *Bulletin of the Conference of Socialist Economists* (March 1976), pp. 1—18. Sergio Bologna, "The Tribe of Moles" in Semiotext (e) vol. Ⅲ, no 3 (1980), pp. 36—61. Gisela Bock, " Italian Analysis of Class Struggle and the State" in *Kapitalistate* no 1 (Berkeley, 1973). Potere Operaio, "Italy 1973 : workers' struggles and the capitalist crisis" in *Radical America*, 7, no. 2 (March—April 1973), pp. 15—32. Sandro Pescarolo, "From Gramsci to Workerism" in Raphael Samuel (ed.), *People's History and Socialist Theory* (RKP, London, 1981), pp. 273—8. None of Romano's works has been translated. 로마노 (Romano) 의 저서들은 한 편도 번역되지 않았다. 그러나 〈오페라이스모〉와 '자율주의 맑시즘' (autonomous marxism) 그리고 그들의 모든 협력자들에 의해 큰 영향을 받은 두 개의 비평지가 있다. 그들의 협력자로는 M. Montano, Peter Bell, G. Caffenztis, C. Marazzi, B. Ramirez, P. Carpignano, H. Cleaver 등이 있다. 두 개의 비평지로는 Zero Work no. 1 (December 1976), no. 2 (December 1977) 그리고 *Midnight Notes Collective* (Jamaica Plain, Massachusetts) 가 있다. 우리는 또한 Harry Cleaver의 Reading *Capital Politically* (University of Texas, Austin, 1979) 를 추천하고 싶다. 이 책은 비학술적인 맑스주의의 전반적인 결합에 대한 훌륭한 재구성이 포함되어 있다. 그리고 *Texas Archives of Autonomist Marxism* (University of Texas, Austin, 1977 and 1978) 을 추천하고 싶다. 이 자료집은 이 사상의 흐름과 보다 광범위한 주류들에 기여한 바를 체계적으로 정리한 것이다.

15_ "Domination and Sabotage" (first published in *Red Notes*) in *Semiotext* (e) *Italy : Autonomia, Post—Political Politics*, vol. Ⅲ no. 3 (New York, 1980), pp. 62—71.

한글판으로는 윤수종 역, 『지배와 사보타지』(중원문화사, 2010)가 있다.

16_ 주 5)를 참조.

17_ "Is there a Marxist Doctrine of the State? A reply by Antonio Negri" in Norberto Bobbio, *Which Socialism?*(Polity Press, Cambridge, 1987), pp. 121–38. 또한 전권으로 나온 것으로는 *Working Class Autonomy and the Crisis*(Red Notes and CSE Books, London, 1979)가 있는데, 여러 논문이 수록되어 있다. 맑스주의 국가이론에 대한 보비오 논쟁은 한글로 번역되어 있다. 구갑우·김영순 편, 『마르크스주의 국가이론은 존재하는가』(형성사, 1992)가 있다. 이와 관련된 네그리의 논문 「국가에 대한 맑스주의 이론은 존재하는가」는 조정환 역, 『자유의 새로운 공간』(갈무리, 2007)에 수록되어 있다.

18_ Jim Fleming의 서문 11페이지 이하 그리고 Maurizio Viana의 서문 37페이지 이하를 참조 바람.

19_ H. Cleaver, "Karl Marx : Economist or Revolutionary" in S.W. Helburn and D. F. Bramhall(eds), *Marx, Shumpeter and Keynes : a centenary celebration dissent* (M. E. Sharpe, Armonk, 1986), pp. 121–45.

20_ 이것은 특히 독일에서는 K. H. Roth's *Die andere Arbeiterbewegung*(TriKont Verlag, Munich, 1997)으로 출판되었고, 미국에서는 B. Ramirez's *When Workers Fight*(Greenwood Press, 1978)로 출판되었다.

21_ 1979년 4월 7일, 토니 네그리는 국가에 대항한 무장 반란과 알도 모로(Aldo Moro, 이탈리아의 수상)의 납치 및 살해에 직접 공모했다는 혐의로 체포되었다. 그는 1977년 사건들의 배후라는 이유로 악의 거장(cattivo maestro)이라 불리고 있었다. 1977년 사건으로 인해 그는 기소되었고, 그런 다음 석방되었다. 당시 파도바(Padua) 대학에 근무하던 네그리가 속한 학부 구성원들 중에서도 약 60명이 체포되었다. 그들 대부분은 재판과정에서 무죄로 방면되었거나 증거 불충분으로 기각되었다. 네그리에 대한 두 번째 기소는 2년후에 취하되었다. 첫 번째 기소는 '정부 측 증인'(witness for the crown)인 피오로니(C. Fioroni)의 유일한 증언들에 근거하고 있었다. 피오로니는 그의 친구를 납치·살인한 인물로 문제가 많았다. 그럼에도 불구하고 결국 네그리는 30년형을 언도받았고, 2심에서 12년형으로 감형되었다. 그러나 그에 대한 기소가 계속 이어지자 네그리는 1983년 이탈리아 국회의원 선거에 급진당

(Radical Party) 입후보자로 선출되어 감옥에서 풀려났다. 하지만 그는 무기한의 옥중생활로 돌아갈 것이라는 예상이 들자 이탈리아를 떠나 망명했다.

22_ Negri, *L'Anomalia selvaggia : Saggio su potere a potenza in Baruch Spinoza*(Feltrinelli, Milan, 1981. English tranlation, University of Minnesota Press) 한글판으로, 윤수종 역, 『야만적 별종』(푸른숲, 1997)이 있다.

23_ '이탈리아 별종' (anomaly)에 대한 맥락화는 나(얀 물리에 부땅)의 에세이를 참조 바람. "L'Opéraisme Italien : organisation/représentation/idéologie ou la composition de classe revisitée", in A. Corten and M. B. Tahon(eds), *L'Italie : le philosophe et le gendarme*(Actes du Colloque de Montréal, VLB, Quebec, 1986), pp. 37−60.

24_ 예를 들어 Rolf Bierman, Tupamaros, Berlin Ouest 내지 Alain Geismar, *L'engrenage terroriste*를 보기 바람. 정도의 차이는 있지만 테러리즘을 단념했던 이탈리아 사람들의 수많은 저서들도 참조하기 바람.

25_ 단지 C.L.R. James, Martin Glaberman, D. Mothé 등 특히《사회주의냐 야만이냐》(*Socialism ou Barbarie*)지에 등장하는 몇 가지 고립된 저서들이 거의 필적하다.

26_『노동과 자본』(*Operarios e Capitale*) 포르투갈어 판에 있는 나의 후기를 참조 바람.

27_ 예를 들어 Negri, *Fabbriche del soggetto*(xxi Secolo, no. 1, Sept.−Oct. 1987), Massa−Livorzno p. 162 참조.

28_ 예를 들어 이 책 2장에 있는 네그리의 논거는 미국 뉴딜(New Deal) 정책의 경험을 20세기의 에피소드로 해석하고 있다. 그것은 불가능한 자본주의이거나 불가능한 개혁주의다. 또한 핵 국가 개념에 대한 네그리의 논의에서 그는 순수한 강압으로의 복귀라는 이행으로 설명하였다(4장 참조).

29_ 1969년 *Lotte Continua*에 있는 학생과 노동자 집단의 슬로건은 'Prendiamoci la città'이었다. 이 슬로건은《노동계급》에 실린 트론티의 에세이 "La fabbrica e la società"와 같은 연장선상에 있다.

30_《무노동》(*Zero Work*)과《백화점》(*Magazzino*)에 실린 이 주제에 관한 크리스티안 마라치(Christian Marazzi)의 기고문과《*Primo Maggio*》에 실린 세르지오 볼로냐(Sergio Bologna)의 「1857년 금융 공황에 관한《헤럴드 트리뷴》에 있

는 맑스의 분석」(Marx the analyst in the Herald Tribune on the finanicial crisis of 1857)을 참조 바람.

31_ 네그리의 저서들 중에서 이 주제에 관해서는 네그리의 "Proletari e Stato" (Feltrinelli, Milan, 1976)를 참조 바람. 이 논문은 최초로 이 표현을 사용했을 뿐만 아니라, 파도바 대학의 연구 프로그램에 공헌했던 《Aut Aut》지의 중요한 이슈도 담고 있다[특히 로마노 알콰티(Romano Alquati)의 기고문도 참조 바람]. 또한 네그리의 *Dall'operaio massa all'operaio sociale*(Multhipla, Milan, 1978)도 참조 바람.

32_ Maria Rosa Dalla Costa와 Selma James의 저서를 보기 바람. 특히 Costa는 파도바 대학에서 강의한 적이 있고, 이 주제뿐만 아니라 '가사노동 임금'(wages for housework)에 대한 주제도 강조했다. 이들이 책이 출판된 이후 페미니즘 운동에 많은 논의들을 불러일으켰다(주 14)도 참고 바람).

33_ 레이(P. P. Rey)의 *Les alliances de la classe*(Maspero, 1974)가 이 입장에 함축된 구조주의를 비판하고 있다. 또한 해리 클레버(H. Cleaver)의 박사학위 논문 *The Origins of the Green Revolution*(Stanford University, 1975)를 참조 바람.

34_ Meillassoux, *Femmes et Capitaux*(Maspero, 1976) 참조.

35_ 궁극적으로 그것을 거부했지만 프리드먼(Frideman)과 하이예크(Hayek)의 반동적 자유주의 이론도 이러한 자본주의의 돌연변이를 고려하고 있었다. 이것은 프랑스의 '조절학파'(regulation school)가 말하는 경쟁적 자본주의에서 독점적 자본주의로의 이행을 뜻한다.

36_ 알튀세르(Althusser)의 『레닌과 철학』(*Lenin and Philosophy*, 1971)에서부터 『자기 비판의 요소들』(*Eléments d'autocritique*, 1974), 「아미앵에서의 주장」("Soutenance d'Amiens" in *Positions*, 1976)에 이르는 저서들, 파리 코뮌 기념일에 테르니(Terni)에서의 놀랄 만한 선언문[M. A. Macciocchi, *Deux mille and de bonheur*(Paris 1983), pp. 531–4 참조)]과 1980년대 이후 미출판된 여러 가지 작업들, 이 모든 것들이 분석의 실질적인 부분도 없이 공산주의의 현행성(actuality)이라는 이 원리의 무기력한 복귀를 의미한다.

37_ 『노동과 자본』에 실린 트론티의 강령 선언을 참조.

38_ 이 형식은 네그리와 가타리의 공동 저서인 『자유의 새로운 공간』(*Les nouvelles alliance*, Paris, 1986)에 나타난다. 한글판으로는 네그리·가타리, 『자유의 새

로운 공간』(갈무리, 2007)에 수록되어 있다.

39_ 1986년 6월, 알튀세르는 나바로(F. Navarro)와의 인터뷰 서문에서 이렇게 밝혔다.

40_ 〈오페라이스모〉 레닌주의의 매우 특별한 형태는 네그리의 잘 알려지지 않은 논문 La fabbrica della strategia : 33 lezione su Lenin (ARBA, Padua, 1976)를 참조 바람. 우리는 〈오페라이스모〉 지지자들이 자본주의적 체계의 혁명적 붕괴 가능성에 대한 생각을 유지했으나 이 과정에서 당에 위임된 역할을 뒤집었다는 것을 상기할 것이다. 곧 당은 계급 구성의 자발성에 흡수된 어떠한 전략적 기능도 잃어버리고, 결국 노동계급 적대감의 사회화라는 전술적 기능에 지나지 않게 되었다는 것을 보여준다. 이러한 경험을 감안하여, 1966년 이 문제에 대한 트론티의 품격 있는 형식이 등장했고, 그런 다음 1976년 네그리가 이 문제를 해결하기보다는 오히려 문제를 재조명하였다. 일부 〈오페라이스모〉 지지자들이 이탈리아 공산당(PCI)에 복귀함에 따라 모든 '자율주의' (autonomia) 운동의 조직 구조가 해산되었다. 특히 세르지오 볼로냐가 1976-1977에 《Primo Maggio》에 쓴 비판이나 네그리 자신의 자아비판서인 Fabbriche del Soggetto (1987) ; La Macchina Tembo : rompicapi, liberazione, costituzione(Feltrinelli, Milan, 1982), pp. 221-4 참조 바람.

41_ 〈오페라이스모〉 지지자들이 전개한 분석, 특히 트론티의 『노동과 자본』에 있는 주요 논문인 「Marx, forza-lavoro, classe operaia」에는 『요강』의 화폐 장에 있는 자세한 설명이 실려 있다.

42_ 예를 들어 노동력의 프롤레타리아적 투쟁이 자본주의의 침투를 차단할 때 가능하다. 분리(Trennung)는 '자연발생적'으로 일어나지 않는다. 물론 자본주의적 관점에서 완력이 필요했거나, 노동력을 '해방하려는' 화폐적 유인책을 위해 강제된 노동이 부과되었다.

43_ 두 개의 논문을 이미 인용했다. 여기서 우리는 갈등의 동학(구성, 해체, 재구성)과 함께 임노동의 수치를 교차함으로써 계급구성의 도식에 있는 모든 의미를 발전시키고자 노력하고 있다.

44_ 이것은 프랑스 '조절학파'의 보다 전통적인 정식화에 반대할 수 있는 중요한 비난이다. (그들의 설명이 보다 다원주의적으로 적용가능한 정식이 되겠지만 그들은 똑같은 어려움에 봉착한다.)

45_ 홉슨(Hobson)의 *The Export of Capital* (Constable, London, 1914)에 반대한 레닌의 *Imperialism as the highest stage of capitalism*을 참조 바람. 레닌의 저서는 남상일 역, 『제국주의론』(백산서당, 1986)으로 번역되어 있다.

46_ Luciano Ferrari Bravo의 편찬 하에 있는 논문집, J. O'Conner, M. Nicolaus, E. Mandel, C. Neussüs, R. Vernon, S. Hymer, N. Poulantzas, F. Gambino, *Imperialismo e classe operaia multinazionale* (Feltrinelli, Milan, 1975)를 참조 바람.

47_ 우리는 '계급구성'이라는 개념이 일반적으로 '사회계층'이라는 반동적인 개념과 너무 정태적이고 학문적인 용어를 대신하려는 목적에서 나온 개념임을 기억해야 한다. 계급구성은 자본과 임노동의 기술적 구성 둘 다를 동시적으로 이루고 있다. 이는 생산력의 발전단계, 사회적 협력의 정도, 노동의 분업 등을 나타낸다. 그러나 이 수준의 분석은 최후의 논의(ultima ratio)인 정치적 구성으로부터 분리될 수 없다. 우리는 그 속에서 욕구, 욕망, 허상의 집합적 주체성들 그리고 정치적·문화적·공동체적 조직의 형태로 그들의 객관적인 이행을 특징화시키는 것을 찾을 수 있다. 계급 구성에 관한 연구에서 구체적인 상황의 분석에 있는 그것의 조작적인 특징과 비교하면 그것의 정의는 부족하다. Romano Alquati, *Sulla Fiate altri scritti* (Feltrinelli, Milan, 1975)와 *Sindacato e Partito* (Stanpatori, Turin, 1974)를 참조 바람. 역사적인 적용의 예로는 Sergio Bologna, in *Telos*, no. 13(1972)이 있고, 이탈리아의 1977년 운동에 관한 논문은 Bologna, in *Semiotext(e)*, vol. III(1980)가 있다.

48_ E. P. Thompson, *The Making of the English Working Class* (Victor Gollancz, London, 1963), 한글판으로는 나종일 외 역 『영국 노동계급의 형성(상)/(하)』(창비, 2000)이 있다.

49_ 법률적 영역에서 유사한 분석은 F. Edelman, *La légalisation de la classe ouvrière* (Christian Bourgois, Paris, 1978)가 있다.

50_ 알튀세르주의의 수렴방향은 1974년 이후에 보다 확연해졌다. 특히 맑스주의 분석의 '절제된' 개념과 두 계급과 관련한 적대감 기초 성격에서 그러하다. 에티엔 발리바르(E. Balibar)의 *Cinq études du matérialisme historique* (Maspero, Paris, 1975)를 참조 바람. 훨씬 더 명확한 두 가지 점은 헤겔주의적 변증법에 대한 거부와 스피노자에 대한 관심이다. 피에르 마슈레(P. Macherey)의 *Hegel ou Spinoza* (PUF, Paris, 1979), 루이 알튀세르의 *Positions* (1976)을 참조 바람.

그리고 '사회주의와 이행론'에 대한 거부에 관해서는 알튀세르와 나바로의 인터뷰(1986)를 참조하기 바람. 위에서 언급된 책들은 다음과 같이 번역되었다. 에티엔 발리바르 저, 이해민 역, 『역사유물론 연구』(푸른미디어, 1999). 피에르 마슈레 저, 진태원 역, 『헤겔과 스피노자』(그린비, 2010).

51_ M. Tronti, *Sull'autonomia del politico* (Feltrinelli, Milan, 1977).

52_ A. Asor Rosa, *Le due società* (Einaudi, Turin, 1977). 또한 Napolitano, Tronti, Accornero, Cacciari (eds) *Operaismo e centralità operaia* (Editori Riuniti, Rome, 1978) 참조.

53_ M. Tronti, *Il tempo della politica* (Editore Riuniti, Rome, 1980), p. 71과 그 이하.

54_ 베를링구에르(Berlinguer, 이탈리아 공산당 서기장)는 볼로냐의 에마르지나띠(emarginati)를 언토렐리(untorelli) [= 문자 그대로 '전염병 보균자.' 이 단어는 알렉산드로 만초니(Allessandro Manzoni)가 자신의 작품 『약혼자들』(*I promessi sposi*)에서 17세기 이탈리아에서 전염병을 고의로 유포시켰다고 잘못 비난받은 어린이들을 묘사하기 위해 사용함으로써 널리 퍼졌다]라는 당혹스러운 용어로 표현했다. 이것은 이탈리아 공산당의 노동조합 지도자 조르쥬 마르쉐(Georges Marhais)가 1968년 5월 데니 콘 - 벤디트(Dany Cohn - Bendit)를 '독일계 유태인'이라 조롱했던 행위를 연상시킨다. 1977년과 1986년 사이 이탈리아 공산당과 직접 연계된 법률가, 판사, 학자들은 '노동자 자율주의'에 대한 박해와 그들 자신을 구별했다. '노동자 자율주의'는 처음부터 〈붉은 여단〉(Red Brigades) 배후에 있는 진정한 전략 사령부로 지목되었다. 거의 10년이 지난 후 이러한 혐의가 얼마나 터무니없는 짓인지 알 수 있다. 그리고 국가의 작전과 이탈리아 공산당이 직접 지도한 스탈린주의적 행사인 1979년 4월 9일 재판에 대한 상세한 역사는 아직 밝혀지지 않았다.

55_ "Sur quelques tendances de la théorie communiste de l'Etat les plus récentes : a critical review" in *Sur l'Etat, Contradictions* (Brussels, 1976), pp. 375 − 427 참조. 또한 Negri, *Proletari e Stato* (1976)를 참조.

56_ 저널 《*Primo Maggio*》에 실린 논문이나 F. Gambion, "W.E.B. Dubois and the Proletariat in Black Reconstruction" in Dirk Hoerder (ed), *American Labor and Immigration History, 1877−1920* : *Recent European Research* (Illinois University Press, 1985) 참조.

57_ *Quaderni del Territorio*, nos 1 to 5 (Celuc Libri, Milan, 1976) 참조.

58_ Negri, *Fabbriche del soggetto* (1987), pp. 75—80 참조.

59_ Negri, 『맑스를 넘어선 맑스』 3장 참조.

60_ Negri, 「계획자 국가의 위기」, 『혁명의 만회』 (갈무리, 2005).

61_ Negri, *Proletari e Stato* (1976) 참조.

62_ 이론적 수준에서 조직적인 참조사항으로서 레닌주의를 포기한다는 것은 〈노동자의 힘〉(Potere Operaio)의 해체과정을 단계적으로 가져왔다. 이것은 1972년에 세르지오 볼로냐가 조직을 떠난 것과 일치하는데, 네그리는 1973년에 떠났고, 마지막으로 피페르노(F. Piperno)를 중심으로 남아 있던 나머지 그룹도 해체되었다. 1974년부터 논의는 《Primo Maggio》, 《Quaderni del Territorio》, 《Metropoli》, 《Rosso》, 《Magazzino》, 《Attraverso》와 같은 저널들과 비평지들을 통해 이루어졌다.

63_ 1977년 볼로냐에서 등장한 이탈리아 최초의 자유 라디오 방송국, '라디오 알리체'(Radio Alice)가 했던 역할은 조직을 둘러싼 논쟁에서 심각한 변화를 가져왔고, 중앙집권화를 선호하는 주된 주장에 대한 비판을 불러일으켰다.

64_ 반테러리스트 탄압이 최고조에 달했을 때 이탈리아 내무부는 '무장당원'(aimed party)이 최소 10만 명이 있을 거라 간주했다. 이것은 도시 게릴라(partisan)의 규모를 너무나 극대화시킨 것이다.

65_ 비슷한 종류의 다른 유럽 조직들과는 달리 〈붉은 여단〉(Red Brigades)은 노동자 집단들 사이에서 실질적인 추종자들을 거느리고 있었다.

66 네그리가 빈번히 제기한 이러한 비판은 루사나 루사다(Rossana Rossanda)가 《Il Manifesto》에 기고한 유명한 논설에서도 강조된 것이다. 여기서 그녀는 〈붉은 여단〉과 이탈리아 공산당의 스탈린주의적 시기에 있었던 반란적 문화(insurrectional culture) 사이의 깊은 친족관계를 강조하기 위해 '가족 앨범'(family album)이라고 묘사했다.

67_ 1979년 4월 7일의 작전을 구성한 내전(內戰)의 시뮬레이션과 보다 일반적인 미디어 커뮤니케이션과 테러리스트의 호소력(appeal) 사이의 밀접한 연계는 '반영'(reflection)이 아니라 '조립'(set-up)을 할 수 있는 무엇(something)으로서 이데올로기 문제에 보다 많은 관심을 갖는 〈오페라이스모〉의 두 번째 물결을 이끌었다. 《Attraverso》지와 4월 7일 재판에 관한 수많은 저작들을

참조.

68_ 주요한 이탈리아 재판들과 1930년대 스탈린주의 재판들 사이의 공통된 근거는 형성된 주체성을 해체할 필요와 결부해 경찰 기록들(files)의(날짜를 지우고 일종의 전도된 목적을 실행하기 위한 방법) 기억과 역사를 위조하고 조작하기 위한 시도라는 점이다. 이와 같은 조작은 공격당하는 주체들의 적극적이고 주체적인 동의 없이 진행될 수 없다.

69_ 해방의 사회적 주체에 대한 역사적 재구성의 훌륭한 예는 조직 로윅(George Rawick)의 *From sundown to sun−up, the formation fo the Black community*(Greenwood : West−point, 1972)이다.

70_ Negri, *Descartes politico o della ragione−vole ideologia*(Feltrinelli, Milan, 1970).

71_ Negri, *Lenta Ginestra : Saggion sull'ontologia di Giacomo Leopardi*(SugrCo Edizioni, Milan, 1987).

72_ Negri, 『야만적 별종』(푸른숲, 1997).

73_ Negri, *La Forma−stato per la critica dell'economia politica della Constituzione*(Feltrinelli, Milan, 1977).

74_ Negri, *Fabbriche del soggetto*(1987).

75_ Negri, *La Macchina Tempo*(1982).

76_ 질 들뢰즈의 『야만적 별종』(*L'anomalie sauvage*, PUF, Paris, 1982) 프랑스어 판 서문, pp. 9−12 참조.

77_ Negri, *Fabbriche del soggetto*(1987), pp. 20−1, 63−7, 75−80 참조. 우리는 하이데거와 칸트에 대한 해석(Kant et le problème de la métaphysique, Gallimard, 1958)이 다음과 같이 주장되었다는 것을 알고 있다. 『순수이성비판』의 저자는 초월적(transcendental) 상상력에 근거한 순수 이성과 실천 이성의 가능성을 예견했다. 그리고 이것을 단념하면서 분석과 개념의 우월성을 재확립하고, 따라서 인위적인 경험의 존재론적 영역에 있는 초월론적 미학을 인식(cognition)의 형식적 조건들로 격하시켰다. 네그리의 해석은 하이데거의 해석을 과감히 받아들이면서도, 그것의 중요성을 시·공간의 장(場)에 있는 해방의 직접적인 경험과 혁명에 삽입시켜 변형한다는 점에서 하이데거와 구별된다.

78_ 네그리는 불가능한 개혁주의와 자본주의의 세기(世紀)로서 20세기를 정의

하는 것과 마찬가지로 '노동자주의의 부패한 변증법'을 거부했다. 본문 p. 88 참조.

79_ 본문 3장 「공장에서 생태적 기계로」 참조.

80_ William Morris, "A Dream of John Ball", in *Three Works by William Morris* (Lawrence and Wishart, London, 1977).

[1장]

1_ 영어로는 다른 언어들에서 구별해 사용되는 두 가지 용어의 차이점을 강조하기 어렵다. 즉 potentia—potestas ; puissance—pouvoir ; potenza—potere ; Vermögen—Macht 등이다. 이 차이는 내가 특히 중요하다고 여기는 것인데, 스피노자[나의 저작 『야만적 별종』(*L'anomalia selvaggia*, Felrinelli, Milan, 1981)을 참조 바람]로부터 유래된 철학적 전통에 뿌리를 두고 있다. 이 구별은 정치적 변증법의 극단을 나타내는 것이다. 한편으로 사회적 행위를 구성하는 *potentia*가 있고, 다른 한편으로 사회적 형성(making)의 총체적이고 고정된 차원인 *potestas*가 있다.

2_ 이것은 operaio scoiale의 번역이다. 문자 그대로 'social worker' 다. 그러나 'social worker' 라는 용어의 사용은 확실히 부적절하기 때문에 우리는 'socialized worker'를 번역어로 선택하였다. 용어의 정의에 관한 문제들은 내가 쓴 『혁명의 만회』(*Revolution Retrieved : Selected Writings* (Red Notes and Blue Heron, London, 1989)를 참조하길 바란다.

[2장]

1_ 이것은 forma—Stato를 번역한 것이다. 그것은 서로 다른 계급 간에 전개된 지배관계에 의해 형성되거나(formed) 형성하는(formative) 구조로서 여겨지는 국가와 관련된 복잡한 결정들(determinations)의 전체를 가리킨다. 이 형태는 생산양식의 변화와 헤게모니의 다양한 관계와의 상관관계에 따라 변경된다. 이 개념에 대한 상세한 분석은 나의 저서인 *La forma—Stato* (Feltrinelli, Milan, 1977)를 참조하길 바란다.

[4장]

1_ '분자적'(molecular)이란 개념은 사회적 주체들의 다원성(plurality) 가운데에서 사회적이거나 적대적인(그러나 어떤 경우에도 다양한) 방법으로 전개된 관계들의 복잡성을 가리킨다. '몰적'(molar)이란 개념은 이러한 다종다양한 관계들의 복잡성이 이원적인(dualistic) 대립으로 특징지어지는 관계로 축소된다는 것을 나타낸다. 나는 이러한 용어를 다음과 같은 저서들에서 끌어냈다. 들뢰즈 · 가타리의 『안티오이디푸스』(*Anti−Oedipus*)와 『천개의 고원』(*A Thousand Plateaus*, University of Minnesota Press, Minneapolis, 1981 and 1987). 또한 가타리 · 네그리의 『자유의 새로운 공간』(*Les nouveaux eapaces de Liberté*, Bedon, Paris, 1985)를 참조하길 바란다.

[11장]

1_ 이 논문은 저널 《자본주의 국가》(*Kapitalistate*)지에 의해 제안된 주제들에 대해서 레빕비아(rebibbia) 감옥에서의 동료들과의 토론의 생산물이라고 할 수 있다.

318

• 저자_ 안토니오 네그리(Antonio Negri, 1933~)

이탈리아 파도바 출생. 청년시절인 1950년에 가톨릭 철학에 관심을 갖고 가톨릭 행동파에 가입했으나 1954년에 추방되었고, 자유주의적 가톨릭 그룹인 〈인테사〉(*Intesa*)에 가입했으나 탈퇴했다. 1954년 이탈리아 통일사회당(PSIUP)에 가입, 같은 해 프랑스의 소르본, 독일의 튀빙겐, 프라이부르크, 하이델베르크, 뮌헨, 프랑크푸르트에서 수학했다. 1957년 23세에 독일 역사주의에 관한 논문으로 박사학위를 취득하였다. 1959년에 법철학 교수자격, 1967년에 국가론 교수자격을 취득한 후 파도바 대학에서 정치학을 가르쳤다. 또한 네그리는 1960년대에 《노동자의 힘》, 《콰데르니 로시》, 《노동계급》 등의 잡지에 관여했다. 특히 1966년에 마리오 트론티, 로마노 알콰티, 세르지오 볼로냐 등과 함께 《노동계급》(*Classe Operaia*)을 창간하는데, 이것은 이탈리아 노동자주의인 오페라이스모(*Operaismo*)의 시작이 되었다. 국가론 교수자격을 취득한 1967년에 《노동자의 힘》 집단에 참여했다. 이후 그는 〈파도바 대학 정치과학연구소〉를 중심으로 오페라이스모와 아우토노미아 사상을 지속적으로 발전시켰다. 1977년 폭동교사 혐의로 수배되어 〈파도바 대학 정치과학연구소〉가 조사를 받게 되자 알튀세르의 초청으로 파리고등사범학교에서 『맑스를 넘어선 맑스』를 강의했다. 1979년 4월 7일 기독민주당의 핵심인 알도 모로 총리에 대한 납치 및 살인 사건의 수괴라는 조작된 죄목으로 수감된 뒤 의도적인 재판 연기와 반복되는 이감에 시달리다가 1983년 이탈리아 총선에서 급진당 후보로 당선되었다. 1983년 프랑스로 망명하여 파리 8대학에서 정치학을 가르치는 한편, 『전 미래』지 발간을 주도했다. 1997년 자진 귀국하여 약 6년여의 수감과 연금생활을 마친 후 2003년 4월에 자유의 몸이 되었다.

네그리는 현재 그의 제자인 마이클 하트와 함께 쓴 세 권의 책『제국』(윤수종 역, 이학사, 2001)과 『다중』(정남영·서창현·조정환 역, 세종서적, 2008), 『공통체』(*Commonwealth*, 2009)로 전 세계적인 주목을 받고 있다. 아울러 그는 평생 코뮤니즘을 개조하고 혁신하기 위해 투쟁해 온 혁명적 투사이자 맑스, 들 뢰즈, 마키아벨리, 스피노자를 아우르는 당대 최고의 지성 중 한 사람으로 평가 받고 있다. 뿐만 아니라 그는 '제국'과 '다중'이라는 관점으로 푸코의 생명정치 비판과 맑스, 들뢰즈/가타리의 자본주의 비판을 창조적으로 접합시킴으로써 현시대 지배 이데올로기인 신자유주에 대한 급진적 비판과 그 너머를 꿈꾸고 있 다.

네그리의 여러 저서들 중 『지배와 사보타지』(윤수종 역, 중원문화사, 2010), 『맑스를 넘어선 맑스』(윤수종 역, 중원문화사, 2010), 『야만적 별종』(윤수종 역, 푸른숲, 1997), 『자유의 새로운 공간』(가따리와 공저, 조정환 역, 갈무리, 2007), 『전복의 정치학』(최창석·김낙근 역, 인간사랑), 『디오니소스의 노동 1·2』(마 이클 하트와 공저, 조정환 역, 갈무리, 1996/7), 『제국』(마이클 하트와 공저, 윤 수종 역, 이학사, 2001), 『혁명의 시간』(정남영 역, 갈무리, 2004), 『전복적 스피 노자』(이기웅 역, 그린비, 2005), 『혁명의 만회』(영광, 갈무리, 2005), 『귀환』 (윤수종 역, 이학사, 2006), 『다중』(정남영·서창현·조정환 역, 세종서적, 2008), 『굿바이 미스터 사회주의』(박상진 역, 그린비, 2009), 『예술과 다중』(심 세광 역, 갈무리, 2010), 『네그리의 제국 강의』(*Empire and Beyond*, 서창현 역, 갈 무리, 2010), 『제국과 다중』(*Reflections on Empire*, 정남영·박서현 역, 갈무리, 2010), 『욥의 노동 』(*Il lavoro di Giobbe*, 박영기 역, 논밭출판사, 2011) 등이 한국 어로 출간되었다.

전복의 정치학 21세기를 위한 선언

발행일 1쇄 2012년 8월 20일
지은이 안토니오 네그리 **옮긴이** 최창석/김낙근 **펴낸이** 여국동

펴낸곳 도서출판 인간사랑
출판등록 1983. 1. 26. 제일-3호
주소 경기도 고양시 일산동구 백석동 1178-1번지 2층
전화 031)901-8144(대표) I 977-3073(영업부) I 907-2003(편집부)
팩스 031)905-5815
전자우편 igsr@naver.com I igsr@yahoo.co.kr
블로그 http://blog.naver.com/igsr
인쇄 인성인쇄 **출력** 현대미디어 **종이** 세원지업사

값 20,000원
ISBN 978-89-7418-064-5 93300